解密史記

形塑中華文明的歷史關鍵大事

朴玉銘 著

目錄

遠古時期

人類最初的曙光

原始社會是人類社會發展的第一階段，是隨著人類的出現而出現。人類從遠古的洪荒走來，投入了大自然的懷抱，並開始了群居生活。他們在廣袤的天地中，和大自然進行著生死較量，他們結成群體一起生活，逐漸學會使用工具，發明了火，從此告別了茹毛飲血的蒙昧狀態。

最早的石器時代，當時的生產力水準很低，生產工具都是公有，沒有階級。隨著青銅時代和鐵器時代到來，生產力不斷提高，逐漸出現財富累積，私有制和階級社會也隨之出現。

元謀人是中國境內已知的最早人類，中國的原始社會，起自大約一百七十萬年前的元謀人，止於西元前二十一世紀夏王朝的建立。原始社會經歷了原始人群和氏族社會兩個時期，而氏族社會又經歷了母系氏族社會和父系氏族社會兩個階段。

盤古開天闢地

傳說，在久遠的上古時代，天地是混沌一片，既沒有山谷河流，也沒有日月星辰，既分不清上下左右，也分不清東南西北，沒有光亮，也沒有聲音。而盤古就生於其中，他無法忍受這片混沌和黑暗，於是揮起一把巨斧，用力地一劈，混沌的宇宙被劈成了兩部分：輕而清的那部分不斷上升，成了天；重而濁的那部分不斷下降，成了地。

盤古每天長高一丈，天空每天升高一丈，地每天變厚一丈，就這樣過了一萬八千年，盤古長成了一位巨人，而天空變得高遠遼闊，大地變得堅實厚重。盤古死後，他的身體變為了日月星辰、天地萬物，為人類的繁衍生息創造了場所。

女媧造人

盤古開天闢地以後，用他的身軀造出了日月星辰、山川草木、蟲魚野獸等世間萬物。這時，天神女媧覺得寂寞，於是她用黃土和泥，照著自己的樣子捏出了一個一個泥人。她把這些泥人放在地上，他們居然活了過來，到處奔跑。於是，女媧又按照同樣的方法捏了很多的人。

後來女媧累了，於是她用藤條蘸上泥漿，向地上揮灑，落在地上的點點泥漿居然也變成了一個個的人，就這樣，女媧造出了最初的人類。

有一天，女媧發現有的人因為變老而死去了，於是，她又建立了婚姻制度，教人類配成夫妻，繁衍後代。因此，女媧被後世人奉為「神媒」。

有巢氏構木為巢

有巢氏是最早發明巢居的人。上古時期的人類還沒有房屋，他們露天席地，經常受到各種猛獸攻擊。有巢氏受鳥類在樹上築巢啟發，最先發明了巢居。他教人們和鳥兒一樣築巢而居，用樹枝、藤條等在樹上建造房屋，房屋的四壁和屋頂都遮擋得緊密結實，既能遮風擋雨，又能防止動物攻擊，人們從此不再過那種擔驚受怕的日子。

有巢氏因此而受到人們的尊重和感激，被推選為部落酋長，人們尊稱他為有巢氏。有巢氏的故事體現了上古時代人們在和大自然奮鬥的智慧。

燧人氏鑽木取火

燧人氏是傳說中鑽木取火的發明者。最初的人類還不懂得使用火，他們打回來的野獸，都是直接連毛帶血地吃掉，對身體非常有害。後來人們發現被閃電劈死的動物，肉特別鮮美可口，於是人們學著把自然火種保存起來使用，但是這樣很不方便。

後來，燧人氏從石塊相擊產生火星的現象得到啟發，發明了鑽木取火的方法。他教人類用火烤動物之後再食用，這樣吃起來不僅味道鮮美，而且有利於健康，人類從此告別了茹毛飲血的生活。

神農氏嘗百草

神農氏是傳說中農耕和醫藥的發明者。遠古時代的人們分不清哪些植物可以吃，哪些不可以吃，於是，經常有人因吃錯東西而中毒，然後生病或者死去。部落首領神農氏目睹這一切後，他決心親自嘗遍各種植物，判斷出哪些是可以吃的，哪些是不可以吃的。為此，他曾經一天之內中毒七十次，終於找到了可以食用和藥用的植物。

後來，神農氏又從植物中篩選出了稻、黍、稷、麥、菽五穀，教人們割掉野草，開墾土地，種起了穀物，他還教會了人們打井和灌溉的方法。神農氏被後人尊為「五穀爺」、「神農大帝」、「藥王」等。

元謀人的出現

元謀人又稱元謀直立人，是目前中國境內發現的最早人類。西元一九六五年五月，中國地質科學院在雲南元謀縣上那蚌村西北的小山崗上發現了元謀人的化石，包括兩枚上內側門齒，據研究，這兩枚牙齒屬於同一位成年個體。

之後考古學家們又在此地發現了石器、炭屑以及有人為痕跡的動物肢骨，證明元謀人已經學會了製造工具和使用火，並能夠抓捕野獸作為食物。根據古地磁學方法測定，元謀人的生存年代為一百七十萬年前左右，是中國舊石器時代的早期人類。

石器的出現

石器是以岩石為原料製作的工具，它是人類最初的主要生產工具，盛行於人類歷史的初期階段。最早出現於距今約二百五十萬年前，共經歷了二、三百萬年的時間，這一階段因此被稱為「石器時代」。石器時代又分為舊石器時代和新石器時代，也有人將新、舊石器時代之間列出一個過渡的中石器時代。舊石器時代以打製石器為代表，這種石器利用石塊敲擊而成的石核或打下的石片，加工成一定形狀的石器，主要有砍砸器、刮削器、尖狀器等。而新石器時代盛行磨製石器，這種石器先用石材打成或琢成適當形狀，然後在礪石上研磨加工而成，石器種類大大增加，常見的有斧、鑿、刀、鐮、犁、矛、鏃等。後來的人類還發明了鑽孔技術，在石器或骨頭上面鑽孔，磨製成縫製衣物用的骨針，用獸牙、獸角、貝殼等製作成裝飾品。

石器經歷了漫長的發展歷程，是人類重要的生產工具，一直到夏商以後才被青銅器、金屬等代替。原始社會的石器雖然材料單調，技術簡單，但其使用和發展增強了人類的生產能力，豐富了人類的生活。

北京猿人的出現

北京猿人在科學上常被稱為「北京直立人」，又叫「山頂洞人」，他們生活在距今約二十萬至七十萬年前。西元一九二七年，北京猿人的化石在北京市西南周口店龍骨山被發現，後來考古學家們又發現了石製品、骨角製品，他們不但能夠製作石斧等工具，還學會了穿孔，將野獸的骨頭磨製成骨針，用來將動物的皮毛縫製成衣物。此外在周口店龍骨山的山洞裡還發現了很厚的灰燼層，表明北京猿人已經會使用火和保存火種。

山頂洞人已經開始以血緣關係為單位，過著群居生活，他們採摘野果、捕捉動物作為食物。北京猿人的發現證明了直立人的存在，明確了人類發展的序列，為「從猿到人」的學說提供了有力的證據。而周口店龍骨山成為世界上資料最有系統、最豐富的直立人遺址。

農業和畜牧業的出現

大約在距今五、六千年前，母系氏族社會處於繁榮時期，此時，人類已經開始了定居生活，農業和畜牧業相繼出現並得到發展。此時的人類已經不再單純地以打獵和採集野果為生，而是開始了人工種植糧食作物。氏族社會依靠集體的力量，使用石斧、石刀、石鐮、骨耜等工具進行農業生產。

當時在北方的黃河流域主要種植粟等植物，在半坡遺址就出土了大量的碳化粟。而南方的長江流域則主要種植水稻等作物，中國成為古代最早栽培水稻的國家。而定居生活的穩固和農業生產的發展也為畜牧業的發展提供了條件，人類開始飼養豬、狗、羊等家畜，在江南地區還出現了水牛。而所謂的「六畜」——馬、牛、羊、豬、犬、雞就是從此時開始形成。

母系氏族社會的興衰

原始社會中，人類根據母親的血緣關係結成了親族集團，也就是氏族社會。母系氏族社會是原始氏族社會的早期階段，由於那時的婚姻體系是群婚制，所以人們只能確定自己的母親，而不知道自己的父親，因此所有氏族成員便圍繞母親形成了一個巨大的氏族。

女性在氏族社會中享有很高的地位，成年女性一代一代地成為氏族首領，主導氏族內部的事務。那時，農業和畜牧業開始出現，紡織、製陶等工藝都得到較大的發展，婦女主要從事採集、紡織、縫補和原始農業等，在生活物資的供給方面發揮主要作用，而男子則主要從事狩獵、捕魚、保護集體安全等工作。

母系氏族社會約產生於舊石器時代晚期，新石器時代到來後，生產力不斷發展，男性在社會中的地位提高，母系氏族社會逐漸被父系氏族社會所取代。

陶器的出現

中國早在新石器時代就出現了陶器，原始社會晚期，農業生產和畜牧業逐漸發展起來，人們開始過上了定居生活。為了使生活更加方便，人們將天然的黏土進行淘洗之後，摻上沙子等，燒製出簡單的陶器。製陶成為當時非常發達的手工業，這時候的陶器主要有釜、鼎等用來炊煮的簡單的容器。後來人們逐漸學會了在陶器上製作各種紋飾和彩繪，於是出現了彩陶。

中國迄今已發現了多處新石器時代的殘存陶片，在河姆渡遺址發現了造型簡單、粗獷的黑陶，在半坡和姜寨等仰韶文化遺址發現了大量做工精美、繪有圖畫的彩陶，有些陶器上還有簡單的刻劃符號，有人認為這可能是早期人類的文字。隨著社會的不斷發展，陶器的品質逐步提高，隨著燒製、鉛釉和繪畫等技術的發展，陶瓷在漢唐後達到繁榮，成為具有很高藝術價值的工藝品。

父系氏族社會的發展

母系氏族社會時期，生產力不斷發展，出現了冶銅等新興的手工業部門，勞動強度不斷加大，因此男子在社會生產中逐漸由次要地位上升到主導地位，而女性的地位則受到排擠，有所下降。於是，社會分工的變化導致了社會結構的變化，隨著男子地位的提高，男子娶妻入門的現象日益增多，而女性因為在社會生產中喪失了中心地位，在家庭和氏族中的支配權力也漸漸喪失，日益成為男子的附屬，擔負著生子、照顧家庭等工作。

整個社會形成了以男子為中心的大家族，男子是社會財富的主要創造者和支配者，他們支配著生產、生活和公共事務，氏族首領由成年男子擔任。而世系也按父系計算，財產由子女繼承，男子是家庭和社會的核心，有權支配家庭的財產，並支配其家庭成員，妻子從夫居。隨著父系社會的發展，一夫一妻制的婚姻形態也開始形成。

黃帝大戰蚩尤

黃帝，姬姓，號軒轅氏，黃帝和炎帝都是黃河流域著名的部落首領。黃帝的部落最早居住在中國西北部的姬水附近，後來搬到涿鹿定居下來，開始發展畜牧業和農業。

這時，在長江流域有一個九黎族，他們的首領名叫蚩尤，兇猛強悍，經常帶領手下侵擾別的部落。有一次，蚩尤率兵侵占了炎帝所在的部落，炎帝向黃帝求救，於是黃帝聯合各部落首領，在涿鹿的田野上和蚩尤展開一場大決戰，經過了一番血戰，終於打敗蚩尤，這就是著名的「涿鹿大戰」。

黃帝打敗蚩尤後，受到了許多部落首領的擁護，於是漸漸統一各個部落，成為中華民族的始祖。

倉頡造字

倉頡是黃帝時候的史官，遠古時期的人們沒有文字，他們透過結繩記事，大事打一大結，小事打一小結，後來又發展到用刀在木、竹上刻符號記事。

黃帝統一華夏以後，文明不斷發展，事務日益繁多，這些記事方法已經不能滿足實際需要，於是就命倉頡想辦法。倉頡冥思苦想，到處觀察，後來他發現所有的飛禽走獸、日用器物都有各自的特徵，於是，他根據萬事萬物的形態等特徵畫出符號，造出了許多象形文字。他將這些符號和其代表的意義教給九州酋長，這些象形文字便開始應用起來，這就是最早的文字。

堯舜禪讓

堯和舜都是遠古時期的部落首領。堯從十六歲開始治理天下，他非常賢明，與大家一起同甘共苦，受到老百姓的擁護。到八十六歲那年，他覺得自己年老體衰，想找一個人來接替他。這時，有人推薦舜做他的繼承人，堯決定先考驗考驗舜，於是把自己的女兒娥皇和女英嫁給了舜。

三年之後，堯覺得舜是一個誠實勤懇、德才兼備的人，於是正式將帝位禪讓給舜。舜即位以後，親自耕田、打漁，把天下治理得比堯的時期更好，深受大家愛戴。舜老了以後，依然召開部落聯盟會議選舉自己的繼承人，大禹因治水有功被推舉為繼承人。

堯舜禪讓的歷史傳說，反映了原始社會的民主制度。

大禹治水

禹是鯀的兒子，堯時被封為夏伯，所以又稱為「夏禹」。堯在位時，黃河流域經常洪水氾濫，百姓飽受水患，經常流離失所，生活淒苦。於是堯召開部落聯盟會議商討治水問題，大家推舉鯀去治水。

鯀帶領百姓修建了大量的堤壩，想用堤壩堵住洪水，可是，九年過去了，水患不僅沒有治好，而且越來越嚴重。舜即位以後，殺死了治水不力的鯀，改派鯀的兒子禹去治理洪水。

禹吸取父親治水失敗的教訓，採用疏通河道的方法，帶領群眾開鑿河道，把洪水引到大海裡。禹治水時恪盡職守，絲毫不敢休息，他新婚後不久就離開妻子，踏上治水的道路，三次經過家門，都沒有進去看一眼新婚的妻子和剛剛出生的孩子。經過十三年的治理後，洪水終於退去，人們為了表達感激之情，尊稱他為「大禹」。

先秦時期

奴隸社會的瓦解

原始社會後期，隨著生活水準提昇和私有財產的出現，人類進入了奴隸社會。大禹之子啟破壞了堯、舜以來的禪讓制，建立夏朝，正式開啟了「家天下」的歷史。

夏桀暴虐，商湯揮師滅夏，建立殷商；商紂荒淫，周武王又起兵伐紂，建立西周。西周初年，大封諸侯七十多家。後期周室衰微，周平王遷都洛邑，史稱「東周」。

此後，各個諸侯相互征戰，擴張領土，紛紛稱王，天下共主的局面已不復存在。春秋、戰國時期先後出現了春秋五霸、戰國七雄等諸雄並立、逐鹿中原的局面，周王室甚至成為了諸侯爭霸的一枚棋子，最終被秦始皇所廢。

不過此時卻是學術思想自由、文化繁榮的一個重要時期，諸子百家紛紛著書立說，闡述思想，思想文化領域出現了空前的繁榮景象，史稱「百家爭鳴」。

夏朝

啟建立夏朝

大禹成功治理洪水，將老百姓們從滔天洪水中解救出來，他因此深受百姓擁護，舜將王位禪讓給他。大禹晚年，他因伯益曾經輔佐舜治理山澤，調馴鳥獸，並輔佐大禹治理洪水，管理國家，功績卓著，所以在臨死之前決定禪位於伯益，但是大禹的兒子「啟」卻從伯益手中奪取政權，建立了夏朝。

從啟開始，家天下的「世襲制」代替了「禪讓制」，奴隸社會也就此開始。啟即位後，殺死伯益，有扈氏對啟破壞禪讓制度的做法十分不滿，拒絕來賀，啟發兵征伐有扈氏，雙方大戰於甘，有扈氏戰敗被滅。這次勝利，使新生的政權得到初步鞏固。

一開始，啟嚴於律已，任用賢能，得到了百姓的支持。但是啟晚年的生活日益腐化，他整日飲酒作樂，荒廢朝政，最後因為荒淫過度而死。

太康失國

啟因為荒淫過度而死之後，他的兒子太康即位，太康與啟相比更是有過之而無不及。他沉湎於歌舞遊獵、聲色犬馬之中，經常會帶著一幫親信到洛水之濱打獵，還會帶上一幫歌舞伎，奢侈淫樂，沉醉於歌舞昇平之中。

太康有時會外出數月不歸，荒廢朝政，激起了人民的強烈不滿，導致國內矛盾重重，同時也招致了外來部族的大舉進犯。東夷族有窮氏首領后羿善於射箭，野心勃勃，他見太康外出狩獵數月不歸，於是趁機占領了夏都斟鄩，掌握了夏的政權。太康無法返回，只好在洛水南面過著流亡生活。

一開始后羿還不敢自立為王，他先後立太康的弟弟仲康和仲康的兒子相為夏王，背地裡卻廣羅黨羽，把實權牢牢地掌握在自己手中。西元前二一四五年，覺得時機成熟後，后羿罷黜了相，並將他放逐到斟灌，自立為夏王。

寒浞自立為王

后羿同樣是一個昏君，他即位後荒淫無道，不理朝政，經常會外出遊獵玩樂，讓自己的親信兼義子寒浞替他主政。

寒浞為人奸詐狡猾，他鼓動后羿長年遊獵在外，藉以培植自己的勢力。在作好充分準備後，有一次寒浞乘后羿從外打獵回來，在其無任何防備的情況下，布置家眾將他射殺，然後自己登上王位，掌管了夏政權。

仲康的兒子相被放逐以後，便投奔到同姓諸侯斟灌氏那裡。這樣一來夏王朝的一些忠實擁護者，便紛紛投靠斟灌氏，試圖聯合起來恢復夏朝。寒浞怕有朝一日相的勢力一旦壯大，會對自己的王位構成威脅，於是決定斬草除根，派自己的兒子一路追殺，打敗了收留相的斟灌氏和斟鄩氏兩大諸侯，終於殺死了相。至此，寒浞徹底掌握了夏王朝的政權。

少康中興

寒浞殺死相以後，本以為已經把夏王朝的子孫趕盡殺絕，哪料相的妻子后緡當時已經懷有身孕，她趁亂從牆洞裡爬了出去，躲過了追殺。后緡奔到自己的娘家有仍氏，不久後生下一個兒子，取名叫少康。

少康自幼聰明過人，自幼他的母親就教育他要報仇雪恥，把失去的國家奪回來。於是，少康發奮圖強，發誓要殺死寒浞，復興夏王朝。少康成人後，寒浞的兒子過澆即位，他對少康展開追殺，於是少康投奔到了與夏王朝交好的有虞氏。

有虞氏國君將自己的兩個女兒嫁給少康，並把距虞城三十里的綸邑送給他。此後，少康便以綸邑為根據地，不斷積蓄力量，收羅舊部。相的舊臣靡應少康的號召，聯合斟灌、斟鄩兩地的復仇勢力，共同攻打過澆。西元前一九四〇年，少康終於推翻了過澆的統治，登上王位，恢復了夏朝的統治。

少康在穩定局勢以後，勵精圖治，發展民生，夏王朝的統治逐步鞏固，經濟快速發展，史稱「少康中興」。

季杼征東夷

季杼是少康的兒子，在少康復國的過程中，曾率兵攻滅寒浞的第二個兒子戈豷。少康死後，季杼即位為夏王。少康在位時，國力不斷強盛，但東夷諸部落時服時叛，成為夏朝的一大憂患，少康未來得及出征東夷便病死了。季杼即位後，積極籌劃征伐東夷各部，他先將王都由斟鄩（今河南鞏縣）遷至黃河北岸的原（今河南濟源西北），以擴大夏的勢力範圍，然後帶兵東征。

東夷人善射，因此季杼用獸皮製作了可以防止敵人砍射的盔甲，又發明了矛，使夏軍的戰鬥力大大增強。季杼還一度遷都於東夷部落附近的老丘，然後揮師東征。季杼的隊伍所向披靡，征服了今河南東部、山東和江蘇北部境內的夷人部落，一直打到黃海之濱。季杼的東征取得全勝，各個部落紛紛臣服，至季杼的兒子槐即位，夏朝達到了鼎盛時期。

孔甲亂夏

西元前一七〇四年，孔甲即位。孔甲原是夏王不降（夏朝第十一任君主）的兒子，由於他性情乖僻，父親不降擔心他治理不好國家，於是傳位給了自己的弟弟扃。扃死後又傳位於自己的兒子廑，廑死後才又由孔甲即位。孔甲即位後終日沉湎於歌舞美酒，荒廢朝政，傳說他曾創作了《破斧之歌》，是古代最早的東方音樂。

孔甲肆意淫亂，篤信鬼神，是一個胡作非為的殘暴昏君。有一次，天降大雨，又刮起大風，等到風停雨止，城外的山林又燃燒起來。孔甲本來就迷信鬼神，於是便認定是冤魂在作祟，立刻乘上馬車，到郊外去祈禱，祈禱完畢後在回宮的路上，於車中死去。從孔甲開始，原來歸附夏朝的各部落首領紛紛叛離，夏朝國勢日漸衰落，逐漸走向滅亡之路。所以《國語．周語下》中說：「孔甲亂夏，四世而隕。」

夏桀亡國

夏桀名履癸，是夏朝君主發之子，桀是商湯給他的謚號。他身材高大，孔武有力，能折斷鉤索，但卻自負勇武，暴虐無道，終日沉迷於聲色犬馬之中。

桀即位以後，四方諸侯早已相繼背離，不再來賀。而桀荒淫無度，致使此時的夏王朝危機四伏，內外交困，民不聊生。在即位後的第三十三年，桀率大軍征伐不肯聽命的東方小國有施氏，企圖殺一儆百，挽回各部落眾叛親離的局面。

有施氏為免於亡國，將絕色美女妺喜進獻於桀，桀大喜而歸，為妺喜建造了傾宮、瑤臺，還在傾宮中挖了灌滿酒的「酒池」。桀與妺喜通宵達旦地尋歡作樂，甚至一月不理朝政，終古、關龍逄等大臣苦苦勸諫，桀都不予理睬，終古最終投奔了商湯，而關龍逄被活活燒死，之後再也無人敢勸諫。

桀自比為天上的太陽，永遠不落，殊不知人民早已怨聲載道，夏朝的統治早已危如累卵。西元前十六世紀左右，夏朝被日益強大的商部落所滅。

中國出現曆法

《大戴禮記》中的《夏小正》為中國現存最早的科學文獻之一，也是中國現存最早的一部農事曆書。《夏小正》記載了夏代的曆法，將一年分為十二個月來記述物候、天象、星象和農事等，書中除二月、十一月與十二月外，每月都載有確定季節的星象（主要是拱極星象與黃道星象），以指導務農生產。

另外，《夏小正》也記載了當月植物的生長形態、動物的活動習性與祭祀等，有很高的實用價值，反映了夏朝的人已經由物候記時發展到以天象記事。夏朝的歷代君王開始以天干為名（如孔甲），這種趨勢到商朝時更加普遍，說明夏代已經開始以天干為序記事。

《夏小正》的內容涉及了星象與農業賴以使用的曆法的關係，對古代的天象與先秦的曆法研究有著重要的參考價值。

商朝

商湯建國

商族是居住在黃河下游的一個以畜牧業為主的古老部落，為東夷的一支，以玄鳥為圖騰。商湯名履，又名天乙，在夏朝末年成為商族的首領。

夏朝後期，商部落在湯的領導下日益強大起來。湯很有才能，他以德立威，施行仁政，深受百姓愛戴，臨近部落紛紛歸附。夏王桀暴虐無道，民怨沸騰，於是湯厲兵秣馬，增強實力，在名相伊尹的輔佐下起兵伐桀。

湯採取先弱後強的戰術，先攻滅了桀的黨羽葛、韋、顧等國，擊敗了昆吾國，然後直逼夏都附近的重鎮鳴條（今山西省安邑縣西）。桀倉促應戰，兩軍於鳴條展開大戰，夏軍將士早已恨透了桀，紛紛逃散，湯軍取得全勝。桀只得倉皇逃入城內，攜帶妹喜和珍寶逃到南巢，被湯俘獲後放逐於此，後來死於此地，長達近五百年的夏王朝至此結束。

湯回師西亳召開了眾多諸侯參加的大會，得到三千諸侯的擁護，建立了商王朝，建都於亳。商湯立國後，吸取夏亡的教訓，採用「寬以治民」的政策，內部安祥和樂，民生不斷發展，國力日益強盛。

商王朝在湯的統治下，發展成為強盛的國家。

伊尹放逐太甲

伊尹原是一名奴隸，因為在伊水邊居住，所以以伊為氏，尹為官名（相當於宰相）。後來被商湯重用，他十分有謀略，曾作為間諜親自進見夏桀，試探夏王朝的虛實。在得知桀荒淫無道，已經盡失民心之後，遂輔佐商湯滅掉夏朝。之後他輔佐商朝君王五十餘年，為四朝元老，權傾一時。

太甲名至，是商湯的長孫，太丁的兒子，因成湯的長子太丁早夭，於是由太丁之弟外丙、仲壬先後即位。仲壬病死後，太甲即位為商朝的第四位國王。太甲即位後，由伊尹輔佐執政，伊尹先後作了《伊訓》、《肆命》、《徂后》等文章，教導太甲遵守祖先法制，做一位明君。

太甲剛即位時還能遵守法制，勵精圖治，把國家治理得井井有條，可是三年之後就變得貪圖享樂，暴虐百姓。伊尹百般勸誡，太甲都充耳不聞，於是伊尹將他放逐到商湯墓地附近的桐宮，讓太甲在桐宮中學習，自己攝政當國，代行天子職權。三年後，伊尹見太甲悔過自責，棄惡從善，於是重新將他迎回王都。

太甲復位後，果然痛改前非，成為了一個勤政愛民的聖君，各方諸侯紛紛歸附，太甲死後，伊尹作《太甲訓》三篇褒揚太甲，尊太甲為太宗。

九世之亂

九世之亂是指商朝中期王室內部為了王位之爭而出現的混亂局面。因為商王多妻，子弟很多，所以自仲丁（商朝第十一任君主）之後，連續發生王位紛爭事件，導致王朝中衰，統治階級內部衝突尖銳，又屢次遷都，許多諸侯相繼背離。這一動亂歷經仲丁、外壬、河亶甲、祖乙、祖辛、沃甲、祖丁、南庚、陽甲九王，故稱「九世之亂」。

仲丁是商王太戊的兒子，他在位的時候將首都從亳遷到囂（今河南鄭州附近）。那時東南方的夷族開始興起，仲丁出兵擊退了試圖進攻商朝的藍夷，但仲丁本身的勢力遭受重創。仲丁死後，他的一大堆兄弟經過一番爭奪，最後由仲丁的弟弟外壬即位，自此開了「誰勢力大誰即位」的先例，造成了一百多年王位繼承的混亂局面。

外壬死後，他的弟弟河亶甲即位。河亶甲曾遷都於相，出兵征伐東南方的藍夷和班方。河亶甲病死後，他的兒子祖乙即位，祖乙將國都遷至耿，後又遷都於庇，並成功平服了藍夷、班方等國，使商王朝出現中興。祖乙死後，他的兒子祖辛即位，祖辛死後又由他的弟弟沃甲即位。沃甲死後，他的侄子、祖辛的兒子祖丁即位。祖丁死後又由沃甲的兒子、他的堂弟南庚即位。南庚遷都於奄（今山東曲阜縣），商朝國運再度衰落。南庚死後又由祖丁的兒子陽甲即位，這位陽甲就是盤庚的哥哥。陽甲在位時，商朝內亂不止，貴族之間相互殘殺。商朝衰落，諸侯不朝。

盤庚遷都

盤庚是商湯的第九代孫，西元前一三〇〇年即位。在他即位以前，商王朝的統治階層生活開始變得奢華靡爛，驕奢淫逸，王室內部為爭奪王位鬥爭激烈，加之自然災害的影響，商王朝內亂不斷，階級衝突嚴重。同時其他的諸侯國也開始強大起來，有的已經不來朝見了。

為了振興商王朝的統治，盤庚之前的君王已經多次遷都，但均效果不大。西元前一二九八年，為了抑制貴族們的奢侈生活，緩和社會矛盾，挽救已經呈現頹勢的商王朝，盤庚不顧貴族們的反對，再次放棄原來的都城，率眾西渡黃河，將都城從奄遷到殷（今河南安陽）。

遷都以後，盤庚執行了比較開明的政策，政治有所改善，社會比較穩定，人民安居樂業，商王朝從此中興，「盤庚遷殷」成為商代的一個重要轉捩點。此後的二百七十三年多，商的都城一直都在這裡，商朝也因此被稱為殷朝或殷商。

武丁中興

武丁名昭，是商王小乙的兒子，西元前一二五九年即位。據說他少年時期遵從父命在民間與平民一起生活，因此深知民眾疾苦和稼穡艱辛。他即位後勤於政事，從不貪享安逸，他任用奴隸出身的傅說、甘盤、祖己等賢能之人輔政，勵精圖治，使商朝經濟、軍事得到空前發展。

內政鞏固之後，武丁開始征伐周圍的方國蠻夷。他先後征服了鬼方、土方、西羌等對商朝構成威脅的方國，之後還率兵攻打江漢流域的荊楚，將其納入商朝的版圖範圍。據說他曾征服了四十多個方國部落，他們紛紛臣服，向商朝交納糧食、牲畜、人牲等貢物。

武丁在位時，商朝達到鼎盛時期，成為西起甘肅、東到海濱、北及大漠、南逾江漢，包含眾多部族的大國，即「武丁中興」。為了控制被征服的廣大地區，武丁在各地建立城邑，把自己的子孫、功臣以及臣服的方國部落首領分封在那裡，被分封者稱為侯或伯，開創了「分封制」的先河，而後來滅商的周人之祖先就是在武丁時代被征服並分封的。

婦好出征

婦好是武丁六十多位妻子中的一個，她是武丁的原配，也是後來的商朝君王祖庚、祖甲的母親。「婦」是一種特定的稱謂，而「好」字則是她的氏。婦好是中國歷史上第一個有文字記載的女將軍，也是一位傑出的女政治家。商朝時信奉「國之大事，在祀與戎」，而婦好不僅能夠率領軍隊東征西討，為武丁拓展疆土，而且文化水準很高，還能夠主持商朝的各種祭祀活動，她因此成為最有能力、最受武丁寵愛的一位王后。

武丁時商朝極度繁榮，商朝的版圖擴大了數倍，而為武丁帶兵東征西討的大將就是他的王后婦好。據甲骨文資料顯示，婦好經常參與戰爭，主持國家祭祀。婦好多次帶兵打仗，北討土方族，東南攻伐夷國，西南打敗巴軍，為商王朝的開疆拓土立下了赫赫戰功。她還運籌帷幄，巧設埋伏，率兵一萬三千人討伐羌方，此戰是武丁時期用兵最多的一次。

有趣的是，婦好嫁給武丁成為王后之後，武丁封給了她大量的土地和子民，她並不和武丁住在一起，而是經常待在自己的封地裡。婦好英年早逝之後，武丁十分悲痛，把她葬在了宮殿區，並為她舉行了獨祭。

太丁殺季歷

太丁（文丁）是商王武乙的兒子，於西元前一一一二年即位，共在位十一年。季歷是周始祖古公亶父的小兒子，也是後來的周文王姬昌的父親。

武乙在位時季歷即位為周侯，武乙曾授予季歷征伐之權。季歷率兵西滅程（今陝西咸陽）、北伐義渠（今寧夏固原），到殷都朝貢，屢次受到武乙的賞賜，周國不斷強大起來。

太丁即位後，對周採取懷柔政策，以解除周人的威脅。季歷又率兵征伐餘吾戎，迫使其臣服於周。太丁任命季歷為殷牧師，掌管商朝西部地區的征伐。其後季歷又征伐始呼戎、翳徒戎，聲威大振。太丁眼看季歷的勢力不斷壯大，有功高蓋主的的危險，於是決定抑制周的發展。

季歷到殷都獻俘報捷時，太丁賜給他圭瓚、積匕等物，作為犒賞，並加封季歷為西伯侯，使季歷毫無防備之心。當季歷準備返周時，太丁突然下令囚禁季歷。不久，季歷死於殷都。

季歷的兒子姬昌即位為西伯侯，他以德治國，仁政愛民，大力發展民生，並組建了強大的軍隊，周國迅速地發展起來，為以後的滅商之路奠定了基礎。

帝乙歸妹

商王太丁死後，他的兒子帝乙即位。西伯侯季歷被商王太丁殺害以後，商周關係迅速惡化。

季歷的兒子姬昌即位以後，積德行善，建立很高的威信。姬昌相繼征服了周圍的部族，使周國的勢力不斷擴張，他積蓄兵力，準備為父報仇。此時，位於商王朝東南的夷方也先後叛亂，攻打商朝，帝乙忙於帶兵征伐島夷、淮夷、盂方等方國。為了避免東西兩方同時受敵，也為了修好因其父太丁殺害季歷而驟然緊張的商周君臣關係，帝乙決定將他的妹妹嫁與姬昌，透過和親的辦法來緩和商周矛盾，穩定大局，希望商周之間能夠彼此不計前嫌，親善相處。

姬昌審時度勢，認為滅商時機還未成熟，同時也為了爭取充足的時間，遂同意與商聯姻。帝乙親自擇定婚期，置辦嫁禮，並命姬昌繼其父為西伯侯。成婚之日，姬昌親自去滑水相迎，以示鄭重。此事史稱「帝乙歸妹」，一時傳為美談，商周雙方皆大歡喜，重歸於好。

紂王荒淫亡國

紂王是商朝的最後一位帝王，即帝辛，紂王是後人加給他的名字。他是帝乙的兒子，帝乙死後，因其長子微子啟的母親身分卑賤，不得繼承王位，所以由子辛即位。

紂王博聞廣見，思維敏捷，身材高大，膂力過人，他曾經攻克東夷，把疆土開拓到中國東南一帶，開發了長江流域。但他即位時，商朝已經到了分崩離析的邊緣，階級矛盾尖銳，王室與貴族之間的鬥爭十分激烈，諸侯國也日益離心。

紂王生活奢侈糜爛，荒淫無度，橫徵暴斂，窮兵黷武。他寵信妲己，淫亂後宮，造酒池肉林，日夜享樂，並大用炮烙等刑罰，草菅人命。微子啟屢次勸諫都不聽，於是逃往西周，紂王的叔叔比干冒死相諫，卻被紂王剖心而死。稍有不滿的大臣就會被處死或囚禁，紂王已經到了眾叛親離的地步。

紂王末年，諸侯並起，西方的周國已經作好伐商準備，而此時紂王正在發兵攻打反叛的東夷部落，導致國內兵力空虛，終於被周武王所滅，商朝就此滅亡。

青銅器的鼎盛

青銅器是指由青銅製成的各種器具，主要指先秦時期用銅錫合金製作的器物，包括炊器、食器、酒器、水器、樂器、車馬飾、銅鏡、帶鉤、兵器等。

青銅器流行於新石器時代晚期至秦漢時代，最初出現的是小型工具和飾物，夏朝時開始出現青銅容器和兵器等，商周時期青銅器的發展達到鼎盛。

在商代，青銅鑄造業成為最發達的手工業生產部門。商代的鑄銅業地域分布十分廣泛，青銅器的種類繁多，器型多樣，兵器、日用器皿、生產工具等無所不有，這時的青銅器渾厚凝重，造型美觀，還刻有銘文和精細的花紋。

一九三八年在河南安陽市武官村出土的后母戊鼎高一三三公分，橫長一一〇公分，寬七十八公分，重八三二公斤，鼎腹長方形，上豎兩隻直耳，下有四根圓柱形鼎足，是中國目前已發現的最重的青銅器，據載該鼎是商王祖庚或祖甲為祭祀其母所鑄。

一九三八年湖南省寧鄉縣出土的四羊方尊高五十八公分，重達三十四公斤，是中國現存商代青銅方尊中最大的一件。青銅器做出來的時候是金色的，因為埋在土裡很久才變成了綠色，由於商代的青銅器完全是由手工製造，沒有任何兩件是一模一樣的，因此具有很高的文物和藝術價值。

人祭與人殉的出現

人祭和人殉反映了奴隸們在古代社會的悲慘處境。人祭與人殉是隨著私有制和父系氏族社會的出現而出現的，最早大約出現於原始社會末期，到商朝中後期時達到頂峰。

商朝社會是由貴族、平民和奴隸組成的，奴隸處在社會的最底層。戰俘是奴隸的主要來源，首領會將戰爭獲得的戰俘分給貴族，他們不僅可以任意使用奴隸，而且還可以隨意殺戮，用他們來祭祀和殉葬。

商王和貴族們非常頻繁地舉行祭祀活動，在祭祀祖先、天神、人鬼時，他們會把奴隸殺死，和牛羊等一起作為祭祀的犧牲。據甲骨文記載，每次用來祭祀的奴隸人數不等，最多的時候達五百人。此外，商朝貴族死的時候還會用活人殉葬，一般是用死者的妻妾寵幸及親近的奴僕，少則一、二人，多則上百人。他們企圖在死後還能奴役這些奴隸，讓奴隸們繼續為其服務。

甲骨文的出現

甲骨文是中國已發現的古代文字中時代最早、體系較為完整的文字，主要是指殷墟甲骨文，是商代時期人們雕刻或書寫在龜甲和獸骨上的文字。

甲骨文於十九世紀末年在殷代都城遺址——今河南安陽小屯被發現，是中國商代後期王室用於占卜記事而刻或寫在龜甲和獸骨上的文字。甲骨文被認為是現代漢字的早期形式，也是現存中國最古老的一種成熟文字，其造字方法主要有象形、假借、形聲三種，儘管其外形和我們現在的漢字有很大區別，但已經具備了今日漢字結構的基本要素。目前中國發現的甲骨大概有十五萬片，有四千多個單字，能夠辨認的有一千多個。

商周帝王由於迷信，凡事都要進行占卜，然後把占卜的有關事情刻在龜甲或獸骨上，並作為檔案由王室史官保存。甲骨文所記載的內容極為豐富，涉及到商代社會生活的諸多方面，不僅包括政治、軍事、文化、社會習俗等內容，而且涉及天文、曆法、醫藥等科學技術，是研究中國古代，特別是商代社會歷史、文化、語言文字等極其珍貴的第一手資料。

西周

周文王重用姜尚

姜子牙，名尚，字子牙，東海上人。據說祖先在舜時為「四岳」之一，曾幫助大禹治水立過功，被封在呂，所以姜子牙又稱呂尚。

到姜子牙時，家道已經敗落，所以姜子牙為了維持生計，做過屠夫，開過酒肆，但他人窮志不短，始終勤奮刻苦地學習天文地理、軍事謀略，研究治國安邦之道。不過他雖然滿腹經綸，卻懷才不遇，直到年逾花甲，滿頭白髮，仍沒有機會施展其才能與抱負。

西伯侯姬昌被商紂王囚禁，回國之後，他想起兵攻商，卻因時機不成熟而不得不暫時擱置下來，積蓄力量以等待時機。姬昌以德治理國家，禮賢下士，尊老慈少，因此諸侯紛紛歸附，天下有名望的賢人爭相投奔。據說，有一天姬昌在渭水南岸看到一位器宇不凡的白髮老者，用不掛誘餌的直鉤釣魚。於是上前與他攀談起來，他發現這位老者不僅懂得治國安邦之道，而且很有軍事謀略，於是大喜過望，邀他同車。

這位老者就是姜子牙，因為周國從太公古公亶父起，就希望能有一位賢人幫助治理國家，所以姬昌說：「吾太公望子久矣！」所以姜子牙被尊稱為太公望。在姜太公的輔佐之下，周國不斷強大，為滅商奠定了基礎。

武王伐紂

周族是一個後起的姬姓部族，有著悠久的歷史，他們以后稷為祖先，並把他尊為農神，西周的農官長便是以「后稷」命名。周族長期在陝甘一帶活動，後以岐山之南的周原為主要的根據地。

西元前十一世紀初，西伯侯姬昌即位後大力發展農業生產，不斷擴充實力，同時注意積善修德，與周圍的部族友好相處，周族力量的強大無疑對商朝構成了威脅，於是，商王帝辛（商紂王）將姬昌囚於羑里達七年之久，周臣將無數的美女、珍寶進獻給帝辛，他才放了姬昌。

此時帝辛倒行逆施，導致商朝國內矛盾尖銳化。姬昌回國後，任用姜太公為軍師，不斷擴充軍事實力，加緊了伐商的準備。姬昌逝世後，太子姬發（周武王）即位，他繼承父親遺志，重用姜太公、周公、召公治理國家，國力日益強盛。

西元前一〇四六年，趁商朝主力征戰東夷之際，周武王聯合庸、蜀、羌、髳、盧、彭、濮等部族向商都朝歌進軍，兩軍大戰於朝歌附近的牧野，史稱「牧野之戰」。商朝的奴隸們陣前倒戈，引導周軍攻陷朝歌。商王帝辛倉皇逃跑，在鹿臺自焚而死，商朝滅亡。周朝由此建立，定都鎬京，中國歷史進入了周王朝時代。

分封諸侯

西周建立之初，為了鞏固周朝的統治，周武王大封諸侯，把自己的親屬和功臣分封到各個地方，並分給他們一定的土地和子民，讓他們修建城邑進行統治，管理邊疆地區。

到成王時期，周公旦東征以後又開始大封異性諸侯，楚國就是在此時得到楚子的爵位的。

周初分封者主要是同姓的王室成員、功臣以及古代帝王之後，從周武王到他的兒子周成王時期，一共封了七十一個諸侯國，其中姬姓的諸侯國有五十三個。這些諸侯國可以世代承襲王位，中央向諸侯國派出監察官吏進行監督，諸侯國要定期向周王朝納貢。

周初的主要分封國有魯國、齊國、晉國、宋國、燕國等。魯國是周公旦的封地，因周公旦輔佐王室，所以由長子伯禽管理；齊國是姜尚的封地，地域廣闊，是周王室控制渤海一帶的重要力量；宋國是商紂王的哥哥微子啟的封地，周公旦平定武庚叛亂之後，將微子啟封在殷都附近的商丘，令他管理殷商遺民。

周公輔政

周武王滅商以後，為了安撫和管理殷商遺民，封帝辛之子武庚為諸侯，同時，將武王的三個弟弟管叔、蔡叔和霍叔分封於朝歌周圍，共同監督武庚，即為「三監」。

周武王逝世後，其幼子姬誦即位，也就是周成王，成王當時只有十三歲，不能處理政事，因此由周武王的弟弟周公旦輔佐朝政，處理國事。這引起了管叔、蔡叔、霍叔等的不滿，他們擔心周公旦想謀篡王位，於是勾結武庚發動叛亂，史稱「三監之亂」。

周公旦率兵征討，三年以後，平定了武庚叛亂，並將周朝的勢力擴展到了東海。此後，周公旦全力輔佐周成王，大規模分封姬姓諸侯，鞏固周王朝的統治，並營建了洛邑（今河南洛陽）作為周朝的東都，周公旦還制禮作樂，建立典章制度，提出「敬德保民」的思想，其言論見於《尚書》。

周公旦攝政七年後，國泰民安，天下大局已定。於是周公旦信守諾言，還政於周成王，自己留守成周，與留在宗周的召公形成「分陝而治」的局面，自陝（今河南陝縣）以東的疆域都歸周公治理，陝以西的地方則召公治理。

周公死後，成王將他葬於畢，與文王之墓相並，以表示自己不敢以周公為臣下。

井田制的出現

井田制是中國古代社會的土地國有制度，商朝時即出現，主要存在於西周時期。所謂「普天之下，莫非王土；率土之濱，莫非王臣」，西周的土地和人民都由周王以天下大宗的身分分封給各個諸侯，諸侯又把自己封地上的土地和人民分封給卿大夫與士。土地屬於國家所有，不允許買賣。

周王室以邑社為單位，由各級貴族將土地分配給農戶耕種，其收穫歸農戶所有，農戶只有使用的權利，而沒有所有權，這部分土地稱為「私田」。而大部分土地則歸貴族所有，稱為「公田」，農戶集體在公田上耕作生產，並向國家交納貢賦。因為當時的小路和管道縱橫交錯，把公田分隔成了一個個方塊，形狀像「井」字，因此稱做「井田」。井田制是商周時期占主導地位的一種土地制度，其性質是一種奴隸制下的土地剝削制度。

成康之治

「成康之治」是指周成王、周康王相繼在位的四五十年間所形成的安定強盛的政治局面。武王去世後，年幼的兒子姬誦即位，為周成王。武王的弟弟周公旦輔佐成王平定叛亂，建立東都，並制禮作樂，分封諸侯，使周朝走上了安定發展的局面。

周公旦功成隱退，成王親政以後勤於政事，他在位期間國家安定，政治清明，人民安居樂業。姬誦病死以後，康王姬釗即位。召公、畢公率領諸侯，陪姬釗來到祖廟，把文王、武王創業的艱辛告訴康王，告誡他要節儉寡欲，勤於政事，守住祖先的基業。姬釗在位期間克勤克儉，勤政愛民，同時他還不斷攻伐鬼方和東南各部族，將獲得的土地和奴隸分給諸侯。此時的周朝國力昌盛，社會安定，四海賓服，是周朝歷史上最繁榮的時期。史稱天下安寧，刑具四十餘年不曾動用，因此有「成康之治」的美譽。

周昭王征楚

楚部落的始祖鬻熊在九十歲時率部族投靠周文王，到成王的時候周朝開始分封異姓諸侯，鬻熊的曾孫熊繹被封於楚地，以丹陽為國都。楚國在當時不過是方圓五十里的彈丸之地，到周昭王時已經不斷壯大，疆域廣闊，引起了周王朝的不滿。

周昭王是周康王之子，周成王之孫。周昭王即位後，欲擴大周朝疆域，延續成康之治的繁榮局面，於是在西元前九八五年大舉興兵征伐「不服周」的楚國，勝利而返。

西元前九八二年，周昭王再次率六師征討楚國，遭到楚人的強烈抵抗，損失慘重。昭王末年（約西元前九七七年），周昭王第三次攻打楚國，周朝軍隊全軍覆沒，昭王也在回師漢水時溺水而死。昭王南征的失敗是周朝由盛而衰的轉捩點，此後楚國雄踞南方，日益強大，成為後來的春秋五霸之一。

國人暴動

周厲王是周朝的第十位君主，他在位期間，貪財好利，橫徵暴斂。

周厲王聽取了卿士榮夷公的計策，規定對山林川澤實行國營壟斷的「專利」政策，不准平民進入山林川澤謀生，引起國人不滿。厲王又命衛佞臣衛巫監視國人，禁止平民談論國事，違者戮殺。許多人被抓來殺害，就連一些不曾表示對「專利」不滿的人也都被誣陷而遭殺害。於是國人見面的時候，都不敢多說一句話，只能「道路以目」。

大臣召公勸戒厲王說：「防民之口甚於防川。」意思是說，堵住人民的嘴，就像堵住了一條河，河水一旦決堤，勢必造成滅頂之災，而人民的嘴被堵住了，帶來的危害遠甚於河水。可厲王不聽忠臣的勸誡，一意孤行。終於在西元前八四一年，鎬京的國人們忍無可忍，他們自發地集結起來，手持木棍、農具等攻入王宮。周厲王見大勢已去，倉皇逃竄，躲到了遠離都城的彘（今山西霍縣）。此時，朝廷無主，朝政暫時由周定公、召穆公共同執掌，史稱「周召共和」或「共和行政」。

國人是西周、春秋時期對居住在都城裡的人的統稱，是相對居住於城外的「野人」而言的。國人暴動體現了西周王朝的不斷衰微，也加速了它的分崩離析。

宣王中興

周宣王姓姬，名靜，是周厲王的兒子。西元前八四一年國人暴動，周厲王逃亡到彘，召穆公將太子靜藏在自己家中，以自己的兒子代替他，才救出了太子。

西元前八二八年，厲王死於彘後，大臣們擁立靜登基為王。宣王即位後，重用賢臣，整頓朝政，使原本已衰弱的周朝又恢復了國力。在位期間，周宣王多次成功地討伐了侵擾周朝的戎、狄和淮夷等部族，並派兵征伐南方的楚國。

不過，宣王中興為時短暫，似乎是周王朝滅亡之前的迴光返照。宣王連年征戰，雖然使西周的疆域得以擴充，但是耗費了大量人力、物力，周宣王晚年，周王朝又呈現出衰敗的景象。

烽火戲諸侯

周幽王是西周最後一位君主，是周宣王的兒子，西元前七八一年即位。幽王在位時貪圖享樂，不理朝政，他得到了一位非常寵愛的妃子褒姒，褒姒雖然美豔無比，卻冷若冰霜，幾年來從來沒有笑過，總是皺著眉頭。

周幽王為了博得美人一笑，竟然聽信奸臣虢石父的計策，將二十多座邊關告急用的烽火臺點燃，於是，各地諸侯得到信號紛紛集結兵力，長途跋涉前來救駕。可他們趕到之後，卻發現並非西戎來犯，只是幽王開的一個玩笑，而幽王和褒姒正在高臺上飲酒作樂，把酒笙歌。於是諸侯們氣惱至極，連夜退回。褒姒看著各路大軍來來回回，十分狼狽，終於笑了起來。

之後，周幽王聽信褒姒的讒言，廢黜了王后申氏和太子宜臼，改立褒姒為后，立褒姒的兒子伯服為太子，還下令廢去申后父親申侯的爵位，並打算征伐他。申侯得知這個消息之後，不甘心束手就擒，於是聯合西北的犬戎於西元前七七一年進攻鎬京。

周幽王聽到犬戎進攻的消息後，急忙命令點燃烽火，召集各地諸侯來救，可諸侯們早已受夠了幽王的愚弄，當「狼」真的來了時，卻再也不肯理會。而周幽王昏庸無道，鎬京守兵也不願為其效力，稍作抵抗之後便投降了。幽王和褒姒、伯服等人帶著珍寶倉皇逃至驪山，後被犬戎殺死，褒姒被俘。鎬京城被攻破，西周自此滅亡。

《周易》的形成

《周易》是一部用來卜筮的書籍。在商代晚期的甲骨、銅器和陶器上面就有以數位記載爻的易卦。至於《周易》的起源，傳說是伏羲畫八卦，周文王被囚禁在羑里的時候將八卦推衍為六十四卦，後來周公旦又做過補充，成書於周代。

《周易》從漢代開始通稱為《易經》，被列入六經之一。

《周易》認為世界萬物是發展變化的，而其變化的基本要素是陰（--）和陽（—），世界上萬事萬物的千變萬化都是陰陽相互作用的結果。正所謂：「一陰一陽之謂道。」八卦是以陰陽符號來反映客觀事物。其研究對象是天、地、人三才，而以人為根本。三才又各具陰陽，因此陰陽兩個基本符號三行一組，排列而成八卦，即乾、坤、震、巽、坎、離、艮、兌，分別象徵天、地、雷、風、水、火、山、澤。這樣抽象的陰陽概念便具體化為了八種自然事物，它們分別具有剛柔的性質。而八卦兩兩相重，又形成六十四卦，每一個卦中又有六爻，一共包括三百八十四爻，分別代表著各種事物。

《易經》一書便是由八卦推衍為六十四卦的兆象符號（即卦圖）和六十四卦卦名、卦辭，以及三百八十四爻和爻辭所組成。古人根據這些符號來預測和解釋自然現象、決策國家大事、推測吉凶禍福。《周易》體現了中國古代辯證思想的萌芽，在中國哲學史上占有重要地位，其陰陽文化對後世影響深遠。

春秋

周平王遷都洛邑

周平王姓姬，名宜臼，是周幽王和第一個王后申后的兒子，被周幽王封為太子。之後周幽王被褒姒迷惑，廢黜了申后和太子宜臼，宜臼逃到了其外公所在的中國。

西元前七七一年，幽王被犬戎所殺後，宜臼的外公申侯等諸侯擁護宜臼即位，為周平王。戰後的鎬京殘敗不堪，一片蕭條，同時也為了躲避犬戎的偷襲，西元前七七〇年周平王將首都遷到了東都洛邑（今河南洛陽）。為了和西周區分，遷都以後的周王朝被稱為東周。

遷都以後的周王室日益衰微，周平王依仗晉、鄭、秦等諸侯的力量，勉強支撐殘局。此時，中原大地分崩離析，周天子失去了天下共主的地位，諸侯各國之間的兼併戰越來越激烈，中國歷史進入了群雄爭霸的春秋和戰國時期。

鄭伯克段於鄢

鄭武公的夫人武姜婚後生了兩個兒子：鄭莊公和叔段。因為莊公出生時難產，使武姜受盡了折磨，所以武姜很討厭他，給他取名叫寤生。

武姜很喜歡叔段，多次勸鄭武公立叔段為世子，鄭武公沒有答應，之後武姜又多次勸說武公廢掉寤生，都被武公拒絕。西元前七四三年，武公死後，寤生即位為莊公，武姜為叔段請求封地，於是莊公將叔段封在京（今河南滎陽東南）。

叔段在武姜的支持下，私自擴張勢力，妄圖與武姜裡應外合，奪取政權。西元前七二二年，莊公率兵討伐叔段，在鄢大敗叔段。叔段逃到共國居住，因此被後人稱為共叔段。

據說莊公把武姜放逐到城潁（今河南臨潁西北），並發誓母子二人不到黃泉不相見。一年之後，莊公有些後悔這樣做，但又不願違背誓言。於是潁考叔獻上一計，在地下挖了一條隧道，見到地下泉水，母子在隧道見面，言歸於好。

鄭莊公打敗叔段，為鄭國的爭霸之路掃除了障礙。

周鄭交質

鄭國因護送周平王遷都洛邑有功，受賞了大片土地，鄭武公和鄭莊公先後被任命為周王朝的卿士，周鄭關係一直比較密切。但是，鄭莊公即位後，走上了一條遠交近攻的擴張之路，鄭國勢力日益強大。

周平王為了削弱鄭國的勢力，打算任命虢公忌父為右卿士，鄭莊公為左卿士，將一些事情交給虢公分管。鄭莊公因此而怨恨周平王，雙方產生了矛盾，而周平王畏懼鄭莊公的勢力，只好矢口否認此事。但鄭莊公不信，於是為了表示信任，周、鄭之間互派人質，各自把自己的兒子作為人質交給對方。

周鄭交質是周天子實力受到挑戰的象徵，此後諸侯各國紛紛僭越周禮，擴充勢力，所以說周鄭交質是春秋亂世的開端。

鄭莊公遠交近攻

周桓王即位後，鄭莊公先後兩次派兵強割周王室溫地（今河南溫縣）、成周（今河南洛陽東）的莊稼示威。周桓王十分惱火，任命虢公為周室右卿士，以分莊公之權，之後莊公勵精圖治，開疆擴土，不斷擴充勢力。

西元前七〇七年，周桓王統率周軍及陳、蔡、虢、衛四國部隊討伐鄭國，史稱繻葛之戰。結果周師大敗，周桓王被鄭國將領一箭射中肩膀。繻葛之戰，使周天子威信掃地，鄭莊公聲威大振，宋、衛、陳等宿敵都來求和，鄭國成為當時中原最強盛的諸侯國。

西元前七〇一年，鄭莊公與齊、衛、宋等大國諸侯結盟，儼然已是諸侯霸主。

楚國稱王

楚武王名熊通，是熊儀之孫，楚霄敖的次子，楚蚡冒之弟。西元前七四〇年，蚡冒死後，熊通殺死侄子，自立為國君。

楚國原本是周成王時期分封的異姓小國，經過幾百年的發展，到熊通時，已經成為楚地千里的南方大國。熊通雷厲風行，聲名顯赫，是一個鐵腕式的人物，他即位後以鬬伯比為令尹，國力日增。又與鄧國和親，娶鄧侯之女鄧曼為妻。

熊通即位不足三年就揮師渡漢，攻打周朝設在漢北的重鎮，並相繼攻打楚國周邊的小國。

他認為楚國子爵的爵位太低，與自己的大國地位不相稱，因此想讓周桓王提高自己的爵位，無奈人微言輕，周桓王怎會聽他的話。於是楚武王決定攻打與周王室同姓的諸侯國——隨國，以體現自己的地位，之後又迫使在當時有一定地位的隨侯向周天子進言，建議加封楚國的爵位，周桓王斷然拒絕。

熊通聞訊大怒，號稱：「王不加我，我自尊耳！」當即自立為楚武王，開了諸侯僭號稱王之先河。當時諸侯爭霸，周室衰微，周桓王對此也無可奈何。

管仲拜相

西元前六七四年，齊僖公駕崩，留下三個兒子，世子諸兒、公子糾和小白。世子諸兒順理成章地即位為齊襄公，但他人格低劣，難堪大任，而且還和自己的妹妹文姜有私情。文姜後來嫁給了魯桓公，在一次魯桓公和文姜回娘家的時候，齊襄公與文姜密謀殺死了魯桓公。

原本為莫逆之交的管仲和鮑叔牙分別是公子糾和小白的老師，此時他們預感到齊國將會大亂，於是各自帶著自己的主子逃亡在外，以靜觀其變。

西元前六八六年，齊襄公的叔伯兄弟公孫無知殺死齊襄公，自立為王。一年以後，公孫無知又被齊國貴族殺死。一時之間，齊國無君，於是公子糾和小白搶著趕回齊國繼承王位。為主心切，管仲帶兵在路上攔截公子小白，一箭射中了小白的衣帶鉤，小白急中生智倒地裝死，騙過了管仲。之後和老師鮑叔牙連夜趕路，回到齊國繼承了王位，是為齊桓公。

齊桓公即位後欲拜鮑叔牙為相，鮑叔牙卻推薦了管仲。他說：「如果君上只想治理齊國，那有鮑叔牙就夠了；但是要想成就霸業，非管仲不可。」於是齊桓公不計前嫌，拜管仲為相。之後管仲進行了一系列的改革，使齊國不斷強大，為稱霸奠定了基礎。

齊魯長勺之戰

西元前六八四年春，剛剛即位一年的齊桓公不聽從管仲內修政治、伺機而動的建議，執意發兵攻打魯國。魯莊公決心抵抗，深具謀略的魯國人曹劌自告奮勇隨莊公出戰，他勸莊公只有忠信愛民，才能跟齊國一戰。

魯軍根據齊強魯弱的形勢，在長勺（今山東萊蕪東北）迎擊齊軍。曹劌令魯軍保持陣型，按兵不動，齊軍一而再、再而三地發起攻擊，均未取勝。最後齊軍疲憊，士氣低落，魯軍則陣型穩固，士氣高昂。此時曹劌才下令魯軍攻擊，魯軍將士一鼓作氣，擊潰齊軍。曹劌見齊軍車轍混亂，旌旗不穩，於是乘勝追擊，將齊軍逐出魯境，逼近齊國國都。

魯莊公詢問曹劌為何能取勝，曹劌說：「夫戰，勇氣也，一鼓作氣，再而衰，三而竭，彼竭我盈，故克之。夫大國，難測也，懼有伏焉。吾視其轍亂，望其旗靡，故逐之。」

此戰是中國歷史上後發制人、以弱勝強的著名戰役。

齊桓公伐楚

春秋初年，楚國日益強大起來，疆域不斷擴大，楚成王屢次發兵中原，它先後滅掉了申、息、鄧等國，並伐黃服蔡，多次向鄭國進攻。鄭國支撐不住，已準備背齊向楚。

齊桓公於西元前六五六年，率領魯、宋、曹、衛、陳、鄭、許八國軍隊進攻楚國的盟國蔡國，蔡軍不戰而潰。八國軍隊逼近楚國邊境，兩軍對峙，都不敢輕舉妄動。

楚國見齊的盟軍強大，於是派大夫屈完與齊桓公談判，謀求和解。管仲以周昭王南征不歸、楚國不向周天子進貢苞茅為由責問楚國。楚國只承認不進貢之罪。

齊國見楚國軍隊強大，思忖不能用強力征楚，於是在召陵（今河南郾城東南）與楚國結盟，然後退兵，史稱「召陵之盟」。這是齊桓公「尊王」的又一次勝利，但也體現了楚國強大的實力。

齊桓公成就霸業

齊桓公即位以後，任用曾經的政敵管仲為相。管仲針砭時弊，進行了一系列有益的改革，根據土地好壞決定徵稅數額，提高了人民種田的意願，增加了國家稅收，又令士農工商者分別居住，職業世代相傳，防止了社會動盪。齊國國力大增，一躍而成為當時最大的諸侯國。

齊桓公打著「尊王攘夷」的旗號，聯合諸侯打敗了入侵中原的山戎、北狄，贏得了諸侯的擁護，威信大增。

西元前六五五年，周王室內訌，周惠王想廢掉太子鄭，立愛妃生的兒子王子帶為太子。齊桓公聯合諸侯保住了太子鄭的地位，之後又擁立太子鄭即位為周襄王，周襄王對此十分感激。以此為契機，西元前六五一年，齊桓公召集魯、鄭、宋、衛、曹、許等國諸侯在葵丘（今河南蘭考）會盟，周襄王派代表參加，會上訂立了共同遵守的盟約，約定「凡我同盟之人，既盟之後，言歸於好。」

葵丘會盟，齊桓公達到了號令諸侯，稱霸中原的目的，象徵著齊桓公的霸業達到頂峰。

宋襄公會盟諸侯

宋襄公名茲甫，是宋桓公的次子，於西元前六五〇年繼位。

西元前六四三年，一代中原霸主齊桓公去世以後，齊國因爭奪王位而發生內亂，易牙等人廢掉齊桓公選定的繼承人公子昭，立公子無虧為君，公子昭逃到了宋國。

宋襄公想借此繼承齊桓公的霸業，於是聯合了曹、衛、邾三國軍隊，護送公子昭回國即位，是為齊孝公。宋襄公覺得自己有恩於齊，已經小有名氣，於是決定在盂地與齊、魯、楚等國會盟，自立為中原霸主，可是卻當場被同樣覬覦中原霸權的楚成王阻止。

楚成王命士兵將宋襄公抓了起來，並押著他攻打宋都商丘，連攻數月都未能得逞。宋襄公被放回國後，在西元前六三八年發兵討伐楚國的盟國鄭國。楚國帶兵援救，與宋軍戰於泓水。

宋襄公自詡「仁義之師」，拒絕在楚軍渡河時趁機攻擊，結果宋軍大敗，宋襄公受傷去世，霸主之夢就此破滅。

晉文公稱霸諸侯

晉文公姬姓，名重耳，晉獻公之子。晉獻公在位時實行集權政策，對內政通人和，對外武力征伐，曾滅掉耿、霍、魏、虞、虢等國，並戰勝驪戎、赤狄等族，疆域迅速擴大。但晉獻公晚年被驪姬迷惑，西元前六五六年，晉獻公殺掉世子申生，逼走公子重耳、夷吾，立驪姬的兒子奚齊為世子。

重耳在外流亡了十九年，相繼來到齊國、楚國、秦國等國家。西元前六三六年，秦穆公護送重耳回到晉國即位，稱晉文公。晉文公即位後重用趙衰、狐偃等忠臣，推行發展農商的經濟政策，使晉國迅速振興起來。

同年，周王室發生了王子帶勾結狄族，趕跑周襄王的事件，晉文公抓住時機，以「尊王攘夷」為口號聯合諸侯，大敗王子帶，護送周襄王回洛邑，在諸侯各國樹立了威信。之後晉國又在城濮之戰中打敗楚軍，贏得了中原小國的歸附。

西元前六三二年，晉文公在踐土（今河南原陽縣西南）大會諸侯，周王應召赴會，晉國的霸主之位就此確立。

晉楚城濮之戰

西元前六三三年，楚國再次圍攻宋國，宋國向當時的中原霸主晉國求救。

晉文公想率兵攻打楚國，但因為戰線太長，於是決定先攻打楚國的盟國曹、衛二國，試圖以此解救宋都之圍。此時，齊、秦兩國的調停被楚國拒絕，於是齊、秦聯軍也加入了伐楚的隊伍。楚國將領子玉帶兵與晉軍決戰。

晉文公是一個非常有謀略的人，他見楚軍向曹都陶丘逼近，於是為了避開鋒芒，宣稱為報答在他流亡國外時楚王對他的款待，下令軍隊退避三舍（即九十里），以示禮讓。子玉帶兵一路追擊，雙方在城濮（今山東濮縣南）展開決戰，楚軍大敗。

「退避三舍」其實是晉文公的一著妙棋，他不僅借此和後方的齊、秦聯軍會合，而且在輿論上獲得了主動性，所謂「君退臣犯，曲在彼矣。」

城濮之戰鞏固了晉國的霸主地位。

秦晉崤之戰

秦穆公繼位以後，秦國不斷強大，欲向中原地區擴展，建立霸權，只是晉國太過強大，所以一直沒有行動。

西元前六二八年，晉文公病死，晉襄公即位。秦穆公得知晉、鄭兩國國君新喪，不聽大臣勸阻，決定趁機越過晉國，偷襲鄭國。

秦國將領孟明視率軍穿越崤山隘道，偷越晉國南境，於第二年二月到達晉的盟國滑（今河南偃師）。在此遇到鄭國商人弦高。

弦高正要赴周王室境內販牛，他斷定秦軍必是要去襲鄭，於是急中生智，一面假裝鄭國使者，將自己的牛宰了犒勞秦師，一面派人回國報信。孟明視等見弦高犒師，以為鄭國早有準備，遂不再前進，滅滑而還。

而晉襄公得知秦師返回，即命先軫率軍祕密趕至崤山，與當地姜戎一起埋伏於崤山隘道兩側，伏擊秦軍。崤山地勢險要，山高澗深，只有一條隘道可以通過。晉軍待秦軍全部進入設伏地域後，突然發起猛攻，全殲秦軍。

崤之戰使晉國維護了其中原霸主的地位。

秦穆公稱霸西戎

秦國地處西方，周初為附庸小國，春秋初年因秦襄公助平王東遷才被封為諸侯，並受賞岐山以西之地，從此建立了秦國，並定都於雍（今陝西鳳翔）。

在群雄並起的春秋時代，秦國明顯落後於中原各國，直到秦穆公時，他在百里奚、蹇叔等賢臣的輔佐下，整頓內政，獎勵生產，國勢日益強盛，領土也不斷擴大。

秦穆公試圖向東擴展，受到當時的霸主晉國的阻礙，多有失利，西元前六二七年，又在崤之戰中敗給晉軍。於是秦穆公轉而向西擴張，出兵攻打蜀國和其他函谷關以西的國家，先後兼併了十幾個國家，開疆拓土上千里。因而周襄王任命他為西方諸侯之伯，遂稱霸西戎。

秦穆公對古代西部民族的融合作出了一定的貢獻。

楚國問鼎中原

楚莊王是楚穆王之子，西元前六一三年即位，春秋五霸之一。他在位期間非常重視選擇人才，先後得到伍舉、孫叔敖等著名的文臣武將的輔佐。楚莊王即位後，迅速平定了貴族暴亂，努力發展民生，改革軍事，並先後征伐庸、麋、宋、舒、陳、鄭，國勢日強，為取得霸業奠定了基礎。

西元前六〇六年，楚莊王伐陸渾（今河南嵩縣北）之戎，一直打到洛水邊，在周都洛陽陳兵示威。周王派王孫滿去慰勞，楚莊王借機詢問九鼎（夏、商、周傳國之寶）的大小輕重。

王孫滿看出了楚莊王欲取周而代之的野心，於是回答說：「周天子統治天下，靠的是德，而不是鼎。政德清明，鼎小也重；國君無道，鼎大也輕。」

西元前五九七年，楚國攻打鄭國，晉國出兵相救，雙方大戰於邲，晉國大敗而歸。西元前五九四年，楚國再次攻宋，此時晉國已不敢出兵相救了。

中原各國紛紛背晉向楚，楚莊王成為新一代的中原霸主。

井田制的日益瓦解

春秋時期鐵器和農耕的使用，提高了農業生產效率，促進了農業生產的發展。於是一些貴族為了增加種地收益，迫使奴隸們為他們開墾荒地，作為私田；另外也有一些平民和奴隸去開墾荒地，以作為自己的私田。

因為私田不在井田的範圍之內，不需要交納貢稅，於是，人們越來越積極墾荒，就這樣，私田的面積越來越大，而公田卻受到一定程度的冷落，出現了雜草叢生的荒涼景象。

到了春秋中後期，許多貴族為了擴大自己的利益，甚至將公田也劃到私田的範圍之內，私田與公田的界限日益被打破。他們互相爭奪，不斷蠶食公田，有的諸侯甚至會和周天子爭奪公田，周天子喪失了對土地的最高支配權。

到春秋後期，土地買賣、抵押的現象不斷出現，這說明土地私有化已經成為事實，作為奴隸社會經濟基礎的井田制日益瓦解。

魯國實行「初稅畝」

「初稅畝」是指西元前五九四年魯宣公所實行的按畝徵稅的田賦制度，此制度最早承認了私有土地的合法化。

春秋時期，由於牛耕和鐵製農具得以廣泛應用，農業生產力大大提高，大量的荒地被開墾後，隱藏在私人手中，成為私有財產。於是，為了適應新的土地所有關係，增加國家稅收，各個諸侯國紛紛推出了新的賦稅制度。

魯國之前實行按井田徵收田賦的制度，私田不需要向國家納稅，因此國家稅收占全部農業產量的比重不斷下降，實際上隨著井田制的日益瓦解，國家稅收也在減少。「初稅畝」中的「初」為開始的意思，「稅畝」就是按土地畝數對土地徵稅，即按田畝徵稅，不分公田、私田，凡占有土地者均按土地面積納稅，稅率為產量的十分之一。

「初稅畝」的實行增加了國家財政收入，適應和促進了新生的封建土地所有關係，是一項具有開創性的稅收制度。

老子創立道家

老子是春秋時期偉大的哲學家和思想家，是道家的創始人。老子曾在周朝國都洛邑任藏室史（相當於國家圖書館館長）。他博學多才，孔子周遊列國時曾到洛邑向老子問禮。傳說老子晚年乘青牛西去，在函谷關寫成了五千言的《道德經》（也稱《老子》）。其思想的精華是樸素的辯證法，認為一切事物均具有正反兩面，並能由對立而轉化，如「禍兮福之所倚，福兮禍之所伏。」

老子主張無為而治，其理想的政治境界是「鄰國相望，雞犬之聲相聞，民至老死不相往來。」老子以道解釋宇宙萬物的演變，「道生一，一生二，二生三，三生萬物」，道是客觀自然規律，「人法地，地法天，天法道，道法自然。」老子的學說對中國哲學的發展產生了深遠的影響。

弭兵運動

春秋中期，晉楚爭霸的局面持續了一百多年，雙方互有勝負，長期對抗，人民受盡了苦難，迫切需要一個和平的環境。尤其是一些小國，作為大國爭霸的棋子，每次都摻雜其中，受害更加慘重，普遍產生了厭戰情緒。再加上諸侯國貴族內部的權力鬥爭此起彼伏，國君無力對外擴張。

於是，西元前五七九年，由宋國大夫華元倡議，發起了以「弭兵」為口號的和平運動，晉楚兩國在宋國訂立了彼此不再使用武力的盟約。

可惜三年以後，楚國背約，北侵鄭、衛兩國。西元前五四六年，宋大夫向戌再次宣導弭兵之盟，晉、楚、秦、齊、宋、魯、鄭等十四個國家會盟於宋，規定除齊、秦兩大國之外，原晉的屬國和楚的屬國，變成晉楚共同的附屬國。實際上這是以犧牲小國利益的辦法平分了晉楚的霸權。

弭兵運動的成功是宋國外交的巨大勝利。此後的四十多年，晉楚之間都沒有發生過大的戰爭，各國得以維持了暫時的和平。

孔子創立私學

孔子，名丘，字仲尼，春秋時期魯國人，是春秋末期著名的思想家和教育家，儒家的創始人。

孔子於西元前五五一年出生於魯國陬邑昌平鄉（今山東省曲阜市東南），他的父親叔梁紇在他三歲時就去世了，儘管少年時的生活十分艱苦，但他一直發奮好學，遍訪名師，虛心求教，終於成為了當時社會上最博學的人之一，據記載他曾「問禮於老聃，學鼓琴於師襄子，訪樂於萇弘。」

從二十多歲起，孔子開始創立私學，廣收門徒，相傳他有弟子三千，賢人七十二。他首倡有教無類和因材施教的思想，打破了公學的壟斷地位，被後人尊為「萬世師表」及「至聖先師」。

孔子編撰了中國歷史上第一部編年體史書《春秋》，記載了從魯隱西元年（西元前七二二年）到魯哀公十四年（西元前四八一年）的歷史。

孔子在五十六歲時離開魯國，率眾弟子周遊列國，輾轉於衛、曹、宋、鄭、陳、蔡、葉、楚等地，然而當時各國爭霸頻繁，孔子的仁政思想難以實施，因此均未被重用。輾轉十四年之後，孔子回到魯國繼續講學。

他的言行思想主要載於《論語》，多是他的弟子和後人根據他的言論、行為記錄下來的。孔子集華夏上古文化之大成，雖說他「述而不作」，但在世時已被譽為「千古聖人」。

吳國的崛起

據史書記載，周朝的古公亶父有太伯、仲雍和季歷三個兒子。季歷的兒子姬昌聰明異常，因此周太王想傳位於季歷，但根據當時傳統應傳位於長子，太王因此鬱鬱寡歡。太伯明白父親的意思後，就和二弟仲雍一起逃到荒涼的江南，建立了勾吳古國。

周朝建立後，周武王封太伯的第三世孫周章為侯，遂改國號為吳。

吳國的振興始於吳王壽夢，西元前五八五年，壽夢即位後將吳國的政治中心轉移到了太湖平原。壽夢很有雄心壯志，即位之初就有破楚服越爭霸中原的打算。當時，申公巫臣來到吳國，讓他的兒子教吳國人射箭駕車，壽夢自此開始了與中原的交流。

經過數十年，吳國雄霸一方，成為擁有今江蘇、上海、浙江、安徽等地的泱泱大國，為以後的伐楚和稱霸奠定了基礎。

吳楚之戰

很難想像曾經的南方大國楚國會被偏居一隅的吳國攻陷，可歷史就是這麼陰錯陽差。伍子胥原為楚國人，西元前五二二年，因遭楚太子少傅費無忌陷害，伍子胥的父、兄被楚平王所殺。伍子胥歷盡艱難，逃到吳國，發誓要滅掉楚國，報仇雪恨。

伍子胥知吳國公子光有大志，於是助其刺殺吳王僚，登上王位，是為吳王闔閭。闔閭上臺後勵精圖治，改良吏治，重用伍子胥、孫武等人，大力發展農業生產，使吳國的政治、經濟和軍事力量逐步增強，成為東南第一強國。

西元前五〇六年，吳王闔閭聯合蔡、唐之師伐楚，與楚軍大戰於柏舉（今湖北麻城）。當時楚國已經疲於爭霸，且貴族內部鬥爭激烈。柏舉一戰吳軍五戰五捷，大敗楚軍，僅用十天便攻入了楚國國都郢。楚國威風掃地，楚昭王惶惶如喪家之犬，逃往隨國（今湖北隨州）。伍子胥找不到楚昭王，於是將楚平王的屍體從墓中挖出來，鞭打了三百次。

西元前五〇四年，吳師再次伐楚，迫使楚國遷都於鄀（今湖北省宜城東南）。從此，吳國西面打敗楚國，北面威鎮齊、晉，南面降服越國，召集諸侯會盟於黃池，開始了短暫的霸主生涯。

勾踐臥薪嘗膽

越國是一個姒姓國家，相傳是夏禹的後代，以會稽（今蘇州吳中一帶）為都城。周王朝建立後，勾踐的先人被封在會稽守宗廟，因此建立越國。

春秋末年越國逐漸強大起來，經常與鄰近的吳國發生戰爭。西元前四九六年，越王勾踐即位。吳王趁越國新喪，發兵打越國，大敗而歸，闔閭也因受傷而死去。兩年後，吳王夫差攻破越都，勾踐被迫屈膝投降。

夫差不肯聽從伍子胥殺勾踐以絕後患的建議，執意將勾踐帶回國作為奴僕使用，三年後放其回國。勾踐回國後，為了時刻不忘會稽之恥，每天只睡在柴草上，又在屋裡掛了一枚苦膽，時不時嘗嘗苦膽的味道，休養生息，等待時機。勾踐重用范蠡、文種等賢人，經過十多年的努力，終於使越國漸漸恢復實力。

西元前四八二年，吳王夫差去參加諸侯會盟的黃池之會，僅留太子和老弱守國。勾踐遂帶兵乘虛而入，攻陷吳都，殺死吳國太子。夫差倉促而返，連戰不利終與越國議和。西元前四七三年，越軍再次大破吳國，吳王夫差被圍困在吳都西面的姑蘇山上，求降不許而自殺，吳國滅亡。

越王勾踐於此聲威大振，在徐（今山東滕縣）大會諸侯，成為春秋時期的最後一個霸主。

孫武作《孫子兵法》

孫武，字長卿，被後人尊稱為孫子、兵聖，春秋時期齊國人。

孫武年輕時勤奮學習，曾閱讀古代軍事典籍《軍政》，了解黃帝戰勝四帝的作戰經驗，以及古代名相伊尹、姜尚、管仲等的用兵策略。

約西元前五一七年，因齊國戰爭頻仍，孫武南下吳國，隱居在吳國都城姑蘇城郊外的穹窿山，並和因避難而來吳國的伍子胥成了莫逆之交。西元前五一二年，伍子胥將孫武引薦給吳王闔閭，孫武以《兵法》十三篇作為見面禮，即後來的《孫子兵法》。

孫武自此受任為將，領兵打仗，戰無不勝。曾與伍子胥率吳軍破楚，五戰五捷，攻入楚國郢都。《孫子兵法》是對戰爭經驗的總結，揭示了一些具有普遍意義的軍事規律，被譽為「兵學聖典」，對中國的軍事學發展影響深遠。它被譯成多種語言，被譽為世界三大兵書之一。

高山流水遇知音

伯牙是春秋時期的晉國大夫，著名的琴師，擅彈古琴，技藝高超，又是作曲家，被人尊為「琴仙」。

伯牙與子期的知音故事聞名於世。據說有一次，伯牙奉晉王之命出使楚國。他乘舟來到漢陽江口，命童僕取琴焚香，調弦轉軫，一曲未終弦斷之，疑有人聽琴，左右觀之，看到一個樵夫子期，二人登舟促膝相談。伯牙彈琴時想表現高山，子期便說「巍巍兮若高山」；伯牙想表現流水，子期又說「洋洋乎若流水」。伯牙很驚喜，二人意合知音，遂結為兄弟，約定來年江邊再相見。

第二年，當伯牙按期來到江邊時，子期已病故。伯牙聞知，淚如湧泉，去子期墳前祭拜，彈罷一曲《高山流水》後，割斷琴弦，雙手舉琴向祭石臺上摔去。

伯牙和子期的故事千古傳唱，「知音」一詞也由此而來，現在的琴曲《高山》、《流水》和《水仙操》傳說都是伯牙的作品。

《詩經》的出現

《詩經》是中國第一部詩歌總集，大約成書於西元前六世紀中葉，後經孔子整理而流傳，收錄了自西周初年至春秋中葉五百多年的詩歌。

《詩經》共有三〇五篇，因此又稱《詩三百》，西漢時被尊為儒家經典，始稱《詩經》，並沿用至今。

《詩經》分風、雅、頌三部分：風即《國風》，一六〇篇，收集了十五個國家和地區的優秀民歌，為全書的精華；雅有一〇五篇，分大雅和小雅，是貴族舉行宴會的時候唱的詩歌；頌有四十篇，是貴族祭祀宗廟的樂歌。

《詩經》從不同角度反映了周朝時期奴隸社會從鼎盛走向衰落的歷史面貌，深刻揭示了當時社會的基本矛盾，其不僅是文學作品，而且對研究和認識中國古代社會有很高的史料價值。

魯班發明工具

魯班，姓公輸，名般，魯國人，「般」和「班」在古時通用，故人們常稱他為魯班。魯班大約生於西元前五〇七年，生活在春秋末期到戰國初期，他出生於工匠家庭，從小就跟隨家裡人參與土木建築的工程，積累了豐富的實踐經驗，掌握了技術。

大約在西元前四五〇年以後，他從魯國來到楚國，幫助楚國製造兵器。他曾創製雲梯，準備攻宋國，但被墨子制止。墨子主張製造實用的生產工具，反對為戰爭製造武器，魯班接受了這種思想。

魯班在建築、機械等方面作出了很大的貢獻，他注重實踐，善於動腦，很注意對客觀事物的觀察研究，從中得到啟發，發明很多工具。傳說他根據草葉的形狀發明了鋸子，透過觀察小鳥的飛行發明了飛鷂。他還製作出攻城用的雲梯、舟戰用的「鉤強」、木馬車，發明了曲尺、墨斗、鉋子、鑿子等各種木匠工具，還發明磨、碾、鎖等。

建築工匠把他尊為「祖師」。

戰國

新興地主階級的出現

春秋中後期，隨著生產力的發展和私有土地的出現，奴隸制度成為束縛生產力發展的桎梏。貴族和奴隸、平民之間的矛盾日益激烈，奴隸逃亡、「國人暴動」等事件接二連三地發生，有力地衝擊了貴族的統治。同時，貴族之間爭權奪利的現象更加嚴重，階級矛盾和貴族內部矛盾的雙重打擊，促使了奴隸制度的崩潰，貴族的勢力不斷衰落。

與此同時，一些從統治集團中分化出來的、代表新興地主利益的卿大夫「私門」，他們有著自己的私田和軍隊，他們世襲職位，勢力不斷壯大，私肥於公的現象日益普遍。卿大夫在諸侯國中執掌著征伐、會盟等國家大事，有時候，諸侯甚至還要仰仗卿大夫的勢力來維護統治，成為傀儡諸侯。在這樣的情況下，一場新興地主階級向貴族階級奪權的鬥爭開始展開。「三家分晉」就是這樣的例子。

百家爭鳴

百家爭鳴是指春秋戰國時期，各國知識分子中不同學派的湧現及各學派爭奇鬥豔的局面。

春秋戰國時期，諸侯林立，新興的地主階級不斷壯大，社會正處於從奴隸制到封建制的大變革時期，新舊階級之間，各階級、階層之間的鬥爭複雜而又激烈。他們面對現實社會中的劇烈變革，都企圖按照本階級、階層或本集團的利益和要求，對宇宙和社會萬物作出解釋、提出主張。於是他們著書立說，廣收門徒，高談闊論，互相辯難，出現了一個思想領域裡百家爭鳴的繁榮局面，史稱「諸子百家」。

當時主要的學派有儒、墨、道、法、名、陰陽和兵家等學派。「百家爭鳴」反映了當時社會激烈和複雜的政治鬥爭，主要是新興地主階級和沒落的貴族之間的鬥爭。這個時期的文化思想，奠定了整個封建時代文化的基礎，對中國古代文化有著非常深刻的影響。

三家分晉

三家分晉是指春秋末年，晉國被韓、趙、魏三家瓜分，分別建立韓國、趙國、魏國的事件。春秋末年，經過長期的爭霸戰爭，許多小諸侯國被大國併吞，有的國家內部發生變革，勢力不斷增大的卿大夫日益掌握政權。

此時，一向為中原霸主的晉國，國君的權力也開始衰落，實權由趙、魏、韓、范、智、中行氏六家卿大夫把持，稱為「六卿」。他們六家互相攻打，到後來只剩下智、趙、韓、魏四家，其中又以智家的勢力最大。後來在晉陽之戰中，韓、趙、魏三家聯合滅掉了智氏，瓜分了智家的土地。

西元前四三八年，晉哀公死後，晉幽公即位，韓、趙、魏瓜分了晉國的土地，只留絳城與曲沃兩地給晉幽公，從此韓、趙、魏稱為三晉。

西元前四〇三年，在韓、趙、魏三國的要求下，周威烈王冊命韓、趙、魏三家為侯國。西元前三七六年，韓、趙、魏三國又瓜分晉國餘土，廢晉靜公。至此，晉國完全為韓、趙、魏三家所取代。「三晉大地」的說法就是由此而來的。

魏國李悝變法

李悝是法家的鼻祖，子夏的學生。

魏國國君魏文侯即位後，任用李悝為相，推行變法。李悝變法是戰國時期最早的一次變法，其主要內容有：第一，廢除舊的世卿世祿制，提出「選賢任能，賞罰分明」的國策，大大削弱了舊貴族的特權，為新興地主參政開闢了道路；第二，編制了中國歷史上第一部成文的法典——《法經》，有利於維護社會穩定；第三，提出了「盡地力」的農業政策，鼓勵自由開墾土地，提倡農戶在土地上雜種各種作物，在住宅周圍栽樹種桑，擴大農業副生產；第四，實行「平糴法」，政府在豐年的時候以平價收購餘糧，使糧價不會暴跌，荒年時再以平價出售，使糧價不至於暴漲，從而限制了商人的投機活動，保護了農民的利益。

李悝變法有效地打擊了舊制度，順應了時代需求和地主階級的利益，之後魏國經濟迅速發展，政權不斷鞏固，國力日益強大，成為戰國初期最強盛的國家。

墨家學說的創立

在春秋戰國時期的諸子百家中，墨子的思想流傳很廣，是很有影響力的一派，與當時的儒家並稱「顯學」。

墨子名翟，是戰國初期的魯國人，他當過工匠，精通手工技藝，可與當時的巧匠公輸班（魯班）相比。他生活儉樸，反對鋪張浪費，自稱是「鄙人」，被稱為布衣之士。

墨子思想的中心是「兼愛」、「非攻」，他認為當時社會上恃強凌弱的現象十分嚴重，其根源是人們「不相愛」、「交相惡」，因此人們應該互相愛護，互相幫助，這反映了當時一般民眾的願望。

墨子反對一切國與國、家與家之間的互相攻伐和殘殺，主張「非攻」。墨子還提出了尚賢的思想，認為應當任用賢能的人來治理國家。在人生觀方面他還提出「非命」，認為貧賤富貴不是命中註定的。

墨子一生的活動主要在兩方面：一是廣收弟子，積極宣傳墨家學說；二是不遺餘力地反對兼併和戰爭。

「三桓」之亂

「三桓」是春秋時魯大夫孟孫氏、叔孫氏、季孫氏三家的合稱，他們分別是魯桓公的兒子慶父、叔牙、季友的後裔，是魯國新興地主階級的代表。

魯國自宣公以後，政權便操縱在以季孫氏為首的「三桓」貴族手中。由於君權日漸削弱，魯國國內貴族紛爭激烈。

西元前六〇九年，魯文公死後，魯國發生了殺嫡立庶的權位之爭，「三桓」乘機發展勢力，充實私家武裝，各自在封邑築城，於是魯國出現了「公室卑，三桓強」的局面。

西元前五六二年，「三桓」作三軍，將魯國的土地和人口分做三份，各得其一。

三家都在各自統轄的範圍內進行變革，季孫氏的變革比較徹底，力量也最強。西元前五三七年，三家進一步變三軍為二軍，實行「四分公室」，季孫氏獨掌一軍，獨得二份，叔孫、孟孫合掌一軍，各取一份。西元前五一七年，魯昭公進攻季孫氏的據點費城，三家組織反擊，打敗了魯昭公和後來的魯哀公。雖然魯君還保持著名義上的國君地位，但以季孫氏為首的新興地主階級實際上掌握了魯國的政權。

楚國吳起改革

吳起，衛國人，是著名的政治家和軍事家。他仕魏多年，曾經協助李悝實行變法。魏文侯死後，吳起受到魏武侯的猜忌，逃至楚國，此時的楚國政治黑暗，階級矛盾嚴重，北面和西北面一再受到魏、韓、秦等國的侵伐。

西元前三八七年，吳起受到楚悼王的器重，被任命為令尹，實行變法。其主要內容有：削弱舊的「世卿世祿」制度，規定繼承三代以上的貴族收回爵祿，並命貴族到偏遠的地方去墾荒；精簡國家機構，任用有能力的人擔任重要職務；創建強大的軍隊等等。

吳起變法從經濟和政治上打擊了舊貴族的勢力，使楚國達到了富國強兵的目的，之後楚國「南收揚越，北併陳、蔡，卻三晉，西伐秦，諸侯患楚之強。」

可是，吳起改革嚴重損害了貴族的利益，遭到了楚國貴族保守派的反對，雙方衝突激烈。西元前三八一年，楚悼王剛死，保守派立即發動政變，殺死了吳起，吳起的改革幾乎全被廢除。

田氏代齊

田氏代齊是指戰國初年齊國卿大夫田氏家族取代姜姓成為齊侯的事件。

春秋初年，陳國公族內亂，公子完為避禍逃至齊國。齊桓公欲封公子完為卿，公子完不受，於是封為工正。公子完即為齊國田氏之祖（陳與田古音相近，入齊後，陳完改名田完）。

西元前五四五年，田完的四世孫田桓子與鮑氏、欒氏、高氏合力消滅當國的慶氏。之後田氏、鮑氏又滅掉欒、高二氏。田桓子對沒有俸祿的齊國公族「私分之邑」，對貧窮的百姓「私與之粟」，取得了公族與國人的支持。齊景公時，公室日益腐朽沒落，田桓子之子田乞向百姓大斗借出、小斗收進糧食，使齊民「歸之如流水」。

西元前四八九年，齊景公死後，田乞發動政變，打敗了當時權勢很大的國、高二氏，擁立齊悼公，自立為相，從此掌握了齊國國政。

西元前四八一年，田乞之子田恆殺齊簡公，另立齊平公，進一步把持了政權。西元前三九一年，田常的曾孫田和廢齊康公，並將其放逐到海上，自立為國君。西元前三八六年，周安王正式冊命田和為齊侯，田氏齊國完全取代了姜姓齊國。

孟子發展儒家學說

孟子，名軻，字子輿，魯國鄒（今山東鄒縣）人，畢生以教書為業。孟子三歲喪父，孟母艱辛地將他撫養成人，孟母十分重視對兒子的教育，對孟子管束甚嚴，「孟母三遷」、「孟母斷織」等故事成為千古美談。

孟子是戰國時期儒家思想的代表人物，曾仿效孔子，帶領門徒遊說各國，但不被當時各國君王所接受，於是退隱與弟子一起著書。

《孟子》一書由孟子及其弟子共同編寫而成，記錄了孟子的語言、政治觀點、行為等。孟子的思想是建立在性善論的基礎上的，他主張實行仁政，提出了「民為貴，社稷次之，君為輕」的重民觀點，他認為得民心的人才能成為天子，所謂「得道者多助，失道者寡助」。他主張「王道」，反對「霸道」，認為以德服人才能讓人心悅誠服。

孟子發揚了孔子的思想，對後世影響很大，因此人們將儒家學說稱為「孔孟之道」。南宋時朱熹將《孟子》與《論語》、《大學》、《中庸》合在一起稱「四書」。

齊國鄒忌改革

鄒忌，齊國人，田齊桓公時為齊國大臣，據說鄒忌不僅品德受到誇讚，而且還以相貌著稱。西元前三五七年，齊威王繼位後立志改革，求賢若渴，鄒忌遂「以鼓琴見威王」，用鼓琴的節奏來說明「治國家而弭（安定）人民」的道理，很快得到齊威王的賞識，被任為相國，封於下邳（今江蘇邳縣西南），稱成侯。

之後齊威王就任用鄒忌主持改革。鄒忌實行了一系列法家的政策，主張選擇「君子」擔任官吏而防止「小人」混雜，主張修訂法律，監督官吏，嚴明賞罰，並選薦得力大臣堅守四境。鄒忌還鼓勵君王廣開言路，接受臣下意見，選拔人才，除去不稱職的奸吏，獎勵得力的將領和官吏。此外還推行了召民墾荒的政策。

經過一番改革之後，齊國在政治、經濟上都有了新的發展，國家日益強大。

商鞅變法

商鞅是衛國人，因此也叫衛鞅，因為在秦國變法有功，被封於商，號為商君，所以歷史上稱為商鞅。秦國地處西陲，一直比較落後，而此時在井田制瓦解的背景下，其他國家相繼進行了變法運動。西元前三六一年秦孝公即位後，決心變法圖強，商鞅在此時來到秦國推行「強國之術」，深得秦孝公器重，於是西元前三五九年和西元前三五〇年，兩次任用商鞅主持變法。

商鞅變法的主要內容有：第一，取消世卿世祿制，建立軍功爵制，鼓勵宗室貴族建立軍功；第二，廢井田，開阡陌，徹底廢除奴隸社會的土地國有制度，承認土地私有，允許土地買賣；第三，推行縣制，把全國分為四十一個縣，設立縣令和縣丞，實行編戶制和連坐法，強化了中央集權和對人民的控制。此外還有重農抑商，獎勵軍耕，統一度量衡，加強法制，打擊儒家思想等一系列措施。商鞅變法歷時二十多年，是一項深刻的社會革命，增強了秦國的經濟、政治、軍事實力，使秦國一躍而成為當時最強大的國家，為一統中國奠定了基礎。

但是商鞅變法打擊了舊貴族的勢力，西元前三三八年，秦孝公死後，舊貴族聯合起來進行瘋狂的報復，商鞅被車裂而死。

田忌賽馬

孫臏是兵聖孫武的後代。他曾拜鬼谷子為師，與魏國大將龐涓是同窗好友。龐涓十分嫉妒孫臏的軍事才能，於是他做了魏國大將後，便以引薦的名義將孫臏騙到魏國，後來又在魏王面前加以詆毀，使孫臏被施以臏刑（斷足之刑）。於是孫臏一直想逃脫魏國。後來有齊國的使者來到魏國首都大梁，孫臏祕密拜見了他，齊國使者覺得此人不同凡響，就偷偷地用車把他載回齊國。齊國將軍田忌非常賞識孫臏，待如上賓。

田忌經常與齊國諸公子賽馬，設重金賭注。孫臏發現他們的馬腳力約可分為上、中、下三等，於是對田忌說：「您只管下大賭注，我能讓您取勝。」田忌相信並答應了他，與齊王和諸公子用千金來賭勝。比賽即將開始時，孫臏對田忌說：「現在用您的下等馬對付他們的上等馬，拿您的上等馬對付他們的中等馬，拿您的中等馬對付他們的下等馬。」三場比賽完後，田忌一場輸而兩場勝，最終贏得了齊王的千金賭注。

於是，田忌把孫臏推薦給齊威王，得到了齊威王的重用。

圍魏救趙

魏國經過李悝變法之後，國勢不斷強大，魏惠王即位後，為了便於控制東方，將都城從安邑（山西夏縣）遷到大梁（開封），並修長城以防秦東進，國力更加強盛。而齊國經過鄒忌改革後，國勢日盛，於是和趙結成聯盟對抗魏國。

西元前三五四年，趙國進攻魏的屬國衛國，於是魏國派大將龐涓率八萬精兵進攻趙國，包圍了趙的國都邯鄲，趙軍苦戰不勝，於是向齊國求救。齊威王命田忌為大將，孫臏為軍師，領兵救趙。

孫臏終於得到一個在戰場上向龐涓復仇的機會。他一反常理，勸田忌放棄領兵直趨邯鄲與魏軍決戰，而是趁魏軍國內防備空虛之際，直搗魏都大梁。最後，魏惠王十萬火急地命令龐涓統兵回救大梁，結果魏軍在桂陵（今河南長垣西南）遭到以逸待勞的齊軍伏擊，損失慘重，龐涓獨自逃回魏國。

在桂陵之戰中，齊軍一舉兩得，一方面救了趙，又給了魏國沉重打擊，這就是「圍魏救趙」的著名戰例。

甘德、石申著《甘石星經》

春秋戰國時期，隨著經濟的發展，出現了很多天文學家和天文學著作。在長期觀測天象的基礎上，戰國時期的楚人（今屬湖北）甘德、魏人（今屬河南開封）石申各寫出了一部天文學著作。甘德的著作名為《天文星占》，石申的著作名為《天文》，都是八卷。後人把這兩部著作合併，並定名為《甘石星經》。

《甘石星經》是世界上第二早的天文學著作（僅次於巴比倫星表），不過它在宋代以後就失傳了，只能從唐代的天文學書籍《開元占經》等典籍中找到一些片斷摘錄。

在本書中，甘德和石申系統地記載了金、木、水、火、土五大行星的運行情況以及它們的出沒規律；提到了日食、月食是天體相互掩食所產生的現象；並記錄了八百個恆星的名字，其中測定了一百二十一顆恆星的方位。

後人把甘德和石申測定恆星的記錄稱為《甘石星表》，這是世界上第二早的恆星表，比希臘天文學之父喜帕恰斯在西元前二世紀測編的歐洲第一個恆星表還早約兩百年。

馬陵之戰

桂陵之戰後，魏國雖然元氣大傷，但不久又重新打敗了齊、宋、秦等國，西元前三四四年，魏惠王召集十二個諸侯在逢澤會盟，魏國的霸業達到了頂點。

因為韓國沒有參加逢澤會盟，所以魏惠王於西元前三四二年發兵攻韓。韓向齊告急，齊國派田忌為主將，孫臏為軍師，率軍相救。

齊軍重施「圍魏救趙」的戰法，直驅魏都大梁。魏惠王只好將攻韓的部隊召回，以太子申和龐涓為將軍，率兵十萬迎擊齊軍，雙方大軍相持有一年之久。西元前三四一年，孫臏利用魏軍求勝心切的弱點，製造退兵減灶的假像，迷惑魏軍，誘敵深入。龐涓率兵連追三日後，誤以為齊軍膽怯，便丟下輜重和步兵，只領少數輕車銳騎日夜猛追。當魏軍追至地勢險隘的馬陵時，突然遭遇了齊軍伏擊，魏軍大敗，龐涓羞憤自殺，太子申被俘。

馬陵之戰後，魏國一蹶不振。而孫臏最終戰勝了龐涓，名揚天下。齊國也聲威鵲起，成為新一代的中原霸主。

魏、齊徐州相王

馬陵之戰後，魏國一國獨大的大國地位喪失，而此時漸漸強大起來的秦國乘機向魏國進攻，占領了具有重要戰略意義的河西之地。

魏國迭遭慘敗後大傷元氣，面對咄咄逼人的秦國，不得不轉而對中原各國採取聯合和結盟的友好政策，而山（崤山）東諸國也懼怕強秦東來，遂接受了魏國的善意。西元前三三四年，魏惠王率領韓國和一些小國到徐州（今山東滕縣）朝見齊威王，尊齊威王為王，齊威王不敢獨自稱王，於是也承認魏的王號。魏惠王、齊威王訂立了同盟條約，相互尊對方為王，史稱「徐州相王」。自此之後，各國國君紛紛僭號稱王，周天子完全喪失了權威。

趙武靈王胡服騎射

趙國早在趙烈侯在位時，就任用公仲連為相進行改革，在用人上選舉賢能，在財政上節財儉用，使政權逐漸鞏固。

西元前三〇七年，為了富國強兵，對付北方經常南侵的遊牧民族，趙武靈王又實行了「胡服騎射」的軍事改革。他命令軍隊穿胡人的服裝，即穿短裝、束皮帶、穿皮靴，學習胡人騎馬射箭的作戰方法。這場變革遭到了保守派的反對，認為是「易古之道，逆人之心」的做法，但趙武靈王力排眾議，帶頭穿胡服、習騎馬、練射箭，親自訓練士兵，培育出了一支強大的騎兵，使趙國軍事力量迅速強大，最終能西退胡人，北滅中山國，成為「戰國七雄」之一。

趙武靈王能夠突破守舊勢力的阻撓，堅決實行向「夷狄」學習的國策，表現了作為一個改革者的魄力和膽識。「胡服騎射」是中國古代軍事史上的一次大變革，其敢為天下先的進取精神值得歌頌。相傳邯鄲市西的插箭嶺就是趙武靈王實行「胡服騎射」訓練士卒的場所。

蘇秦合縱

在齊國開始稱霸中原後，地處西陲的秦國也在商鞅變法後，不斷強大起來，並占據了黃河天險，開始向東擴張。

西元前三二五年，秦惠文王開始稱王，秦國仗著強盛國力不斷進攻鄰國，而其他各國為了在諸侯爭霸中獲利，紛紛展開軍事和外交上的努力。其中蘇秦憑藉三寸不爛之舌，聯合中原六國展開了一系列共同抵制秦國的運動，因為六國位置縱貫南北，南北為縱，所以稱為「合縱」運動。

西元前三一八年，魏國的公孫衍發起了合縱策略，推舉楚懷王為縱長，聯合魏、楚、趙、韓、燕五國伐秦，但由於各國不齊心，很快就被秦國打敗了。西元前二九八年，齊、韓、魏聯合攻秦取得勝利，秦被迫割地求和。西元前二八八年，秦昭王尊齊湣王為東帝，自己稱西帝，並約齊共同攻趙。蘇秦勸說齊湣王放棄帝號，聯合齊、燕、趙、魏、韓五國軍隊合縱攻秦，迫使秦昭王也取消了帝號。

合縱運動從一個側面體現了秦國的強大。

張儀連橫

秦惠文王即位後，不斷擴張勢力，引起了其他六國的恐慌，因此他們結成聯盟共同攻打秦國，此為合縱；同時，秦國也派張儀等人展開了外交攻勢，說服別的國家向秦國靠攏，一起攻打其他的國家，此為連橫。

張儀憑他的口才，得到了秦惠文王的信任，當上了秦國的相國。這時六國正在組織合縱，意欲聯軍攻打秦國。而六國之中齊、楚兩國最強，所以張儀認為要實行連橫，就要拆散齊國和楚國的聯盟。

西元前三一三年，張儀出使楚國，他先重金收買了舊貴族靳尚及南后鄭袖，使其為他所用，然後許給楚懷王商於之地六百里。楚懷王不聽屈原等人的忠告，糊裡糊塗地答應了與齊國絕交的要求，他一面跟齊國絕交，一面派人跟張儀到秦國去接收商於之地。結果楚國使者到了秦國，張儀翻臉不認帳，說當初承諾的只是六里地，而非六百里。楚懷王大怒，發兵攻秦，結果屢戰屢敗。而齊國因為楚國背棄盟約，也聯合了韓、魏攻打楚國。

從此，楚國一蹶不振，走上了衰落之路。

楚懷王客死秦國

楚懷王熊槐，是楚威王之子，楚頃襄王的父親，西元前三二八年——西元前二九九年在位。楚懷王貪婪成性，不辨忠奸，重用佞臣令尹子蘭、上官大夫靳尚，寵愛南后鄭袖，排斥左徒大夫屈原，致使國事日非。

西元前三一三年，秦國張儀面見楚懷王，要其以斷絕齊楚聯盟換取秦國割讓六百里商於之地，楚懷王中計，與齊國斷交後只得六里地，於是發兵進攻秦國，被魏章大破於丹陽。懷王再次召集全國的軍隊，發動進攻，又慘敗於藍田。西元前三一一年，秦國又攻占了楚國的召陵。楚國屢次戰敗，早已喪失了昔日的大國雄風。

西元前二九九年，秦國攻占了楚國八座城池，秦昭王約懷王在武關會面。懷王不聽昭睢、屈原的勸告，決定前去赴會，秦王脅迫楚懷王割地，楚懷王不肯，結果被秦國扣留。西元前二九七年，楚懷王從秦國逃走，卻又被秦國追兵捉回，於西元前二九六年在秦國病逝。這位糊塗的楚國國君，最終客死他鄉。

莊子看透世情

莊子名周，宋國蒙人，他繼承和發揚了老子的哲學思想，是道家學派的代表人物。因此，後世將他與老子並稱為「老莊」，將他們的哲學稱為「老莊哲學」。

莊子的思想包含著樸素辯證法思想，他認為「道」是宇宙的本體、萬物的來源，但又認為人可以通過修養得「道」，得了「道」，就可以與宇宙萬物合為一體，即「天地與我並生，萬物與我為一。」又因此得出了我就是「道」，「道」就是我的觀點，所以說莊子的哲學是主觀唯心的。

莊子在政治上主張「無為而治」，認為人不能戰勝自然，所以「有用」還不如「無用」好。莊子否認客觀真理的存在，否認世界上一切的差別和對立，他認為誰是誰非沒有客觀標準，即使有，也是由認識者的主觀偏見決定的。莊子鄙視富貴利祿，痛恨「竊鉤者誅，竊國者諸侯」的社會現實。莊子推崇回歸自然的思想，所謂「相濡以沫，不如相忘於江湖。」傳說莊子的妻子死後，他坐在一邊「鼓盆而歌」。

莊子的文章充滿了想像力和濃厚的浪漫主義色彩，對後世文學有很大的影響。莊周及其門人著有《莊子》一書（被道教奉為《南華經》），是道家的經典作品。

燕將樂毅伐齊

樂毅，戰國著名軍事家，中山靈壽（今河北靈壽西北）人，魏將樂羊的後裔。西元前二八六年，齊國發兵攻打宋國，宋國地處中原，戰略位置十分重要，宋的滅亡引起了中原各諸侯國對齊的恐慌。於是，地處西陲的秦國趁機約各國聯合攻打齊國。西元前二八四年，勢力不斷強大起來的燕國拜樂毅為上將軍，聯合秦、韓、趙、魏共同伐齊。

雙方激戰於濟西，齊軍大敗。樂毅率兵乘勝攻克了齊國七十二城，並占領了齊國都城臨淄（今山東淄博東北）。樂毅率兵焚燒齊都宮室廟宇，掠奪珍寶財富，盡歸燕國。燕昭王封樂毅為昌國君，燕國至此達到其鼎盛時期，而齊國雖然後來得以復國，卻自此走上了衰落之路。

田單大擺火牛陣

戰國後期，齊將田單憑藉孤城即墨（今山東平度東南），由堅守防禦轉而反攻，並一舉擊敗燕軍，收復國土的一次著名作戰。

田單，田氏，名單，臨淄人，是戰國時田齊宗室的遠房親屬，任齊都臨淄的市掾（管理市場的官吏）。

樂毅攻破齊都臨淄後，集中兵力圍攻僅存的莒城（今山東莒縣）和即墨，齊國危在旦夕，齊湣王被殺，其子法章在莒被立為齊王，號召齊民抗燕。樂毅攻城一年不克，雙方形成僵持局面。即墨守將戰死後，軍民共推田單為將。田單很快集結了數千餘士卒，帶領大家增修城壘，加強防務。

燕昭王死後，燕惠王繼位，他聽信讒言，派騎劫取代樂毅攻齊。騎劫十分殘暴，激起齊人的反抗決心。田單一方面麻痺敵軍，一方面加緊戰鬥準備，待反攻時機成熟後，田單集中千餘頭牛，角縛利刃，尾紮浸油蘆葦，身披五彩龍紋衣，然後一起點燃牛尾奔向燕軍。

燕軍見無數冒火的怪物狂奔而來，亂作一團，只知道奪路逃命，騎劫在混亂中被殺。田單帶領齊人乘勝追擊，將燕軍逐出國境，收復了齊國失地，然後迎齊王法章回臨淄正式即位為齊襄王，田單受封為安平君。此戰使齊國轉危為安，但是國力已經嚴重被削弱，無法與秦抗衡。

藺相如完璧歸趙

藺相如（西元前三二九年—西元前二五九年），是戰國末期的趙國大臣，今河北曲陽人，一說山西臨汾人，官至上卿，戰國時期的政治家。

戰國時期，趙王得到了一塊名貴的美玉——和氏璧。秦王知道後派使者對趙王說，自己願意用十五座城池來換這塊和氏璧。趙王左右為難，不答應怕得罪秦國，答應了又怕上當。這時，藺相如分析了秦強趙弱的形勢，主動要求帶著和氏璧去和秦王換取十五座城池。

可是秦王拿到和氏璧後，絲毫沒有割讓十五座城池的意思，於是藺相如藉故和氏璧有瑕疵，將和氏璧要了回來。之後藺相如拿著和氏璧做出要摔的姿勢，氣沖沖地對秦王說：「大王說要拿十五座城池換和氏璧，我這才把璧送來，如今大王拿到了和氏璧，卻絲毫不提十五座城池的事情。如此看來，大王確實沒有用城換璧的誠心。現在寶玉在我的手裡，如果大王硬要逼迫我，我情願把自己的腦袋和這塊寶玉一塊兒撞碎在這根柱子上！」

秦王怕摔壞了和氏璧，只好假意答應給趙國十五座城池。而藺相如則藉故要秦王齋戒五日後才肯奉上和氏璧，回到公館後，卻立刻叫一個手下人打扮成商人，把那塊寶玉偷偷地送回了趙國。秦王發覺後，也只好把藺相如放回了趙國。

屈原投江

屈原（西元前三四〇年—西元前二七八年），芈姓屈氏，名平，字原，楚國丹陽人，是楚武王熊通之子屈瑕的後代，中國最偉大的詩人之一。

屈原早年受楚懷王信任，曾任三閭大夫，常與楚懷王商議國事，參與法律制定，主持外交事務。屈原主張楚國與齊國聯合，共同抗衡秦國。但由於自身性格耿直驕傲，加之他人的排擠與誹謗，屈原逐漸被楚懷王疏遠。

西元前三〇五年，屈原反對楚懷王與秦國訂立黃棘之盟，在小人的讒言之下，被楚懷王逐出郢都，放逐到漢北。西元前二九九年，秦國攻占了楚國八座城池，秦昭王約懷王在武關會面。懷王不聽屈原等人的勸告，前往武關後被秦國扣留。

西元前二九六年，楚懷王在秦國死去。屈原氣憤異常，他勸楚頃襄王遠離小人，操練兵馬，為國家和楚懷王報仇雪恥。屈原的勸告毫不奏效，反倒招來了令尹子蘭和靳尚等人的誹謗。楚頃襄王將屈原革職，放逐到了南荒之地。

屈原在流放期間創作了大量文學作品，包括《離騷》、《九歌》、《天問》等，其作品文字華麗，想像奇特，洋溢著對楚地楚風的眷戀和為民報國的熱情，成為中國文學的起源之一。

西元前二七八年，秦國大將白起揮兵攻楚，大破郢都，頃襄王逃難。屈原在絕望和悲憤之下，於當年的五月五日，懷揣大石投汨羅江而死。人們為了紀念他，將每年的農曆五月初五定為端午節，在這一天吃粽子，划龍舟，紀念這位偉大的愛國詩人。

秦國遠交近攻

范雎是戰國時期魏國人，著名的政治家，軍事謀略家。早年家境貧寒，後出使齊國時為魏國中大夫須賈所誣，歷經磨難後輾轉入秦。

西元前二六六年，秦昭王任范雎為相，為達到兼併六國的目的，秦昭王採納了范雎提出的「遠交近攻」策略，即遠交齊、楚，近攻三晉。具體來說就是對齊、楚等距秦較遠的國家先行交好，穩住他們使其不干預秦攻打鄰近諸國之事。而魏、韓兩國地處中原，有如天下之樞紐，離秦又近，宜首先攻打以除心腹之患。魏、韓臣服，則北可以威懾趙，南能夠攻打楚，最後再攻齊。這樣由近及遠，逐步向外擴張，好比蠶食桑葉一樣，必能一統天下。

秦昭王採用「遠交近攻」的策略，於西元前二六八年派兵伐魏，西元前二六四年又派兵攻打韓國。在懾服魏、韓之後，秦國又把矛頭對準了趙國，於長平之戰中大敗趙軍。

經過一連串的征戰，秦國疆域越來越廣闊，各國無不震盪。范雎「遠交近攻」的謀略為秦國統一六國奠定了基礎。

長平之戰

西元前二六二年，秦國開始把攻擊的矛頭指向趙國，秦昭王派大將王齕率兵伐趙，趙國派廉頗駐守長平（今山西高平縣西北），以防秦軍。廉頗經驗豐富，在長平堅壁固守，拒不出戰。

兩軍對峙三年，不分勝負。西元前二六〇年，范雎深知趙國大將趙奢之子趙括精通兵書卻不懂實戰，於是使用反間計，派人潛入趙都邯鄲用重金收買了一些趙國大臣，讓他們散布廉頗年老怯戰、秦國最怕趙括出戰的流言。

趙孝成王果然中計，改派只會紙上談兵的趙括替換廉頗擔任主帥。秦昭王又按范雎之計，派武安君白起為上將軍。

之後，趙括改守為攻，全線出擊，結果趙軍被白起包圍，趙括死於亂軍之中，四十多萬兵士被秦軍坑殺。這就是著名的「長平之戰」，而「紙上談兵」的典故也起源於此。

長平之戰戰敗後，趙國主力喪失殆盡，從此走向衰落，而秦國則更加強大，加速了統一之路。

邯鄲之圍

西元前二五九年，長平之戰勝利後，秦國欲乘勝滅趙，於是派兵包圍了趙國都城邯鄲，趙國的形勢非常危急。

此時，趙國軍民同仇敵愾，奮勇抵抗。趙上卿廉頗率軍進行頑強抵抗，而戰國四公子之一的趙國丞相平原君散家財於士卒，編妻妾入行伍，鼓勵軍民共赴國難，並挑選三千精兵，不斷出擊。邯鄲城外的秦軍死傷慘重，久攻不下。此時，趙國派人到魏國、楚國求援，魏信陵君無忌統領士兵八萬前來支援。與此同時，楚國也派出春申君黃歇救援趙國，趙國守軍配合城外魏、楚兩軍出城反擊。最後，在楚、魏、趙三國的聯合攻擊下，一舉擊潰秦軍，解除了邯鄲之圍。聯軍乘勝追至河東，秦軍退回河西（今山西、陝西間黃河南段）。秦國和趙、魏、楚三國簽約息兵，把以前占領的河東郡還於魏；太原郡還於趙；上黨郡還於韓。

邯鄲之圍是秦國獨強的局面形成後，諸侯合縱抗秦取得的第一次大勝，推遲了秦國統一六國的進程。

信陵君竊符救趙

戰國時期，魏國的信陵君魏無忌、齊國的孟嘗君田文、趙國的平原君趙勝、楚國的春申君黃歇因禮賢下士、廣招賓客而聞名天下，各地的有識之士紛紛前去投靠。因為這四個人都是王公貴族，所以被稱為「戰國四公子」。

當時，趙國丞相平原君的妻子是信陵君魏無忌的姐姐。所以在秦軍包圍趙都邯鄲時，平原君趙勝多次向魏安僖王和魏無忌送信，請求魏國出兵救援，於是魏安僖王派將軍晉鄙領兵十萬前去救趙。秦昭王知道後，遂派使者威脅魏安僖王，魏安僖王懼怕，遂命令晉鄙停止進軍，留在鄴紮營駐防，觀望形勢的發展。

眼看趙國形勢危急，魏無忌焦急萬分。魏無忌曾替魏安僖王的寵妃如姬報了殺父之仇，於是他請如姬幫忙，從魏安僖王的臥室內竊出了大將晉鄙的兵符。魏無忌拿著兵符找到晉鄙，假傳王命說要接替晉鄙統率大軍，晉鄙面有懷疑之色，於是魏無忌令隨從殺了晉鄙。然後親自統領八萬精兵開拔前線，和楚國派出的春申君黃歇一起救援趙國。最後，魏、楚、趙三國聯軍一舉擊潰秦國，解除了邯鄲之圍。

毛遂自薦

西元前二五九年，秦軍圍攻了趙國都城邯鄲，大敵當前，趙國形勢萬分危急，趙王派丞相平原君去楚國求救。平原君把他門下的食客召集起來，想挑選二十個文武全才的人一起去。他挑了又挑，最後還缺一個人。這時，門下食客毛遂自動請求一同前去。

到了楚國，平原君和楚王談判，楚王一直疑而未決。此時毛遂挺身而出，陳述利害，把出兵援趙有利於楚國的道理，作了非常精闢的分析。毛遂的一番話，說得楚王心悅誠服，於是馬上答應出兵。最終，楚、魏兩國聯合出兵援趙，秦軍大敗，終於退出了邯鄲。平原君回趙國後，待毛遂為上賓。

李冰興建都江堰

都江堰位於四川省都江堰市城西，是戰國時期由秦國蜀郡太守李冰率眾修建的，被譽為「世界水利文化的鼻祖」，如今是四川著名的旅遊勝地。

戰國時期，諸侯四起，戰亂紛呈，經過商鞅變法後的秦國一時賢相輩出，國勢日盛，也逐漸意識到巴蜀地區在統一中國過程中的特殊戰略地位。在這一歷史大背景下，戰國末期秦昭王委任上知天文、下知地理的李冰為蜀郡太守。

李冰上任後，發現每當岷江洪水氾濫，成都平原就成為一片汪洋；而一遇旱災，又是赤地千里。岷江水患使巴蜀地區的人民飽受苦難，成為古蜀國生存發展的一大障礙。

李冰下決心根治岷江水患，發展川西農業，於是和他的兒子率領當地人民修建了都江堰，其整體規劃是將岷江水流分成兩條，其中一條水流引入成都平原，這樣既可以分洪消災，又可以引水灌溉、變害為利。都江堰修建以後，巴蜀地區的水患解除，農業開始發展，為秦國一統中國奠定了經濟基礎。

秦滅周、奪九鼎

相傳九鼎為夏禹統一天下後，用九牧上貢的金所鑄造，象徵著華夏九州。商代時，對表示王室貴族身分的鼎有著嚴格的規定：士用一鼎或三鼎，大夫用五鼎，而皇室天子才能用九鼎，祭祀天地祖先時要行九鼎大禮。九鼎被夏、商、周奉為國寶，擁有九鼎者為天子。

西元前二五六年，攻伐趙國邯鄲的秦軍，繼續向韓、趙發動攻勢。東方各國又發動了聯合抗秦的戰爭。在韓、趙等國的影響與脅迫下，西周國（東周末期，因內部紛爭，分裂為西周、東周兩個小國）也捲入了這次活動。聯軍遂打著周王的旗號，合縱抗秦。

秦昭王大怒，秦國早就想在地圖上抹去周朝，儘快掃除一統天下的障礙。西周國參與反秦，正好給秦國出兵的理由。

於是西元前二五六年，秦國派兵攻打西周國，而周赧王聽西周公之言，以西周三十六城、三萬戶降秦，秦王將周赧王貶爵為君，西周公為家臣，封於梁城（今陝西省韓城縣南）。

周赧王至梁城一月後而死，周朝自此滅亡。西元前二五五年，秦王將九鼎遷到秦國，放置在咸陽（途中一鼎落於泗水，所以秦國只得到八鼎，但習慣上仍稱九鼎）。九鼎遷秦，意味著秦王將為天下共主，可以名正言順地討伐各諸侯國。史家遂開始以秦王紀年。

河外之戰

邯鄲之戰後，趙國轉危為安。魏信陵君無忌救趙有功，但他竊取魏王虎符，擊殺大將晉鄙，害怕魏安僖王降罪，不敢再回魏國，於是命令副將率軍回魏，自己率領賓客停留在趙國。

秦昭王聽說信陵君在趙國，認為這是攻魏的大好機會，遂令蒙驁率軍向東攻魏。魏兵屢戰屢敗，不能抵擋秦軍的進攻，魏王只好派使者持黃金彩幣，請魏無忌回國拒秦。信陵君回國後，魏王免其竊符殺將之罪，授上將軍印。

信陵君致書各國，請求派兵援魏。趙、韓、楚、燕等國國君素來敬重信陵君，紛紛遣軍到魏國支援。魏無忌率領魏、趙、韓、楚、燕五國聯軍向西攻秦，秦軍敗退。聯軍追至河外（今河南西部黃河以南），包圍了秦軍。信陵君親冒箭矢，率先衝鋒，全軍士氣大振，緊隨其後進軍，秦陣營混亂，蒙驁因腹背受敵，被迫西退。聯軍乘勝攻至函谷關（今河南靈寶北）。秦軍緊閉關門，堅守不出。相持了幾個月之後，聯軍撤回。

河外之戰的勝利給秦國沉重打擊，信陵君從此揚名天下，魏安僖王為表彰信陵君收復關東失地的功勞，將他拜為上相，封邑五城。

秦王嬴政即位

秦王嬴政，戰國末期秦莊襄王的兒子，出生於趙地邯鄲，因此亦稱趙政。

西元前二四七年，秦莊襄王去世，年僅十三歲的嬴政登上了秦王的寶座。這時呂不韋為相，封十萬戶，為文信侯，獨攬大權，被嬴政尊為仲父。呂不韋為嬴政掃除了許多潛在的政治威脅，包括秦王嬴政的弟弟成蟜。由於嬴政年幼，秦國的實權實際上操縱在呂不韋和宦官的嫪毒手中，朝廷中存在著激烈的政治鬥爭。

西元前二三八年，秦王嬴政二十二歲，開始親政。這時嫪毒在咸陽發動武裝叛亂。不過嬴政早已布置好精兵，所以很快就打敗叛軍，處死了嫪毒。

西元前二三七年，秦王嬴政又以失職為名免除了呂不韋的相位，將他發配到蜀郡，兩年後嬴政又派人送去絕命書，呂不韋服毒自殺。

至此，秦王嬴政掃清政權內部的威脅，開始了一統天下的戰爭。

韓非子提出君主專制理論

韓非，戰國末期韓國人（今河南省新鄭），為韓國公子（即國君之子）。據說他口吃，不善言辭，但擅長寫作，是中國古代著名的哲學家、思想家、政論家和散文家，後世尊稱其為「韓子」或「韓非子」。

韓非與李斯同是荀子的學生，他博學多能，思維敏捷，寫起文章來氣勢逼人，堪稱當時的大文豪，李斯自愧不如。韓非是戰國時期法家思想的代表人物，他認為統治者要應世而變，不斷改變統治方法。

韓非主張加強中央集權，實行君主集權統治。他認為國君必須掌握「法」、「術」、「勢」。「法」就是成文的法令；「術」是國君控制臣下的權術；而「勢」是國君至高無上的權勢。這三者不可分離，應「以法為本」。他反對「仁政」，主張嚴刑峻法。

韓非子的中央集權思想為秦始皇一統中國，建立君主專制的中央集權國家奠定了理論基礎。

秦國修築鄭國渠

戰國末期，秦國國力蒸蒸日上，欲向東方進行擴張，韓國首當其衝，隨時都有可能被秦併吞。西元前二四六年，韓桓惠王在走投無路的情況下，採取了一個所謂「疲秦」的策略。他派著名的水利工程人員鄭國作為間諜來到秦國，遊說秦王在涇水和洛水間穿鑿一條大型灌溉渠。這一計畫表面上是為了發展秦國農業，其實是想消耗秦國實力，使其無暇東侵。

剛剛即位的嬴政正想發展關中地區的農業生產，增強國力，於是很快採納了此一建議，任命鄭國主持興建大型灌溉渠。在施工過程中，韓國「疲秦」的陰謀敗露，秦王嬴政要殺鄭國。鄭國說：「水渠修成了也有利於秦國，臣雖然為韓國拖延了時間，也為秦國建立了萬世之功。」嬴政認為鄭國說得對，所以仍然任用鄭國繼續修建工程。經過十多年的修築後，全渠完工，即鄭國渠。

鄭國渠全長三百里，可澆灌關中農田四萬餘頃，此後關中平原沃野千里，糧食產量大大提高，為秦國積蓄力量、統一六國奠定了基礎。

荊軻刺秦王

秦國滅掉趙國以後，兵鋒直指燕國南界，燕國上下震懾，燕太子丹與田光密謀，決定派荊軻入秦行刺秦王，以解亡國之危。荊軻告訴太子丹說，秦國叛將樊於期目前正在燕國避難，可以拿著他的頭和同意割讓給秦國的城池——燕督亢的地圖進獻秦王，相機行刺。太子丹不忍殺樊於期，荊軻只好私見樊於期，告以實情，樊於期為成全荊軻而自刎。

西元前二二七年，荊軻受太子丹之托，帶著樊於期的首級和燕督亢的地圖，前往秦國刺殺秦王。臨行前，許多人在易水邊為荊軻送行，場面十分悲壯。

荊軻來到秦國後，秦王在咸陽宮隆重召見了他。秦王打開木匣，看到裡面果然裝著樊於期的頭顱，於是秦王又叫荊軻把地圖打開。荊軻慢慢打開地圖，當地圖完全打開後，藏在裡面的匕首露了出來，荊軻拿起匕首刺向秦王，沒有刺中，左右的武士們衝了上來，在打鬥的過程中，荊軻被秦王砍斷右腿，之後被武士們所殺。

秦始皇滅六國

秦王嬴政自親政後，便著手規劃統一六國的大業。

自西元前二三〇年開始，秦始皇採取遠交近攻的策略，發動了秦滅六國之戰。

西元前二三一年，韓國南陽郡「假守」（即代理郡守）騰向秦投降，被秦王嬴政任命為內史。西元前二三〇年，秦國派內史騰率兵攻韓，俘獲韓王安，韓國滅亡。

西元前二二九年，秦國又派王翦領兵攻趙，第二年攻入邯鄲，俘獲了趙王遷。但公子嘉逃到代郡（今河北蔚縣）自立為王，後秦軍在西元前二二二年滅燕國之後將其俘虜。

西元前二二七年，燕國派荊軻刺殺秦王失敗後，秦王派王翦大舉進攻燕國，於次年攻下燕都薊，燕王喜與太子丹逃往遼東，於西元前二二二年被王賁所滅。

西元前二二五年，秦王政派王賁率軍圍攻魏都大梁，三個月後，魏國滅亡。

西元前二二四年，秦國又派大將王翦率六十萬秦軍攻楚，次年大敗楚軍，俘獲楚王負芻，楚將項燕自殺。

西元前二二一年，秦王命令王賁揮軍南下，攻打僅存的齊國。王賁率軍長驅直入，一路來到臨淄，齊王建不戰而降，齊國滅亡。

至此，秦國消滅六國，實現一統，最終建立了中國歷史上第一個大一統、多民族、中央集權的君主專制國家——秦朝。

《黃帝內經》成書

《黃帝內經》是中國現存最早的中醫理論專著，它和《難經》、《傷寒雜病論》、《神農本草經》並稱中國傳統醫學四大經典著作。《黃帝內經》共有十八卷，《素問》、《靈樞》各九卷，一共分為八十一篇，主要內容包括攝生、陰陽、臟象、經絡和論治之道，其醫學理論是建立在中國古代道家理論的基礎之上的，反映了中國古代天人合一的思想。

《皇帝內經》的成書年代一向有爭議，有人認為是黃帝與大臣討論醫學的記述，但普遍的說法認為是戰國至秦漢的作品，在西漢時劉向在整理古籍時曾收錄過此書，很可能《黃帝內經》的書名也成於此時，後來東漢的班固在《漢書．藝文志》中曾引錄此書。

《黃帝內經》是中國古代的人們醫療經驗的積累，它形成了系統的醫學理論，進一步指導醫療實踐，成為中國傳統科學中探討生命規律及其醫學應用的系統學問。

《黃帝內經》奠定了中醫學發展的基礎，對後世的醫學發展有著很深遠的影響。

秦漢時期

大一統之後的繁榮與衰落

西元前二二一年，秦王嬴政先後滅掉六國，結束了長期的諸侯爭戰局面，完成了一統中國的大業，建立了中國歷史上第一個中央集權一統多民族的國家——秦朝，並自稱「始皇帝」，被稱為「千古一帝」。

然而秦朝並沒有像他期望的那樣傳至萬世，秦二世剛剛即位，昔日的大秦帝國就在風起雲湧的農民起義中灰飛煙滅了。滅秦之後，經過幾年的楚漢之爭，劉邦最終打敗項羽，建立了西漢政權。

西漢王朝盛極一時，然而後期朝政腐敗，被外戚王莽篡奪皇位。漢室宗親劉秀趁機起兵，打敗新莽政權，建立東漢。

東漢自第四位皇帝漢和帝劉肇開始，歷代皇帝都是幼年即位，外戚、宦官交替專權，朝政混亂不堪。軍閥董卓進入洛陽，廢立少帝，為所欲為，關東軍閥群起而討之，天下再次分崩離析，諸雄割據。

秦朝

秦始皇建立秦朝

西元前二二一年，秦王嬴政相繼滅掉了韓、趙、燕、魏、楚、齊六國之後，終於完全統一了天下，成為天下共主。

這時秦朝的疆域非常遼闊，秦始皇認為以前的「王」、「公」等稱謂都不足以表彰自己的功勛，於是想為自己確定一個新的稱號。他認為自己德高三皇，功蓋五帝，因此他從「三皇」和「五帝」之中各取一個字，自稱為皇帝，以顯示自己至高無上的地位。

秦始皇自稱「始皇帝」，並宣布子孫稱二世、三世，以至萬世。秦王朝就此開始，從此皇帝就成了中國最高統治者的統稱。

建立中央集權

秦朝建立以後，原來的政權結構已經不符管理統一國家的需要，於是秦始皇實行一系列改革，加強了中央集權的統治。

他在中央設置丞相、太尉、御史大夫，即所謂的三公，丞相分為左丞相和右丞相，主管國家政事；太尉主管軍事；御史大夫是丞相的副手，負責監察百官，管理典籍。丞相、太尉、御史大夫以下設立九卿，負責分管國家的各項具體事務。「三公九卿」都由皇帝任免調遣，直接對皇帝負責。

在地方，秦始皇採納了丞相李斯的建議，廢除了周朝以來的分封制，實行郡縣制，在全國設立了三十六郡，郡縣的官吏都由中央統一任免。這些具有開創性的措施，極大地增強了皇帝的權力，有利於國家的統一管理。

蒙恬北擊匈奴

蒙恬出生於名將世家，祖父蒙驁和父親蒙武都是秦國名將，西元前二二一年，蒙恬因破齊有功被秦始皇封為將軍，深受器重。

匈奴是一個古老的遊牧民族，早在中原各國割據混戰的時候，匈奴就一直活躍在秦、趙、燕以北的地區。他們善於騎射，時不時地會到中原各國劫掠一番，威脅著邊境的安全。在秦國統一六國的過程中，匈奴乘機跨過黃河，占領了河套以南的大片地區。

西元前二一五年，天下初定之後，秦始皇派大將蒙恬率領三十萬秦軍北擊匈奴。蒙恬率領大軍以銳不可當之勢，第一次交戰就殺得匈奴軍隊潰不成軍，大敗而逃。經過幾次大戰之後，蒙恬徹底打敗了匈奴軍主力，迫使匈奴望風而逃，遠去大漠以北七百里，蒙恬收復河南地（今內蒙古河套一帶），他因此而被譽為「中華第一勇士」。

秦始皇修築長城

在中國北方的蒙古高原上，自古以來就活躍著為數眾多的遊牧民族，匈奴族就是其中之一。早在戰國時期，匈奴日漸強盛，他們試圖南侵，經常會和中原各國發生衝突，因此為了抵禦匈奴的威脅，瀕臨北方邊境的秦、趙、燕三國各自修築了長城。

秦始皇統一六國以後，先是派大將蒙恬收復了被匈奴占領的河套地區，在那裡設置三十四個縣，遷徙中原三萬戶百姓去充實邊關，發展民生。之後為進一步增強邊關防禦，秦始皇又令蒙恬徵集勞役修繕長城，將原來秦、趙、燕三國的舊長城連接起來，構築了一條西起臨洮，東到遼東的萬里長城，然後派兵駐守，從而抵禦了匈奴的入侵，保障了人民的安定生活。

焚書坑儒

所謂亂世出英才，春秋戰國時期既是一個紛亂混戰的時代，同時也是學術思想大放異彩、百家爭鳴的時期。

可是，眾說紛紜的思想不利於鞏固統一的政權，於是秦始皇統一六國以後，實行了一系列鞏固大一統的措施，規定整個國家「書同文，車同軌。」

西元前二一三年，秦始皇在咸陽宮設宴招待群臣，博士淳于越反對郡縣制，提出應效法古制，實行分封，丞相李斯說他以古非今，惑亂百姓。秦始皇採納了李斯的建議，下令焚燒《秦記》以外的列國史記，將諸子百家的《詩》、《書》等作品全部燒毀。規定有敢談論《詩》、《書》的處死，以古非今的滅族，禁止私學，想學法令的人要以官吏為師，這就是「焚書」事件。

第二年，曾經為秦始皇尋找長生不老藥的方士侯生和盧生逃跑，並誹謗秦始皇，於是秦始皇下令追查，最後竟有四百六十多名儒生受牽連而被坑殺。

焚書坑儒雖然有利於鞏固統一政權，但從長遠看，它不僅使大量優秀典籍被焚毀，而且阻塞言路，為秦王朝埋下了隱患。

秦始皇統一文字、貨幣和度量衡

戰國時期各國之間的文字彼此不同，不利於經濟、文化交流和國家管理，所以秦始皇統一六國後，令丞相李斯等人在秦國原有的文字基礎上，制定出了字形比較有統一規範的文字「小篆」，並在全國推行，實現了「書同文」，之後程邈又將其演變為更加易於書寫的「隸書」，促進了全國的文化交流和發展。

秦始皇又廢除了原來六國使用的舊貨幣，將貨幣分為金和銅兩種，黃金為上幣，以鎰（二十兩）為單位；銅錢為下幣，稱為「半兩」，統一為圓形方孔。金幣主要供皇帝賞賜，圓形方孔銅錢在全國統一使用，直至清末，圓形方孔錢一直都是各個朝代的通用貨幣。

此外，為了促進經濟發展，保證國家稅收，秦始皇還統一了原本混亂的度量衡標準。

修築秦始皇陵與阿房宮

秦始皇即位不久，便開始為自己營建陵園，由丞相李斯主持修建，修築時間長達三十八年之久，其工程之浩大，氣魄之宏偉，創歷代統治者奢侈厚葬之先例。這座陵墓長二千公尺，高五十五公尺，以銅築頂，裝修豪華，於一九七四年被發現，秦始皇葬於陵墓的中央，周圍分布著無數形態各異的陶制兵馬俑，成為世界史上的奇蹟。

在統一六國期間，秦始皇每滅一國，便在都城咸陽附近仿造一座該國的宮殿，整個關中地區聳立起一片巍峨的建築群。

統一天下之後，秦始皇覺得先王的宮殿太小，於是又下令徵集勞役，大興土木，在故周都城豐、鎬之間，渭河以南的皇家園林上林苑中，集天下建築之精華，營造一座新朝宮，整個宮殿規模浩大，用人最多的時候竟然達到七十多萬人。因為工程太過浩大，所以秦始皇去世之前，整座宮殿只是鋪好了地基，只有前殿阿房宮建成，後人便將整座宮殿稱為阿房宮。

徐福東海求藥

徐福，即徐市，字君房，齊地琅琊（今江蘇贛榆）人，秦國著名方士，是鬼谷子先生的關門弟子。他博學多才，學辟穀、氣功、修仙，通曉醫學、天文、航海等知識，且同情百姓，樂於助人，故在沿海一帶民眾中名望頗高。

徐福上書說海中有蓬萊、方丈、瀛洲三座仙山，有神仙居住。於是秦始皇派徐福率領童男童女數千人以及已經預備的三年糧食、衣物、藥品和耕具入海求仙，耗資巨大。但徐福率眾出海數年，並未找到神山。徐福推託說出海後碰到巨大的鮫魚阻礙，無法遠航，要求增派射手對付鮫魚，秦始皇應允。後徐福再度率眾出海採仙藥，一去不返。

後來，傳說徐福來到日本的「平原廣澤」，感到當地氣候溫暖、風光明媚，便停下來自立為王，教當地人農耕、捕魚、捕鯨和瀝紙的方法，此後再也沒有返回中國。而中國的鄉親們為紀念這位好心的名醫，把他出生的村莊改為「徐福村」，並在村北建了一座「徐福廟」。

修建靈渠

秦始皇統一六國之後，開始征討嶺南地區，戰爭初期，由於山路崎嶇，運輸線太長，糧草經常接濟不上，因此秦軍處於不利地位。

為方便運送軍隊、物資等，加快南征進程，西元前二一九年，秦始皇命史祿等人開鑿靈渠，西元前二一五年竣工，靈渠貫通了長江水系的湘江和珠江水系的灕江，成為嶺南與中原地區的水路交通要道。這樣，從湘江用船運來的糧草等軍隊物資，可以通過靈渠進入灕江，源源不斷地送往前線。西元前二一四年，秦軍終於攻下了嶺南，秦始皇在嶺南設置了桂林、南海、象郡，並派兵戍守。靈渠是世界上最古老的運河之一，被列為中國重點文物保護單位。

沙丘之變

西元前二一〇年，秦始皇到東南一帶巡視，隨行的有丞相李斯、宦官趙高，還有他最小的兒子胡亥。

秦始皇向南到了會稽郡（今江蘇蘇州），再向北到了琅琊（今山東省膠南市）。回來的路上，秦始皇在平原津（今山東平原縣南）病倒了。

到了沙丘（今河北廣宗縣西）的時候，秦始皇病重，他知道自己生命垂危，於是吩咐趙高寫信給長子扶蘇，讓他趕快回咸陽去主辦喪事並繼承帝位。但信還沒來得及送出，秦始皇就斷了氣。之後，在趙高的鼓動下，想繼承皇位的胡亥與想保住丞相職位的李斯合謀，假造了一份詔書給公子扶蘇，說他在外不能立功反而怨恨父皇，又說將軍蒙恬和扶蘇同謀，都該自殺，把兵權交給副將王離。扶蘇接到這份詔書後就自殺了。

趙高和李斯擔心國家發生混亂，祕不發喪，直到到了咸陽，他們才宣布秦始皇死去的消息。舉行喪葬後，他們又假傳秦始皇的遺詔，由胡亥繼承皇位，即秦二世。

秦二世昏庸亡國

秦二世，嬴姓，名胡亥，是秦始皇第十八子（最小的兒子）。西元前二一〇年，他在趙高與李斯的幫助下，逼死扶蘇，當上了秦朝的二世皇帝。

胡亥即位後，宦官趙高掌握實權，為所欲為，為秦始皇舉行喪禮時，下令秦始皇後宮無子者皆殉葬，在埋葬秦始皇時還把全部工匠封死在驪山陵墓裡。

他們怕篡奪皇位的事洩露出來，於是趙高叫唆胡亥殺害自己的兄弟和大臣，把十二個公子和十個公主都定了死罪，受株連的大臣更是不計其數。

西元前二〇八年，趙高又誣陷李斯謀反，唆使胡亥把李斯也抓起來殺了。趙高自己當了丞相，獨掌大權，把持朝政。同年，秦國將領章邯、王離投降項羽，劉邦攻下武關，趙高非常惶恐。

西元前二〇七年，趙高與其婿咸陽令閻樂合謀，逼胡亥自殺於望夷宮，時年二十四歲。

趙高指鹿為馬

趙高精於法律，書法也寫得好，有一說小篆是趙高所創。他因為精明幹練而得到秦始皇的欣賞，任中車府令。

秦二世時趙高獨攬大權，結黨營私，野心勃勃，甚至想篡奪皇位。但他不知道朝中有多少大臣肯順從他，於是想出了一個主意來進行試探，他在上朝時將一頭鹿牽來，對秦二世說這是一匹馬，秦二世說：「這明明是鹿嘛，丞相怎麼說他是馬？」而朝堂上的眾位大臣，支持趙高的人紛紛隨聲附和說這是一匹馬，反對他的人則直言不諱地說這不是馬。這就是「指鹿為馬」一詞的由來。

趙高透過各種手段排除異己，將那些不順從自己的大臣治罪，成為秦朝實際上的掌權者。西元前二〇七年，劉邦攻下武關，趙高惶恐萬分，遂逼胡亥自殺於望夷宮，另立子嬰為王。不久反被子嬰設計殺害，並誅三族。

陳勝、吳廣起義

秦始皇繼位後，為了抵抗匈奴，徵集幾十萬勞役修建長城，之後又用七十萬囚犯修築阿房宮、戍守嶺南。

秦二世即位後，從各地徵調幾十萬囚犯和民夫，修造秦始皇陵。這座陵墓以銅鑄地基，以水銀造江河湖海，工程浩大，勞民傷財。在埋葬秦始皇後，為了防備有人盜墓，還將所有造墳的工匠活埋殉葬。同時秦二世又繼續徵集勞役建造阿房宮，逼得百姓怨聲載道。

西元前二〇九年秋，秦朝徵閭左的貧民前去屯戍漁陽（今北京密雲西南），陳勝、吳廣等九百餘名戍卒趕往漁陽戍邊。行走到蘄縣大澤鄉（今安徽宿州東南劉村集）時，突然天降大雨，道路被洪水阻斷，不能如期到達目的地。而根據秦朝法律，過期要斬首。情急之下，陳勝、吳廣領導戍卒，殺死押解戍卒的將尉，發動兵變，以「大楚興，陳勝王」為口號，揭竿而起，反對秦朝廷，各地百姓紛紛響應。

義軍推舉陳勝為將軍，吳廣為都尉，接連攻克大澤鄉和蘄縣，並在陳縣（今河南淮陽）建立張楚政權。大澤鄉起義是中國歷史上第一次大規模的農民起義，雖然後來在秦將章邯的鎮壓下失敗，但它揭開了反秦革命的序幕，此後各地的反秦勢力此起彼伏，形成了燎原之勢，劉邦、項羽、英布、彭越等人的勢力不斷壯大，成為著名的義軍首領。

破釜沉舟

繼陳勝、吳廣起義之後，各地割據勢力群雄並起。項羽原本是楚國舊貴族的後代，大澤鄉起義後與叔父項梁在吳（今江蘇蘇州）殺死會稽郡守，起兵反秦。項羽力大無比，驍勇善戰，許多義軍都投奔他，形成了一支強大的反秦力量。

西元前二〇八年，陳勝被秦將章邯所殺後，項梁和項羽立楚懷王之孫熊心為後楚懷王，以此號召群雄，成為了新的義軍中心。

同年項梁在攻打定陶時被章邯所殺，章邯又派王離率領二十萬大軍攻打趙國（秦末起義諸國之一），攻下邯鄲，將趙王歇圍困在鉅鹿（今河北平鄉）。趙王歇派使者向楚懷王求援。楚懷王以宋義、項羽為將，率軍北上救趙。

項羽為叔報仇心切，殺死了避而不戰的主將宋義，然後派遣部將英布、蒲將軍率領兩萬人為先鋒，渡過漳河，切斷了秦軍的運糧通道。項羽親率全部主力渡河，並下令全軍將士破釜沉舟，每人只攜帶三天的乾糧，以示決一死戰的決心。

此舉激起士氣，將士們奮勇死戰，楚軍九戰九捷，大敗秦軍，俘獲了秦軍統帥王離，解除了鉅鹿之困。鉅鹿之戰基本上摧毀了秦軍主力，之後義軍連戰連捷，秦朝走向滅亡。

劉邦滅秦進咸陽

章邯攻打邯鄲之時，楚懷王決定兵分兩路攻打秦軍，一路是項羽帶兵參加鉅鹿之戰，另一路由劉邦率軍直搗關中，並約定兩軍先攻破秦國進入咸陽的人為王。

項羽在鉅鹿大敗秦軍的同時，劉邦率領義軍進入河南，他一邊率兵向西挺進，一邊收編其他反秦力量，不斷壯大隊伍。他採取避實擊虛的方針，先攻克了秦朝的糧倉——陳留，將敵人的糧草為己所用。之後又聽從謀士張良的建議，繞道攻占了宛城，從而避免了腹背受敵。

由於秦軍主力當時被項羽牽制，所以劉邦輕而易舉地攻破了武關，於西元前二〇七年到達咸陽城外灞上。此時，秦朝統治階級內部充滿矛盾，趙高逼死了秦二世，立子嬰為秦王。不料秦王子嬰卻殺死趙高，向劉邦投降。

劉邦攻占咸陽後，因為實力不及項羽，所以退軍至灞上，並與關中父老約法三章：「殺人者死，傷人及盜抵罪。」使咸陽很快恢復了社會秩序，劉邦也因此取得了民心。

鴻門宴

西元前二〇七年，劉邦率領義軍攻破武關，進入關中地區。他與關中父老約法三章，並派人駐守函谷關，以防項羽進關。項羽在鉅鹿之戰中取得勝利後，聽說劉邦已經攻下咸陽，並打算在關中稱王，項羽一怒之下率兵攻陷了函谷關，進駐鴻門（今陝西臨潼東），並準備攻打劉邦。

當時雙方兵力懸殊，項羽有四十萬人，而劉邦只有十萬人，劉邦的處境非常危險。此時項羽的叔叔項伯想起劉邦的謀士張良對自己有恩，於是連夜跑到灞上見張良，將這一情況告訴了張良。劉邦知道後，對項伯恭敬有加，並和項伯約為兒女親家，項伯答應為劉邦說情。

第二天，劉邦親赴鴻門謝罪，項羽設宴招待劉邦，這就是歷史上著名的「鴻門宴」。在酒宴上，項羽的謀士范增一直暗示項羽對劉邦下手，但因為項伯已經為劉邦說情，項羽猶豫不決，遲遲沒有採取行動。范增又派項莊以舞劍助興為由，想趁機殺死劉邦，可是項伯看出端倪，也上前舞劍以掩護劉邦。後來劉邦藉口不勝酒力，在張良和樊噲的掩護下逃回了灞上。

鴻門宴後，項羽帶兵攻入咸陽，殺死子嬰，焚燒宮室，然後尊楚懷王為義帝，自立為西楚霸王，並大封諸侯王，將劉邦封為漢王。由於咸陽殘破，項羽率兵東歸，以彭城（今江蘇徐州）為國都。

後來「鴻門宴」被後人特指有所圖謀、暗藏殺機的宴會。

楚漢之爭

西元前二〇六年，項羽入咸陽後，儼然自命為天下共主，分封群臣，他並未遵守當初誰先進咸陽誰為王的約定，將劉邦封到巴蜀漢中一帶為漢王，卻將楚懷王先前許諾封給先入咸陽者的關中之地一分為三，封給三個秦朝降將章邯、司馬欣和董翳分別管轄，即所謂「三秦王」，以牽制劉邦。

項羽的分封無法服眾，實際上開啟了新一輪的軍閥割據局面，一些未封王的將領因不滿而先後起兵，劉邦也趁機而起，以韓信為大將進攻關中，楚漢戰爭全面展開。

劉邦先是滅掉「三秦王」，奪取了關中之地，然後以關中和巴蜀為根據地，趁項羽攻打田榮、彭越的時候，舉兵東下，一直攻入彭城。項羽回軍和劉邦大戰，劉邦因為輕敵而失敗，隨兵退守滎陽，父親妻子都被項羽扣押。

之後劉邦考慮到自己實力較弱，採取了迂迴包圍戰略，以蕭何坐鎮關中指揮，自己親率大軍從正面攻打項羽，又派英布、彭越擾亂楚國後方，斷其糧道。自此，項羽喪失了稱霸優勢，雙方長期對峙，相持不下，終於在西元前二〇三年暫時罷兵，並約定以鴻溝（今鄭州北、東至開封、南到淮陽一線）為界，鴻溝以西屬漢，鴻溝以東屬楚，劉邦的父親妻子被放回。楚河漢界即由此而來。

明修棧道，暗度陳倉

項羽進入關中後，封王封侯，將劉邦封為漢王，管理偏遠的漢中地區。為了減輕項羽的戒備，劉邦在退走時，採用謀士張良的建議，將漢中通往關中的棧道全部燒毀，表示無意再返回關中。

但其實劉邦一直沒有放棄爭霸天下的野心，他在漢中養精蓄銳，站穩腳步以後，於西元前二〇六年派大將軍韓信出兵東征，攻打關中。韓信出征之前，派了一些士兵去修復以前被燒毀的棧道，擺出要從原路殺回關中的架勢。關中的「三秦王」知道後，便派兵密切關注修復棧道的進展，並派主力部隊在這條路線各個關口要塞加緊防範，以阻攔漢軍進攻。

沒想到韓信一邊在這邊修棧道，迷惑敵人，一邊另派大軍繞道到防備薄弱的陳倉，對關中發動了突襲，一舉打敗了「三秦王」，占領了關中地區，為劉邦統一中原邁出了決定性的一步。這就是成語「明修棧道，暗度陳倉」的出處。

背水一戰

韓信是漢王劉邦手下的大將，他熟諳兵法，善於排兵布陣。他為劉邦定計，先以暗度陳倉之法攻取了關中，又東渡黃河，打敗並俘虜了背叛劉邦、投靠項羽的魏王豹，接著又率兵三萬向北進攻代王陳餘及其所扶植的趙王歇。

井陘口是位於太行山的險要關隘，西邊是一條長約百里的狹窄驛道，地勢險要，易守難攻，漢軍欲取趙國就得要先通過這條驛道。

趙國謀臣李左車主張將韓信的隊伍逼到崎嶇難行的井陘口，然後深溝高壘堅守，不與漢軍正面交戰，再派三萬精兵繞到敵後切斷漢軍糧道，圍困漢軍。但陳餘認為韓信兵少而疲憊，頗有輕敵之心，於是親率大軍占據有利地形，正面與漢軍交鋒。韓信指揮部隊在離井陘口三十里遠的地方安營紮寨，之後令漢軍主力全部到井陘口的河邊背水列陣。

背水列陣是兵法上的大忌，這無疑增加了陳餘的輕敵之心。不過韓信卻另在半夜時分派兩千輕騎兵繞山間小道到趙軍大營的後方埋伏，預計待趙軍傾巢而出時偷入敵營，換上漢軍旗幟。

第二天韓信首先發動進攻，雙方展開激戰，韓信假裝失敗，退回到水邊陣地，陳餘率兵追擊。而漢軍因背水而戰，毫無退路，所以個個拼死力戰，趙軍久戰不勝，打算退回，轉身一看營壘上已插滿漢旗。趙軍以為漢軍已經捉了他們的將領，於是隊形大亂，四散逃命。此時水邊的漢軍配合趙軍營地的漢軍兩面夾擊，趙軍大敗。

垓下之圍

當項羽遵守諾言，帶兵東歸，並放回了劉邦的父母妻子之後，劉邦卻聽從了張良、陳平的計謀，帶兵追擊並偷襲項羽。

一開始，韓信、彭越沒有如約出兵幫助劉邦合擊楚軍，劉邦在固陵被項羽打敗。劉邦又接受張良建議，封韓信為齊王，彭越為梁王，以事成後列土封王換取韓信、彭越帶兵相助。三方力量會合後攻打楚軍，楚軍陷入了韓信設下的十面埋伏，首尾不能相接，被漢軍分段擊破，兵力大損，項羽帶兵退到垓下。

西元前二〇二年，劉邦率兵在垓下圍攻楚軍，此時劉邦有兵力三十萬，而項羽只有十萬人。劉邦讓士兵唱起楚歌來瓦解楚軍軍心，最後項羽走投無路，糧草絕盡，帶兵突圍至烏江，自覺無顏見江東父老，只好自刎於烏江邊。

垓下之戰是楚漢戰爭的最後一場大戰，劉邦徹底消滅了項羽的殘餘兵力，這場楚漢爭霸最終以劉邦一統天下而告結束。

霸王別姬

項羽叔父項梁殺人後帶著七歲的項羽一起來到吳中避禍，叔侄便在此結交江東子弟。吳中虞氏美女虞姬因為仰慕項羽的英名，於是嫁給項羽，虞姬才貌雙全，不僅長得美麗，楚楚動人，而且善於跳舞，她的劍也揮舞得輕盈如水。二人情投意合，項羽出征，虞姬常常陪伴左右。

楚漢戰爭後期，項羽日趨落敗，西元前二〇二年，項羽被劉邦的漢軍圍困在垓下，當時兵少糧盡，四面楚歌，項羽見大勢已去，和虞姬在營帳中酌酒對飲，慷慨悲歌：「力拔山兮氣蓋世，時不利兮騅不逝，騅不逝兮可奈何，虞兮虞兮奈若何？」虞姬也滿懷悲痛之情拔劍起舞，並以歌和之：「漢兵已略地，四面楚歌聲；大王意氣盡，賤妾何聊生。」歌罷，虞姬自刎而死，以斷項羽後顧之憂，盼項羽繼續戰鬥，勝利突圍。項羽率殘兵突圍到烏江，仍被圍困，最後也自刎而死。

項羽與虞姬最後的訣別，成為了無比淒美的千古絕唱。

西漢

劉邦建立西漢

秦朝末年天下大亂，各地割據勢力爭霸一方，欲攻滅秦朝。劉邦和項羽在此時脫穎而出，成為爭奪天下的兩支主要力量。

劉邦聽從謀士的安排，於西元前二〇七年十月首先攻入關中，秦王子嬰投降，劉邦攻占秦都咸陽。

但由於劉邦當時實力不及項羽，因此未奉行「先入關者為王」的約定，退軍霸上。此後項羽漸握大權，憑藉自己強大的武力攻城掠地，分封諸侯。他和叔叔項梁立楚懷王的孫子熊心為後楚懷王，自封為「西楚霸王」，並將劉邦封在蜀地，將劉邦的國號定為漢。

不久，劉邦開始在自己的封地整頓軍隊，準備進攻項羽，但前期並未占據優勢。雖然劉邦的軍事才能無法與項羽相比，但他善於任用人才，拉攏蕭何、張良、陳平、韓信等人為他效力，因此在爭霸過程中取得優勢，並在最後的垓下之戰中戰勝項羽。

西元前二〇二年，劉邦在定陶稱帝，是為漢高祖，先定都洛陽，後來遷都長安。在劉邦建立的漢朝被滅後，劉秀建立另一個漢朝，建都洛陽，後人為區分這兩個漢朝，便根據其都城位置的東西而分為東漢、西漢。長安在西，後人便稱劉邦所建的漢朝為西漢。

白登之圍

秦漢之際，匈奴首領冒頓單于即位。西元前二〇一年，冒頓單于發兵圍攻馬邑（今山西朔縣），韓王信向匈奴投降。西元前二〇〇年，匈奴兵繼續南下，冒頓單于派四十萬精兵圍攻晉陽（今山西太原）。

此時西漢剛剛立國，經濟凋敝，劉敬力勸劉邦不可輕舉妄動，劉邦不聽，反將其下獄。劉邦親自領兵三十萬出征，卻在平城（今山西大同）白登山中了埋伏，被單于騎兵圍困了七晝夜。後來劉邦採用陳平之計，賄賂單于的閼氏（皇后），才得以脫險。劉邦回來後將先前進言匈奴可擊的十幾名使臣處斬，並赦免了劉敬。

白登之圍後，劉邦自知漢朝兵力衰弱，不足以打擊匈奴，於是採納了婁敬的建議，以和親來保障邊境的安寧，將漢朝宗室的公主嫁給單于，並贈送豐厚的嫁妝。另一方面又積極進行邊防建設，訓練軍隊，為以後反擊匈奴作準備。

漢初休養生息

休養生息是指大動盪或長期戰亂之後，統治者不搞勞民傷財、嚴刑峻法的統治，而是以寬刑薄賦的政策，保養民力，增殖人口，以恢復和發展經濟，鞏固統治。

漢高祖稱帝後，經歷了長期戰亂的西漢社會民生凋敝，生產停滯，人口銳減，於是漢高祖吸取秦朝滅亡的教訓，在蕭何的輔佐下，採取道家「黃老治術、無為而治」的理念，實行輕徭薄賦的治理方針，以休養生息，發展經濟。

其主要政策有：命令軍隊復員務農，並免除部分徭役；招撫流民回鄉，返還其舊有的土地和田產；釋放奴婢，戰時賣身為奴的人一律恢復人身自由；重農抑商；減輕田租，由原來的「十稅一」改為「十五稅一」；興修水利等。

休養生息政策自漢高祖開始，歷經幾代皇帝，執行了六、七十年，創造了一個比較安定寬鬆的社會環境，促進了農業生產的恢復和發展，使得海內殷富，國力充實，為之後文景之治的繁榮局面打下了基礎。

成也蕭何，敗也蕭何

韓信是西漢開國功臣，他熟諳兵法，頗富謀略，是著名的統帥和軍事謀略家。韓信早年經蕭何舉薦被劉邦任為大將軍，為漢朝的建立立下了功勛，在楚漢戰爭時被劉邦封為齊王，項羽死後改封楚王。劉邦即位後很擔心自己死後政權會旁落他姓，因此為了劉姓政權的長治久安，他決定剷除隱患。

他認為在諸位將領中，功勞最大、才能最強、威望最高的功臣，就是最危險的敵人。而韓信自然首當其衝，西元前二〇一年，劉邦藉口巡遊雲夢，用計生擒韓信，將其押回京城，但念其功高且又無罪證，又赦免了他，改封為淮陰侯。

西元前一九七年，陳豨舉兵謀反，韓信不肯隨高祖征討，被人告密為陳豨的同謀。於是，呂后和蕭何密謀，偽造陳豨已死的消息，騙韓信進宮祝賀，然後將其誅殺，並株連三族。

韓信的成功是由於蕭何的大力推薦，韓信的敗亡也是蕭何出的計謀，因此有「成也蕭何，敗也蕭何」的說法。後人用「成也蕭何，敗也蕭何」來比喻事情的成敗、好壞都是由一個人造成的。

漢高祖殺馬立誓

劉邦建立漢朝後，將立下大功的人封為諸侯王，但他卻對這些人心存疑慮，怕自己死後，他們會威脅到劉姓的統治，於是開始剪除異姓諸侯王和功臣的勢力。同時又大封劉姓諸侯，實行郡國制，以保劉氏江山穩固。

劉邦晚年，以呂后為首的外戚勢力不斷強大，成為劉氏江山的另一個威脅。西元前一九五年，劉邦感覺自己將不久於人世，於是召集所有的文武大臣來到太廟。劉邦讓手下人牽來一匹白馬，親自主持了殺馬儀式。他說：「現在我在這裡當著祖宗的靈位，為子孫後代留下一條不許違反的信條，希望大家發誓遵守，從今以後，不是姓劉的人，一概不許封王；凡是沒有立大功的人，一律不許封侯。誰要是違反這個盟約，天下人就共同討伐他！」這就是漢高祖的白馬之盟，其主要內容是「非劉氏而王，天下共擊之」的盟誓。

這個盟誓一直被遵守，使得劉氏統治得以鞏固，但也造成了同姓諸侯勢力過大的局面，最終在漢景帝時發生了七國之亂。

呂后專權

呂后，名雉，山東單父（今山東單縣）人，早年在沛縣嫁給劉邦，曾輔佐劉邦奪取天下。劉邦稱帝後，呂雉被封為皇后，參與朝政，曾幫助劉邦剷除了韓信等異姓諸侯王。

漢高祖死後，呂后殘殺曾與惠帝爭奪皇位的趙王如意及其生母戚夫人，將戚夫人斬去手腳，薰聾雙耳，挖掉雙眼，又毒啞後，拋入茅廁任人踐踏，稱為「人彘」。

西元前一九五年，漢惠帝即位後，消極懦弱，呂后即執掌政權。

漢惠帝死後，呂后先後扶植惠帝的兩個庶子劉恭、劉弘為傀儡皇帝，而將政權牢牢掌握在自己手中。呂雉違背劉邦異姓不得封王的「白馬之盟」，大肆分封呂姓人為王，以其侄呂產、呂祿等取代劉姓王掌握軍政大權，打擊和削弱劉氏皇族的勢力，掌權長達八年，直到去世。

西元前一八〇年，呂后死後，諸呂集團企圖奪取皇位，周勃和陳平等人設計奪取了兵權，斬殺呂產等人，結束了呂后專權的局面。之後眾位大臣廢掉少帝劉弘，迎立當時為代王的劉恆繼承帝位，是為漢文帝。

呂后專權開啟了外戚專權的先河，她成為中國歷史上第一個臨朝稱制的女性。

蕭規曹隨

劉邦建立漢朝後，蕭何擔任丞相，他參考秦朝的文獻，制定了管理國家的典章制度。

西元前一九三年，蕭何在臨死之前，推薦了曹參繼任丞相。曹參上任後，認為蕭何定下的法令已經很完備，就繼續推行蕭何制定的方針政策，嚴格按照蕭何制定的法令規章辦事，不作任何改動。

漢惠帝劉盈很看不慣曹參的無所作為，於是將他叫來質問。曹參大膽對惠帝說：「請陛下好好地想想，您跟先帝相比，誰更賢明英武呢？」惠帝立即說：「我怎麼敢和先帝相提並論呢？」

曹參又問：「陛下看我的德才跟蕭丞相相比，誰強呢？」

漢惠帝笑著說：「我看你好像不如蕭相國。」

曹參回答說：「既然先帝比陛下更加賢明，而蕭丞相比我更加具有才德，那麼先帝與蕭丞相統一天下之後制定的法令非常完備，在執行中又卓有成效，我們遵照執行難道不好嗎？現在陛下是繼承守業，而不是在創業，因此，我們這些做大臣的，就更應該遵照先帝遺願，謹慎從事，恪守職責。」

曹參任丞相三年，遵照蕭何制定的法規治理國家，延續了漢高祖休養生息的政策，使西漢政治穩定，經濟發展，人民安居樂業。受到老百姓的讚譽，「蕭規曹隨」傳為美談。

漢文帝從諫如流

漢文帝劉恆是漢高祖劉邦的第四個兒子，漢惠帝劉盈之弟，母親薄氏，是漢朝的第五位皇帝。

漢朝初年，周勃和陳平等大臣剷除呂氏集團，平定呂后之亂後，決定擁立一位皇子為皇帝，為了不再重蹈呂后外戚專權的覆轍，他們考慮的首要因素就是皇子的母親家族勢力不能太大。代王劉恆是當時劉邦所有兒子中最年長的一位，為人仁孝寬厚，而且其母親薄氏家清白仁善，沒有很強的勢力。因此眾大臣迎立劉恆即位，是為漢文帝。

漢文帝即位後衣著樸素，崇尚節儉，他仁厚謙恭，認真聽取臣下的意見，是一位從諫如流的好皇帝。漢文帝在位期間勵精圖治，興修水利，廢除酷刑，繼續執行與民休息和輕徭薄賦的政策，使漢朝進入了經濟發展、政治穩定的強盛時期。

賈誼曾向漢文帝獻上《過秦論》、《治安策》等文章，陳述治國安天下的道理，得到了漢文帝的賞識。西元前一六四年，齊王劉則死後，無子嗣位，漢文帝根據賈誼「眾建諸侯而少其力」的建議，將齊國一分為七，又將其中的淮南國一分為三。但這並沒有從根本上削弱諸侯王的勢力，中央和王國的對立依然存在，最後仍是發生了漢景帝時期的七王之亂。

施行養老令

西元前一七九年，漢文帝頒行養老令。漢朝建立之初，曾有在過年時省視、慰問老人的做法，但後來逐漸流於形式。文帝即位後推行休養生息的政策，他將養老立為法令，頒行全國。

法令規定，凡是年八十以上的老人，每人每月賜米一石，肉二十斤，酒五斗；九十以上的老人，加賜帛每人二匹，絮三斤。養老令還對這些養老措施做了具體安排，以確保能夠落實。由地方政府普查人口，對高齡老人進行登記造冊；當賜的物、米等物，地方長官必須親自過問，九十以上的老人由丞或尉送交，不滿九十的由嗇夫、令史送交；不按照法令執行的要督促處罰。但法令規定，曾經犯罪或有待罪未解決的老人不適用於此法令。

李廣抗擊匈奴

李廣，隴西成紀（今甘肅靜寧西南）人，出生於名將世家，先祖是秦朝名將李信。李廣身高過人，猿臂善射，相傳他外出狩獵時曾將箭射入石頭之中，他為人清廉，愛惜士卒，深得士兵愛戴。

西元前一六六年，漢文帝在位時，李廣從軍攻打匈奴立功，受封為中郎。漢景帝時，先後任北部邊域七郡太守。西元前一二九年，漢武帝時，李廣任驍騎將軍，領萬餘騎出雁門（今山西右玉南）擊匈奴，因眾寡懸殊負傷被俘。匈奴兵將其置臥於兩馬間，李廣佯死，於途中趁隙躍起，奪弓掠馬而回，被漢武帝廢為庶人。

後匈奴入侵遼西，漢武帝重新起用李廣任右北平郡（今內蒙古寧城西南）太守，匈奴畏懼其威名，數年不敢來犯。

西元前一一九年，漢武帝派衛青率領大軍遠擊匈奴，李廣任前將軍，受命迂迴匈奴單于側翼，因迷失道路，未能參戰，加上不堪忍受衛青的排擠，遂於軍營中憤愧自殺，享年六十餘歲。

李廣一生中抗擊匈奴四十多年，率領大大小小的戰役七十餘次，頗有威名，被匈奴稱為「飛將軍」，但卻仕途不順，終其一生未能封侯。

文景之治

漢文帝劉恆和漢景帝劉啟在位期間，繼續推行漢高祖「無為而治」的治國思想和與民休息的政策，宣導以農為本，並在此基礎上有所調整，進一步採取了輕徭薄賦的措施：規定百姓可以用糧食向政府買取官爵和贖罪，以實現勸民歸農，增加糧食生產的目的；進一步實行輕徭薄賦，將田租由漢初的「十五稅一」減為「三十稅一」，還曾經全天下免除田租十一年；又將抑商政策改為寬商政策，使商業和手工業迅速發展；減輕刑罰，廢除了斷殘肢體的肉刑等。

文景二帝都是道家思想的推崇者，主張無為而治，重視以德化民，提倡節儉，緊縮開支，因此社會經濟迅速發展，國家財富不斷增多，社會秩序更加安定。

當時百姓富裕，天下安康，後世將這兩位皇帝在位期間的統治稱為「文景之治」，被史家奉為賢明帝王的典範。

景帝削藩

西漢初建時，劉邦在逐步消滅異姓王的同時，大封劉姓子弟為王，認為這是天下同姓一家，可以維護劉姓的統治。

漢文帝繼位後，採用賈誼「眾建諸侯而少其力」的策略，把一些舉足輕重的大諸侯國拆為幾個小國，以削弱諸侯王的勢力，鞏固中央的統治，但是諸侯王對中央的威脅並沒有徹底解決。西元前一五七年，漢景帝繼位後，中央和地方王國勢力的矛盾更加尖銳，各諸侯王不斷擴大領地，並組織私人武裝，截留賦稅，鑄造錢幣等，對中央的統治構成了極大的威脅。

大夫晁錯建議漢景帝削減王國的封地，以加強中央對地方的控制。景帝採納了晁錯的「削藩」主張，於西元前一五四年，削了楚、趙、膠西三王的二郡六縣，並打算削減吳王劉濞的會稽和豫章二郡。

「削藩」之策有利於加強中央對地方的統治，但損害了諸侯王的利益，因此激起了他們的強烈反抗，最終導致了以吳王劉濞為首的七王之亂。

七國之亂

七國之亂又稱七王之亂，是西漢初期，以劉邦之侄吳王劉濞為首發動的一次同姓王聯合大叛亂。

西漢開國以來，對異姓諸侯大加抑制和鎮壓，劉姓諸侯的勢力不斷擴大，威脅到了中央的統治。於是，漢景帝接受了晁錯的建議，實行削藩，以鞏固中央政權，因而引起了劉姓諸侯的不滿。

西元前一五四年，吳王劉濞串通其他六個劉姓諸侯：楚王劉戊、膠西王劉卬、膠東王劉雄渠、淄川王劉賢、濟南王劉辟光、趙王劉遂等，集結二十萬兵力，打著「誅晁錯，清君側」的名義，興兵作亂。

七國亂事一起，景帝惶恐萬分，遂聽從眾臣意見，殺了晁錯，以期息事寧人，乞求叛軍退兵。但叛軍仍然不退，還公開聲明要奪取皇位，在行至梁國時為景帝之弟劉武率兵阻攔。至此景帝才決心以武力進行鎮壓，派遣太尉周亞夫與大將竇嬰率兵平叛。

漢軍以奇兵斷絕了叛軍的糧道，僅用三個月便大破叛軍。劉濞兵敗被殺，其餘六王皆畏罪自殺，七國都被廢除。

七國之亂平定之後，景帝即頒布新令，規定諸侯王不能自治其國，這樣封國幾乎和郡縣差不多了，中央皇權大為加強。

張騫出使西域

張騫，字子文，漢中郡成固（今陝西省城固縣）人，中國漢代旅行家，外交家，卓越的探險家。漢武帝時期，開始對匈奴展開大規模的反擊戰爭。西元前一三九年，張騫率領一百多名隨從，出使西域的大月氏國，打算與月氏人結盟來對付匈奴人，可惜中途被匈奴俘虜，被迫留在匈奴十年。

不過他始終沒有忘記漢武帝交付的使命，西元前一二九年，張騫終於和隨從堂邑父逃出了匈奴了控制。他們向西到達大宛，在這裡看到了汗血馬，並在大宛人的幫助下找到了月氏人，只是月氏人安居樂業，已無意聯合漢朝來對付宿敵匈奴。

張騫歷盡千辛萬苦，終於在西元前一二六年返回中原。

西元前一一九年，漢武帝命張騫為中郎將，再度出使西域，意圖聯合烏孫共同夾擊匈奴，隨行人員三百人，牛羊以萬計，絲綢、漆器、玉器和銅器等貴重物品成千上萬。張騫平安抵達烏孫國後，受到熱烈的歡迎。此後張騫派遣副使，展開對烏孫周邊地區大宛、康居、大月氏等部族的外交活動。西元前一一五年，張騫帶領數十位烏孫國使者平安返回。

張騫兩次出使西域，雖是因為政治目的，但更大的意義在於搭起了中原與西域各地的關係，開拓了漢朝通往西域的道路，為絲綢之路的形成奠定了基礎。

開闢絲綢之路

漢武帝大規模地反擊匈奴，暢通了河西走廊一線，而張騫兩次出使西域則開闢了通往西方的道路，搭起了與西域各國之間的關係，從而使中國與西域及中亞、西亞的交流更加便捷，促進了中西方的經濟文化交流和商品貿易，開啟了中外交流的新紀元。之後，漢朝又在令居（今甘肅永登）以西修築道路，設置亭驛，方便商人和使者來往，從而形成了從中國通往中亞、西亞的交通幹道。

這條幹道以長安、洛陽為起點，從玉門關往西，經甘肅、新疆到達中亞、西亞，並最終延伸到了地中海各國。從此中外商人來往頻繁，絡繹不絕地行走於這條大道，中國的絲織品、鐵器、漆器、陶瓷以及煉鋼等技術源源不絕地傳到了中亞、西亞和歐洲各國，而西方的良馬、胡桃、石榴、芝麻、香料以及樂器等也持續不斷地輸往了中國。

因為經這條路西運的貨物中以絲綢品的影響最大，所以這條大道被命名為「絲綢之路」，簡稱「絲路」。絲綢之路從此成為亞洲和歐洲、非洲各國經濟文化交流的友誼之路。

罷黜百家，獨尊儒術

漢武帝即位後，內部經濟繁榮，社會穩定，外部解除了匈奴的威脅，開闢了溝通中西關係的絲綢之路，國家達到空前鼎盛。

此時，擴大皇權，加強對人民的控制，從政治上和經濟上強化中央集權成為統治者的迫切需要。這時，董仲舒提出了大一統思想，他強調君權，認為應人人尊君，以加強中央集權，認為要鞏固國家統一，就用儒家思想來統一全民思想，這就是「罷黜百家，獨尊儒術」的主張。

漢武帝採納了他的建議，尊崇儒家，罷黜其他諸子學說，使儒家思想代替了漢初以來所推崇的道家思想。董仲舒思想的核心是「天人感應」，他因此推出的結論是皇帝受命於天，人人都得服從，誰敢反對，就是大逆不道，從而強調了皇權的至高無上。

董仲舒還將孔子、孟子關於君臣父子的宗法觀念發展為「三綱」，即君為臣綱，父為子綱，夫為妻綱，確立了君、父、夫絕對的統治地位。又將仁、義、禮、智、信發展為「五常」，作為統治階級調整「三綱」關係的道德規範。

董仲舒的思想宣揚了封建制度的神聖性和永恆性，有利於加強封建君主制的中央集權統治，配合了統治階級的需要。此後漢武帝將儒學列為官學，專門創辦太學，講授儒家經典，並以此作為選拔和考核官吏的標準，而後世的封建統治者大多以此為效仿，使儒學成為了整個封建社會的統治思想。

衛青、霍去病遠征匈奴

漢武帝即位後，在文景之治的基礎上，西漢的經濟實力空前雄厚，軍事力量也日漸強大，具備了反擊匈奴的實力。於是，漢武帝對匈奴展開了全面的軍事反擊，以徹底消除匈奴對中原地區的威脅。西元前一二七年，匈奴集結兵力，侵入上谷、漁陽，漢武帝派衛青率兵四萬人，出兵至隴西，擊敗了匈奴，收復了河南地（今河套地區）。

西元前一二五年，匈奴再次南侵，企圖奪回河南地，衛青再次領兵三萬，大敗匈奴，追至塞北六、七百里，解除了匈奴對長安的威脅。西元前一二一年，漢武帝派衛青的外甥，年僅二十歲的驃騎將軍霍去病領兵出征，深入匈奴境內一千餘里，奪取了河西地區，肅清了中原和西域之間的通道。

西元前一一九年，匈奴騎兵再次南侵，漢武帝決定徹底擊敗匈奴，遂派衛青和霍去病帶領十萬騎兵和數十萬步兵，分兩路出擊。衛青一路追擊匈奴單于到定襄塞外千餘里，取得大勝；霍去病從代郡（今河北蔚縣）北進兩千餘里，大敗匈奴右賢王，俘虜七萬餘眾。

此戰消滅了匈奴的主力，使其退到漠北，徹底解除了對漢朝的威脅。

修築長城

西漢初期，北方的匈奴勢力強大起來，多次南侵，為使邊疆安寧，漢武帝多次採取大規模的軍事行動攻打匈奴，並修築了塞外列城和河西長城，漢長城的總長度約有一萬公里，是中國古代最長的長城。

西元前一二七年，衛青等人在漠南之戰中收復了河套地區，漢武帝遷徙十萬人去河套地區居住和墾荒，並在那裡設立朔方郡，修築朔方城和修繕秦朝的舊長城。

西元前一二一年，霍去病在河西之戰中大敗匈奴，奪取了河西走廊之後，漢武帝又在那裡設置武威、酒泉兩郡，並移民居住，同時開始建造東起令居（今永登縣）境內黃河西岸，沿河西走廊，西達酒泉北部的「令居塞」長城，即河西長城。後來又在河西走廊增設了張掖、敦煌兩郡，在河西四郡的基礎上，又修築了從敦煌西即玉門至鹽澤的長城。

河西長城的修建有利於河西地區的發展，對西域都護府的設置和絲綢之路的開闢都具有重要意義。

施行推恩令

推恩令是指漢武帝時期推行的一個旨在減少諸侯封地，削弱諸侯王勢力範圍的一項重要法令。

漢武帝之前，各個諸侯王死後，他們的爵位和封地都是由嫡長子單獨繼承，其他兒子則無權繼承絲毫土地。這樣，諸侯王的勢力不斷強大，有很多人屬地千里，掌握著數十個城，嚴重威脅著中央的統治。漢文帝和漢景帝期間採取的削藩政策，不僅激起了諸侯王的不滿，而且沒有從根本上解決問題。於是漢武帝即位以後，吸取了晁錯削藩令引起七國之亂的教訓，於西元前一二七年採納了主父偃的建議，實行「推恩令」。

其規定諸侯王除了嫡長子可繼承王位之外，其餘諸子在原封國內封侯，新的封國不再受王國管轄，而直接由各郡來管理，地位相當於縣。這個措施避免了對諸侯王國進行削蕃，從而消除了激起諸侯王武裝反抗的可能，同時達到了削弱諸侯國勢力的目的，導致封國越分越小，從此「大國不過十餘城，小侯不過十餘里」，而朝廷直接管轄的土地則越來越大。

推恩令在沒有遭到反抗的情況下，解決了歷代皇帝頭疼的問題，極大地鞏固了中央集權，不愧是明智之舉。

漢武帝設立太學

太學之名始於西周，是中國古代的大學，是漢代開始出現的設在京師的全國最高教育機構。

西漢早期，黃老之學盛行，只有私家教學，沒有政府設立的傳授學術的學校。漢武帝罷黜百家、獨尊儒術之後，採納董仲舒「興太學，置明師，以養天下之士」的建議，於西元前一三五年在長安建立太學。最初太學中只設五經博士，專門講授儒家經典，儒家被列入官學，成為統治階級的正統思想。從武帝到新莽，太學中科目及人數逐漸加多，開設了講解《易經》、《詩經》、《尚書》、《禮記》、《公羊傳》、《穀梁傳》、《左傳》、《周官》、《爾雅》等的課程。

漢元帝時博士弟子達千人，漢成帝時增至三千人。王莽上臺後，為了樹立自己的聲望並籠絡廣大的儒生，在長安城南興建辟雍、明堂，又為學者築舍萬區，博士弟子達一萬餘人，太學規模之大，前所未有。政府還會每年考察博士弟子，入選的可當官晉爵。

漢武帝設立刺史

西漢的刺史制度是對秦代監御史制度的繼承。秦始皇統一六國以後，建立了一套地方監察制度——監御史制度。將天下分為三十六郡，分別設立監察史。

漢高祖時期，監御史制度曾經一度被取消，到漢惠帝時又得以恢復。漢武帝即位後，為了加強對地方的控制，創建了刺史制度。漢武帝將全國劃分為十三個州部，分別是冀州、青州、兗州、徐州、揚州、荊州、豫州、益州、涼州、幽州、并州、交趾、朔方。每州為一個監察區，分別設置刺史一人，負責監察所在州部的郡國。

刺史每年秋天巡查郡國，其職權有明確的規定，即「奉詔六條察州」，凡地方官吏不奉詔書、虐待百姓、察舉不公、子弟不法或與豪強勾結者，直接上奏皇帝，予以制裁。西元前八十九年，漢武帝又在京城設立司隸校尉，監察京師百官。

刺史是一種比較完善的地方監察制度，有利於抑制地方豪強勢力，加強中央對地方官僚機構的控制。

漢武帝制定《太初曆》

農事活動和四季變化、時間更迭密切相關，所以曆法是隨著農業生產的發展而出現的。中國的農業生產歷史悠久，古代曾制定過許多曆法，而西漢的《太初曆》是第一部比較完整的曆法。

西漢初年沿用的是秦朝的《顓頊曆》，但其有一定的誤差。漢武帝太初元年（西元前一〇四年），下令司馬遷與鄧平、唐都、落下閎等共同制定了《太初曆》，漢成帝末年，劉歆又對其進行了重新編訂，改稱《三統曆》。

《太初曆》規定一年等於365.2502日，一月等於29.53086日；將《顓頊曆》中以十月為歲首改為以正月為歲首；首次將二十四節氣編入曆法；以沒有中氣的月份為閏月，調整了太陽周天與陰曆紀月不相合的矛盾；它還首次記錄了五星運行的週期。

《太初曆》的制定是中國曆法上一個劃時代的進步，它不僅是中國第一部比較完整的曆法，也是當時世界上最先進的曆法。

蘇武牧羊

衛青、霍去病大敗匈奴之後，匈奴和漢朝很久沒有再打過大仗，但一直時戰時和，有時候會互派使者表示友好，雙方也都扣留了一些對方的使者。

西元前一百年，漢武帝欲出兵攻打匈奴，匈奴派使者來求和，還把扣留的漢朝使者都放了回來。漢武帝為答覆匈奴的善意，派中郎將蘇武拿著符節，帶著副手張勝和隨員常惠出使匈奴。

在此之前，曾有一個生長在漢朝的匈奴人衛律，他在出使匈奴後投降了匈奴，被單于封為王。蘇武來到匈奴後，衛律的屬下虞常犯上作亂被抓，而蘇武的副手張勝因為是虞常朋友而受牽連，蘇武因此也被扣留。匈奴貴族威逼利誘想使蘇武投降，可他誓死不肯屈服，於是被流放到北海（今貝加爾湖）放羊，匈奴揚言要公羊生子才釋放他回國。漢昭帝時，與匈奴實行和親政策，雙方關係有所緩和，西元前八一年，蘇武終於獲釋回漢。

蘇武出使匈奴時四十歲，回到中原的時候已經鬚髮全白了。蘇武歷盡艱辛，留居匈奴長達十九年，能持節不屈，實在是可歌可泣，他因此受到人民的尊敬。

蘇武回漢後，官至典屬國，俸祿二千石，賜錢二百萬，官田二頃，住宅一處。蘇武死後，漢宣帝將其列為麒麟閣十一功臣之一，以表彰其節操。

司馬遷撰《史記》

司馬遷，字子長，西元前一四五年出生於西漢夏陽（今陝西韓城），西漢時期偉大的史學家、思想家、文學家。他的父親司馬談頗有才華，是漢武帝時期的太史令，曾著有《論六家要旨》一文，對春秋戰國以來的諸子百家思想進行了概括和總結。

司馬遷幼時聰慧，從小受到良好的教育，十歲時跟隨父親在京師學習經史，得以博覽群書，成年後又遊覽各地，考察古跡，為以後撰寫史書積累了資料。

司馬談去世後，西元前一〇八年，司馬遷承襲父職，任太史令，同時他也繼承了父親的遺志，準備撰寫一部通史。西元前一〇四年，他潛心修史，專心寫作，開始了《史記》的寫作。

西元前九十七年，「飛將軍」李廣的孫子李陵在出擊匈奴時兵敗被俘，投降匈奴，漢武帝震怒，欲誅殺其全家。身為李陵好友的司馬遷挺身而出，為其辯護，漢武帝大怒，以「誣罔」（欺騙皇帝）的罪名將其處以腐刑。司馬遷忍受著屈辱，以常人所不能及的毅力，潛心創作二十年，終於完成了震鑠古今的《太史公書》，被後人稱為《史記》。

《史記》記載了上自中國上古傳說的黃帝時代，下至漢武帝元狩元年，共三千多年的歷史，是中國第一部，也是最著名的紀傳體通史，不僅有重要的史料價值，而且是文學中的精品，被魯迅譽為「史家之絕唱，無韻之離騷。」

漢賦和樂府詩的盛行

漢賦是受屈原《楚辭》影響，在漢代發展起來的一種長篇韻文，其體裁介於詩歌和散文之間。漢賦大多是描寫宮室的浮華生活，為統治者歌功頌德。

漢武帝時經濟發達，國力強盛，為漢賦的新興提供了雄厚的物質基礎，而統治者的喜愛和提倡，使文人士大夫爭相以寫賦為能事，漢賦成為漢代四百年間文人創作的主要文學樣式。在後期又出現了大賦和小賦，大賦規模宏大、氣勢磅礡、富麗堂皇，而小賦則多為文采清麗、譏諷時事、抒情詠物的短篇。

樂府詩則是流行於民間的五言詩，漢武帝時，為了滿足宮廷娛樂和祭祀的需要，廣泛搜集各地民歌，進行加工後成為樂府詩。

樂府詩因為來源比較雜，所以內容廣泛，反映了多種樣貌的社會生活，有一定的史料價值。如長篇敘事詩《孔雀東南飛》就反映了焦仲卿和劉蘭芝兩人在封建禮教摧殘下的婚姻悲劇，是漢代樂府詩的傑出代表，而《十五從軍征》則寫了一個長期服役的老兵在年老後回到家鄉時的情景，對於我們瞭解當時人們的生活狀況很有參考價值。

巫蠱之禍

巫蠱之禍是漢武帝末年宗室內部發生的重大政治事件。

巫蠱為一種巫術，即將木偶人埋於地下，並詛咒所怨者，傳統迷信認為這可以害人。漢武帝晚年多病，於是懷疑是被周圍的人用巫蠱所害。西元前九十一年，丞相公孫賀之子公孫敬聲被人告發與陽石公主私通，並埋木偶人，用巫術詛咒漢武帝。公孫賀一家被斬殺，皇后衛子夫所生的兩個女兒陽石公主、諸邑公主和衛青之子長平侯衛伉也因牽連其中而被殺。

漢武帝命寵臣江充追查巫蠱之事，而江充因與太子劉據素來不和，擔心劉據即位後會對自己不利，於是聯合案道侯韓說、宦官蘇文等人誣陷太子。江充拿著事先準備好的桐木人，向漢武帝報告說是從太子府挖出來的。太子走投無路，遂藉口江充謀反，命武士將他斬首示眾，宦官蘇文跑去報告武帝說太子造反。武帝信以為真，便發兵追捕，而太子也發兵抗拒。其母皇后衛子夫聽說後就自殺了，而太子也最終因無處可逃而上吊自殺。

後來田千秋等人上書為太子申冤，武帝殺江充三族，燒死蘇文，又修建「思子宮」，以寄哀思。

霍光輔政

霍光，字子孟，西漢時期河東平陽（今山西臨汾）人，是名將霍去病同父異母的弟弟。

西元前八十七年，漢武帝臨死之前，立鉤弋夫人之子、年僅八歲的劉弗陵為帝，是為漢昭帝，並指定霍光為大司馬、大將軍，和金日磾、上官桀、桑弘羊一同輔佐漢昭帝。

在輔佐昭帝期間，霍光得到了漢昭帝的全面信任，因而得以獨攬大權，成為實際上的決策者。霍光對內繼續採取休養生息的措施，鼓勵農業，國家經濟穩定發展，對外與匈奴恢復和親政策，緩和了敵對關係。

這段時間內，自文景之治後被武帝窮兵黷武政策所耗空的國力得到了恢復。漢昭帝雖然年幼，卻十分機智英明，上官桀因為和霍光結怨，曾聯合蓋長公主、燕王劉旦等人，假託燕王的名義向漢昭帝上書，誣陷霍光不忠，打算一舉將其擒殺。但當時年僅十四歲的昭帝一下就識破了他們的陰謀，並對霍光表示安撫。之後上官桀等人又打算發動政變，殺掉霍光，廢黜昭帝，立燕王為帝，但計畫洩漏，被霍光所殺。

西元前七十四年，年僅二十二歲的漢昭帝駕崩，他沒有兒子，霍光迎立漢武帝之孫昌邑王劉賀即位。但劉賀即位後整天吃喝玩樂，荒淫無道，因此即位二十七天之後就被霍光廢掉了。霍光同群臣商議後，從民間迎接漢武帝的曾孫劉詢繼承皇位，即漢宣帝。

霍光廢劉賀而立的漢宣帝成為中國歷史上的一代明君，他因此而常被人和伊尹並提，稱為伊霍。

昭宣中興

漢武帝即位後窮兵黷武，加之好大喜功，大造宮室，揮霍浪費，又好神仙方士，致使民力枯竭。武帝末年，由於長時期的攻打外族和嚴刑峻法，從而導致階級矛盾日益尖銳，農民起義不斷。在民怨沸騰的情況下，晚年的漢武帝幡然悔悟，下《輪台罪己詔》，表示不再擾民，要致力於發展民生，與民休息。

漢武帝死後，昭帝、宣帝相繼當政，西漢歷史進入昭宣時期。這一時期，統治者採取了一系列鼓勵農業、減輕刑法的措施，從而促進了農業生產的發展和社會的穩定，緩和了社會矛盾，改變了武帝末年人人自危，大臣「安危不可知」的恐怖局面，使一度風雨飄搖的西漢王朝再次興盛起來。

這段時期被稱為「昭宣中興」，又稱「昭宣之治」。

設立西域都護府

西漢初年，在對匈奴的戰爭取得重大勝利後，尤其是在張騫通西域、李廣利伐大宛之後，為保障西域通商之路的通暢，將西域納入朝廷軍隊的勢力範圍，漢宣帝神爵二年（西元前六〇年），西漢政府在自敦煌往西至鹽澤（今羅布泊）的區域內設立了西域都護府。

西域都護府設立在烏壘城（今新疆輪台東北），其最高軍政長官是西域都護，鄭吉被任命為首位都護，統管絲綢之路北道、南道各國。在西漢時期，都護是加在其他官號上的職稱，一般由騎都尉或諫議大夫兼領，領二千石俸。在東漢年間則成為單任官職。

西域都護府的設置，第一次將天山南北置於中央朝廷的統治之下，標誌著西漢對西域的統治已經完全確立。

昭君出塞

王昭君，名嬙，字昭君，被譽為中國古代四大美人之「落雁」。

原為西漢南郡秭歸人，漢元帝時期被選入宮為宮女。王昭君相貌出眾，但因品格高尚，不屑於用各種手段謀得皇帝寵愛，因此入宮數年後都沒有見到皇帝。

此時北方的匈奴已分裂為五個單于，其中的呼韓邪單于一直和漢朝交好。西元前三十三年，呼韓邪單于再次親自來到長安，要求同漢朝和親。漢元帝決定挑選一個宮女當公主嫁給呼韓邪單于。王昭君聽說後請求出塞和親，被漢元帝封為永安公主，嫁給了呼韓邪單于。

她到匈奴後，被封為「寧胡閼氏」（閼氏，即王后），象徵她將給匈奴帶來和平、安寧和興旺。昭君出塞和親為漢與匈奴之間結束戰爭，加強友好關係作出了重要貢獻。後來呼韓邪單于在西漢的支援下控制了匈奴全境，從而使匈奴與漢朝和好達半個世紀。

王昭君死後，葬於「青塚」（位於今內蒙古呼和浩特城南）。昭君出塞的故事被千古傳唱，後人根據這個故事創作了大量的詩歌、戲劇等藝術作品。

王莽篡位

王莽是漢元帝皇后王政君的侄子，其家族在西漢地位顯赫，王莽幼年時父親王曼去世，他飽讀詩書，生活儉樸，禮賢下士，常把自己的俸祿分給門客和窮人，甚至賣掉馬車接濟窮人，因此聲名遠播。據說他的兒子殺死家奴，王莽逼其兒子自殺，因此得到世人好評。

王莽於西元前八年繼他的三位伯、叔之後出任大司馬。

西元前一年，漢哀帝去世後，九歲的漢平帝即位，皇太后王政君掌握傳國玉璽，她臨朝稱制，讓王莽做輔政大臣，出任大司馬，兼管軍事令及禁軍，並於西元一年封爵為「安漢公」。西元五年，王莽毒死漢平帝，立年僅兩歲的孺子嬰為皇太子，太皇太后命王莽代天子管理朝政，稱「攝皇帝」。

至西元九年元旦，王莽直接篡位稱帝，登基成為君主，改國號為「新」，年號「始建國」，西漢王朝就此結束。王莽開啟了中國歷史上篡位做皇帝的先河。

王莽改制

西漢後期，土地兼併以及奴婢、流民問題成為當時嚴重的社會問題，階級矛盾不斷強化，王莽代漢稱帝以後，試圖從危機中尋求出路，於是在政治、經濟制度上進行了一系列的變革，俗稱「王莽改制」。

針對土地兼併嚴重的問題，王莽以王田制為名恢復井田制，下令將全國土地改稱王田，還規定了重新分配土地的辦法；針對奴婢問題，王莽規定「奴婢」改稱「私屬」，不得買賣，違令者治罪；他還附會《周禮》，仿照周朝的制度推行復古改革，他改革官制，並下令把鹽、鐵、酒及山林川澤等收歸國有；他還四次改變幣制，使市場造成了一定的混亂。

此外，王莽還強迫其他少數民族的首領接受「新」國印璽，並隨意改變他們的封號，如由「王」降為「侯」等，從而刺激了民族間的衝突。王莽改制是在社會動盪不安的情況下進行的，當時的形勢已經是山雨欲來，而他在改革中又一味慕古，不切實際，因此遭到了貴族和下層民眾的反對，最終失敗。

西元十七年，各地農民紛紛起義，形成了赤眉及綠林大規模的反抗。西元二三年，綠林軍攻入長安，王莽在混亂中為商人杜吳所殺，校尉公賓斬其首，懸於宛市之中，新朝滅亡。

綠林、赤眉起義

王莽改制失敗後，社會更加動盪，天災人禍導致農民起義不斷，嚴重打擊了封建統治，其中以綠林起義和赤眉起義影響最大。

西元十七年，南方荊州一帶發生饑荒，老百姓生活困苦，新市（今湖北京山）王匡、王鳳組織了以綠林山為根據地的武裝起義，史稱「綠林軍」。綠林軍劫富濟貧，除暴安良，得到老百姓的回應，很快發展壯大起來。

西元二十二年，義軍攻占昆陽、定陵、郾縣等地。王莽派王尋、王邑率軍鎮壓，但在昆陽之戰中遭到慘敗。綠林軍乘勝攻占了洛陽、長安等地，長安陷落後，王莽被殺，綠林軍首領劉玄稱帝，恢復漢的國號，年號「更始」。

綠林起義的第二年，琅琊人樊崇率眾在莒（今山東莒縣）起事，在泰山一帶建立了根據地，他們因將眉毛染紅，以別於政府軍，因此被稱做赤眉軍。後來赤眉軍的勢力不斷壯大，擴展到了青州、徐州、兗州、豫州等地，經常攻擊官府，不斷吸納窮苦的老百姓加入隊伍，最後竟達到了十萬人以上。

西元二十二年，王莽派王匡、廉丹率領十萬軍隊進攻赤眉軍，慘遭挫敗。王莽死後，赤眉軍先是願意投降於綠林軍擁護的更始，後來雙方又開戰。西元二十五年，更始軍內部產生矛盾，赤眉軍攻入長安，殺死劉玄，擁立漢朝遠族後裔十五歲的劉盆子為帝，號「建世」。

西元二十七年，赤眉軍被劉秀打敗，樊崇被殺。

劉秀起兵

劉秀，字文叔，漢高祖九世孫，與更始帝劉玄是同一個高祖父劉買，南陽郡蔡陽縣人，為當地的豪族。西漢末年，南方饑荒，天下大亂，農民起義此起彼伏，劉秀和其兄劉縯趁機起兵，與綠林軍共同擁護更始帝劉玄。

西元二十三年，王莽派王尋、王邑率軍鎮壓綠林軍，雙方大戰於昆陽，劉秀率綠林軍一萬人打敗王莽軍四十萬人，殺其主帥王尋，取得昆陽大捷。此後劉縯兄弟威望大增，但遭到了劉玄的猜忌，劉縯被殺死。後劉玄遷都洛陽，派劉秀巡視黃河以北，並招撫農民義軍，劉秀在河北豪強地主的支持下，趁機積蓄力量，不斷發展自己的勢力，被劉玄封為蕭王。

西元二十五年，劉玄被赤眉軍殺害後，劉秀於鄗城即皇帝位，改元建武，國號仍為漢，史稱東漢。

昆陽大戰

昆陽之戰是「新莽」末年，以綠林農民義軍為主體的劉玄漢軍在昆陽（今河南省葉縣）地區大破王莽軍主力的反擊戰。

西元二十三年，綠林軍擁護劉玄稱帝後，派王鳳、王常、劉秀等人接連攻占了昆陽、定陵、郾縣三地，之後又攻下了宛城。義軍節節勝利，王莽眼看只剩一座孤城，於是集結了四十萬大軍，號稱百萬，由王尋、王邑帶領，企圖一舉消滅位於宛城的「更始」政權。

他們途徑昆陽時，將昆陽圍困。當時昆陽城中只有八、九千守軍，劉秀帶數十騎兵突圍而出，來到定陵和郾縣召集了三千義軍，殺回昆陽。劉秀帶領三千人與城中王鳳的軍隊裡應外合，奮力夾攻，殺死了王尋，敵方潰不成軍，落荒而逃。

昆陽大戰一舉全殲王莽軍的主力，為王莽政權的滅亡敲響了喪鐘，成為中國歷史上以少勝多的著名戰例。

東漢

劉秀建立東漢

西元二十三年，義軍攻破長安後，王莽敗亡。更始帝劉玄遷往洛陽，拜劉秀為司錄校尉。

西元二十三年十月，更始帝劉玄派劉秀到黃河以北鎮撫各州郡，當時河北到處都是地主割據勢力和農民武裝力量。劉秀到河北以後，廢除王莽法令，恢復漢制，大力發展自己的勢力。他一邊爭取河北豪強地主的支持，消滅了最大的割據勢力王朗，在河北站穩了腳步；另一邊則對農民軍進行分化、瓦解、利誘等，收編了各部農民軍，擴充了自己的實力。

劉秀的兵力由數千人發展到十餘萬人，逐漸控制了河北地區。西元二十五年六月，劉秀在鄗縣稱帝，沿用了漢的國號，因為漢都長安歷經多次戰亂後破敗不已，劉秀遂將都城遷到了東邊的洛陽，而劉秀建立的漢朝也因此被稱為東漢。

劉秀稱帝後，先派鄧禹、馮異率兵鎮壓了赤眉軍，同時採用各個擊破、拉攏打擊的方式消滅豪強地主的割據勢力，終於在西元三十六年完成了全國的統一。

光武中興

光武帝劉秀在位期間，勤於政事，採取了一系列恢復和發展社會民生的措施，緩和了西漢末年以來的社會危機，促進了社會發展。

光武帝多次發布釋放奴婢和禁止殘害奴婢的詔書，規定戰爭期間被賣為奴婢者重新為庶人，未釋放的官私奴婢必須有基本的人身保障。同時，為了減少貧民賣身為奴婢，朝廷還經常發救濟糧，減少租徭役，興修水利，發展農業生產。

光武帝很重視農業生產，他遣散地方軍隊，組織軍隊屯墾，而且放免刑徒為庶民，用於邊郡屯田。他實行輕徭薄賦的政策，恢復了西漢時較輕的田稅制，實行三十稅一，還下令裁併郡縣，精簡官吏，減輕了人民的徭役和納稅負擔。

此外還實行了加強中央集權的措施，賜給功臣優厚的爵祿，但禁止他們干政；限制三公的權力，將全國政務經尚書台總攬於皇帝；在地方上廢除掌握軍隊的都尉，集中了軍權。

這些措施使東漢初年出現了社會安定、經濟恢復、人口增長的局面，史稱「光武中興」。

明章之治

西元五十七年，光武帝死後，他的兒子劉莊即位，是為漢明帝。

西元七十五年，漢明帝死後，子劉炟即位，是為漢章帝。

明、章兩帝大體上繼承了光武帝時期的施政方針，勵精圖治，採取了寬鬆治國和息兵養民的政策。其主要功績有：輕徭薄賦，減省刑罰，促進了農業發展和社會安定；崇尚儒學，使學術風氣一時大盛；征伐匈奴，威服西域，和西域各國重新建立了友好關係。

明、章二帝在位時，東漢出現了歷史上少有的吏治清明、經濟發展、社會穩定的時期，史稱「明章之治」。

佛教傳入中國

佛教由古印度的釋迦牟尼在大約西元前六世紀建立，與基督教和伊斯蘭教並列為世界三大宗教。早在西漢時，西域的某些城邦小國已經開始信奉佛教。西漢末年，佛教開始傳入中原地區。西元前二年，信奉佛教的大月氏曾派使者伊存到達長安，講解浮屠經，這是佛教最早傳入中原。

東漢初年，佛教逐漸在統治者中間流行開來。據說當時漢明帝夢見金人飛行殿庭，後聽太史傅毅說是佛，於是派遣中郎將蔡愔等十八人去西域求佛。蔡愔和西域的竺法蘭、迦葉摩騰兩人，得到了一批佛經，用白馬馱回了洛陽。明帝特地興建中國第一所佛教寺院——白馬寺，迦葉摩騰與竺法蘭在寺裡譯出《四十二章經》。

到桓靈二帝之時，西域的佛教學者安世高、支婁迦讖等相繼來到中國，翻譯和宣傳佛教教義，漢桓帝還曾在宮裡修建黃老浮屠祠，佛教法事也得到了統治者的支持，漸漸興盛和普及起來。

讖緯神學的盛行

「讖」是一種宗教性質的神祕語言，用隱語向人們預測吉凶禍福和治亂興衰，又稱讖語，因為常常配有圖，所有又叫圖讖。

「緯」是相對於經來說的，儒生們常假託天象、神意等來解釋儒家學說，以神化儒學，欺騙人民，這種解釋被稱為緯。

讖緯神學其實是具有神化色彩的宣傳心理學，常常被統治者或欲篡權者用來引導輿論，麻痺人民，以鞏固自己的地位，維護特權。漢武帝時，董仲舒便曾經以「天人感應」的神學思想來闡釋儒家學說，使其宗教化而確立正統地位。

西漢末年，在王莽和劉秀的推波助瀾下，讖緯神學得到發展，並成為具有統治地位的思想。劉秀在起兵之初曾得到李通的圖讖「劉氏復起，李氏為輔」，劉秀以圖讖來解釋自己當皇帝的合法性。而劉秀即位後，對讖緯神學更加推崇，用人施政及重大問題的解決都要以讖緯為依據，以讖緯神學來解釋儒家經典。臨死之前，劉秀還曾宣布圖讖於天下。

西元七十九年，漢章帝還主持召開了白虎觀會議，將自古以來的經學用讖緯加以解釋，並將自然現象、社會制度、思想文化等方面用讖緯加以神祕化和權威化。

王充著《論衡》

王充，少時好學，曾就讀於洛陽太學，博覽群書，成為學識淵博的著名學者。

王充雖仕途不順，但是成為了東漢最著名的思想家，其《論衡》一書經歷三十年而完成，成書於西元八十六年，共有八十五篇，許多觀點精闢入理，石破天驚，對當時東漢社會流行的讖緯迷信、頹風陋俗進行了批判，發展了無神論和唯物的思想。

他認為萬事萬物都是無意志的自然物質實體，日月星辰都有其發生和運行的自然規律，沒有什麼天的意志在其中起作用，有力地駁斥了「天人感應」學說。王充認為，所謂吉凶祥瑞與天無關，只不過是統治者為了維護自己的特權而捏造的。

王充還認為，人死了以後不會成為鬼，人死而精氣滅，所謂鬼神之說，不過是心存虛妄所致，未必真有其事。

王充還提出了自己的唯物思想，他認為人要獲得知識，必須由人的感官與事物接觸，也就是透過學習來提高認識，聖人博學只是因為多聞多見，從而批判了被神化的先知聖人。

匈奴與漢族的融合

王莽篡權以後，與各少數民族之間的臣屬關係開始瓦解，劉秀建立東漢、鞏固政權以後，開始致力於修復和各少數部族之間的關係。

西元四十六年，匈奴單于輿死後，貴族之間開始了王位之爭，內部衝突激烈，加上草原上連年遭遇旱蝗之災，匈奴內部開始分裂。

西元四十八年，匈奴內部分裂為南北兩部，南匈奴內遷五原（今內蒙古五原縣），歸附東漢。東漢接受歸附，將他們安置在北地、朔方、五原、雲中、雁門等延邊八郡，每年賜給他們一定量的糧食、牛馬、布匹等物，並讓他們協助漢室防禦北匈奴的入侵。漢章帝時期，北匈奴內部又發生分裂，先後有數十萬人入塞歸附東漢。

匈奴內附後，不僅加強了東漢北部的邊防，而且他們接觸到了中原的先進文化，逐漸學會了農業生產，改變了遊牧生活，與漢族人民融合在一起。

竇固、竇憲反擊匈奴

南匈奴歸附漢室之後，其他少數民族也漸漸恢復了和漢室的友好關係，北匈奴的處境更加孤立，力量日益削弱，他們為了獲得生活所需的糧食、布匹、食鹽等物品，又開始侵擾東漢的北部地方，給邊疆人民的生活造成了困擾。

於是，為了解除北匈奴的威脅，西元七十三年，竇固兵分四路，征伐北匈奴。竇固軍出酒泉，至天山，深入北匈奴腹地，斬首千餘，大敗北匈奴呼衍王。西元七十四年，竇固率軍再出玉門，擊敗北匈奴在車師一帶的勢力。

西元八十九年，竇憲、耿秉再次會合南匈奴，大舉進攻北匈奴，大破北匈奴於稽落山（今蒙古國額布根山），斬首一萬三千人，俘獲二十多萬人。西元九十一年，竇憲再次率兵出擊北匈奴，出塞五千里，進攻金微山，大破北匈奴主力，斬首五千餘人。

此後，北匈奴在草原無法立足，只好向西逃去。

班超出使西域

班超，字仲升，漢代史學家班彪之子，《漢書》的編撰者班固之弟，三人合稱「三班」。班超在年輕時投筆從戎，參與到穩固邊疆的事業中去，最終成為東漢名將。

王莽在位期間，西域諸國和中原之間的聯繫基本中斷，匈奴乘機占領了西域各地。東漢政權穩固以後，開始著手恢復與西域之間的關係。西元七十三年，竇固大敗北匈奴後，班超奉命出使西域，以打通被北匈奴控制著的絲綢之路南道諸國。

班超率領士卒三十六人，首先來到了鄯善國，當時匈奴也派了使者去爭取鄯善王的支持，鄯善王對班超的態度一開始很熱情，後來突然冷淡。班超認為「不入虎穴，焉得虎子」，帶領手下襲擊殺了匈奴使者一百多人，鄯善王非常震撼，遂歸順漢室。

西元九〇年，班超率諸國士兵擊敗了大月氏的七萬入侵者，在西域聲威大震，又乘勝經營北道。

班超不僅用武力鎮撫各國，還善於用外交手段去聯絡較遠的國家。作為西域都護，班超在西域駐紮了三十多年，期間多次協助西域各國抵禦匈奴的入侵，陸續使于闐等五十多個國家歸順了漢室，將北匈奴在南道諸國的勢力一一肅清。在此期間，西域與中原的聯繫更加密切，通往西方的絲綢之路重新暢通。

外戚宦官專權

東漢皇帝除了最初的明、章二帝之外，後來的皇帝幾乎都是年幼即位，因而每一代皇帝即位時，都是皇太后臨朝稱制，而皇太后要掌握國家權力，勢必要依靠父兄等人，外戚就成了國家大權的操縱者。

當皇帝漸漸長大之後，由於想要剷除專攬朝政的外戚，便要依靠身邊最親近的人，即宦官，於是外戚和宦官之間為了爭奪政權展開了不斷的鬥爭，所以東漢後期出現了外戚、宦官交替把持朝政的局面。

西元八十八年，漢章帝劉炟去世後，他的第四個兒子劉肇即位為漢和帝，漢和帝即位時年僅十歲，由其養母竇太后執政。竇太后排除異己，任人唯親，讓弟弟竇憲掌權，竇氏的專橫跋扈，漸漸引起了漢和帝的不滿。

西元九十二年，竇憲帶兵大破匈奴後，漢和帝恐其功高蓋主，於是以陰謀造反為由，聯合宦官中常侍鄭眾等人殺死竇憲，將竇氏家族一網打盡。外戚被滅，東漢王朝又進入了宦官專權時期。

鄧太后臨朝執政

西元一〇五年，漢和帝死後，鄧太后迎立當時生下僅有百日的皇子劉隆為帝，即漢殤帝，自己掌握朝政大權。但殤帝很快夭折，於是鄧太后又迎立漢章帝的孫子，年僅十三歲的劉祜為帝，是為漢安帝。

鄧太后還算是一位比較有作為的女政治家，她臨朝聽政之後，針對東漢的一些弊端進行調整和改革。她以「柔道」治理天下，認為治理國家應以教化為本，刑罰只能作為輔助手段。於是下詔大赦天下，犯法禁錮者一律釋放為平民。

鄧太后還十分注意節儉與勸農，下令縮減皇宮的供奉，以節省財政開支。但鄧太后畢竟是外戚勢力的總代表，她臨朝執政近二十年，其兄弟親戚都位居要職，掌握大權。鄧太后死後，漢安帝才得以親政，並聯合宦官李閏等人誅滅了鄧氏一族。

班固撰《漢書》

班固，字孟堅，東漢史學家班彪之子，自幼聰慧，能詩善文。班固之父班彪曾續寫《史記》，作《史記後傳》六十五篇，為班固寫作《漢書》打下了基礎。後班固經過二十餘年的努力，完成了《漢書》的主要部分。

西元九十二年，班固因牽扯到竇憲案中而入獄，最後死去。當時漢書尚未完成，其妹班昭補寫八表，尚未完成便死去，班昭的門人馬續補寫了剩餘的七表及「天文志」。

因此，漢書前後歷經四人之手而完成，歷時四十多年。

《漢書》沿用了《史記》的體例而略有變更，全書包括紀十二篇、表八篇、志十篇、傳七十篇，共一百篇，上起漢高祖劉邦，下至王莽地皇四年，記載了西漢王朝二百多年的歷史，開創了斷代史寫作的先河，也是東漢時期最重要的史學著作。

班固也是當時著名的辭賦家，著有《兩都賦》、《答賓戲》、《幽通賦》等辭賦。《漢書》的語言莊嚴工整，多用排偶，遣辭造句典雅華麗，與《史記》平暢的口語化文字形成了鮮明對照。不過班固寫作《漢書》時亦有歌頌漢朝功德之意，這使其文獻價值有所貶損。

蔡倫發明造紙術

漢和帝時期，宦官蔡倫發明了造紙術，他用樹皮、麻頭、破布、魚網等植物原料，經過挫、搗、抄、烘等工藝製造出植物纖維紙。西元一〇五年，他將造紙過程、方法寫成奏章，連同造出來的植物纖維紙呈報給漢和帝，和帝大加讚賞。

蔡倫造紙術的造紙原料多樣，易於取材，成本低廉，還能實現舊物利用，大大提高了書寫的品質，於是很快被推廣開來，廣泛使用。人們把這種紙稱為「蔡侯紙」，從此，紙代替了木牘、竹簡、綿帛，成為最普遍的書寫工具。

蔡倫的造紙術成為中國古代四大發明之一，在八世紀後相繼傳入了西亞和歐洲各國，為人類文明作出了重要的貢獻。

張衡發明渾天儀

張衡，字平子，南陽人，他小時候聰明好學，善於觀察。

張衡年輕時在洛陽和長安學習，並進入太學接受教育。他一開始學習文學，頗有造詣，曾寫作了著名的漢賦《二京賦》、《南都賦》以及五言詩《同聲歌》等。他還精通數學，曾寫作了《算罔論》。

三十歲以後，張衡開始研究天文學，並於西元一一六年開始兩度擔任東漢曆法機構的最高官職——太史令，之後曾出任尚書。西元一一七年，張衡總結前人經驗，發明了世界上第一個水力渾天儀，渾天儀能夠以水力推動其自行運轉，是天球儀的鼻祖。之後，張衡寫了《渾天儀圖注》，解釋了其製作原理和使用方法。

張衡在其天文學著作《靈憲》中第一次解釋了日食和月食的成因，還算出了日、月的視直徑，記錄了在洛陽觀察到的恆星二千五百顆，還測出了地球繞太陽一年所需的時間是「周天三百六十五度又四分度之一」。此外他還主張渾天說，認為天和地都是圓的，天在外，像蛋殼，地在內，像蛋黃。這種說法雖有欠精確，但卻顛覆了當時流行的天圓地方之說。

西元一三二年，張衡又發明了世界上第一臺地動儀，據說可以探測出方圓五百公里外的地震，比歐洲要早一千七百年。為了紀念這位偉大的天文學家，聯合國天文組織曾將太陽系中的一八〇二號小行星命名為「張衡星」。

黨錮之禍

黨錮之禍指中國古代東漢桓帝、靈帝時，士大夫、貴族等對宦官亂政的現象不滿，與宦官發生黨爭的事件。事件因宦官以「黨人」罪名禁錮士人終身不得做官而得名，前後共發生過兩次。

東漢桓帝、靈帝時，外戚宦官交替專權。宦官侯覽、曹節、王甫等人得勢後，把持朝政，為禍鄉里，朝廷國無寧日，社會動盪不安。

漢桓帝後期，一大批清高自守，敢於打擊為非作歹宦官的士大夫紛紛站出來，李膺、陳蕃、王暢等人成為反對宦官集團的中堅人物。西元一六六年，宦官為了進行報復，誣告李膺等人誹謗朝廷，結黨營私，讓漢桓帝下令將李膺等二百多人捉拿下獄。第二年，又將他們釋放，但是終身禁錮，不得做官。

漢靈帝即位後，太后竇氏的父親竇武欲聯合陳蕃消滅宦官，被宦官曹節搶先一步，殺死竇武、陳蕃，西元一六九年，宦官集團趁勢誣告並抓捕「黨人」幾百人，李膺、范滂等人均被害死。宦官自此把持朝政，呼風喚雨，西元一七六年，又以皇帝的名義下令，「黨人」的門生故吏、父子兄弟以及五族以內的親屬一律免官，並終身禁錮。

黨錮持續時間之長，危害之嚴重，實在是歷史上少有。

十常侍專權

西元一六七年，漢桓帝死後無子，其皇后竇氏及父親竇武掌權，他們為了能繼續掌握朝政，迎立漢章帝的玄孫，當時只有十二歲的劉宏即位，是為漢靈帝，竇武為大將軍輔政。

漢靈帝時，朝政已經腐敗不堪，朝廷內面臨外戚宦官爭權的局面，而朝廷外則旱災、水災、蝗災氾濫，百姓怨聲載道，國勢衰落。西元一六八年，竇武欲聯合太尉陳蕃驅逐宦官，形跡敗露後，宦官曹節等人發動政變，殺死了竇武、陳蕃，軟禁了竇太后。之後宦官又殺死了反對他們的太學生李膺、范滂等一百餘人，流放、關押八百多人，他們大多慘死獄中。

從此宦官集團掌握大權，張讓、趙忠等十二個宦官獨霸朝政，橫徵暴斂，魚肉百姓，朝政黑暗。而漢靈帝整日沉湎酒色，一味寵信宦官，不但對他們言聽計從，還尊張讓等人為「十常侍」，並常說「張常侍乃我父，趙常侍乃我母」。在這種情況下，朝政日非，人人思亂，終於爆發了黃巾之亂，使漢王室走向敗亡。

黃巾之亂

東漢末年，各種社會問題浮現，外戚宦官專權為禍，朝政黑暗，同時旱災、水災不斷，農產歉收，天災人禍和繁重的傜役使人民深受其害。此外，豪強地主勢力不斷壯大，土地兼併激烈，大批農民失去土地，成為流民。

這時，鉅鹿人張角、張梁、張寶兄弟三人宣傳「太平道」，以用「符水」為人民治病的機會傳道，吸收了許多弟子，之後張角又把這些人分散到各地區傳道，十幾年間，張角的信徒越來越多，達到了三十多萬人，幾乎遍布了全國各個地方。

張角見信徒漸多，便自稱「大賢良師」，把勢力範圍劃分為三十六個區，稱為「方」，大方一萬多人，小方六七千人，每方推舉一個領袖率領，全由張角控制。

在準備充分之後，張角提出了「蒼天已死，黃天當立，歲在甲子，天下大吉」的口號，決定在西元一八四年三月五日發動叛亂，奪取東漢政權。但因計畫洩漏，只好提前發動叛亂，三十六方同時起事，聲勢浩大，由於頭裹黃巾，所以稱黃巾軍。

東漢政府派外戚何進為大將軍，率兵進行鎮壓，各個豪強亦紛紛起兵，聯合鎮壓黃巾賊。由於各自為戰，缺乏統一的指揮，黃巾賊最終被政府軍各個擊破，但此次叛亂給了東漢政府沉重的打擊。之後類似的叛亂事件不斷發生，地方豪強也舉起了反叛之旗，東漢自此分崩離析，走上了分裂和沒落之路。

五斗米道張魯割據漢中

張魯，字公祺，沛國豐縣（今屬江蘇豐縣）人。其祖父張陵創立了五斗米道，漢順帝時期，張陵在四川地區向群眾傳道，受道者要出五斗米，因此稱五斗米道。

五斗米道主要活動區域在益州、雍州兩地。張陵死後，其子張衡繼續傳道，張衡死後，張魯繼續傳道。西元一九一年，張魯在益州牧劉焉手下任督義司馬，後與張修率徒眾攻討漢中太守蘇固，奪取漢中之後，張魯殺掉了張修，獨自占據漢中。

劉焉死後，其子劉璋繼任，劉璋殺死了張魯的全家，張魯叛變，以漢中為根據地，集合五斗米道教民，建立了政教合一的政權。

張魯自稱「師君」，他在各地設立「義舍」，置「義米義肉」，免費提供給過路者食用。他還規定犯法者「原宥三次」，再犯才處以刑罰；而犯輕微錯誤者罰修道路百步。張魯的統治受到人民的歡迎，他的地盤在動盪的亂世中還算比較安定的地區，因此很多人遷居到那裡。

他的政權持續了近三十年，直到西元二一五年，曹操進攻漢中時，張魯投降曹操，被封為鎮南將軍、閬中侯。

華佗行醫濟世

華佗，字元化，沛國譙縣（今安徽亳州市）人，東漢末年著名的醫師，與董奉、張仲景被並稱為「建安三神醫」。華佗善於方藥、針灸，精於外科手術。

東漢末年，軍閥混戰，災害頻繁，疫病流行，華佗目睹百姓慘狀，不為功名利祿所動，多次拒絕為官，一生在鄉村行醫。因醫術精湛，有很多人來向他求醫，《三國志》中有華佗幫關羽刮骨療傷的記載。華佗發明了麻沸散，他先用麻沸散將病人麻醉，然後進行外科手術。華佗還善於養生之術，他模仿虎、鹿、熊、猿、鳥的動作，發明了五禽戲，據說華佗雖然年近百歲，但仍形似壯年。

當時曹操有嚴重的頭風病，特意召華佗為他治病，並欲將其長留府中為侍醫，華佗心繫家鄉，因此找藉口回到家裡，曹操多次召他都不回去，最終被曹操所殺。華佗雖死，其精湛的醫術和懸壺濟世的胸懷卻流傳了下來，被永久傳頌。

張仲景博採眾方

張仲景，名機，南陽人，出生於西元一五〇年，東漢末年著名醫學家。

張仲景從小精心研究醫術，總結前人經驗，並於建安年間遊歷各地行醫，他親眼目睹了各種疫病流行給百姓帶來的災難，也借此將自己多年對傷寒症的研究付諸實踐，進一步豐富了自己的經驗。

經過數十年含辛茹苦的努力，他終於寫成了《傷寒雜病論》一書，這是中醫史上第一部集理、法、方、藥於一書的經典之作。

《傷寒雜病論》是中國第一部從理論到實踐、確立辨證論治法則的醫學專著，其辨證論治原則成為中醫臨床的基本原則，是中醫的靈魂所在。在方劑學方面，此書記載了大量有效的方劑。

張仲景因為對後世中醫學的傑出貢獻而被稱為「醫聖」。

董卓之亂

董卓，字仲穎，隴西臨洮（今甘肅岷縣）人。西元一八九年，漢靈帝死後，漢少帝劉辯繼位，何太后臨朝，外戚何進輔政。何進與袁紹合謀誅殺了當時專權的宦官蹇碩，然後私召當時握有兵權的并州牧董卓入京，欲一舉除掉宦官勢力。

機密洩漏後，何進被宦官張讓等人所殺。袁紹帶兵入宮，殺掉宦官二千餘人。自此，外戚和宦官這兩個統治東漢的政治勢力被徹底消滅。

隨後董卓趁亂率軍進入洛陽殺死何太后，廢掉少帝，另立陳留王劉協為漢獻帝，自任丞相。

董卓掌權後逼走袁紹，獨自掌握兵權，他提拔親信，廣樹黨羽，專斷朝政，貪圖享樂，還縱容部下在洛陽燒殺擄掠。西元一九〇年，袁紹聯合各路諸侯共同討伐董卓。董卓勢弱，挾持獻帝退往長安，臨行前焚燒洛陽的宮廟、官府和居家，脅迫洛陽數十萬居民一起西去長安。

西元一九二年，司徒王允與董卓部將呂布合謀，終於刺殺了董卓。此後董卓部將李傕、郭汜以報仇為名，率兵攻入長安，趕走呂布，殺死王允，劫持獻帝，扣留公卿大臣。最後，李傕為曹操所殺，郭汜也為其部將所殺。

董卓之亂使關中地區的民生遭到嚴重破壞，而各地諸侯以討伐董卓、扶持漢室為名，紛紛起兵，一場持續了三十餘年的軍閥割據就此展開。

三國兩晉南北朝

一段紛亂割據的爭霸史

黃巾之亂後，為了鎮壓平亂，漢靈帝將部分刺史改為州牧，由宗室或重臣擔任，擁有地方軍政大權，以便加強地方政權的實力，更易控制地方，有效圍剿黃巾餘部。而正是漢靈帝的下放權力，使得地方官得以擁兵自重。

東漢末年，涼州軍閥董卓進入洛陽，控制朝政，禍國殃民，各路軍閥爭相討伐。自此，群雄並起，逐鹿中原，東漢皇帝成為軍閥爭霸的招牌。曹操挾天子以令諸侯，統一北方，孫權割據江東，劉備據有四川，形成三足鼎立之勢。

三國之中，曹魏獨強，相繼滅掉蜀漢、東吳。權臣司馬氏奪取政權，建立西晉，西晉僅存在五十一年，就被匈奴攻滅。王室大臣舉族南遷避禍，司馬睿在江南建立東晉，而北方則進入分崩離析的五胡十六國時期，自此，經濟中心轉移到了長江流域。

西元四二〇年，東晉權臣劉裕廢晉自立，建立南朝宋，同時拓跋燾統一北方，建立北魏，南北朝時期就此開始。

三國時期

孫策定江東

孫策，字伯符，吳郡富春（今浙江杭州富陽）人，他是孫堅的長子，孫權之兄，是東漢末年和三國時期的割據軍閥之一，東吳的重要奠基人。

孫策為人驍勇善戰，富有謀略，外號「小霸王」。西元一九一年，孫策的父親孫堅在攻打荊州牧劉表時被黃祖設伏殺死，孫策繼承父業。西元一九四年，孫策帶領父親舊部投靠曾與孫堅交好的袁術，欲在其幫助下收羅父親舊部，繼而為父報仇。不料袁術多次反悔，於是孫策帶領部下脫離袁術，來到江東。

孫策禮賢下士，四處結交豪傑，先後與周瑜、張紘、太史慈等相識。幾年下來終於建立了自己的根據地和武裝力量，於西元一九八年被東漢朝廷封為吳侯，拜討逆將軍。西元一九九年，孫策率軍大敗黃祖，終於為父報仇。

孫策很喜歡輕騎外出狩獵，西元二〇〇年四月，孫策在外出狩獵時被舊仇許貢的部下殺死，時年二十六歲。由於孫策相貌英俊，平易近人，很受愛戴，被世人稱為孫郎，周瑜為周郎，二人親如兄弟，還分別娶了喬公的兩個女兒大喬和小喬。

袁紹割據河北

袁紹，字本初，汝南汝陽（今河南商水）人，東漢末年割據軍閥之一，官至大將軍、太尉，封鄴侯。

袁紹出身名門望族，自曾祖父起四代有五人位居三公，號稱四世三公。袁紹文武雙全，英氣勃發，喜歡結交上層社會的豪爽之士。西元一八八年，被舉薦為中軍校尉。

靈帝死後，宦官專權，外戚大將軍何進與時任司隸校尉的袁紹合謀誅殺宦官，事情洩漏，何進被宦官殺害。袁紹帶兵殺死宦官二千餘人，主持朝政。

董卓乘亂進入京城，廢少帝，另立劉協為獻帝，自任丞相，專權跋扈，袁紹逃奔冀州。

西元一九〇年，關東軍閥聯合討伐董卓，推舉袁紹為盟主，帶兵包圍洛陽。董卓被殺後關東軍內部開始互相兼併，袁紹奪取冀州牧韓馥地盤，此後又奪得青州、并州，消滅幽州公孫瓚。

到西元一九九年，袁紹已占據黃河下游四州，領眾數十萬，成為當時東漢勢力最強的軍閥。不久袁紹被冊封為大將軍、太尉，總督冀、幽、并、青四州，成為北方最大的割據勢力。

挾天子以令諸侯

曹操字孟德，小字阿瞞，沛國譙（今安徽亳州）人。

曹操的祖父是宦官中常侍大長秋曹騰，漢桓帝時被封為費亭侯，父親曹嵩是曹騰的養子，漢靈帝時官至太尉。

西元一八四年，曹操因鎮壓黃巾賊有功，升任為濟南相。後來董卓作亂，曹操回到家鄉陳留，散盡家財徵募義勇，討伐董卓，參與了關東諸侯討伐董卓的戰爭。

西元一九二年，青州黃巾賊入侵兗州，兗州刺史劉岱被殺，曹操打敗黃巾賊，將其精銳編為「青州軍」，然後以兗州為根據地不斷發展勢力。

西元一九六年，曹操採納謀士毛玠等人的建議，將漢獻帝迎接到許昌建都，形成了挾天子以令諸侯的局面，取得了政治上的優勢。從此，曹操勢力不斷強大，先後戰勝了呂布、袁術，並接受了張繡的投降。到西元一九九年，曹操已經控制了兗州、豫州、徐州三地，並向南延伸到荊州北部，在北方與袁紹形成了二強爭雄之勢。

官渡之戰

曹操勢力的迅速發展引起了袁紹的不滿，袁紹當時的兵力遠勝曹操，因此決心和曹操一決雌雄。他挑選精兵十萬，戰馬萬匹，企圖南下進攻許昌，兼併黃河中下游以南地區。

西元二〇〇年，曹軍與袁軍對峙於官渡，在此展開決戰。

雙方實力懸殊，袁紹領兵十萬，而曹操兵力不足一萬。不過曹操有良將謀士，而且因其善於用人，賞罰分明，所以吸引了不少袁紹舊部來降。

曹操先發制人，先是派兵襲擊了青州、北海等戰略要地，然後一方面將主力屯於官渡（今河南中牟縣東北），憑河拒袁；一方面親自率兵攻打徐州，打敗與袁紹聯合的劉備，解除了後顧之憂。之後曹軍又設計斬殺了袁紹手下顏良、文醜兩位大將，然後築深溝高壑，與袁軍對峙。

後來曹操用許攸計謀，奇襲袁軍在烏巢的糧倉，焚燒其糧食輜重，繼而擊潰袁軍主力。曹操以少勝多大敗袁紹，此後又率兵北上消滅袁紹的殘餘勢力，奪得冀、幽、并、青四州，基本統一了北方。

曹操屯田

西元一九六年，曹操開始招募流亡者，在許昌周圍實行屯田，隨後在整個北方地區大規模推廣。以五十人左右為一屯，設屯司馬一人。此為民屯。

西元二一八年，在司馬懿的建議下，又開始實行軍屯，規定士兵平時屯田，戰時作戰。

曹魏統治者向屯田民徵收租稅的辦法，是依據早期宣導的「分田之術」，即官府提供土地，屯田民不得任意棄置所配給之土地，而收穫的穀物按比例分成。用官牛者，官六私四；不用官牛者，官私對分。屯田制在戰時對恢復生產、保證軍糧供應發揮了重要的作用。不過到曹魏末期，由於對統治者已經無利可圖，遂於西元二六四年被廢除。

曹操還頒行了租調制，規定對土地所有者，每畝土地徵收田租粟四升；每戶徵收戶調絹二匹、綿二斤。除此之外不得再擅自徵稅。此外曹操還規定不許地主隱瞞戶口和向農民轉嫁租稅。

這是戰國以來賦稅方面的一次改革，用租調取代了沉重的人頭稅，減輕了農民的負擔，有利於恢復和發展民生。

劉備三顧茅廬

劉備，字玄德，涿郡涿縣（今河北涿州）人，是漢中山靖王劉勝的後代，早年喪父，和母親一起以販履織席為業。

漢靈帝末年，劉備因起兵討伐黃巾賊有功而登上政治舞臺，後因杖打督郵而棄官逃命。先後依附公孫瓚、陶謙，陶謙死後，劉備自領徐州，之後被呂布打敗。此後帶兵輾轉奔波數年，相繼依附於曹操、袁紹等人，一直未能建立大的基業。西元二〇一年，曹操派兵攻打劉備，劉備投靠劉表，駐紮在新野。

西元二〇七年，徐庶向劉備推薦了諸葛亮。此時諸葛亮正隱居在南陽，劉備欲爭奪天下，求賢若渴，於是親自前往隆中拜訪，去了三次才見到諸葛亮。劉備向諸葛亮詢問天下大計，諸葛亮為他詳細分析了天下形勢，提出先取荊州為根據地，再取益州，與曹、孫形成鼎足之勢，繼而圖取中原的戰略構想，這就是著名的「隆中對」。而諸葛亮為劉備所感，遂出山輔佐劉備，創立了蜀漢大業。這個「三顧茅廬」的故事傳為佳話。

蔡文姬作《胡笳十八拍》

蔡文姬，即蔡琰，原字昭姬，晉時避司馬昭諱，改為文姬，陳留圉（今河南開封杞縣）人，是東漢大文學家蔡邕的女兒。

蔡文姬自小耳濡目染，才華橫溢，善通音律，是建安時期著名的才女和詩人。蔡文姬一開始嫁給了河東的衛仲道，不過丈夫很快去世，蔡文姬回到了娘家。

不久軍閥混戰，董卓作亂京城，蔡文姬被匈奴所擄，嫁給了南匈奴左賢王，並生下二子。西元二〇七年，曹操政治勢力穩固以後，想起舊識蔡邕，不免憐憫蔡文姬的悲慘遭遇。於是派使者將蔡文姬贖回，並安排她再嫁給陳留董祀。

蔡文姬在流落匈奴期間，嘗盡了生活的艱辛，異鄉生活的悲苦可想而知。她作有《胡笳十八拍》和《悲憤詩》，描述了自己漂泊異鄉的屈辱和痛苦，成為感人肺腑的千古絕唱。《悲憤詩》被稱為中國詩史上第一首自傳體的五言長篇敘事詩，被認為「真情意切，自然成文」，激昂酸楚，在建安詩歌中別具一格。

赤壁之戰

西元二〇八年，曹操平定烏桓之後，基本上控制了北方地區，於是率二十萬大軍南下荊州，圖謀奪取江南。

當時劉表剛死，次子劉琮投降曹操，劉備被迫從新野向江陵撤退，在長坂（今湖北當陽縣境內）被曹軍大敗，只好退守夏口，派諸葛亮到柴桑（今江西九江）遊說孫權共同抵抗曹操。

孫權在周瑜、魯肅等主戰派的支持下決意抗曹，派遣大將周瑜、程普率軍溯江而上，與劉備軍在赤壁會合。此時曹軍占據數量上的優勢，但孫劉聯軍利用曹軍長途勞累、不習水戰的弱點，初戰告捷，曹軍退守烏林。

曹軍為防止風浪顛簸，用鐵索將船連接了起來，孫劉聯軍把握風向，以火船點燃曹軍戰船，並沿途衝殺。曹軍陣腳大亂，被燒死、溺死、殺死者不計其數，曹操從華容道狼狽逃跑。

赤壁之戰鞏固了孫權在江東的統治，而劉備也趁機占據荊州，向西發展，為三分天下拉開了序幕。

劉備自立為漢中王

西元二一四年劉備打敗劉璋，奪取益州，占據了立足之地。

漢中是益州北方的一個郡，屬益州門戶，易守難攻，地理位置十分重要。

西元二一五年，漢中的張魯投降曹操，蜀郡太守、揚武將軍法正向劉備建議奪取漢中，他認為：「占領漢中後，興農積糧，觀冀伺隙，則上可以進取關中，問鼎中原；中可以蠶食雍、涼，開拓疆域；下可以固守要害，保衛益州。」於是，為保障益州的安全，劉備於西元二一七年發動了漢中之戰，率法正、張飛、趙雲、魏延、黃忠等將領與曹操爭奪漢中。

漢中之戰持續了兩年，曹軍死傷慘重，一直無法取勝，曹操想撤退卻又有所不捨，便用「雞肋」作口令，眾將不解其意，主簿楊修卻明白雞肋「棄之如可惜，食之無所得」的道理，知道曹操想撤退，便自行收拾行裝。

西元二一九年五月，曹操果然放棄漢中回軍長安，劉備遂占據漢中，於當年秋天自立為漢中王，為以後的稱帝蜀漢奠定了基礎。

關雲長水淹七軍

西元二一九年，劉備稱漢中王，封關羽為前將軍。

同年，劉備派關羽進攻荊州北部的樊城，樊城守將曹仁向曹操求救，曹操派于禁、龐德兩員大將率領七支人馬前去增援。曹仁讓他們屯兵在樊城北面的平地上，和城中裡應外合，使關羽沒辦法攻城。正在雙方僵持不下之時，樊城天降大雨，漢水暴漲，于禁所率領的七軍在平地上紮營，因此都被大水淹沒，將士紛紛往高處躲避。而關羽早已看出曹軍紮營在平地的弱點，趁勢坐在大船上進行攻擊，打得曹軍叫苦連天，損失慘重，史稱「水淹七軍」。

曹軍將領于禁走投無路，被迫向關羽投降。龐德被俘，因拒絕投降而被關羽處斬。

關羽進一步圍困在樊城中鎮守的曹仁，同時派遣軍隊包圍襄陽。此時，陸渾人孫狼等殺官起兵，回應關羽，曹操指派的荊州刺史胡修、南鄉郡太守傅方都投降了關羽，關羽聲勢威震華夏。

關羽敗走麥城

關羽水淹七軍後圍困樊城。曹操為解樊城之圍，聽取司馬懿等人的意見，利用孫、劉之間的矛盾，派使者入吳，以將江南封給孫權為條件勸他派兵襲取荊州，同時派大將徐晃率軍去樊城援救曹仁。

西元二一九年，孫權拜呂蒙為大都督，總領江東兵馬偷襲荊州。吳軍使韓當、周泰、蔣欽、潘璋等大將藏於船中，使一些精兵扮做商人，搖櫓西上，抵達蜀軍江邊的烽火臺。蜀軍一時大意，讓變裝的吳船泊岸避風。

二更天時，這些船中的人一齊出來，抓獲了蜀國守軍，然後長驅直入荊州，吳軍裡應外合襲取了荊州。荊州重鎮江陵守將麋芳、公安守將士仁不戰而降，呂蒙、陸遜等依次攻陷荊州各地。

此時正在攻打樊城的關羽得知荊州失守後大吃一驚，忙帶關平、廖化領兵回荊州。途中遭遇吳軍埋伏，關羽殺出重圍，帶殘兵退至麥城（今湖北省當陽縣東南），吳軍遂圍住麥城。西元二二〇年，關羽糧草耗盡，援兵遲遲不到，只得和關平、趙累率殘兵突圍出北門。在益州附近臨沮山路再次中吳軍埋伏被俘，因拒不投降和關平一起被殺。

此戰之後，孫權收回了荊襄之地，吳蜀聯盟遭到嚴重破壞。

實施九品中正制

在選官用人制度上，漢代推行的是察舉制，即每年由郡國向中央推舉人才，有一定的名額，因為缺乏客觀標準，導致賄選之風盛行。

西元二二〇年，曹魏建立前夕，曹丕為了拉攏世家大族的支持，採納吏部尚書陳群的建議，在選官上實行九品中正制。

九品中正制，又稱九品官人法，其主要內容是，在各州郡選擇「賢有識見」的官員任「中正」，「中正」必須是二品現任中央官，中正以家世、德行、才能為標準，查訪評定州郡士人，定出品（家世）和狀（德才），並依此將他們分成上上、上中、上下、中上、中中、中下、下上、下中、下下九等，然後呈報給吏部，作為授官的依據。

九品中正制的實施使曹丕獲得了世族官僚的支持，為廢漢稱帝奠定了基礎。

九品中正制一開始實施時還能注重德才，選任賢能之才，但是由於中正官一般都是由世族大家出身的官吏擔任的，所以他們很容易只看門第出身，不注重才德。久而久之，九品中正制就成了世族把持仕途、壟斷選官的工具。到西晉時，甚至出現了「上品無寒門，下品無世族」的局面。

曹丕稱帝

曹丕，字子桓，西元一八七年出生，沛國譙（今安徽省亳州市）人，曹操的嫡長子。

赤壁之戰失敗後，曹操退回北方，收縮防線，然後集中精力改革內政，發展民生，鞏固後方。之後又於西元二一一年滅掉韓遂、馬騰，奪取了涼州，西元二一五年又收服了盤踞漢中的張魯。曹操統一北方，權傾朝野，和劉備、孫權形成了三足鼎立之勢。

西元二一七年，曹丕運用各種計謀，在繼承權的爭奪中戰勝了弟弟曹植，被立為世子。西元二二〇年，曹操在洛陽病死，曹丕繼位為魏王、丞相、冀州牧。

在稱帝前夕，曹丕實行九品中正制，成功緩和了與世族之間的關係，取得了他們的支持。同年，曹丕迫使漢獻帝將皇位禪讓給他。曹丕稱帝，國號魏，定都洛陽，又追尊曹操為武皇帝，廟號太祖。

劉備稱帝

西元二二〇年，曹操逝世後，曹丕篡漢建魏。

蜀中有傳聞說漢獻帝已經被害死，於是漢中王劉備發喪制服，追諡漢獻帝為孝愍皇帝。

西元二二一年，群臣勸劉備即帝位，劉備不許。後來諸葛亮、許靖、黃權等人再次上書勸劉備即帝位，說如不從眾議，恐士心離散。劉備於是在成都登基，以續東漢大統，國號仍為「漢」，史稱「蜀漢」。然後大赦天下，改年號為章武，以諸葛亮為丞相，許靖為司徒，設置百官，建立宗廟祭祀漢高祖等。之後又立夫人吳氏為皇后，長子劉禪（阿斗）為太子，娶車騎將軍張飛女為皇太子妃，立次子劉永為魯王，劉理為梁王。

陸遜火燒連營

陸遜火燒連營是發生在三國「三大戰役」的最後一戰——彝陵之戰的事情。

彝陵之戰又稱猇亭之戰、夷陵之戰，是蜀漢君主劉備對東吳發動的戰役。西元二二〇年，吳軍殺死關羽，奪得荊州。西元二二一年，劉備稱帝三個月後，不聽趙雲等人的勸阻，打著為關羽報仇的旗號，揮兵東征，攻打孫吳。

孫權一面派人向魏國表示臣服，以避免腹背受敵，一面派陸遜率軍應戰劉備。陸遜見蜀軍氣勢如虹，洶湧而來，決定退兵至彝陵、猇亭一帶，占據有利地形，以逸待勞。劉備大軍推進至彝陵，連營數百里，聲勢浩大，但陸遜堅守不出，兩軍相持達半年之久。西元二二二年，劉備派伏兵攻擊吳軍，陸遜才開始反擊。

陸遜發現蜀軍的營寨都是用木柵欄組成，於是決定用火攻。吳軍先是封鎖江面，扼守彝陵道，然後火燒連營，再全面出擊，劉備大敗，逃至白帝城，最終病死。

彝陵之戰中，吳軍使用以逸待勞的方法，後退誘敵，擊其疲憊，是由防禦轉而反攻的成功戰例。後來在諸葛亮的主導下，吳蜀兩國重修舊好，共同防禦曹魏，三國分立的局面最終形成。

白帝城托孤

西元二二二年，劉備於彝陵之戰中被吳軍打敗後，狼狽退回白帝城（今四川奉節東）。劉備征戰一生，身心疲憊，加上彝陵之戰失敗的打擊，使他心情抑鬱，竟然一病不起。

西元二二三年，劉備的病情日益加重，身體一日不如一日，只好傳喚諸葛亮來到白帝城，託付後事。劉備臨終前托孤於諸葛亮和尚書李嚴，對諸葛亮說：「以丞相的才能，必能安邦定國，成就大事，如果吾兒劉禪可輔，輔之；如其不才，君可自取而代之。」諸葛亮流淚答道：「必會盡全力輔佐太子，鞠躬盡瘁，死而後已。」

劉備又對次子劉永說：「我死後，你們兄弟像對待父親般侍奉丞相，你們與丞相只是共事而已。」不久，劉備駕崩於永安宮，享年六十三歲，諸葛亮上表讚揚劉備，諡為昭烈皇帝。之後，太子劉禪即位，即蜀後主，改元建興，封諸葛亮為武鄉侯，領益州牧。

諸葛亮果然如自己所言，全心全力輔佐劉禪，發展巴蜀地區的農業生產，平定南方部落叛亂，並多次北伐魏國，鞠躬盡瘁。

諸葛亮治蜀

諸葛亮（西元一八一年——西元二三四年），字孔明，號臥龍，琅琊陽都（今山東臨沂市沂南縣）人，三國時期傑出的政治家、外交家、軍事家。

西元二二三年，蜀帝劉禪封丞相諸葛亮為武鄉侯，領益州牧。

蜀國事無巨細，都由諸葛亮來裁決。連年征戰之後，諸葛亮開始致力於發展民生，實行耕戰政策。他鼓勵農業生產，派一千二百個兵丁負責管理和維修都江堰，使川西平原呈現一派生機，並派軍隊到漢中屯田，為北伐魏國儲備糧食。

在內政方面，諸葛亮與法正等人制定《蜀科》新律，統一法令，賞罰嚴明，選賢任能。

諸葛亮還於西元二二五年率兵親征南中，平定了當地豪強和少數民族首領的叛亂，並將他們遷往成都為官，從而改善與西南各族的關係，鞏固了後方。

諸葛亮還發明了連弩、木牛流馬，增強了蜀軍的防禦能力和戰鬥力，為以後的伐魏戰爭奠定了基礎。

諸葛亮伐魏

諸葛亮在平息南中之後，決定北上伐魏，西元二二七年，他向劉禪上《出師表》，表明其北伐中原，恢復漢室的決心。並勸劉禪要廣開言路，賞罰分明，以光復漢室。然後發兵沔陽，準備北伐。

西元二二八年春天，諸葛亮率領大軍出漢中，開始了第一次北伐，諸葛亮親率大軍攻祁山（今甘肅省西和縣西北），此戰中，祁山以北的南安、天水和安定三郡背叛魏國，歸順蜀國，但因馬謖在街亭戰敗，最終無功而返。

此後諸葛亮又接連進行了五次北伐，期間和魏軍互有勝負，但多數因運糧不繼而無功而返。直到西元二三四年，在第六次北伐中，諸葛亮病故於五丈原（今陝西省岐山南），蜀軍退回漢中。

諸葛亮六次北伐曹魏，史稱「六出祁山」。實際上一次為防禦戰，北伐僅五次，其中從祁山出兵僅兩次。諸葛亮伐魏，體現了其鞠躬盡瘁，死而後已的決心，但是畢竟蜀軍是勞師遠征，所以很難取勝。諸葛亮死後，姜維的數次北伐也都無功而返。

馬謖失街亭

馬謖，字幼常，襄陽郡宜城縣人，為蜀漢名臣馬良之弟。他才智過人，好論軍計，曾獻計於諸葛亮，以懷柔政策收服了孟獲，因此很受諸葛亮的器重。劉備臨終之前曾和諸葛亮說，馬謖言過其實，不可大用，然而諸葛亮仍然以馬謖為參軍，經常和他談論用兵之道。

西元二二八年春，諸葛亮第一次率兵北伐。他放言由斜谷道取郿（今陝西眉縣東北），派趙雲、鄧芝攻打箕谷（今陝西太白）為疑兵，實則親率蜀軍主力攻打祁山，魏國隴右的天水、南安、安定三郡紛紛歸順蜀國。

之後諸葛亮提拔馬謖為先鋒，令他攻打街亭，以作為繼續攻打魏軍的據點。

馬謖到街亭後，剛愎自用，違反軍令，不聽裨將王平的勸告，不是占據城池，而是在山上紮營。魏將張郃率兵占據營壘，然後切斷了蜀軍的水源，圍攻山上的蜀軍，馬謖大敗。蜀軍因為沒有進攻的據點，只好放棄隴右三郡，退守漢中。

諸葛亮認為北伐之初，必須嚴明軍紀，因此將馬謖處死，斬首之時，全軍落淚，諸葛亮亦痛哭流涕。諸葛亮因兵敗，上書蜀後主請自貶三等。

衛溫求夷州

西元二三〇年春，孫權派遣將軍衛溫、諸葛直率領船隊，帶兵萬人，沿海尋找夷洲（一說為台灣，一說為日本琉球或九州）及亶洲（一說為海南島，一說為日本）。打算將那裡的民眾帶回，以充實吳國的兵力。

因為亶洲非常遙遠，所以他們最終沒能到達。船隊歷盡艱險之後，終於到達了沿海距離吳國兩千里遠的夷洲。第二年，衛溫等人帶著數千人返回東吳。衛溫等人歷經一年才返回，當時所帶去的士兵，因得病而死的十有八九，因此被孫權以「違詔無功」為由，下獄誅殺。

姜維北伐

姜維，字伯約，天水郡冀縣（今甘肅甘谷縣）人。

原為曹魏天水郡的中郎將，後來在諸葛亮攻打祁山時降蜀。西元二三四年，諸葛亮「出師未捷身先死」，於第五次伐魏時死於五丈原。蜀國後主劉禪加封姜維為右監軍、輔漢將軍，統率諸軍，進封平襄侯，後來官至涼州刺史、大將軍，朝廷授予符節。

在西元二三八年到西元二六二年的近三十年間，姜維共進行了十一次北伐，時有勝負，並未取得較大的突破。西元二五六年和西元二六二年，姜維曾兩次大敗給魏將鄧艾，使蜀漢軍力大傷，為蜀國的滅亡埋下了禍根。

此後，姜維因和蜀漢宦官黃皓不和，為避禍而到沓中帶兵屯田。西元二六三年，魏國派遣鄧艾、鍾會、諸葛緒兵分三路進攻蜀漢。魏軍勢如破竹而來，一路攻克陽安關，直搗劍閣，兵臨成都，蜀後主劉禪投降。

姜維聽說之後，假意投降鍾會，然後獲取信任，慫恿鍾會叛變，想趁亂復興蜀漢。但是魏軍沒有回應鍾會的叛亂，蜀地的魏軍發生兵變，鍾會、姜維在亂軍中被殺。

司馬懿裝病奪權

司馬懿，字仲達，河內溫（今河南溫縣）人。三國時期魏國傑出的政治家、軍事家，早年跟隨曹操南征北討，多次帶兵抵抗諸葛亮的北伐。

曾輔佐魏國三代君主，魏明帝時官至太尉，曹魏中後期，統治日益腐敗，而司馬懿廣結黨羽，地位日益顯要，成為全權掌控魏國朝政的權臣。

西元二三九年，魏明帝曹叡死後，曹芳登基即位，年僅八歲，次年改年號為正始，由大將軍曹爽、太尉司馬懿共同輔政。曹爽上表請將司馬懿轉為太傅，以剝奪其兵權，又安排心腹執掌機要，竭力排斥司馬懿在朝中的勢力。司馬懿裝病不去上朝，從而使曹爽放鬆了警惕，實際上他卻暗中策劃政變。

西元二四九年，曹爽兄弟隨魏帝離開洛陽去祭掃明帝的墳墓高平陵，司馬懿趁機發動政變，奪取了朝廷的武器庫，派長子司馬師屯兵司馬門，自己和太尉蔣濟屯兵洛水浮橋，封鎖各門，切斷了曹爽的歸路。又上書羅列了曹爽的亂法與不臣之罪，逼迫郭太后下令廢除曹爽兄弟的官職，然後派人送奏章給魏帝，要求罷免曹爽兄弟。

曹爽為求活命，只好交出兵權。數日後，司馬懿卻以謀反的罪名將曹爽兄弟及其親信全部處決，並誅三族。這就是「高平陵事變」，自此，曹魏政權落入了司馬氏手中。

鄧艾滅蜀

三國後期，魏、吳、蜀並立抗爭的局面因三方力量的消長而漸趨崩潰。

魏國曹芳即位後，大權旁落在司馬氏手中。司馬氏父子一方面大力清除曹氏勢力，籠絡士族，準備代魏自立；同時，他們還注意任用賢能，並繼續推廣屯田，興修水利，使魏國政治穩定，經濟發展，軍事力量日趨強大。

而吳蜀兩國本來就地小人少，此時的蜀國被宦官黃皓搞得烏煙瘴氣，姜維不間斷的北伐更是損耗了國力；吳國則是內鬥不斷，早已喪失了與曹魏對抗的實力。

西元二六二年，執政的魏國大將軍司馬昭開始積極籌備伐蜀。西元二六三年，魏國派十八萬大軍，分三路進攻蜀國：西路軍由鄧艾率兵三萬多人，出狄道向甘松、沓中，正面進攻姜維；中路軍由諸葛緒率三萬多人，自祁山進攻武街、陰平之橋頭，切斷姜維後路；東路軍由鍾會率主力十餘萬人，分別從斜谷、駱谷、子午谷進軍漢中。十一月，鄧艾帶軍進行迂迴穿插，繞過蜀軍的正面防禦，從陰平小道一路直搗成都城下，蜀國君臣見魏軍猶如天降，驚惶失措。劉禪出城投降，蜀漢滅亡。

魏國從此占據長江上游，為攻打東吳奠定了基礎。

樂不思蜀

西元二六三年，蜀國被魏國所滅。蜀後主劉禪投降後，移居魏國都城洛陽，魏王曹奐封給他一個食俸祿無實權的「安樂公」。

某日司馬昭設宴款待劉禪，想試探他一下，於是囑人演奏蜀地的樂曲，並以歌舞助興。蜀漢舊臣們想起滅亡的故國，都非常難過，個個掩面或低頭流淚，只有劉禪一個人怡然自得，毫不悲傷。

司馬昭看到這樣的場面，便問劉禪：「安樂公是否思念蜀？」劉禪答道：「此間樂，不思蜀也。」劉禪的舊臣郤正聽聞此言，悄悄地對他說：「陛下，如果司馬昭再問同樣的問題，您就先注視著宮殿的上方，接著閉上眼睛一陣子，最後張開雙眼，很認真地說：先人墳墓，遠在蜀地，我沒有一天不想念啊！

這樣，司馬昭就能讓陛下回蜀了。」

劉禪牢記在心。酒至半酣，司馬昭又問他是否思念蜀地，劉禪趕忙按郤正說的回答了。司馬昭回道：「咦，這話怎麼像是郤正說的？」劉禪大感驚奇：「你怎麼知道呀！」司馬昭及左右大臣哈哈大笑。司馬昭見劉禪如此老實，從此再也不懷疑他，劉禪得以在魏國度過餘生，這就是成語「樂不思蜀」的來歷。

司馬昭掌權曹魏

高平陵事變之後，司馬氏完全把持了曹魏的朝政大權，代魏稱帝的野心昭然若揭。司馬懿死後，其子司馬師以大將軍輔政，獨攬朝廷大權。

西元二五四年，魏帝曹芳與中書令李豐等密謀除掉司馬師，事情洩漏後，司馬師殺死參與者，以失德為由逼迫太后廢掉曹芳，貶為齊王，改立十三歲的高貴鄉公曹髦為帝。

不久，司馬師病死，他的弟弟司馬昭繼續掌權。司馬昭總攬大權，他專橫跋扈，不斷剷除異己，打擊政敵，總想取代曹髦。曹髦知道自己遲早會被司馬昭除掉，於是打算鋌而走險，幹掉司馬昭。西元二六〇年，曹髦將幾位心腹大臣找來，對他們說：「司馬昭之心，路人皆知也。我不能坐等被廢掉的恥辱，你們同我一起去討伐他。」於是率領僕從、侍衛數百人去襲擊司馬昭。孰料朝中到處是司馬昭的耳目，早就有人通知了他，司馬昭立即派兵阻截，殺了曹髦。

之後司馬昭立曹操的孫子曹奐為帝，曹奐毫無實權，完全是司馬昭的傀儡。

後來，人們用「司馬昭之心，路人皆知」來說明陰謀家的野心非常明顯，為人所共知。

書法的發展

漢末魏晉時期，書法有了很大的發展。漢隸書法筆勢生動，風格多樣，又較古隸工整，是西漢至漢末的通用書體。

魏晉時期，漢隸定下了迄今為止方塊漢字的基本形態。同時，隸書產生、發展、成熟的過程又孕育出真書（楷書），而行、草書幾乎是隨著隸書的產生而出現的。因此魏晉年間，隸書、真書、行書、草書的發展和定型是漢字書法史上的一個巨大變革，具有跨時代的意義。

漢魏之際的蔡邕、崔瑗、張芝、劉德升等人都是書法名家，而鍾繇則以楷書而聞名。鍾繇，字元常，是三國時曹魏潁川（今河南許昌）人。因為做過太傅，世稱「鍾太傅」。他的書法以曹喜、蔡邕、劉德升為師，博採眾長，兼善各體，尤精小楷。其結構樸實嚴謹，筆勢自然，開創了由隸書到楷書的新貌，對於書法的發展有開創性的貢獻，為歷代所尊崇，和晉代的王羲之並稱「鍾王」。

西晉

司馬炎代魏稱帝

西元二六五年，司馬昭死後，其子司馬炎即位為相國、晉王。西元二六六年，司馬炎將魏元帝曹奐廢為陳留王，自己即位為皇帝，是為晉武帝，改國號為晉，定都洛陽，史稱「西晉」，魏國就此滅亡。

司馬炎即位後，為了避免曹魏因宗室力量弱小而被權臣篡位的前車之鑒，大肆分封宗室、外戚為王，使其掌握兵權，並解除州郡的武裝。司馬炎又於西元二八〇年攻滅吳國，孫皓投降，結束了自東漢末年開始的分裂局面。

司馬炎完全是在司馬懿、司馬師、司馬昭等人功業的基礎上建立西晉的，他即位後荒淫好色，統治昏庸，曾於西元二七三年禁止全國婚姻，以便從民間挑選宮女，滅吳後還將孫皓後宮的五千名宮女納入後宮。

當時西北少數民族內遷時與漢族產生了矛盾，司馬炎並沒有好好解決這些問題。其統治為以後的八王之亂和永嘉之亂埋下了禍根。

分封公侯

司馬炎代魏稱帝後，開始思考自己的奪位過程，他認為曹魏之所以國強民富卻被自己輕而易舉地奪得政權，原因就是當年曹丕立下「刻薄宗親」的規矩。

曹丕為了確保嫡脈子孫皇權的穩固，對幾乎所有皇室宗親都進行了打壓，皇室宗親雖可封王卻無兵權，無詔不得進京，宗王之間不得互相往來，而且宗王不能久居一地，其封地還頻頻更換。所以在自己謀朝篡位的時候，曹氏的宗王只能眼睜睜看著卻無能為力。

有鑑於此，司馬炎便效仿當年的劉邦，大封宗王，他一口氣封了二十七個司馬氏宗王，包括他的叔祖、叔父、兄弟、堂兄弟、子侄等（其中就有後來發動八王之亂的八位王爺）。每個宗王少則有數千兵馬，多則上萬，並且在自己的封郡裡有極大的權力。

司馬炎在位時一共封了五十七個同姓王，此數字後來一直保持著中國歷代封王的最高紀錄。但他沒有想到的是，恰恰是此舉為晉朝帶來了災難，正是這些手握實權的公侯，使晉朝在亂哄哄的廝殺、仇恨和分裂中度過了兩百年的歷史。

頒行戶調式制度

由於租稅沉重，曹魏時期實行的屯田制漸漸瓦解，屯田民和屯兵紛紛逃亡或起義。西晉建立後，為了保證賦稅來源，充實國庫，開始廢除屯田制，改屯田民為自耕，改屯田官為郡守縣令，並收取租稅。西元二八〇年，西晉統一全國後，又開始實行戶調式制度。戶調式包括占田制、課田制、戶調制等。

所謂占田制，即對士族、官僚、地主占有的土地、佃戶、蔭戶，以及自耕農占有的土地，有一個最高份額的限制。農民中男子最高可占田七十畝，女子三十畝。

所謂課田制，指的是國家按課田數徵收田租，並規定丁男課田五十畝，丁女二十畝，每畝交租八升。而戶調制是指按戶徵稅，丁男之戶，每年交絹三匹、綿三斤，丁女及次丁男立戶減半。同時西晉還實行蔭親制，規定官員根據官職的不同，一品可占田地五十頃，以下每低一品減田五頃。而且官員除了可以不課田、不繳戶調之外，還可按官位高低，蔭其親戚，多者及九族，少者三世。新賦稅制度的實施，使西晉增加了稅收，有利於社會安定和農業發展，但並未改變大地主所有制的狀況。

西晉滅吳

孫權死後，吳國國內因王位之爭而陷入混亂，王室內部鬥爭激烈。

西元二六四年，孫休死後，群臣擁立孫皓即位。孫皓即位後統治暴虐，沉迷於歌舞酒色，還曾經遷都武昌，大興土木，浪費民力，漸漸失去了民心。而此時的魏國已經滅掉蜀國，占有全中國三分之二以上的土地，實力強大。於是，司馬炎稱帝後，便立即著手準備滅掉吳國。

西元二六九年，司馬炎派羊祜都督荊州軍事，鎮守襄陽。期間羊祜安撫百姓，操練士兵，打造艦船，建立了伐吳基地，為攻打吳國奠定基礎。西元二七二年，司馬炎提拔王濬任益州刺史，操練水軍，為伐吳作準備。

西元二七八年，羊祜病逝後，司馬炎又任命杜預為鎮南大將軍，都督荊州軍事，以繼續羊祜未竟的大業。西元二七九年，司馬炎下詔伐吳。而此時的吳主孫皓只顧玩樂，絲毫沒有把晉國的威脅當回事。西元二八〇年，晉國分六路大軍攻打吳國，勢如破竹，一路挺進，吳軍節節敗退，防線迅速崩潰。三月，晉國大將王濬自武昌直取建業，晉軍兵甲滿江，旌旗遮天，吳軍望旗而降。三月十五日，王濬率領八萬士兵進入石頭城（今江蘇南京北郊），孫皓投降。

至此，吳國滅亡，西晉統一了全國。

石崇、王愷鬥富

司馬炎滅吳後，天下一統，便開始了奢侈的生活。

此時晉朝上下一片奢靡之風，王公大臣更是爭豪鬥富，其中以石崇、王愷鬥富為最。石崇滅吳有功，深得晉武帝器重，被封為南中郎將，荊州刺史，後升為太僕。

據史載，石崇在荊州「劫遠使商客，致富不貲」（掠劫商客以致富）。石崇在洛陽西北郊外建了一個別墅，叫做「金谷園」。據說此園宏麗雅致，松竹流泉，清幽滴翠，又有美女數百，爭奪鬥豔。石崇經常在此宴請賓客，生活極其奢侈豪華，朝中大臣無不嘖嘖讚嘆，羨慕不已。

而王愷是晉武帝司馬炎的母舅，他對石崇的豪富不服氣，於是一場鬥富正式拉開序幕：王愷讓家人以飴糖代水洗鍋，石崇便讓家人用白蠟代替柴薪做飯；王愷用珍貴的紫絲做了一道四十里的行幕，石崇便用錦做了五十里；王愷用專供皇家御用的香椒塗牆，石崇則用比香椒更為名貴的赤石脂抹壁；最後王愷從晉武帝司馬炎那裡借得一株高三尺、光澤奪目、色彩斑斕的珊瑚樹！本想憑此一舉壓過石崇。卻沒想到被石崇一擊打碎，然後從家中抬出六七棵有三四尺高、更為珍貴罕見的珊瑚樹。

晉惠帝愚蠢禍國

晉惠帝司馬衷是歷史上有名的白癡皇帝。

晉武帝司馬炎一共有二十六個兒子，其中楊皇后生有三個兒子，長子司馬軌，次子就是司馬衷，三子為司馬柬。長子司馬軌早夭，司馬衷遂成了嫡長子。

歷來的史書中，多以「白癡」或「甚愚」來描述司馬衷，司馬炎對於立其為太子一直以來比較猶豫，但是楊皇后說自古立嫡立長不立賢，不能違反古制；再者司馬衷還小，可能是大器晚成呢。於是司馬炎最終還是立司馬衷為太子。

據說有一次司馬衷在御花園裡玩，恰逢初夏季節，池塘邊的草叢間，響起一片蛤蟆的叫聲。晉惠帝呆頭呆腦地問身邊的太監：「這些小東西叫，是為官家，還是為私人呢？」太監們面面相覷，不知該怎樣回答，有個比較機靈的太監一本正經地說：「在官地裡的為官家，在私地裡的為私家。」司馬衷似懂非懂地點點頭。

有一年各地鬧饑荒，老百姓餓死很多，晉惠帝知道後就問大臣：「好端端的人怎麼會餓死？」大臣回奏說：「當地鬧災荒，沒糧食吃。」惠帝忽然靈機一動，說：「為什麼不叫他們多喝點肉粥呢？」大臣們聽了，個個目瞪口呆。

司馬衷即位後，立開國元勛賈充之女賈南風為皇后，此後朝中大權盡落於賈皇后之手，她甚至假造晉惠帝詔書，害死皇太后和太子司馬遹。司馬氏諸王不滿賈氏專權，紛紛想殺賈氏而掌大權，於是便發生了晉朝歷史上有名的「八王之亂」。自此，晉朝原本就衰弱的統治進一步惡化並一蹶不振。

門閥制度的確立

門閥制度起於東漢後期，於曹魏、西晉得到建立。

關於「門閥」的來歷，據說古代官宦人家的大門外有兩根柱子，左邊的稱「閥」，右邊的叫「閱」，用來彰顯功狀。因此後人把世代為官的名門望族稱為閥閱、門閥士族。門閥，是門第和閥閱的合稱，又稱門第、衣冠、世族、士族、勢族、世家等。

大土地所有制、封建大家族與宗族，以及儒學三者相結合後的統一與發展，是門閥制度出現和持續存在的前提。

門閥制度的最主要特徵在於按門第高下選拔與任用官吏，個人的出身背景對於其仕途的影響，遠大於其本身的才能與專長，造成了國家重要的官職往往被少數士族所壟斷。

曹魏以來九品中正制的實行，使各級官職逐漸被世家大族壟斷，促進了門閥制度的形成。

而且東漢末年連綿戰亂，使官府和私人的書籍大量焚毀損失，另外不斷的戰爭對兵役、徭役等的需要又大大增加，再加上玄學清談的流行，使原有的公私學校漸漸廢棄。所以貧窮的庶人、寒士甚至某些低級士族，很難找到書籍和經師，提高文化水準，學習統治經驗。這樣他們就無法像漢代普通「布衣」

那樣進入士人行列，更談不上躋身廟堂，為君主出謀劃策了。

陳壽作《三國志》

陳壽，字承祚，巴西安漢（現在四川南充）人，西晉史學家。陳壽少時好學，拜學者譙周為老師，在蜀漢時曾任衛將軍主簿、東觀祕書郎、觀閣令史、散騎黃門侍郎等職。

西晉建立後，司空張華欣賞他的才華，就讓他出任著作郎、平陽侯相等職。西元二八〇年，晉滅東吳，結束了分裂局面，陳壽當時四十八歲，開始撰寫《三國志》。

這是一部記載魏、蜀、吳三國鼎立時期的紀傳體國別史。其中，《魏書》三十卷，《蜀書》十五卷，《吳書》二十卷，共六十五卷。記載了從漢靈帝中平元年（西元一八四年），到晉武帝太康元年（西元二八〇年）九十多年的歷史。

陳壽是晉臣，晉是承魏而有天下的，所以，《三國志》便尊魏為正統。在《魏書》中為曹操寫了本紀，而《蜀書》和《吳書》則只有傳，沒有紀，記劉備為《先主傳》，記孫權則稱《吳主傳》。

《三國志》成書之後，由於敘事過於簡要，到了南朝宋文帝時，著名史學家裴松之便為其作注，又增補了大量材料。魏、蜀、吳三書原是各自為書，一直到北宋才合而為一，改稱《三國志》。史學界把《史記》、《漢書》、《後漢書》和《三國志》合稱前四史，視為紀傳體史學名著。

洛陽紙貴

左思，字太沖，齊國臨淄（今山東淄博）人，晉代文學家。

左思其貌不揚，少年時有口吃，而且不愛學習，曾學習書法古琴等，皆無所成就，後來經父親的激勵，暗下決心刻苦學習。他整天認真鑽研用詞造句寫文章，甚至連話也很少說，終於成為一位學識淵博的人。

左思詞藻壯麗，曾用一年時間寫成《齊都賦》，後來又用了整整十年的工夫，完成了《三都賦》，分為《魏都賦》、《蜀都賦》、《吳都賦》，是一部描寫魏、蜀、吳三國的都城——洛陽、成都、建業的文章，而實際上對魏、蜀、吳三個國家的概況也都有所涉及。

為了這個作品，他非常的辛勤，曾經在室內、庭院、廁所等地方都掛上了紙筆，不管走到哪，只要想到一個好句子，就隨手寫在紙上。為了寫好這篇文章，他廣泛地收集材料，凡賦中提到的山川、城市、風俗、歌謠、音樂、舞蹈，甚至花鳥草木，他都要對照查實。

完成這篇作品後，他帶著文章去拜訪當時名氣很大的皇甫謐，皇甫謐看後拍案叫絕並為其寫了序文。之後《三都賦》被人們爭相傳看，京城裡有錢有地位的人都爭著買紙抄寫閱讀，一時洛陽的紙價格大漲，這就是後人津津樂道的「洛陽紙貴」的故事。後來「洛陽紙貴」被用來比喻著作風靡一時，流傳甚廣。

八王之亂

西元二九〇年，晉武帝司馬炎臨終時，命皇后的父親楊駿為太傅、大都督，掌管朝政。

白癡皇帝晉惠帝即位後，皇后賈南風為掌握政權，於西元二九一年與楚王司馬瑋合謀殺死楊駿，而大權卻落在汝南王司馬亮和元老衛瓘手中。當年六月，賈后指使司馬瑋殺司馬亮，然後反誣他假傳旨意擅殺大臣，將瑋處死，賈后遂執政。

從此，諸王為爭奪統治權，展開了極其兇殘的內戰，史稱八王之亂。

先是趙王倫聯合齊王冏起兵殺死賈后，並於西元三〇一年自立為皇帝，改立晉惠帝為太上皇。趙王倫篡位後，許昌的齊王冏起兵討伐倫，成都王穎與河間王顒舉兵響應，一同擊敗趙王倫，隨後齊王冏以大司馬入京輔政。西元三〇二年底，河間王顒起兵討冏，洛陽城中的長沙王乂也舉兵入宮殺齊王冏，政權又換手。

西元三〇三年，河間王顒、成都王穎又合兵討伐長沙王乂，二王的聯軍屢次為長沙王所敗。次年正月，洛陽城裡的東海王越與部分禁軍合謀，擒長沙王乂。

成都王穎入洛陽為丞相，以皇太弟身分專政。之後東海王越對成都王穎的專政不滿，率領禁軍攻打成都王穎，反被成都王穎擊敗，於是逃往自己的封國。與此同時，河間王顒派張方率軍占領洛陽。

西元三〇五年，東海王越又從山東起兵進攻關中，擊敗河間王顒。西元三〇六年東海王越迎晉惠帝回洛陽，成都王穎、河間王顒相繼為其所殺，大權落入東海王越手中，晉惠帝成為傀儡，於同年被害死。八王之亂至此終結。

五胡內遷

從東漢中期開始，受中原發達的經濟文化吸引，西北地方的少數民族開始陸陸續續地向黃河流域遷徙，主要有匈奴、鮮卑、羯、氐、羌等民族，歷史上泛稱為「五胡」。

魏晉時期，連年戰亂使得漢族人口銳減，統治者為了發展農業，增加兵力，也不斷地招徠他們與漢族雜居，同時，各個少數民族之間的兼併戰爭也使一些民族不斷內遷。

到西晉時期，五胡已經在黃河以北形成了一定的規模，居住在中國的北部、東部和西部，尤其是并州和關中一帶。內遷的西北各族人口大約占了關中人口的一半以上，在漢族的影響下，這些內遷的外族逐漸由遊牧生活轉向農業定居，胡漢之間相互影響和滲透，逐漸打破了地域、血緣、文化等方面的界限，促進了民族之間的融合。

不過在交融的同時，也產生了一定的矛盾，西晉統治者將沉重的苛捐雜稅、徭役加到內遷各族人民身上，還強迫他們參軍作戰。於是各族人民起義不斷，一些胡人貴族趁著八王之亂割據一方，進行反晉活動，最終導致了西晉的滅亡，而且造成了東晉時期十六國割據混戰的局面。

永嘉之亂

在魏晉之際，西北地方的少數民族不斷往黃河流域遷徙，史稱「五胡內遷」。五胡內遷在促進民族交流和融合方面有一定的意義，但由於西晉統治者的壓迫，胡漢民族之間也存在一定的矛盾。而此時的西晉政府發生了爭奪中央權力的「八王之亂」，無暇他顧，因此為後來的戰患埋下了種籽。

八王之亂後期，匈奴貴族劉淵占據平陽，氐人李雄占據成都，晉室已告分裂。之後羯人石勒、王彌又率軍隊乘虛流竄，蹂躪大河南北。西元三〇四年，劉淵在左國城（今山西離石）起兵反晉，自稱漢王。西元三〇七年，晉惠帝死後，司馬熾嗣位，是為懷帝，改元永嘉。劉淵遣石勒等大舉南侵，屢破晉軍，勢力日益強大。西元三〇八年，劉淵自立於平陽，建立漢國。兩年後，其子劉和繼立。同年，劉和死於宗室內鬥，其弟劉聰繼位。次年，劉聰遣石勒、王彌、劉曜等率軍攻晉，在寧平城（今河南鹿邑西南）殲滅十萬晉軍，又殺太尉王衍及諸王公。

西元三一一年，匈奴兵攻陷西晉京師洛陽，俘虜了晉懷帝。之後縱兵燒掠，殺三萬餘人，史稱「永嘉之亂」。

匈奴兵攻入長安

司馬鄴是晉武帝之孫，吳王司馬晏之子，被封為秦王，駐守長安。西元三一一年，劉聰率匈奴兵攻陷洛陽，俘虜晉懷帝，群臣擁立司馬鄴為太子。西元三一三年，晉懷帝被劉聰毒死後，司馬鄴又被擁立為皇帝，是為晉愍帝，改年號建興。但此時西晉的皇室世族已紛紛遷至江南，西晉王朝已經名存實亡。

西元三一六年，劉曜率軍圍攻長安，形勢危急，各路援兵相繼趕到，但畏於漢軍聲勢，互相觀望。不久，城內糧草斷絕，無法拒守，劉曜乘勢攻陷長安。晉愍帝只好赤背露肩，驅車出城往劉漢軍營投降，群臣悲泣。

劉曜將他押到平陽，廢封為光祿大夫，西晉王朝宣告滅亡。至此，西晉歷司馬炎、司馬衷、司馬熾、司馬鄴四位皇帝，僅存在了五十一年。

玄學的盛行

魏晉時期，軍閥割據混戰，王朝更迭頻繁，社會衝突和民族矛盾尖銳，社會動盪不安，儒學的大一統思想不再適應當時的形勢，其獨尊地位也隨之瓦解。

而統治階級需要一種新的理論來維護統治，地主和世族階級也需要一種精神武器來逃避無盡的現實鬥爭，於是玄學也應運而生。

曹魏時期的何晏、王弼是玄學的創立者，他們將道家和儒家的《老子》、《莊子》、《易經》稱為「三玄」，並與佛教經義相融合，形成了一種新的唯心思想體系。

玄學家們以先秦道家的「無為」、「自然」等思想來解釋儒家的倫理綱常，玄學與道家的本體論、孔子的大同世界相比，是更傾向於個體化、更傾向於現實的哲學。它有著深刻的社會基礎，玄學之士們雖然談的都是本與末、有與無等哲學問題，但其內容與當時的社會現實密切聯繫。他們崇尚清談，雖然不敢公開表達對當朝掌權者的不滿，但常常以放浪不羈、藐視禮法的形象表達對現實的不滿。

「竹林七賢」中的嵇康、阮籍透過作詩，以寄託、象徵等手法，隱晦曲折地表達對統治者的不滿，諷刺虛偽的禮法之士，是當時的代表人物。

東晉

永嘉南渡

永嘉是西晉懷帝司馬熾的年號。西晉末年，中原地區爆發了長達十六年的「八王之亂」，西晉政權風雨飄搖，混亂不堪。

而當時，北方少數民族的勢力不斷強大起來，他們紛紛起兵，反抗腐朽的西晉政權，建立了獨立的少數民族政權，並趁西晉內亂之際，興兵南下，進攻中原。歷史漸漸進入了分崩離析的五胡十六國時期。

西元三〇八年，匈奴貴族劉淵稱帝，建立後漢。西元三一一年，後漢劉曜攻下洛陽，中原人民遭受了屠殺焚掠，繁華的洛陽化為灰燼，一片慘敗的景象。晉朝的王公貴族和老百姓們為了逃避戰亂，紛紛舉族南遷，大量人口從中原地區遷往長江中下游，史稱「衣冠南渡」或「永嘉南渡」。

這是歷史上的一次大移民，從經濟上來說，促進了江南地區的發展。

聞雞起舞

祖逖（西元二六六年—西元三二一年），字士稚，東晉名將。

祖逖是個胸懷坦蕩、具有遠大抱負的人，但他小時候酷愛玩耍，不愛讀書。青年時的他意識到自己知識的貧乏，不能報效國家，於是他奮發讀書，學問大有長進。他有個好朋友叫劉琨，兩個人曾一起擔任過司州主簿。那個時候他們兩人常常一起讀書，一起討論國家大事。

祖逖和劉琨都是熱血青年。一天夜裡忽然三聲雞叫把祖逖從夢中驚醒，他推醒劉琨說：「都說半夜聽到雞叫不吉利，但我不這樣認為。如果想要保衛國家，一定要有過人的本領，以後我們聽到雞叫就起來練功如何？」

劉琨非常贊成。於是兩個人披衣下床，摘下刀劍，來到院子中。只見祖逖和劉琨一個揮舞大刀，一個手持長劍，刀光劍影劃破天空。就這樣，無論是酷暑還是寒冬，不管是颳風還是下雨，只要雞一叫，祖逖和劉琨就起來練功夫。

後來，祖逖被封為鎮西將軍，實現了報效國家的願望；劉琨做了征北中郎將，兼管并、冀、幽三州的軍事。

司馬睿建立東晉

司馬睿，字景文，司馬懿曾孫，司馬覲之子，十五歲即位為琅琊王。

劉淵起兵後，中原大亂，司馬睿用王導之計，上表請求移鎮建鄴（今江蘇南京）。西元三〇七年，朝廷任命司馬睿為安東將軍，移鎮建鄴，王導相隨南下。司馬睿在王導、王敦等人的輔助下，結交當地士族，平定叛亂，終於在江南立足。

西元三一六年，劉曜攻下長安，西晉末代皇帝晉愍帝投降被俘，西晉滅亡。

西元三一七年，晉愍帝遇害的消息傳到建鄴後，司馬睿的幕僚紛紛上表勸他即位。隨後，司馬睿於建鄴即位稱帝，改元大興，是為晉元帝。新的政權偏居江南，據有長江中下游及淮河、珠江流域地區，史稱東晉。司馬睿即位後宣布大赦天下，文武百官都官升二級。同時為了避晉愍帝司馬鄴的諱，將建鄴改稱建康。

祖逖北伐

祖逖為東晉名將，少有大志，年少時曾「聞雞起舞」來磨練自己的意志和武功。

永嘉之亂後，祖逖率親鄰百餘家南下，當時任鎮東大將軍的司馬睿封他為徐州刺史。祖逖曾上書司馬睿，請求北伐，而司馬睿當時忙於發展江左勢力，無心北伐。

西元三一三年，司馬睿任命祖逖為奮威將軍、豫州刺史，讓他北伐，但只給了他一千人的糧餉和三千匹布。祖逖帶著隨他南下的部曲百餘家北渡長江，中流擊楫宣誓：「祖逖不能清中原而復濟者，有如大江！」

到淮陰後，祖逖招募兵士，鑄造兵器。祖逖帶兵紀律嚴明，深得百姓愛戴，在九年的時間裡從後趙手中收復了黃河以南的廣大土地。

但隨著祖逖部隊的不斷擴大，引起了司馬睿的猜忌，於是派戴淵取代他掌管剛收復的北方六州的軍事。而此時王敦勢力坐大，與晉元帝衝突日盛，東晉政府內亂不止，更加無心北伐，祖逖憂憤交加，不久病逝。剛剛收復的河南六州再次落入敵手。

王導歷仕三帝

王導（西元二七六年—西元三三九年），字茂弘，琅琊臨沂（今山東臨沂）人。琅琊王氏自太保王祥以來，一直是西晉的名門望族。西晉末年，王導為琅琊王司馬睿獻策移鎮建鄴，並聯合江南世族，擁護司馬睿稱帝，官拜丞相。

司馬睿能在江南重建和中興晉室，北方士族王導、王敦等琅琊王氏有很大功勞。王導更是東晉政權的奠基人，被稱為「江左夷吾」。東晉建立後，王導主持東晉朝政，成為朝廷重臣，而軍事上由其族弟王敦把持大權，王氏成為東晉第一世族，時人謂之「王與馬，共天下」。

王導為政清廉，建樹頗多，他調節了王氏和司馬氏之間的關係，在王敦叛亂時維護晉元帝的統治，依靠永嘉之亂後南下的北方士族，並團結江南士族，穩定了東晉在南方的統治。

西元三二二年，晉元帝死後，晉明帝司馬紹即位，王導繼續輔佐明帝。東晉第三代皇帝晉成帝司馬衍即位時年幼，由庾太后輔政，庾太后死後由王導與外戚庾亮等共同輔政。在元、明、成三帝時，王導都被任命為輔國重臣，他用「鎮之以靜，群情自安」的方針，保持了東晉的安定局面。

謝安相東晉

謝安，字安石，祖籍陳郡陽夏（今河南太康），東晉政治家、軍事家。

謝安隨其家族於永嘉之亂後渡江南下，隱居在會稽。謝安自幼聰智，青年時以其名士風度聞名當時，但他以世道混亂，屢次拒絕入朝為官。雖然如此，他對政局有明智的見解，十分關心國家大事，最初擔任桓溫征西將軍府的司馬，由此步入仕途，短短數年間，謝安由文士成為東晉一代名相，之後擔任太保兼都督十五州軍事兼衛將軍等職。

西元三八三年，北方的前秦在丞相王猛的治理之下不斷強大起來，前秦宣昭帝苻堅欲一舉統一南方，親自率領前秦八十萬大軍，攻打東晉。此戰中謝安率領東晉八萬士卒打敗了前秦的八十萬大軍，使國家轉危為安，而且留下了「八公山上，草木皆兵」的歷史佳句。

可貴的是，在他功名成就時，還能急流勇退，不戀權位，被世人視為「高潔」的典範。

桓溫北伐

桓溫，字元子，譙國龍亢（今安徽省懷遠）人，東晉大司馬。

桓溫是個很有軍事才能的人，西元三四七年，帶兵進入蜀地，滅掉成漢，替東晉王朝立下了大功。東晉王朝雖然獲得了暫時的穩定，但是好景不長，北方又發生了動亂。西元三五〇年，先是後趙發生內亂，趙大將軍冉閔稱帝建魏，史稱冉魏；鮮卑首領慕容皝又滅了冉魏，建立前燕；西元三五二年，氐族苻健乘機占領關中，建立了前秦。

西元三五四年，東晉的第五個皇帝晉穆帝派將軍桓溫率四萬大軍，從江陵出發進軍關中，討伐前秦政權，是為第一次北伐。前秦國主苻健派兵五萬阻撓晉軍，被晉軍打得落花流水。晉軍勝利進軍長安郊區灞上，郡縣官員紛紛投降，受到當地百姓的歡迎。

桓溫駐兵灞上，想等關中的麥子熟了，搶收麥子充足軍糧，收復關中，消滅前秦。可苻健也厲害，他料到了桓溫的打算，就把還沒熟的麥子全部割光。桓溫沒收到一粒麥子，軍糧斷絕無法再戰，只好退兵。

西元三五六年，桓溫被升為征討大都督，再次北伐，這次他收復了被前燕占領的洛陽，他曾多次上書朝廷，建議東晉遷都洛陽，但東晉朝廷無意北遷，桓溫只好退兵南歸，前燕再次占領洛陽。

西元三六九年，晉廢帝司馬奕在位，桓溫把持朝政，開始第三次北伐，進攻前燕，一直打到枋頭，後來，因為被前燕切斷糧道而失敗。

王羲之作《蘭亭集序》

魏晉時期，書法有很大的發展，而王羲之就是東晉時期最著名的書法家，被後世尊為「書聖」，與其子王獻之合稱「二王」。

王羲之，字逸少，號澹齋，祖居琅琊臨沂，永嘉之亂後南下遷到建康（今南京市），曾任會稽內史，右軍將軍，因此人稱「王右軍」、「王會稽」。

傳說王羲之家附近有一個小池，他每次練完書法後都在那裡洗筆硯，久而久之，洗硯池裡的水都變成了黑色。

王羲之兼善隸、草、楷、行，並廣採眾長，自成一家，被後人譽為「飄若遊雲，矯若驚龍」，其代表作品有《黃庭經》、《樂毅論》、《快雪時晴帖》、《初月帖》等。而尤以《蘭亭集序》為歷代書法家所敬仰，被譽為「天下第一行書」。

西元三五三年，王羲之與謝安等四十一人在會稽山陰的蘭亭參加修禊之會（古代習俗，聚於水濱嬉戲洗濯，驅除不祥並祈福）。

所在諸人流觴曲水，賦詩唱和，名士作詩三十七首，合成詩集，而王羲之揮毫潑墨，為詩集作序，記敘了這次集會的盛況，並抒發了自己的人生感懷，這便是著名的《蘭亭集序》。其文章清新優美，書法遒健飄逸，被歷代書法界奉為極品。

王羲之在中國書法史上具有承先啟後的特殊地位，其書法作品成為歷代學習的楷模。

淝水之戰

淝水之戰是西元三八三年北方的前秦和東晉之間的一場大戰，是中國歷史上以少勝多的著名戰例，「風聲鶴唳」、「草木皆兵」等成語都出於此戰。

當時北方的前秦日益強大，使北方短暫的統一，並欲趁勢滅掉南方的東晉，於是苻堅調集涼、冀、幽、益等州兵馬八十多萬人，分路南下。

此時東晉政權由謝安把持，他臨陣不亂，命謝石、謝玄、桓伊等率北府兵八萬迎敵。兩軍於淝水（今安徽省壽縣）列陣，前秦軍沿著淝水布陣，晉軍無法渡河，只能隔岸對峙。

晉軍將領謝玄派人對苻堅說：「請你把軍隊稍向後撤，讓出一塊地方，使晉軍渡過淝水，兩軍再一決勝負。」秦軍諸將都表示反對，但苻堅認為可以將計就計，秦軍後退，待晉軍半渡之際，再用騎兵攻擊，這樣就可以取得勝利，於是指揮軍隊後撤。

不料秦兵的後退卻意外造成士氣低落，後面的隊伍還以為前面打了敗仗，結果一退就失去了控制，陣勢大亂。謝玄趁勢搶渡淝水，猛烈攻擊。秦兵隊裡有人喊：「秦軍敗了！」秦軍信以為真，於是爭相逃命。統帥苻融見勢不妙，急忙騎馬前去阻止，結果被亂軍衝倒，踐踏而死。

秦軍失去統帥後徹底崩潰，一路向北敗退，晉軍乘勢猛追，秦軍晝夜逃奔，絲毫不敢停留，聽到風聲鶴唳也以為是晉軍追兵。秦兵人馬相踏而死甚眾，逃回洛陽時僅剩十餘萬。

此戰之後，前秦國勢急轉直下，手下的將領紛紛叛逃，北方再次陷入了割據混戰局面。

桓玄之亂

桓玄，字敬道，名靈寶，為東晉大司馬桓溫之子。

西元三九六年，孝武帝司馬曜死後，東晉安帝司馬德宗即位。晉安帝昏庸懦弱，只是個傀儡皇帝，他即位後內有司馬道子、司馬元顯父子總攬大權，外有桓玄與劉牢之、司馬尚之等人割據，加上建康以南的孫恩叛亂，國內亂作一團。

而桓玄在東晉混亂的政局中，節節勝利，逐漸掌握了朝廷最高權力。西元三九九年，他消滅了荊、雍二州的勢力，占據長江中游一帶。次年，朝廷不得已任命桓玄為都督荊、司、雍、秦、梁、益、寧、江八州及揚、豫八郡諸軍事、後將軍。

西元四〇二年，權臣司馬元顯派劉牢之率領晉軍北府兵的精銳討伐桓玄，劉牢之擔心消滅桓玄後會危及自己，因此不戰而降，打算趁機奪權。

桓玄順利攻占建康，誅殺司馬元顯和北府軍將領，自任為太尉，完全掌控了國政。西元四〇三年，又自任為大將軍、相國，封楚王，封地有十郡，並加九錫。同年，東晉安帝被迫禪位於桓玄。桓玄正式稱帝，國號楚，改元永始。

桓玄即位後驕奢淫逸，致使朝政腐敗，人心離散。他稱帝後不久，西元四〇四年，東晉大將劉裕帶兵征討桓玄，桓玄兵敗被殺，晉安帝得以復位。

陶淵明不為五斗米折腰

陶淵明，字元亮，號五柳先生，東晉末期著名詩人、文學家。

陶淵明出生於一個沒落的官宦家庭，因家庭貧寒，二十九歲才出來做官，曾擔任過江州祭酒、鎮軍參軍、建威參軍及彭澤縣令等小官。

陶淵明擔任彭澤縣令時，為官清廉，深受百姓愛戴。有一次，潯陽郡的督郵來檢查公務，此人為人貪婪，頤指氣使，到了彭澤便叫縣令陶淵明來拜見他，而且還要帶著禮品。陶淵明終於因「不為五斗米折腰」（五斗米：東晉時縣令的俸祿）而辭官回家，從此過起了「採菊東籬下，悠然見南山」的隱居生活，直至西元四二七年病故。

陶淵明隱居的這段時間是他創作最豐富的時期。他流傳至今的作品有詩一百二十餘首，另有文、賦等十餘篇，其詩作以清新自然而聞名於世，被稱為「田園詩人」。其主要作品有《歸園田居》、《五柳先生傳》、《歸去來兮辭》、《桃花源記》等，《桃花源記》描述了一個他所憧憬的社會，那裡和諧美好，沒有戰亂，人人自食其力。後世將「桃花源」當成美好社會的象徵。

劉裕北伐

劉裕自小家境貧寒，但很有雄心壯志，他於西元三九九年參加鎮壓孫恩、盧循叛亂的戰爭，屢立戰功，最終由一個北府軍的下級軍官被封為建武將軍、下邳太守、彭城內史。

在西元四〇四年討伐桓玄成功後，劉裕又被晉安帝封為侍中、車騎將軍、徐州兗州刺史等職位，從此控制了東晉朝政，權傾天下。

西元四〇九年，南燕軍隊侵擾淮北，劉裕上書皇帝要求北伐。當時，南燕王慕榮超是個昏君，朝廷內部爭權奪利，殺戮頗多。南燕軍隊人數雖多，但燕王慕容超沒有接受公孫五樓的作戰建議，致使兩軍交鋒時，南燕連戰連敗，最後被劉裕滅掉。

西元四一六年，劉裕再次北伐攻打後秦，此次北伐的時機很巧，當時後秦太子姚泓剛剛即位，政權不穩，正處在內外交困之中。晉軍北上受到群眾的大力支持，劉裕出征很順利，第二年就攻下長安，滅掉後秦。西元四一八年，受封為宋公，受九錫。次年進爵為宋王。

劉裕留下兒子劉義真鎮守長安，自己離開長安回到建康。後來，夏國進攻關中，劉義真撤回江南，北伐事業功虧一簣。

劉裕代晉

東晉大將軍劉裕於西元四〇四年擊敗桓玄，幫助晉安帝司馬德宗復位後，得以執掌朝政大權。此後劉裕平定了盧循之亂，又攻打盤踞四川的譙縱，收服了巴蜀地區。從西元四〇九年起，劉裕先後兩次率兵北伐，滅掉了北方的南燕和後秦。

這期間，劉裕除了長期征戰之外，還對東晉積弊已久的政治、經濟問題進行了整頓。主要有四方面：一是整頓吏治，二是重用寒門，三是繼續實行「土斷」，抑制兼併，四是整頓服役制度。

劉裕對政治、經濟的整頓，痛擊了腐朽黑暗的貴族勢力，改善了政治和社會現狀，對人民的痛苦也有所減輕。此後劉裕威望大增，徹底執掌了朝政大權，並受封為宋王，受九錫。

權力的不斷增長，使劉裕有了做皇帝的野心。西元四一九年，劉裕殺害晉安帝後，又立司馬德文為晉恭帝，改年號為元熙。

西元四二〇年，劉裕以禪讓之名將恭帝廢掉，自立為帝，定國號宋，改元永初，是為宋武帝。東晉就此滅亡，南朝開始。

十六國

劉淵稱帝

劉淵，即漢光文帝，字元海，是五胡十六國時期漢國的建立者，是南匈奴單于於扶羅之孫，匈奴左部元帥劉豹之子，因為祖上是漢朝皇帝的外孫，所以改姓劉。

西元二一六年，曹操將匈奴分為五部，以劉豹為左部帥，劉豹死後，劉淵繼任為左部帥。西元二八九年，晉武帝司馬炎封劉淵為匈奴北部都尉。晉惠帝繼位後由楊峻輔政，楊峻封劉淵為漢光鄉侯。

八王之亂爆發後，劉淵被封為寧朔將軍，監五部軍事。西元三〇四年，劉淵開始策劃「興邦復業」，起兵反晉，自稱漢王，建都離石（今山西離石），追尊蜀後主劉禪為孝懷皇帝，立漢高祖以下三祖五宗為神主以祭之。之後劉淵頻繁入侵晉朝土地，不斷擴大勢力。西元三〇八年，劉淵正式稱帝，建立後漢，改元永鳳，遷都平陽（今山西臨汾西南）。

西元三一八年，漢國皇帝劉聰死後，宮室大亂，劉曜趁機奪得政權，在赤壁稱帝，次年遷都長安，改國號為趙，史稱前趙，後來被石勒的後趙所滅。

胡漢分治

胡漢分治是十六國時期胡族統治者實行的民族分治政策。

西晉末年，劉淵建立漢國後，設立單于左輔、右輔，專門治理胡人（泛指北方諸胡族）。劉淵之子劉聰繼位後，進一步健全胡漢分治制度，他以劉粲為大單于，設立左、右輔，各管六夷十萬落，每萬落設置一個都尉；另設左右司隸，專門治理漢人，各管二十餘萬戶，每萬戶設置一個內史。

羯族首領石勒建立後趙之後，也設置內史專門治理漢人，另外設置大單于鎮撫百蠻。後趙抬高羯族人的地位，稱為「國人」，嚴禁稱「胡」，凡是帶有「胡」字的物品都改名。石勒還制定了一條法令：無論說話寫文章，一律嚴禁出現「胡」字，違者問斬。雖然石勒嚴禁胡人欺凌漢族官僚地主，但實際上並無收效，有時漢族高官也不能倖免。

鮮卑貴族建立的後燕政權在後期也實行了胡漢分治政策。

胡漢分治政策實際上是依靠和利用匈奴及其他胡人貴族壓迫漢人，維護統治者的地位，這種政策加劇了當時的民族矛盾。

張寔建立前涼

西元三〇一年，涼州大姓漢族人張軌被晉朝封為涼州刺史，西元三一三年又封為西平公。他占據涼州，招撫流民，鼓勵農桑、興辦學校，選賢任能，還鑄造了五銖錢，在全境發行使用，使涼州一帶經濟發展，社會安定，文化也有所發展，一度成為中原人民的避難所。

西元三一四年，張軌病死，其子張寔繼位。西晉滅亡後，張寔仍然據守涼州，雖然沿用晉愍帝的建興年號，但實際上已成為割據政權。西元三二〇年，張寔被部下所殺，其弟張茂繼位，改元永元，前涼遂徹底成為獨立政權。西元三四五年，張寔的兒子張駿稱涼王，以姑臧為都，史稱「前涼」。

張駿、張重華父子統治時期，前涼達到鼎盛，統治範圍包括甘肅、寧夏西部以及新疆大部。西元三五三年張重華病死後，宗室內亂不止，國勢大衰。西元三七六年，大秦天王苻堅率十三萬大軍進攻前涼，張天錫投降，前涼滅亡。

前涼是十六國中存在時間最久的國家。

石勒建立後趙

石勒原本是奴僕出身，善於相馬，最初投奔在趙魏起兵的公師藩，公師藩敗後亡命天涯，自號大將軍。之後又投奔漢主劉淵，不斷征戰四方，曾攻破洛陽。

後來石勒勢力不斷增強，和劉曜不和。西元三一九年，石勒稱趙王，並率兵奪取了青州和河南地。劉曜自立為皇帝後，石勒曾多次帶兵攻打劉曜，於西元三二九年殺死劉曜之子劉熙，前趙自此滅亡。

西元三三〇年，石勒正式稱帝，建都襄國（今河北邢台），建立了後趙政權。石勒是五胡十六國時期頗為賢明的君主，他在前朝制度的基礎上進行改革，完善禮儀，並開疆拓土，後趙一度統治著西起河西，東至大海，北達燕代，南越淮河的大片地區，與東晉形成了南北對峙局面。

西元三三三年，石勒病死後，太子石弘繼位，石勒的侄子石虎為丞相、魏王、大單于，總攝朝政。西元三三四年，石虎廢掉石弘，誅殺石勒諸子，遷都於鄴，西元三四九年稱帝。

西元三五〇年，石虎的養孫漢人冉閔（即石閔）乘政局混亂，發動政變，奪取政權，建立冉魏，後趙滅亡。

前趙的覆滅

西元三一八年，劉淵之子、漢國皇帝劉聰病死，太子劉粲即位，匈奴貴族靳準殺死劉粲，奪取政權，自立為漢天王。

鎮守長安的劉聰族弟劉曜得到消息，遂自立為皇帝，然後派遣軍隊到平陽，將靳準滅族。與此同時，石勒亦以討伐靳準為名，率軍至漢都平陽，於是，平陽、洛陽以東的地區，皆落入石勒之手，劉曜於是遷都到長安。

西元三一九年，劉曜改國號為「趙」，史稱前趙。同年，石勒在襄國自稱趙王，從前趙中分離出來，史稱後趙，雙方決裂。

此後，前趙和後趙之間多次開戰。西元三二八年，前趙和後趙大戰於洛陽，石勒率兵擒殺劉曜，消滅了前趙主力，太子劉熙等人放棄長安，逃奔上邦（今甘肅天水）。西元三二九年，後趙出兵攻占上邦，殺死前趙太子劉熙及諸王公侯、將相卿校以下三千餘人，遷徙其百官、關東流民、秦雍大族九千多人到襄國，前趙就此滅亡。

慕容皝建立前燕

西晉武帝時期，鮮卑族慕容廆部興起於遼西一帶，曾效忠西晉，自稱鮮卑大單于，在東晉時受封為大將軍。

西元三三七年，慕容廆的兒子慕容皝自稱為燕王，建都龍城（今遼寧朝陽）。之後擊敗了後趙的二十萬大軍，解除了來自中原的壓力，又東破扶餘及高句麗，攻滅鮮卑宇文部，成為遼西唯一的武裝勢力，為其子慕容儁入主中原打下基礎。

西元三五二年，慕容儁南下，滅掉冉魏後稱帝，遷都於薊，並在隨後的幾年內平定北方各地，於西元三五七年遷都鄴，控制了今天的山西、山東、河北、河南一帶，與位於關中的前秦平分黃河流域。

之後前燕開始大規模徵兵，準備攻滅東晉和前秦，統一天下，先後發動了對滎陽、許昌、汝南等地的攻擊，西元三六五年，太宰慕容恪親自率兵攻克了洛陽。此後，前燕在北方的統治日益穩固，獲得了對中原的控制權。

前秦建國

西元三五〇年，氐族首領苻健帶兵進駐長安，占有關隴。西元三五一年，苻健自稱大秦天王。西元三五二年，苻健改稱皇帝，定國號為秦，史稱前秦。

苻健死後，其子苻生繼位。苻生殘暴濫殺，不理朝政，西元三五七年，苻健之侄苻堅殺死苻生，自立為皇帝。

苻堅即位後，加緊籠絡士人，重用王猛等漢族知識分子治理國家，加強中央集權，抑制氐族豪強的勢力。並在關中興修水利，招撫流民，發展農業生產，廣立學校，提倡儒學，從而使前秦的國力逐漸增強。

之後前秦不斷進行兼併戰爭，攻打其他國家，於西元三七〇年滅掉前燕，西元三七三年奪取了東晉的梁、益二州，西元三七六年滅掉了前涼和鮮卑拓跋氏建立的代，西元三八二年又派兵進駐西域。

前秦逐漸統一了中原各地，成為了「東極滄海，西併龜茲，南包襄陽，北盡沙漠」的北方大國，和南方的東晉形成對峙之勢。

王猛治理前秦

王猛，字景略，北海郡劇縣（今山東濰坊壽光東南）人，後移家魏郡。幼年家貧，但好學不倦，成名後隱居華陰，為人氣度不凡，不拘小節。

西元三五四年，東晉大將桓溫北伐時，曾邀請王猛一同南返，被王猛拒絕。苻堅素來對王猛十分敬仰，西元三五七年，苻堅自立為帝後，封王猛為中書侍郎，兩人志向相投，苻堅將王猛比做諸葛亮。數年之內，王猛接連升遷，歷任京兆尹、吏部尚書、司隸校尉等職。

氐人豪族樊世自認為跟隨先主苻健奪取關中，功勛卓顯，在朝堂上當眾向王猛表達不滿，並作勢要打王猛，被苻堅處死。從此王猛權傾朝野，開始實行改革。王猛整頓吏治，嚴刑峻法，打擊氐族豪強地主的勢力，加強中央集權。

在王猛的建議下，苻堅鼓勵耕作，發展民生，興辦學校，使前秦經濟快速發展，迅速成為北方最強大的國家。西元三六九年，桓溫北伐前燕，前燕向前秦求救，王猛採取了「先救後取」的策略，支援前燕。擊敗桓溫後，又以前燕毀約為由攻打前燕，占領洛陽。前燕亡後受封車騎大將軍。

在王猛的治理下，前秦成為北方勢力最強大的國家，中原地區短暫的統一。

慕容垂建立後燕

慕容垂原名慕容霸，字道明，鮮卑族人，是前燕皇帝慕容皝的第五子，自小深得慕容皝寵愛，後來得到慕容恪的賞識，曾為前鋒都督，被封為吳王。

西元三六九年晉將桓溫北伐，攻打前燕，在枋頭撤退，慕容垂曾以三萬騎追到襄邑（今河南睢縣），大敗晉軍。

後來前燕貴族內部鬥爭激烈，慕容垂被太傅慕容評逼走，率其族人降於前秦。

淝水之戰中，慕容垂被委派進攻襄陽，他暗中保存實力，前秦在淝水之戰中失敗後，派慕容垂到鄴援助苻丕，慕容垂趁機打敗了苻丕，自稱燕王，將河北據為己有。西元三八六年稱帝，仍以「燕」為年號，定都中山（今河北定縣），史稱「後燕」。

麥積山石窟的開鑿

麥積山石窟位於甘肅省天水市東南約三十五公里處，是中國四大石窟之一，是中國秦嶺山脈西端小隴山中的一座奇峰，高一百四十二公尺，孤峰突起，猶如麥垛，因此被稱為麥積山。

麥積山石窟大約於西元三八四年前後，由十六國的後秦開始修建，之後歷經西秦、北魏、西魏、北周、隋、唐、宋、元、明、清等十多個朝代的不斷開鑿、重修，成為中國著名的大型石窟之一。

南北朝時期，佛教在中國興盛起來，佛經的翻譯達到了空前的盛況，統治者開始大規模地興建與佛教相關的寺廟、雕塑，麥積山石窟在此時得以大規模地開鑿、修建。此後，清朝以前的朝代對其進行了不斷的重修、興建，記錄了各個朝代在雕塑和繪畫等領域的新發展。

麥積山石窟雖然遭遇了多次地震等自然災害的破壞，至今仍然保存了各個朝代的石窟一百九十四個，泥塑像、石雕像等七千餘件，壁畫一千三百多平方公尺。其中有高浮塑、圓塑、黏貼塑、壁塑等，是瞭解南北朝至明清時代中國雕塑發展歷程的石窟，被稱為「東方雕塑陳列館」。

西秦的興衰

前秦苻堅即位後，將鮮卑酋長乞伏司繁任命為鎮西將軍，鎮守勇士川。司繁死後，其子國仁代鎮。

苻堅在淝水之戰中失敗後，西元三八五年，國仁招集諸部十餘萬人，自稱為大將軍、大單于，以勇土城為都，史稱西秦。於後又被前秦封為苑川王。

西元三九四年，國仁之弟乾歸侵占了隴西，改稱秦王。西元四〇〇年，遷都苑川，同年，乞伏乾歸被後秦打敗，於是投降後秦姚興，成為其屬國。西元四〇九年，乞伏乾歸又從後秦逃回苑川，西秦復國，仍然定都苑川。西元四三一年，夏軍攻圍南安，滅西秦。

西秦王朝存在了三十七年，興盛時所轄面積從甘肅武威到天水、隴南及青海東部，共十一州、三十郡、四十八縣、二護軍。

姚萇建立後秦

前秦在淝水之戰中失敗後，各族首領紛紛起兵脫離前秦。

西元三八四年，前秦將領、羌族首領姚萇在渭北起兵，第二年擒殺苻堅，占領長安，稱帝，國號大秦，史稱後秦。

姚萇即位後整頓吏治，任用賢良，宣導儒學。他還釋放奴隸，發展農業，並且調和胡漢關係，因此深得關隴士族支持，關中經濟出現了復蘇的景象。

西元三九三年，姚萇病死之後，太子姚興即位。之後後秦打敗了前秦的殘餘勢力苻登，前秦徹底滅亡。同時，乘西燕敗亡之際，占據河東，隨後又相繼攻占東晉的洛陽，臣服西秦，攻滅後涼。

但是後秦的強大並沒有持續多長時間，西元四一七年，東晉劉裕攻破了長安，姚泓投降，後秦滅亡。

呂光建立後涼

呂光，字世明，略陽（今甘肅天水）氐族人，是前秦太尉呂婆樓之子，相傳其祖先為漢高祖皇后呂雉的族人。本為前秦將領，於西元三八二年淝水之戰前夕率兵征討西域，取得勝利，威震西域。

淝水之戰失敗後，各族紛紛背叛前秦，建立割據政權，中原大亂，呂光被阻於西域不能返回。西元三八六年苻堅死後，呂光占據涼州，稱酒泉公，國號涼，建都姑臧，史稱後涼。其統治範圍包括今甘肅西部和寧夏、青海、新疆的一部分。

西元三九九年，呂光死後，其子呂紹繼位，不久呂光庶長子呂纂殺死呂紹自立，後涼自此陷入了爭奪王位的鬥爭，加上後涼軍事力量薄弱，刑法嚴峻，導致內亂頻繁，危機重重，終於在西元四〇三年被後秦所滅。

沮渠蒙遜建立北涼

西元三九七年，後涼進攻西秦失敗，呂光殺死了從征的部下沮渠羅仇兄弟，於是，沮渠羅仇的侄子沮渠蒙遜與諸侯結盟，起兵反抗呂光，並和族兄沮渠男成擁立後涼的建康太守段業為涼州牧、建康公。西元三九九年，段業進駐張掖，自稱涼王。

西元四〇一年，沮渠蒙遜用計攻滅了段業，自稱涼州牧，改元永安，史稱北涼。西元四一二年，沮渠蒙遜占領姑臧（今甘肅武威），稱河西王。西元四二〇年，滅掉西涼，成為河西一帶最強大的勢力，控制著今甘肅西部以及寧夏、新疆、青海的一部分。

西元四三九年北魏大軍圍攻姑臧，沮渠牧犍投降，北涼滅亡。

李暠建立西涼

李暠，漢族，隴西狄道（今甘肅臨洮）人。

西元三九七年，段業自稱涼州牧，任命李暠為效谷縣令，後又升為敦煌太守。西元四〇〇年，李暠自稱大將軍、涼公，並以敦煌為都城，其疆域為今甘肅西部及新疆的一部分，地方狹小，是河西地區最小的政權。

西元四〇五年，李暠遷都酒泉，逼近北涼，與北涼陷入長期爭戰。西元四二一年，西涼為北涼所滅。

西涼太祖李暠被唐朝皇室李氏和詩人李白尊為先祖。

禿髮烏孤建立南涼

「禿髮」即「拓跋」的異譯，河西鮮卑禿髮氏是塞北拓跋氏鮮卑的一支。在漢魏時期遷徙到河西居住，曾依附於後涼。

十六國時，禿髮烏孤繼位首領，務農桑，修鄰好，境內安定，實力不斷強大。西元三九七年，禿髮烏孤脫離後涼的控制，稱西平王，後改稱武威王，遷都樂都（今屬青海），建立了南涼政權。

後期因連年用兵打仗，使政局不穩，先後敗於北涼沮渠蒙遜和夏國赫連勃勃，兵力大減。最終於西元四一四年被西秦所滅，共存在了十八年，經歷了三代君王。

慕容泓建立西燕

西燕是十六國時期慕容氏建立的諸燕之一。

西元三七〇年，苻堅派王猛率領大軍攻打前燕，攻破鄴城，俘虜皇帝慕容暐，前燕滅亡。苻堅將大批鮮卑人遷徙到關中。西元三八三年，苻堅在淝水之戰中大敗，前秦政權陷於瓦解，原來被前秦兼併的各個國家紛紛叛亂。第二年，前燕皇帝慕容暐之弟慕容泓起兵反秦，自稱濟北王，史稱西燕。

後來其弟慕容沖也起兵反秦，兵敗後歸於慕容泓，慕容泓兵勢大振，擁兵十萬。之後謀臣高蓋等因慕容泓執法苛暴，殺慕容泓，擁立慕容沖為皇太弟。西元三八五年，慕容沖稱帝，率軍攻陷長安，縱兵暴掠，後來被鮮卑貴族殺死。此後有數位前燕貴族和將領被擁立為西燕君王，最後慕容暐族孫慕容永被立為河東王，率眾東歸，擊敗了前秦苻丕，占據長子（今山西長子縣西），即位為皇帝。西元三九五年後燕攻陷長子，殺死慕容永等人，西燕滅亡。

西燕雖然只存在了短短的十年，但其強盛時，曾經南抵軹關，北至新興，東依太行，西臨黃河，是當時北方大國之一。

北燕和南燕的建立

西元三九五年和西元三九六年，後燕慕容垂曾兩次興兵討伐鮮卑拓跋部建立的北魏，反而被北魏消滅。西元三九七年，後燕殘餘勢力中的一支，往北逃至龍城，統治遼西地區。因慕容垂之子慕容熙只知吃喝玩樂，貽害百姓，西元四〇七年，後燕禁衛軍將領馮跋廢掉慕容熙，擁護慕容雲即位，建都龍城。

西元四〇九年慕容雲被部下所殺。馮跋平定政變後自立為帝，史稱北燕，後燕滅亡。後燕另一支殘餘勢力往南逃到滑台（今河南滑縣東），西元四〇〇年，其首領慕容德稱帝，是為南燕。

郝連勃勃建立夏

西元四〇七年，後秦將軍、匈奴人赫連勃勃脫離後秦，自稱大夏天王。西元四一七年，他乘劉裕滅後秦後還軍東返時，南下關中，占領長安。西元四一八年，在灞上即位，改元昌武，定都統萬城（今內蒙古烏審旗南），以長安為南都。

西元四二七年，北魏攻取統萬城，次年，赫連勃勃之子赫連昌被擒。夏國殘餘人員北逃，最終於西元四三一年為吐谷渾所滅。

南北朝

北魏建立

北魏是中國南北朝時期，北朝的第一個國家，又稱後魏、拓跋魏、元魏，由鮮卑拓跋氏建立。

鮮卑族拓跋部，原來居住於今黑龍江、嫩江流域的大興安嶺附近，過著遊牧生活。東漢以前，北匈奴被打敗西遷後，拓跋部在酋長拓跋詰汾的率領下，也逐步向西遷移，進入原來的北匈奴駐地，即漠北地區。

到酋長拓跋力微時期，拓跋部又南下遊牧於雲中（今內蒙古托克托）一帶，後又遷居到盛樂（今內蒙古和林格爾），與曹魏、西晉發生往來，但這時，拓跋部仍處於氏族部落聯盟階段。

西元三三八年，首領拓跋什翼犍建立代政權，拓跋部逐漸發展和強大起來。西元三七六年，前秦王苻堅攻代，什翼犍戰死，代滅亡。淝水之戰後，前秦的統治瓦解。西元三八六年，什翼犍之孫拓跋珪趁機恢復代政權，後來改國號為魏。西元三九八年，拓跋珪遷都平城稱帝——即北魏道武帝，國號為魏，史稱「北魏」。

西元四三九年，拓跋珪之孫拓跋燾統一了北方，與當時南方的劉宋政權形成南北對峙局面。北魏自三八六年拓跋珪稱王建國，至西元五三四年分裂為東魏與西魏，共歷經十四帝、一百四十九年。

劉裕建立南朝宋

劉裕，字德輿，小名寄奴，出身於破落士族，後加入東晉北府兵。自西元三九九年起，隨北府兵將軍劉牢之鎮壓浙東孫恩之亂，升任建武將軍、下邳太守。西元四〇三年，荊州刺史桓玄廢晉安帝自立。次年，劉裕被推為盟主，從京口、廣陵（今揚州）等地起兵擊敗桓玄，擁戴晉安帝復位。

西元四〇八年，劉裕任侍中、車騎將軍、揚州刺史、錄尚書事，控制了朝政大權。為了提高威望，擴大勢力，並最終取代晉室，劉裕在此後的十年間率軍南征北伐，相繼滅掉北方的南燕、後秦，翦除了在益州（今成都）稱王的割據者譙縱和劉毅、諸葛長民等異己。

此後，劉裕的勢力不斷穩固和壯大，在朝廷的地位顯赫無比，先後受封相國、宋公，加九錫，位在諸侯王之上。西元四一八年，劉裕令心腹殺了晉安帝，立司馬德文為傀儡皇帝。

西元四二〇年，劉裕逼迫司馬德文禪讓皇位，取代東晉政權而自立為帝，國號宋，定都建康（今南京），改元永初，是為宋武帝。

元嘉之治

宋武帝去世後，由宋少帝劉義符即位。之後因為嬉戲失德，荒廢朝政，被輔政大臣徐羨之、傅亮及謝晦等人矯太后詔所殺，改立劉裕三子宜都王劉義隆，是為宋文帝，改元元嘉。

宋文帝後來與北府名將檀道濟剷除了把持國政的徐羨之等人，至此宋朝政局穩定。宋文帝提倡節儉，澄清吏治，繼續實行劉裕的治國方略，在東晉「義熙土斷」（因為從晉安帝義熙年間開始實施，所以叫義熙土斷）的基礎上，清理戶籍，下令免除百姓欠政府的「通租宿債」，又實行勸學、興農、招賢等一系列措施，使百姓得以休養生息，社會民生有所發展，經濟文化日趨繁榮，形成了「元嘉之治」的繁榮局面。

元嘉之治是劉裕自東晉末年以來的改革和宋文帝元嘉年間的改革共同作用的結果。

劉義慶編《世說新語》

劉義慶是宋武帝劉裕之侄，是劉裕大弟弟長沙王劉道憐的第二個兒子，因叔父臨川王劉道規沒有兒子，劉義慶便被朝廷過繼給劉道規為後，因此襲封為南郡公、臨川王。

劉義慶年輕時曾跟從劉裕攻打長安，回來後被任命為東晉輔國將軍、北青州刺史。劉宋建立後，他以臨川王身分歷任侍中、中書令、荊州刺史等顯要職務，後又改授散騎常侍、衛將軍、江州刺史、南兗州刺史、開府儀同三司等一系列重要職務。

劉義慶生性愛好文藝，喜歡與文學之士交遊。在他的周圍，聚集著一大批名儒碩學。他自己也創作了大量豐富的作品，著有《徐州先賢傳》十卷；又曾仿班固《典引》作《典敘》，記述皇代之美；此外還有《集林》二百卷，《世說新語》十卷。其中，最著名的就是《世說新語》。

《世說新語》是一部主要記載漢末、三國至兩晉時期士族階層的言行風貌和軼事瑣語的筆記小說。劉義慶於西元四四一年開始組織編撰，此書不僅保留了大量反映當時社會生活的珍貴史料，而且語言簡煉，文字生動鮮活，也是一部文學價值極高的古典名著。自問世以來，便得到歷代文士階層的喜愛和重視，至今仍在海內外廣為流傳。

范曄撰《後漢書》

范曄，字蔚宗，南朝宋順陽（今河南淅川）人。官至左衛將軍，太子詹事。西元四三二年，范曄在為彭城太妃治喪期間，行為失檢得罪了司徒劉義康，被貶為宣城太守，范曄鬱鬱不得志，就借助修史來寄託他的志向，開始寫作《後漢書》。西元四四五年，當他完成了本紀、列傳的寫作，同時又和謝儼共同完成《禮樂志》、《輿服志》、《五行志》、《天文志》、《州郡志》等五志的時候，有人告發他參與了劉義康的篡位陰謀，因此下獄而死。謝儼怕受牽連，毀掉了手中的志稿，使《後漢書》只有紀、傳部分流傳了下來。

在《後漢書》中，范曄以《東觀漢記》為基本史料依據，以華嶠書為主要藍本，吸取其他各家書的長處，井井有條地敘述了東漢一代的歷史興亡大勢，錯落有致地描繪出東漢一代的社會、民情與人物百態。范曄《後漢書》的記述，起於劉秀起兵推翻王莽，終於漢獻帝禪位於曹丕，詳載了東漢一百九十五年的歷史。

到了唐代，范曄《後漢書》取代《東觀漢記》，與《史記》、《漢書》並稱「三史」，盛行於世。《後漢書》有十紀、八十列傳和八志，其中的八志三十卷是南朝梁劉昭從司馬彪的《續漢書》中抽出來補進去的。

蓋吳起義

蓋吳起義是北魏前期盧水胡人蓋吳領導的西北各族人民的聯合大起義。

西元四三九年，北魏太武帝拓跋燾滅掉北涼，統一北方後，對諸少數民族實行軍事統治。在關中地區各個民族聚居的地方設立鎮，各鎮鎮將皆由鮮卑貴族擔任，對各族人民實行剝削壓迫的政策，導致民族矛盾尖銳化。

西元四四五年，蓋吳在陝西杏城（陝西黃陵）天台起義，漢、氐、羌、屠各、蜀（即叟）等各族人民紛紛響應，有十餘萬群眾參加起義，波及了西起隴東，東至今山西西南部的廣大地區。蓋吳義軍殺死了前來鎮壓的魏軍，相繼攻克了汧城、李潤堡、金城（今甘肅蘭州西北）、天水、略陽（今甘肅莊浪西南）等地，並自號天台王，署置百官。

此前已在河東起兵反魏的蜀人薛永宗，也與蓋吳取得聯繫，並接受其領導。蓋吳還遣使臣到江南，呼籲劉宋王朝出兵。

北魏太武帝拓跋燾親臨指揮，率領八萬騎兵前來鎮壓，打敗薛永宗的叛軍，然後又西進攻打蓋吳領導的義軍，起義陷入困境，蓋吳最終被叛徒殺害。

起義雖然失敗了，卻使北魏的統治者受到了極大的震盪。

北魏太武帝滅佛

西元四三九年，鮮卑拓拔人拓拔燾統帥的北魏大軍，結束了北方自西晉末年開始的十六國亂世，統一了黃河流域，完成了霸業。

太武帝為了實現統一北方大業的目標，在中原地區大力推廣當時已經開始流傳的佛教，並且將佛教定為國教加以推崇，並以此作為取得中原民心的一個重要舉措。

佛教信徒對太武帝的這一舉措極為推崇，但由於佛教的急速興起，對本土的道教帶來了嚴重的衝擊。北魏太武帝登基之後不久，在崔浩的引見之下，當時中國北方天師道的創始人太平真人寇謙之向皇帝獻上一部道經，以表示歸順。

崔浩反覆對太武帝進言，說本土的皇帝不應接受外來宗教的約束，並稱當時的國教為「胡教」。於是，太武帝接受了太平真人寇謙之的贈書之後，在平城東南建立天師道場，自稱太平真君，並親受符籙，興建靜輪天宮，奉祀太平真君，改年號為太平真君，成了十足的道教徒。

西元四四五年，盧水胡人蓋吳在杏城領導十餘萬人起義，長安城裡出現了嚴重的叛亂。在崔浩的建議下，太武帝出兵長安，討伐蓋吳叛軍。雖然叛亂很快就被平息了，但是平叛的將士在長安的寺廟中發現了大量藏匿的武器弓箭和刀槍。太武帝懷疑佛教教徒與蓋吳同謀，大為震怒，下令誅殺所有的僧侶。崔浩趁機勸帝滅佛，於是太武帝進一步推行苛虐的廢佛政策，一時之間，舉國上下，風聲鶴唳。魏國境內的寺院塔廟幾乎無一倖免，史稱「太武法難」。

馮太后臨朝稱制

馮太后，北魏文成帝拓跋濬的皇后，即文明皇后，長樂信都人。西元四六五年，文成帝病逝，當時只有十一歲的獻文帝拓跋弘即位，尊其為皇太后。馮太后設計誅殺了當時專權跋扈、禍亂朝政的丞相乙渾，親自執掌政權，臨朝稱制。

獻文帝即位後致力於整頓內政，增強國力，崇文重教，興學輕賦，頗有一番作為。但他並非馮太后所生，因此執政後開始誅除馮太后的內寵，與太后之間產生了權力鬥爭。西元四七一年，獻文帝禪位於當時僅有五歲的太子拓跋宏，即孝文帝；他自立為太上皇，專心信佛，但因殺了馮太后的寵臣，最終於西元四七六年被馮太后毒死。

此後馮太后開始專心輔佐年幼的孝文帝，並推行了一系列的改革，主持制定三長制、均田制、班祿制和新租調制，並整頓吏治，興辦鄉學，推行漢化教育，為孝文帝以後的改革和繁榮奠定了基礎。從西元四七一年開始，直到西元四九〇年去世，馮太后臨朝稱制長達二十年之久。

蕭道成建立南齊

蕭道成，字紹伯，漢相國蕭何的二十四世孫。早年從儒生雷次宗學習，博學能文，工於書法，精通棋藝。十四歲棄學從戎，成為雍州刺史蕭思話部下，屢立戰功。後來，宋明帝劉彧命他都督北討前鋒諸軍事，鎮守淮陰。隨後，遷任南兗州刺史，加督五州，繼續防禦北境。自此，蕭道成廣收豪傑，勢力日漸大增。

西元四七〇年，宋明帝劉彧因蕭道成在軍中太久，對他產生了疑忌。第二年，將蕭道成徵召回朝，任散騎常侍、太子左衛率。

宋明帝死後，蕭道成與尚書令袁粲、護軍將軍褚淵、中領軍劉面共同輔佐後廢帝劉昱，進入到南宋政權的中樞集團。劉昱即位後，江州刺史、桂陽王劉休範舉兵攻入建康。接著，南徐州刺史、建平王劉景素在京城造反，都是由蕭道成帶兵平定。因而蕭道成晉升為中領軍，加尚書左僕射。

由於威名日重，引起劉昱的猜忌，屢次想要加害於他。西元四七七年八月，蕭道成與王敬則密謀，殺死劉昱，立驃騎大將軍劉準為帝，即宋順帝。加蕭道成為司空，錄尚書事，坐鎮東府。此時，荊州刺史沈攸之、司徒袁粲等見蕭道成權勢日大，有取代劉宋之意，遂起兵反對，都兵敗而死。

蕭道成先後進位為齊公、齊王。西元四七九年四月，宋順帝劉準被迫禪位，蕭道成受禪稱帝，建立齊朝。史稱「南齊」。

南齊的衰落

西元四七九年，蕭道成代宋自立，改國號為「齊」，南齊政權建立，蕭道成為齊高帝，改年號建元。

齊高帝即位後，任用漢人掌權要，推行檢籍法，嚴令整頓戶籍，提倡節儉，反對奢靡，並以身作則，減輕人民負擔，與北方交好，維護邊境安定。齊高帝之子齊武帝蕭賾在位期間仍與北魏保持良好關係，邊境比較安定。

因此，蕭齊時代的前十幾年，政治清明，社會安定，人民得以休息，南方經濟有了一定的發展。西元四九三年，齊武帝蕭賾病死，因太子早亡，由皇孫鬱林王即位，此後朝廷內部爭奪皇位的鬥爭異常激烈。西元四九四年，齊明帝蕭鸞即位後，壓制宗室力量，屠殺宗室人員，蕭道成與蕭賾的子孫都被蕭鸞誅滅。

西元四九九年，蕭鸞之子東昏侯蕭寶卷即位後，奢侈腐靡，被認為是中國歷史上最為昏庸荒淫的皇帝之一。蕭寶卷竟派人毒殺平定叛亂有功的豫州刺史蕭懿，結果導致蕭懿之弟蕭衍發兵攻打建康，於西元五〇一年擁立南康王蕭寶融為帝，在江陵即位，是為齊和帝。

西元五〇二年，蕭衍又迫齊和帝退位，在建康自立為皇帝，即梁武帝，改國號「梁」，即南朝梁，南齊滅亡。

南齊僅存在了二十三年的時間，是南北朝中存在時間最短的朝代。

祖沖之精確推算圓周率

祖沖之，字文遠，南北朝時期人，是歷史上傑出的數學家、科學家。

祖沖之原籍范陽郡遒縣（今河北淶水縣），在西晉末年，由於故鄉遭到戰爭的破壞，舉家遷到江南居住。祖家歷代對於天文曆法都很有研究，因此祖沖之從小就有接觸科學技術的機會。祖沖之對於自然科學和文學、哲學都有廣泛的興趣，特別是對天文、數學和機械製造，更有強烈的愛好和深入的鑽研。

早在青年時期，他就因博學多才而聞名，被政府派到當時的一個學術研究機關——華林學省去做研究工作。從出生到在華林學省任職，祖沖之一直居住在建康。至西元四六一年，祖沖之被調至南徐州（今江蘇鎮江）刺史府，先後從事史、公府參軍。

在數學方面，他寫了《綴術》一書，被收入著名的《算經十書》中，曾被作為唐代國子監的算學課本，但是後來卻失傳了。祖沖之最早推算出 π 的真值在 3.1415926 和 3.1415927 之間，精確到了小數點後第七位，簡化成 3.1415926，成為當時世界上最先進的成就，比歐洲要早一千多年。

范縝著《神滅論》

范縝，字子真，南鄉舞陰（今河南省泌陽西北）人，是南朝齊梁時期傑出的唯物主義者和無神論者，也是中國哲學史上最有力的反對佛教的哲學家。范縝出身寒微，早年學習儒學，中年步入仕途，歷任湖北宜都太守、福建晉安太守、尚書殿中郎等職。

范縝所處的時代，是佛教信仰鼎盛的時期。封建統治者和門閥士族為了從精神上控制人民，鞏固自己的統治，大興佛教，使生產遭到破壞，造成了社會經濟危機；在思想領域，宣揚傳統的因果報應觀念，佛教又極力證明人死神不滅，把所謂善惡之報推到無法驗證的遙遠的將來。要駁倒佛教的因果報應思想，就必須闡明人的形體死亡後精神也會滅亡的道理，因此，關於神滅和神不滅的鬥爭，是當時社會普遍關注的問題，推動著思想家們對此進行探討、研究。

西元五〇七年，范縝任中書郎時正式發表《神滅論》，系統地闡述了無神論的思想，指出人的神和形是互相結合的統一體。他斷言死後精神消滅，不可能成佛，人的富貴貧賤並非天生註定，因果報應純屬無稽之談。

《神滅論》是中國古代唯物思想的代表著作，雖然有一定的時代侷限性，但仍然是一部思想深刻、邏輯嚴謹的作品，具有劃時代的意義。

魏孝文帝改革

北魏統治者在民族征服的過程中，對其他各族人民實行了民族歧視和殘酷的民族壓迫政策，民族衝突不斷加深。到了北魏中期，鮮卑貴族兼併土地、官員貪汙受賄日益嚴重，統治階級過度的剝削和壓迫，又使階級矛盾日益尖銳，農民起義連年爆發。

西元四七一年，拓跋宏即位，是為孝文帝。當時拓跋宏只有五歲，為防止外戚專權，根據「立其子殺其母」的辦法，拓跋宏的母親被殺死，其祖母馮氏以太皇太后的身分臨朝稱制。

為了緩和社會矛盾和民族矛盾，馮太后和孝文帝先後進行了一系列的改革，統稱「魏孝文帝改革」。孝文帝改革涉及政治、經濟、文化等各個領域，範圍極其廣泛，內容也極為豐富。此次改革最重要的措施有：推行均田制，農民按人口授給一定的土地；實行三長制，加強對基層地方的管理；整頓吏治，根據政績決定官員的任免和連任；把都城從平城遷到洛陽，以便於對中原地區的管理；改革鮮卑舊俗，包括改革官制、禁胡語、禁胡服、改姓氏、確立門第等級等，孝文帝拓跋宏改名為元宏。

孝文帝改革有利於北方經濟的恢復和發展，加快了北方各民族的大融合和封建制度的完善，為以後統一多民族國家的形成奠定了基礎。

實行均田制

西晉末年以來，中國北方處在長期戰亂之中，戶口遷徙，土地荒蕪。而北魏建立以來，鮮卑貴族兼併土地，廣占奴婢，使國家賦稅收入受到嚴重影響。

為了保證國家賦稅來源，北魏孝文帝於西元四八五年頒布均田制並開始執行。其主要內容是：一、男子十五歲以上，授種粟穀的露田四十畝，婦人二十畝。奴婢同樣授田。耕牛一頭授田三十畝，限四頭牛。授田不准買賣，年老或身死還給國家，奴婢和牛的授田隨奴婢和牛的有無而還授；二、男子另授桑田二十畝。桑田不必還給國家，可傳給子孫，二十畝以上的可以賣，不足二十畝的可以買。產麻地男子授麻田十畝，婦人減半，年老及身死後還田；三、地方官吏按官職高低授給數額不等的公田，刺史十五頃，太守十頃，治中、別駕各八頃，縣令、郡丞各六頃，不准買賣，離職時交於繼任者。此外，地廣民稀之處，可任力耕墾，而地少人多的可以遷往地廣民稀之處。授田以後，百姓不得隨意遷徙。貴族和官僚可以透過奴婢和耕牛另外獲得土地。

均田制提高了人們耕墾的意願，增加了國家稅收。北齊、北周、隋、唐都沿用均田制，具體辦法有所變更，直到唐朝中葉時，隨著兩稅法的出現而被廢止。

魏孝文帝遷都洛陽

北魏自從太武帝死去後，政治腐敗，鮮卑貴族和地主階級壓迫人民，北方接連爆發了各族人民的反魏事件。

西元四九〇年，臨朝稱制達二十年之久的馮太后去世，二十四歲的孝文帝拓跋宏開始親政，他開始大刀闊斧地進行漢化改革。

為了便於學習和接受漢族的先進文化，同時進一步加強對黃河流域各族人民的統治，他決心把國都從平城（今山西大同市東北）遷到洛陽。他怕大臣們反對遷都的主張，於是提出要大規模進攻長江流域的南齊。魏太武帝曾以十萬大軍南征，結果，被宋軍打得大敗而逃，傷亡大半。因此，文武百官都不願南征。

西元四九三年，孝文帝親自率領步兵、騎兵三十萬渡過黃河，進駐洛陽。到了洛陽。正好碰到秋雨連綿，足足下了一個月，到處道路泥濘，行軍困難。但是孝文帝仍舊戴盔披甲騎馬出城，下令繼續進軍。

文武百官請求皇帝不要再南征。孝文帝乘機說如果不南征，就遷都，並且下令：願意遷都的站在左邊，不願遷都的站在右邊。文武百官聽了，權衡一下南征與遷都的利弊，覺得還是遷都為好。於是，所有隨軍貴族和官吏都站到左邊去了。一時間，停止南征的消息傳遍了全軍，大家都高呼「萬歲！」遷都洛陽之事就這樣決定了。

遷都洛陽後，孝文帝繼續改革，並大力推行漢化政策。魏孝文帝遷都洛陽，促進了民族融合，方便了對中原地區的管理，也有利於鮮卑族的封建制度的完善。

興建少林寺

南北朝時期，人民飽受戰亂之苦，迫切要求改變現狀，乞求安寧與幸福，這一切為佛教的傳播提供了現實基礎。而各族的統治者們也希望用新的思想控制來鞏固自己的統治，因此中國佛教盛行一時。南亞地區的許多高僧紛紛來到中國翻譯佛經，講解佛法。

西元四九五年，孝文帝拓跋宏為印度僧人跋陀在河南少室山敕建少林寺，因建於少室山林中，故名少林。跋陀成為少林寺的第一位住持，他在少林寺傳授小乘佛教，主張自我解脫。當時四方慕名前來少林寺求法者達數百人，其中高足弟子有慧光、僧稠等人。

跋陀傳教慧光、僧稠等弟子，並在寺內翻經台翻譯了《華嚴》、《涅槃》、《維摩》等經以後，傳法中斷，燈序轉移，沒有在少林寺繼續發展。

南朝劉宋末年，南天竺香至國的第三王子、釋迦牟尼的大弟子摩訶迦葉的第二十八代佛徒菩提達摩從印度來到中國。他於西元五二七年到達少林寺，廣集僧徒，首傳禪宗，歷時九年，寺院逐漸擴大。西元五三六年，達摩傳法於慧可以後，離開少林寺。後死於禹門，葬於熊耳山，造塔於定林寺。

菩提達摩成為中國佛教禪宗的開山祖師。

劉勰著《文心雕龍》

魏晉南北朝時期既是一個社會大動盪的時期，也是思想文藝到處開花的時期。在思想文化領域，出現了許多開創性的成就。

其中，文學理論、文學選集獲得了空前的發展。曹丕的《典論．論文》首開文學批評之風，闡述了文學的社會功能；蕭統的《文選》是先秦以來文章的匯總；徐陵的《玉臺新詠》則是漢代以來的詩歌選集；而劉勰的《文心雕龍》則是中國最早的文學批評巨著。

劉勰，字彥和，祖籍山東莒縣（今山東省日照市莒縣）。早年家境貧寒，篤志好學，曾官至縣令、步兵校尉、宮中通事舍人，頗有清名。三十二歲開始寫《文心雕龍》，歷時五年而成。該書有三萬七千餘字，分十卷五十篇，包括總論、文體論、創作論、批評論四個主要部分。

書超前人，體大而慮周，風格迥異，獨樹一幟，對後世影響頗大。《文心雕龍》以孔子的美學思想為基礎，兼採道家，全面總結了齊梁以前的美學成果，系統地闡述了西周以來各類文章的體裁與創作方法，批評了重形式不重內容、過分雕琢的文風，主張文章的形式和內容都應隨時代的發展而發展。

蕭衍代齊建立梁

蕭衍，字叔達，南蘭陵中都里人（今江蘇常州）。父親蕭順之是齊高帝蕭道成的族弟。蕭衍少年時博學多才，尤其在文學方面很有天賦，曾受到衛將軍王儉的賞識，後來升任太子庶子和給事黃門侍郎。

齊武帝去世後，皇太孫蕭昭業即位為帝，只知享樂，不理政務，對大臣的勸諫也不接受。蕭道成之侄蕭鸞廢殺蕭昭業，擁立蕭昭文，自己掌握朝政大權。三個月之後，蕭鸞又廢掉蕭昭文，自己做了皇帝，是為齊明帝。

蕭鸞做皇帝之後，有感於蕭衍的謀劃之功，把他提拔為中書侍郎，後來又升為黃門侍郎。蕭衍的地位日益顯赫。蕭衍輔佐蕭鸞做皇帝的第二年，率兵擊退了北魏來侵犯的軍隊，因此而升任太子中庶子。西元四八七年秋，北魏軍再次南下，蕭衍戰敗，齊明帝沒有責怪他，而是讓他主持雍州的防務，任雍州刺史。

從此蕭衍就有了一塊固定的根據地，這為他勢力的發展奠定了基礎，成為他日後爭奪齊政權的資本。蕭鸞死後，東昏侯蕭寶卷即位，蕭寶卷昏庸無能，不辨賢愚，冤殺了蕭衍的兄長蕭懿。於是蕭衍聯合南康王蕭寶融一起舉兵，廢掉了東昏侯蕭寶卷，於西元五〇一年擁立南康王即位，即齊和帝。西元五〇二年，蕭衍又逼迫齊和帝禪位，自立為皇帝，建立了南梁政權。

酈道元著《水經注》

酈道元，字善長，出生范陽郡（今河北省高碑店市境內）一個官宦世家，北魏平東將軍、青州刺史、永寧侯酈範之子。酈道元為長子，世襲永寧侯。

他少年時喜愛遊覽，做官以後，到各地遊歷，每到一地除參觀名勝古蹟外，還用心勘察水流地勢，瞭解沿岸地理、地貌、土壤、氣候、人民的生活、地域的變遷等。

酈道元發現漢代人桑欽所寫的《水經》一書雖然對大小河流的來龍去脈有著準確的記載，但由於時代更替，城邑興衰，有些河流改道，名稱也變了，但書上卻未加以補充和說明。於是他親自給《水經》作注，寫成了《水經注》一書。

《水經注》所記述的時間幅度上起先秦，下至南北朝當代，上下約兩千多年。全書三十多萬字，詳細介紹了中國境內一千多條河流以及這些河流附近的自然地理、人文地理、山川勝景、歷史沿革、風俗習慣、人物掌故、神話故事等。

《水經注》文筆優美，不僅是一本地理百科全書，也是一部關於山水文學的優秀散文作品。

賈思勰編《齊民要術》

賈思勰，益都（今山東省壽光市西南）人，生活於中國北魏末期和東魏，是中國古代傑出的農學家。

賈思勰出生在一個世代務農的書香門第，其祖上就很喜歡讀書學習，尤其重視農業生產技術知識的學習和研究。他的家境雖然不算很富裕，但卻擁有大量藏書，使他從小就有機會博覽群書，從中汲取各方面的知識。

成年以後，賈思勰開始走上仕途，曾經做過高陽郡（今山東臨淄）太守等官職，並到過山東、河北、河南等許多地方。每到一地，他都非常重視農業生產，認真考察和研究當地的農業生產技術，向一些經驗豐富的老農請教，獲得了不少農業方面的生產知識。

中年以後，他又回到自己的故鄉，開始經營農牧業，親自參加農業生產和放牧，對農牧有了親身體驗，掌握了多種農產技術。

大約在西元五三三年到西元五三四年間，他將所學的古書上的農業技術資料、詢問老農獲得的豐富經驗，結合自己的親身實踐，加以分析、整理、總結，寫成了《齊民要術》一書。

《齊民要術》是一本農業科學技術巨著，書中內容非常豐富，涉及了各種農作物、經濟作物的栽培，各種野生植物的利用，各種家禽、家畜、魚、蠶等的飼養和疾病防治，以及農副產品的加工等形形色色的內容。

佛教的興盛

魏晉南北朝時期，各種勢力割據混戰，社會動亂不安，政治秩序崩潰，無論是士族名流還是普通的老百姓，在無法改變現狀的情況下，都需要尋找精神寄託。於是，兩漢之際傳入中國的佛教，到了南北朝時，盛極一時，一躍而成為當時的主要信仰。上至君王將相，下至黎民百姓，無不崇信佛法，希企得到解釋與慰籍。

梁武帝蕭衍於即位後的第二年即宣布放棄道教信仰，改信佛教，並以佛教為國教。

於是，在統治者的大力提倡下，佛教迅速傳播開來。印度僧人絡繹不絕地來到中國傳授佛法、翻譯佛經，而中國的許多高僧也不辭辛苦地西行求法，探尋佛學真諦。南亞地區的文學藝術、哲學思想、科學技術也隨之傳入中國，豐富了中國的思想文化。

而和佛教相關的音樂、繪畫、雕塑等也相繼發展開來，南北各地均出現大量修建佛寺、石窟以及繪製佛窟壁畫的熱潮。著名的雲岡、龍門、敦煌三大石窟就是從此時開始建造的。

梁武帝出家

梁武帝蕭衍在位四十八年，是南朝在位時間最長的皇帝。

他早年曾信奉道教，即帝位後改奉佛教，成為一個虔誠的佛教徒，對佛教在中國的普及有很大的貢獻。他在建康造了一座規模宏大的同泰寺，每天早晚兩次，都要到寺院去燒香拜佛，聲稱這樣做是為了積功德，替老百姓消災。

南朝佛教正是在這時進入全盛期。西元五一九年，梁武帝到寺院受菩薩戒。由於他的提倡，王侯子弟都以受戒為榮。在他的影響下，長子蕭統（昭明太子）、三子蕭綱（簡文帝）、七子蕭繹（元帝）以及許多官員都信奉佛教。

梁武帝分別於西元五二七年、西元五二九年、西元五四六年、西元五四七年，前後四次出家當和尚，每次都是大臣們花費巨資將他「贖」回來，把國庫都給折騰光了。

梁武帝晚年一心只想當和尚，不管國家大事，朝政混亂，因此大將侯景看準時機，於西元五四八年舉兵反叛。侯景攻入建康後，將梁武帝居住的台城包圍起來。而那些平日受盡梁武帝驕縱的王公貴族們，儘管手下有幾十萬兵馬，卻都袖手旁觀。直到這時，梁武帝才如夢方醒，大罵那些不忠不孝的子孫，可惜悔之已晚。

侯景攻陷台城後，梁武帝被軟禁，最後竟被活活餓死，享壽八十六歲，謚號武帝，廟號高祖。

六鎮起義

北魏在遷都洛陽之前，首都位於平城，為了防止邊外的柔然進攻，北魏政府曾在北部邊塞修築長城，並先後設置懷荒（今河北張北）、柔玄（今內蒙古興和西北）、撫冥（今內蒙古四子王旗東南）、武川（今內蒙古武川西）、懷朔（今內蒙古固陽南）、沃野（今內蒙古五原東北）等軍鎮，史稱六鎮或北鎮。六鎮不設州郡，以鎮、戍領民，號為鎮民，多由拓跋部貴族領導。

孝文帝遷都洛陽後，六鎮失去了軍事上的重要地位，經濟也得不到發展，而且其民不得遷徙。孝明帝末年，政治日益腐化，橫徵暴斂，民不聊生。西元五二三年，由於不堪忍受北魏鎮將的殘酷奴役和歧視，沃野鎮人破六韓拔陵聚眾起義，占沃野鎮。隨即北方六鎮的各族軍民紛紛響應，起義軍迅速發展到數十萬人。北魏派兵鎮壓，均遭失敗，後勾結柔然聯合絞殺起義軍。

西元五二五年，破六韓拔陵被殺，六鎮起義失敗。北魏統治瀕臨崩潰，邊鎮軍事豪強乘機擴充實力，其中爾朱榮實力最盛。西元五二六年，懷朔鎮鎮將葛榮再次率領河北起義，建國號齊，接連攻克數個州縣，向洛陽進軍，但終被爾朱榮打敗並收降了六鎮義軍。西元五三〇年，爾朱榮因功高震主，被魏孝莊帝所殺，高歡乘機接收了歸順爾朱榮的二十餘萬六鎮義軍帶往河北，形成日後的政治資本。

六鎮起義後，北魏政府動盪不安，不久分裂為東魏和西魏。

北魏分裂

北魏末年，統治階級內部矛盾重重，朝政日益混亂。孝明帝元詡被立為太子時，沒有遵從「母死子貴」的舊制處死其母親胡貴嬪，西元五一五年，七歲的元詡即位後，胡太后專權。

西元五二八年，胡太后毒死元詡，並立三歲的元釗為帝。在六鎮之亂中強大起來的契胡族首領爾朱榮攻入洛陽，擁立元子攸為孝莊帝，並控制了朝政。爾朱榮殺死胡太后及元釗，於河陰圍殺了文武大臣兩千多人，史稱「河陰之變」。

西元五三〇年，孝莊帝不甘受制於爾朱榮，遂將其誅殺。爾朱榮之侄爾朱兆率兵攻入洛陽，殺死孝莊帝，另立元恭。而高歡趁機掌握了朝政，先殺死元恭，擁立元朗，後又殺元朗，於西元五三二年立元修為孝武帝。

此時，鮮卑貴族宇文泰趁亂控制了關中地區。孝武帝元修不能容忍高歡獨掌大權，於西元五三四年投奔宇文泰，不久被宇文泰毒死，又立孝文帝的孫子南陽王元寶炬為帝，建都長安，改元大統，由宇文泰操控朝政，即「西魏」。至於高歡則立元善見為孝靜帝，建都鄴城（今河北臨漳），史稱「東魏」。

北魏自此分裂為東魏和西魏。

侯景之亂

侯景，原在北魏懷朔鎮當兵，後來漸升為鎮功曹史。北魏末年六鎮起義時，侯景率部隊投靠契胡族酋長爾朱榮，參加鎮壓起義，因大破義軍、活捉葛榮，被擢升為定州刺史。爾朱榮死後，侯景又投奔高歡，歷任東魏尚書左僕射、吏部尚書、司空、司徒、河南道大行台（即河南道最高軍政長官），專門治理河南。侯景多次攻打西魏、南梁，戰功卓著，很受高歡重用。

西元五四七年，高歡死後，其子高澄執政。侯景平時輕視高澄，高澄則害怕侯景叛亂，刻意剝奪他的兵權。侯景害怕自己被殺，於是就投降到了西魏，到西魏以後也得不到宇文泰的信任，於是侯景又投靠到蕭梁。

梁武帝為了借助侯景攻打東魏，接受了侯景的歸降，並封他為河南王、大將軍、大行台。在一次和東魏的戰爭中，南梁貞陽侯蕭淵明兵敗被俘，後來梁武帝答應東魏以侯景交換蕭淵明。侯景大怒，遂決定發動叛亂，他暗中勾結野心篡位的梁武帝之侄蕭正德做內應，將蕭正德立為南梁帝，改元正平，於西元五四八年率軍攻入京城建康，將皇宮圍住，第二年，攻破皇城。當時一心向佛的梁武帝蕭衍被侯景軟禁，最後活活餓死。

侯景自任為丞相，執掌朝政。後於五五一年登基為帝，國號漢，改元太始。

陳霸先建立後陳

陳霸先，字興國，漢族人，南朝陳吳興郡長城縣（今浙江長興）人。出身貧寒，但好讀兵，後屢建戰功升任為振遠將軍、西江督護、高要太守，深得梁武帝的器重，於西元五四二年授予直閣將軍一職，封號新安子。

西元五五〇年，侯景叛亂後，陳霸先在始興（今廣東韶關）起兵討伐侯景，第二年與征東將軍王僧辯會合，共同攻向建康。西元五五二年，陳霸先領軍圍困石頭城，大敗侯景。因功授征虜將軍、開府儀同三司，封司空，領揚州刺史，鎮京口。

西元五五四年，西魏宇文泰派于謹、宇文護率軍五萬攻破江陵，梁元帝被殺。陳霸先遂與王僧辯請晉安王蕭方智以太宰承制，晉安王入居朝堂。西元五五五年，王僧辯在北齊的威逼利誘下，迎立北齊扶植的蕭淵明為梁帝，陳霸先苦勸無效，遂誅殺王僧辯，立蕭方智為梁敬帝。之後陳霸先又擊退了北齊的南下侵略，鏟平了王僧辯餘黨，晉封陳公，再封陳王，受九錫。

西元五五七年，梁敬帝蕭方智禪位，陳霸先代梁稱帝，建立陳朝，是為陳武帝。陳霸先即位後，懷柔攻心，誠貫天下，勵精圖治，發展經濟，抵禦外族入侵，使長江流域的經濟快速發展，成為新的經濟中心。陳霸先因此而成為一代明君，成為後世帝王學習的表率。

突厥的崛起

匈奴汗國於二世紀破滅後，塞北瀚海沙漠地帶成為真空。發源於東北地區的烏桓部落和鮮卑民族諸部落紛紛南下。等到這些部落或被併吞，或南下進入中原本土建立王朝帝國後，拓拔部落所屬的柔然部落乘虛興起。

柔然部落於西元四〇二年建立柔然汗國，跟北魏帝國不斷發生戰爭。柔然汗國所屬、居於金山（今新疆阿爾泰山）的一個匈奴血統的突厥部落日漸強大起來。柔然汗國最初不在意這個叛亂集團，但不久就被它連連擊敗。

突厥部落酋長阿史那土門，於西元五五二年，稱伊利可汗，建突厥汗國。三年後（西元五五五年），伊利可汗的兒子木杆可汗大舉進攻柔然汗國，柔然兵團潰散，第十八任可汗郁久閭鄧叔子，投奔西魏。突厥木杆可汗向西魏施加壓力，堅持索取郁久閭鄧叔子的人頭。西魏宰相宇文泰不得已，把郁久閭鄧叔子以及隨他一起投降的部屬，共三千餘人，交給突厥使節，就在長安城外，被突厥使節全部屠殺。

第十九任柔然可汗郁久閭庵羅辰向西逃亡，柔然汗國最終滅亡。突厥政權繼柔然政權之後開始崛起於邊塞，成為漠北的霸主。

北齊代東魏

西元五四七年，高歡逝世後，其長子高澄被孝靜帝元善見任命為使持節、大丞相、都督中外諸軍事、錄尚書事、大行台、承襲其父渤海王位。西元五四九年四月，孝靜帝又加封高澄為相國、齊王，權勢至高無上。

然而高澄並不滿足，他派人監視孝靜帝的一舉一動，並於西元五四九年來到鄴城，邀請死黨崔季舒、陳元康等人在北城東柏堂住所密謀篡奪皇位的勾當。

後來高澄被奴隸刺殺，高歡的次子，當時年僅十八歲的高洋便牢牢地掌握了大權，進封齊王，邑十萬戶。後來孝靜帝又被迫封他為相國，食邑二十萬戶，加九錫。

西元五五〇年，高洋不甘再當傀儡皇帝的大臣，乾脆廢掉了孝靜帝，自立為皇帝，即齊文宣帝，改國號齊，建元天保，建都鄴城，史稱北齊。東魏就此滅亡。

宇文家族建立北周

宇文泰，代郡武川（今內蒙古武川西南）人，為鮮卑化的匈奴人，世襲為北魏的兵戶。曾帶兵鎮壓六鎮起義和河北起義，後來投奔爾朱榮。於河陰之變時控制了關中地區，成為關中勢力最大的軍閥。

西元五三四年，北魏孝武帝元修與高歡決裂，高歡帶兵從晉陽南下，元修被迫入關中投靠宇文泰。宇文泰將元修毒殺，於西元五三五年擁立北魏孝文帝的孫子南陽王元寶炬為帝，改元大統，建都長安，與高歡所擁立的東魏對立，宇文泰掌控實權。

西元五五一年，元寶炬死後，其長子元欽嗣位，於西元五五四年被宇文泰所廢，不久被毒死。元寶炬四子元廓即位為西魏恭帝，為了迎合宇文泰的胡化運動而被迫改回複姓拓跋。

西元五五六年，宇文泰病死後，其侄宇文護掌握大權。西元五五七年宇文護迫使西魏恭帝禪讓，由宇文泰之子宇文覺即位為大周天王，定國號周，建都長安。

至此，西魏歷經兩代三帝，二十五年，終被宇文氏的北周取代。

周武帝改革

宇文泰病死後，雖由宇文覺即位，但宇文泰之侄宇文護總攬朝政大權。宇文覺不滿宇文護專權，想除掉他，政變不成反被宇文護所殺。宇文護又擁立宇文泰的庶長子宇文毓即位，是為北周明帝。西元五六〇年，宇文護又毒死宇文毓，擁立其兄弟宇文邕即位為北周武帝。周武帝雄才大略，勵精圖治，從西元五六五年開始就下詔釋放奴隸。這一舉措提高了勞動的生產力，促進了北周社會經濟的發展。

宇文護執掌北周政權十五年，他承繼宇文泰、蘇綽的政策，消滅了威脅北周的武將，使北周的政權更加鞏固。西元五七二年，宇文護的威望大降，武帝乘機誅殺了宇文護。

周武帝是繼魏孝文帝之後的又一位改革家，他親政後，推行均田制，減免賦役，讓人民休養生息；組織百姓開河修渠，防止水患；招募漢人建立府兵；還下詔滅佛，讓僧人和道士還俗為均田戶。這一系列措施使北周逐漸強盛起來，為統一北方打下了基礎。

周武帝統一北方

消滅北齊是北周統一北方最重要的步驟。就在滅佛的第二年，周武帝任命討伐北齊的六路將領，又派出使者去約南朝陳宣帝進兵淮南，以牽制北齊的力量。

西元五七五年七月，周武帝親自帶領六路大軍，向北齊境內進發。西元五七六年十二月，齊後主高緯把帝位禪讓給了年幼的太子高恆。西元五七七年正月，齊幼主高恆即位不到一個月，周武帝即率大軍攻破晉陽，大舉進攻鄴城，燒毀了城西門，最終鄴城也被攻破，北齊王公大臣全部投降，延續二十多年的北齊王朝就此滅亡。

周武帝宇文邕消滅北齊，結束了全國長期分裂的局面，使中國北方重新統一。同時對促進北方民族的融合，推動社會歷史的發展，也卓有貢獻。

楊堅廢周稱帝

楊堅，漢族，鮮卑賜姓普六茹，小字那羅延，其父楊忠是西魏和北周的軍事貴族，北周武帝時官至柱國大將軍，封為隋國公，楊堅承襲父爵。

西元五七七年，北周武帝宇文邕滅掉北齊，統一了北方。後在北伐突厥的路上染上重病，於西元五七八年去世，其長子宇文贇即位，是為北周宣帝，其皇后為楊堅之女楊麗華。

宇文贇胸無大志，即位後暴虐荒淫，濫施刑罰，還在全國大選美女充實後宮。宣帝即位一年後，就將皇位禪讓給了七歲的兒子宇文闡，即北周靜帝，然後自封為天元皇帝並繼續執掌政權。

宣帝不理朝政，大臣常常見不到他，有事只能透過宦官上奏。他對大臣的猜忌逐日加深，大臣稍有違犯，重則誅殺，輕則鞭打。朝廷內外一片恐慌，統治階級的內部越來越矛盾。西元五八〇年，周宣帝因縱欲過度而病死，宇文闡正式臨朝執政，任其外公楊堅為大丞相，都督軍事，總攬朝政，並晉封隋王。

西元五八一年，楊堅廢掉周靜帝，奪取了帝位，改國號隋，改元開皇，宣布大赦天下，北周滅亡。

陳後主荒淫誤國

在北方政治上動亂的時候，南陳王朝獲得了一個暫時的安定局面，歷經四代皇帝，經濟漸漸恢復起來。西元五八三年，陳宣帝陳頊死後，南陳的末代皇帝陳後主即位。陳後主名陳叔寶，是個完全不懂國事，只知道吃喝享樂的人。他大興土木，修建豪華的樓閣，讓他的寵妃們住在裡面，日夜宴飲取樂，並為其寵妃張麗華作豔詞《玉樹後庭花》。

而在此時，北方的隋朝漸漸強大起來，決心南下滅掉南陳，陳後主卻一點都沒有防備。隋文帝楊堅聽從謀士的計策，每逢江南將要收割莊稼的季節，就在兩國邊界上集結人馬，揚言要進攻陳朝，使得南陳的百姓沒法收割。等南陳把人馬集中起來，準備抵抗隋兵時，隋兵又不進攻了。

這樣一連幾年，南陳的農業生產受了很大影響，守軍的士氣也日漸鬆懈下來。隋兵還經常派出小隊人馬襲擊陳軍糧倉，放火燒糧食。

西元五八八年，隋文帝派他的兒子晉王楊廣、丞相楊素擔任元帥，賀若弼、韓擒虎為大將，率領五十一萬大軍，分兵八路，渡江進攻陳朝。而陳後主恃長江天險，不以為意，照樣吃喝享樂。西元五八九年正月，賀若弼的人馬從廣陵渡江，攻克京口；韓擒虎的人馬從橫江渡江到彩石，兩路隋軍逼近建康。隋兵攻入建康後，陳後主與寵妃張麗華、孔貴人避入井中，後來被俘。

南朝最後一個朝代滅亡，從西元三一六年西晉滅亡起，經過二百七十多年的分裂局面，中國重新一統。

顏之推作《顏氏家訓》

顏之推，字介，梁朝建康人，原籍琅琊臨沂。出身於士族家庭，家傳有《周官》、《左氏》之學，早年受到良好的家庭教育。

他博學多才，很受重用，梁元帝蕭繹時，官至散騎侍郎。梁國滅亡以後投奔北齊，官至黃門侍郎。西元五七七年，北齊又被北周所滅，他被征為御史上士。西元五八一年，隋滅北周，他又被隋文帝召為學士。他因此嘆息自己「三為亡國之人」。

顏之推的傳世著作有《顏氏家訓》和《還冤志》等，其中《顏氏家訓》最早論述了早期教育和家庭教育的作用，頗受歷代推崇。

《顏氏家訓》成書於隋文帝滅陳國以後，隋煬帝即位之前。自成書以來，在中國漫長的封建社會裡，一直被作為家教範本，廣為流傳，歷久不衰。《顏氏家訓》是顏之推為了用儒家思想教育子孫，以保持自己家庭的傳統與地位而寫出的一部系統完整的家庭教育教科書。他結合自己的人生經歷、處世哲學告戒子孫。

《顏氏家訓》全書共二十篇，此書開後世「家訓」之先河，是中國歷史上第一部內容豐富、體系宏大的家訓，也是一部學術著作。

隋唐五代十國

大唐盛世的極度繁榮

西元五八一年，外戚楊堅廢掉年僅七歲的後周靜帝，自立為帝，改國號隋，之後隋文帝南征北戰，滅掉南方的後陳等政權，結束了自西晉末年以來持續了三百年的分裂割據狀態，統一全國，為隋唐盛世奠定了基礎。隋煬帝即位以後荒淫暴虐，橫徵暴斂，農民起義此起彼伏。唐國公李淵趁機起兵，奪取政權，統一天下，建立唐朝。

唐太宗李世民即位後，經濟發展，社會穩定，文化繁盛，四夷臣服，從此歷史進入了大唐盛世的空前繁榮時期。然而自安史之亂後，國力日益衰弱。唐朝後期政治日益黑暗，宦官專權，藩鎮割據，黃巢起義之後，唐朝已是名存實亡。西元九〇七年，節度使朱溫廢唐自立，建立後梁。同時南方的節度使紛紛割據自立，稱王稱帝。隋唐以來的統一局面再次被打破後，歷史進入了紛亂割據的五代十國時期。

隋朝

楊堅建立隋朝

北周末年，楊堅繼承了其父楊忠的爵位，稱隋國公。西元五七八年，周武帝宇文邕病死後，太子宇文贇即位為北周宣帝，身為宣帝皇后楊麗華之父，楊堅升任上柱國、大司馬，掌握了朝政大權。周宣帝即位後，沉湎酒色，昏庸荒淫，在群臣中沒有威信。

於是，楊堅便開始暗暗地積蓄實力，準備取而代之。西元五七九年，周宣帝身患重病，禪位於年僅七歲的兒子宇文闡，是為周靜帝，楊堅做了輔政大臣，遂以左大丞相、都督內外軍事的名義把持朝政。之後，楊堅消除了宗室勢力，又平定了地方勢力的武裝叛亂，為自己的稱帝之路掃清了障礙。

西元五八一年，楊堅廢掉外孫周靜帝，自立為皇帝，建國號隋，改元開皇，定都長安，並宣布大赦天下。楊堅就是隋文帝，他即位後採取了一系列大刀闊斧的改革，整頓吏治，廢除酷刑，輕徭薄賦，使新生的隋朝日益壯大起來。

隋朝統一南北

隋文帝代周稱帝後，便開始了統一全國的軍事部署。經過數年的治理後，隋朝國力日漸強盛。西元五八三年，隋出兵反擊突厥，屢次獲勝，沙鉢略可汗於是向隋朝請求和親，暫時停止了戰爭。西元五八五年，隋文帝又滅掉了建都於江陵的後梁。

陳朝傳至後主陳叔寶，政治日益腐敗，庫空民窮，戒備懈怠。西元五八七年，隋文帝採納大臣滅陳之計，多方誤敵、疲敵，迷惑、麻痺陳軍，一方面下詔揭露陳後主罪行，爭取陳國民心，一方面加緊趕造戰船，作好伐陳的準備。西元五八八年，隋文帝以晉王楊廣為行軍元帥，分兵八路南下攻陳。西元五八九年，先鋒韓擒虎、賀若弼分別從采石、廣陵渡江，直取建康，陳軍崩潰。楊廣入建康後，令陳後主下詔書投降，其餘各地紛紛歸附隋朝。

隋文帝出兵不到四個月，便實現了南北統一。西元六〇二年，隋軍再次大破突厥，並奪回了河套地區，把邊界擴展到陰山以北。至此，自東晉以來長達二百七十餘年的分裂局面歸於一統，為隋唐時期的空前強盛奠定了基礎。

實行保閭制度

隋文帝即位之初，為了加強政府對百姓戶口的制度，進而推行均田制和攤派賦稅、擴大稅源，制定了保閭制度。保閭制度規定，縣以下五家為一保，設立保長；五保為一閭，設立閭正；四閭為一族，設立族正。透過層層分級，對戶口進行檢查。

西元五八五年，楊堅又下令整頓戶籍，要求各州縣按照戶籍上的資料逐戶核對，對謊報以逃避課役的情況，一經查出，其保長、閭正、族正等都要受到處罰。對於不實的戶籍情況，朝廷鼓勵民間互相檢舉。同時規定自堂兄以下都必須分居，另立戶籍。這些措施完善了封建的戶籍制度，加強了中央對地方的控制，也使國家的賦稅大大增加。

創立科舉制度

魏晉以來，門閥世族把持朝政，門第成為選聘官吏的唯一標準，寒門庶族的人無緣升任高位。而自南北朝開始，庶族地主的勢力不斷增強，寒門庶族之士憑藉才幹和財力登上了政治舞臺，掌握了國家權力中樞，南朝的皇帝也幾乎都是出身寒門。在這樣的情況下，門閥制度逐漸衰落，許多世族大家都在激烈的門爭中失去了原有的地位。

隋文帝即位後，為了加強中央集權，籠絡廣大的庶族地主階級，正式廢除了按門第高低選官的九品中正制，將選官權力收歸中央，創立了新的選官制度。鼓勵各級官吏推薦人才，規定各州每年以文章華美為標準選拔三人，推薦給朝廷，並下詔「見善必進，有才必舉」後又命令京官五品以上、地方官總管、刺史等以「志行修謹」（才）、「清平干濟」（德）二科舉薦人才。

隋煬帝楊廣即位後，又創置了進士科，規定國家用考試的方法以才取人，考取的就可以到中央或地方政府中做官，科舉取士的制度正式建立。

科舉制度的實行是古代選官制度的重大改革，在當時它有利於選拔人才，提高行政效率，同時擴大了封建統治的階級基礎，鞏固了中央集權的政治制度。科舉制度一直為以後的封建朝代所沿用，並不斷加以發展和完善，成為封建國家選官的基本制度。

隋文帝頒布《開皇律》

隋朝建立後，隋文帝為了緩和社會矛盾，針對以前刑罰苛刻的弊端，在刑法上進行了改革。開皇元年（西元五八一年），隋文帝就命令高熲等人參考北魏、北齊的刑律，以「以輕代重，化死為生」的原則制定了新的刑律。開皇三年（西元五八三年），隋文帝又命蘇威、牛弘等人修改新律，刪除了苛酷的條文，製成了《開皇律》並頒布實施。

《開皇律》廢除了原來的宮刑、車裂（五馬分屍）、梟首（砍下頭懸掛在旗杆上示眾）等殘酷刑罰，並規定一概不用滅族刑；減去死罪八十一條，流罪一百五十四條，徒、杖等罪千餘條；將刑罰分為死刑、流刑、徒刑、杖刑、笞刑五種，即封建五刑制。

新的刑律對犯人的處置採取審慎態度，有效地防止了冤案的發生。

《開皇律》還設置了十條「重罪」，即謀反、謀大逆、謀叛、惡逆、不道、大不敬、不孝、不睦、不義、內亂，觸犯者從嚴懲治，不予赦免。這就是成語「十惡不赦」的出處，而且規定，貴族官僚犯法，只要不是「十惡」，可減一等治罪或者用銅贖罪。隋文帝的改革使法律減輕了殘酷和野蠻性，在法制上具有劃時代的意義。

大索貌閱

隋朝初年，社會剛剛歸於安定，為了鼓勵和發展農業生產，隋文帝繼續實行北魏開始的均田制，並頒行輕徭薄賦的賦稅政策。同時，隋文帝下令，男女十八歲至六十歲為丁，十七歲以下為中，六十歲以上為老，根據年齡來確定納稅的數額。「丁」即成年男女，所納稅額最高。因此農民隱漏戶口、謊報年齡的現象極為嚴重，直接影響到國家的賦稅收入和對勞動力的控制。

於是，為了查實應納稅額和負擔徭役的實際人口，西元五八三年，隋文帝下令州縣官吏大規模地清查戶口，即「大索貌閱」。具體方法是「閱其貌以驗老小之實」，即地方官按戶籍上登記的年齡和本人體貌核對，檢查是否謊報年齡，以查出那些逃避賦稅的丁男丁女。如發現核查戶口不實，負責此項事務的三長就要被發配邊疆。

此外，還讓民眾互相檢舉揭發，並讓被檢舉的人代告發者繳賦役，從而使隱漏之人無處躲藏。為進一步加強戶籍管理，還規定堂兄弟同居一家的大家庭進行分戶，以建立容易檢查的小家庭。透過檢查，清理出了大量隱漏的丁，為政府增加了稅收收入。

頒行輸籍之法

在實行「大索貌閱」的同時，西元五八五年，隋文帝採納了宰相高熲設計的「輸籍法」，開始在全國推行貫徹。

「輸籍法」的具體方法是：由中央政府確定劃分戶等的標準，叫做「輸籍定樣」，隨後頒布到各級地方政府。其關鍵是，人民按照戶等高下的不同，承擔不同的賦稅量，即每家根據資財的不同確定繳納租稅的標準。並規定在每年的正月初五，由縣令親自出查，督查百姓。根據居住地點的遠近，由五黨或三黨（一黨為一百家）組成一團，按照「定樣」，重新確定戶等高下及應納賦稅數額，並寫成「定簿」。

「輸籍法」頒行後，既增加了國家的賦稅收入，也防止了地方官僚在收稅時營私舞弊。「輸籍法」在某種意義上減輕了人民的負擔，將許多豪強的依附民改造為了國家的編民，許多隱匿的戶口和出逃在外的人口紛紛返回了家園。

「大索貌閱」和「輸籍法」的實施，為隋朝的經濟繁榮作出了重要貢獻。

始創三省六部制

隋朝建立初期，隋文帝為了治理百廢待興、百亂待治的局面，對政治制度進行了一系列的重大改革，包括精簡機構、整頓吏治、對官員實行嚴格的獎懲制度等，而其中非常重要的一項就是確立三省六部制，即：在中央設置尚書、門下、內史三省，三省長官共議國政，行使宰相職能，輔助皇帝處理全國事務。

內史省是決策機構，負責起草並宣行皇帝的制詔，長官叫內史令；門下省是審議機構，負責審查內史省起草的制詔和尚書省擬制的奏抄，長官叫納言；尚書省是執行機構，處理全國行政事務，是國家最高行政機關，長官叫尚書令，副長官叫左、右僕射。尚書省下設史、禮、兵、都官（西元五八三年改為刑）、度支（西元五八三年改為民）、工六部，各部長官為尚書，副長官為侍郎。

三省六部制將宰相之職一分為三，避免了權臣專權，並且三省之間互相牽制，實際上加強了專制主義中央集權。三省六部制的實施，開創了封建社會政治體制的新階段。

仁壽宮之變

楊廣，隋文帝次子，西元五八一年封為晉王。西元五八六年，任淮南道行台尚書令。西元五八八年，因帶兵滅陳有功，封為太尉。楊廣野心勃勃，為了謀取太子之位，偽裝清淡寡欲，謙恭好學，以討父母歡心。同時，他費盡心思陷害太子楊勇，多次在隋文帝面前誹謗誣陷楊勇，終於引起了隋文帝對太子的猜忌。西元六〇〇年十月，隋文帝發布詔書，改立楊廣為太子，將楊勇廢為庶人。

西元六〇四年夏天，隋文帝在仁壽宮避暑時病危，宰相楊素等親信大臣紛紛被召到身邊，準備隨時託付後事。早想取代隋文帝的楊廣，急忙寫信向楊素打探情況，並討教應對措施，不料，楊素的回信被宮人交給了隋文帝，隋文帝看後大怒。很快，楊廣授意親信張衡「伺候」隋文帝。不久，隋文帝駕崩的消息傳出。當天，楊廣派楊約趕回京城，並假傳聖旨，將楊勇賜死。幾天後，楊廣登上了皇帝寶座，是為隋煬帝。

李春建造趙州橋

隋朝統一全國後，結束了長期以來南北分裂、兵戈相見的局面，促進了社會經濟的發展。當時的河北趙縣是南北交通必經之路，交通十分繁忙。可是這條交通要道卻被城外的河所阻斷，影響了人們的來往，一到洪水氾濫的季節，甚至不能通行。

西元六〇五年，李春受命在河上建設一座大型石橋，以結束長期以來交通不便的狀況。李春率領其他工匠一起來到這裡，認真總結了前人的建橋經驗，結合實際情況提出了獨具匠心的設計方案，於幾年後出色地完成了任務。

趙州橋又名安濟橋，長五十公尺，寬九公尺，橋面分為三道，中道行車，兩邊行人，其最大的科學貢獻就是「敞肩拱」的創舉。在大拱的兩肩分別有兩個小拱，既有利於節省石料，增大水流量，減輕橋身的重量，又增強了橋身的穩定性。加之高超的施工技巧，使得趙州橋在漫長的歷史中，經受住了多次洪水衝擊，八次大地震搖撼，以及人群和車輛的重壓，至今仍挺立在河之上。

趙州橋在中外橋樑史上令人矚目，是當今世界上現存最早、保存最完善的古代敞肩石拱橋，充分顯示了古代工匠在橋樑建造方面的豐富經驗和高度智慧。

修建京杭大運河

隋朝建立後，隋文帝興修水利，開鑿溝渠，經濟不斷恢復，各地的經濟交流日益頻繁。東晉以來，長江流域獲得了充足的開發，經濟中心逐漸南移，而隋朝的政治和軍事中心在北方，因此，為了解決南方物資向北方運輸的問題，同時也為了加強對南方的控制，隋朝從隋文帝時就開始修建大運河。隋煬帝繼位後，為了滿足自己遊樂江南的需要，於西元六〇五年下令開鑿一條貫通南北的大運河，於西元六一〇年完工，即京杭大運河。

京杭大運河以洛陽為中心，北起涿郡（今北京），南到餘杭（今浙江杭州），途經今天的河北、河南、山東、江蘇、浙江、安徽等省，全長二千多公里，分為通濟渠、邗溝、永濟渠、江南河四段，連接了黃河、長江、海河、淮河、錢塘江五大水系。

京杭大運河的長度、河道水深、寬度、通航能力在當時首屈一指，是世界上最雄偉的工程之一。大運河的修建，對加強國家的統一，促進南北經濟文化的交流，作出了重要的貢獻。

然而，開鑿運河的艱巨工程對百姓卻不啻一場災難，隋煬帝強徵幾百萬民工修築運河，嚴重破壞了生產，大批民工的慘死，刺激了階級矛盾。

隋煬帝開發西域

隋煬帝雖然不是一個明君，但他在位期間也做了幾件大事，開鑿京杭大運河、創立科舉考試和開發西域都是頗有開創性的事情。

西元六〇五年，隋煬帝派將領韋雲起擊敗了侵擾北方的契丹族，之後為了暢通絲綢之路，開始了大規模地開發經營西域。西元六〇八年，隋煬帝派軍滅掉了吐谷渾，開拓了西域地區的數千里疆域，東起青海湖東岸，西至塔里木盆地，北起庫魯克塔格山脈，南至崑崙山脈，將疆域擴展到了前所未有的地區。

隋煬帝在那裡設置郡縣進行管理，並命裴矩考察西域諸國，在武威和張掖設置驛館，接待西域商人和外國使節。西元六〇九年，隋煬帝親率大軍，從長安浩浩蕩蕩地出發，歷盡跋涉之苦，來到河西走廊的張掖巡視。隋煬帝到達張掖之後，西域二十七國的君主和使臣紛紛前來朝見，表示臣服，各國商人也都雲集張掖進行貿易。

隋煬帝的這次西巡歷時半年，又在西域設置了西海、河源、鄯善、且末四郡，進一步擴大了隋朝的行政區域。西元六一〇年，隋煬帝還在洛陽大演百戲，讓西域商人和使者免費食宿，以吸引他們前來朝賀。無疑，隋文帝對他們廣施恩惠，只是借貿易之名來炫耀自己的文治武功，結果使國家耗費了巨額錢財，百姓們也因此負擔沉重。

三征高麗

隋煬帝以高麗王不尊臣禮為由，從西元六一一年開始三次發兵攻打高麗。西元六一一年，隋煬帝自江都（今江蘇揚州）乘龍舟到達涿郡，下令全國的士兵第二年到涿郡集合征討高麗。

次年正月，隋煬帝御駕親征，率領一百多萬大軍向高麗進軍。兵分兩路的隋軍分別中了敵人的緩兵之計和誘敵深入之計，隋煬帝親率的大軍被困於堅城之下，另一路則被打得潰不成軍，隋煬帝只好下令撤軍。

隋煬帝的第一次出征以慘敗告終，隋軍損失三十餘萬人。西元六一三年，隋煬帝再次親征高麗。此次隋軍包圍遼陽城，晝夜不停地猛攻了二十餘日，遼陽岌岌可危，但此時後方負責督運糧草的楊玄感發動叛亂，隋煬帝不得不撤兵回國平亂，第二次出征無果而終，還損失了大量戰略物資。

西元六一四年，隋煬帝第三次出征。隋軍在卑沙城（今遼寧金縣東大黑山）大敗高麗軍，高麗隨即向隋煬帝稱臣請和，並且交出了逃到高麗的隋叛將斛斯政。隋煬帝見已挽回兩敗之辱，遂班師還朝。

隋煬帝為了攻打高麗，調兵徵糧，舉國就役，使隋王朝的國力損失巨大，日漸轉向衰落。連年戰爭，加上苛刻的賦役和水旱災害，給人民帶來深重的災難，終於激起了人民的反抗，各地起義不斷，大隋王朝已經到了山雨欲來的危險局面。

隋煬帝殘暴亡國

隋煬帝繼位後好大喜功，濫用嚴刑酷罰，賦稅勞役沉重，同時生活奢靡，極盡享樂之能事，濫用民力，使百姓痛苦不堪。

隋煬帝在即位之初即下令營建東都洛陽，修建豪華宮殿；徵調百萬民工大修運河，廣建行宮；大運河修建後他多次到南方巡遊享樂，使沿途百姓受盡迎送之苦；此外還三征高麗，勞民傷財，使國力損失殆盡。

在政治上，隋煬帝採取排除異己、培養心腹的用人政策，對於先帝的舊臣和擁護廢太子楊勇的諸臣加以排斥、屠殺，大量重用其滅陳時投於其麾下的人。開國功臣高熲、光祿大夫賀若弼以及在仁壽宮親手害死隋文帝的張衡，先後被隋煬帝所殺，而對他唯命是從、逢迎拍馬的人都成了他的心腹大臣。這些人不但不能輔佐隋煬帝，幫助他治理好國家，反而還助紂為虐，增加了隋煬帝的暴行。

隋煬帝的殘暴統治，終於使人民忍無可忍，揭竿而起，剛剛建立不久的隋朝，最終落到國破人亡的悲慘下場。

瓦崗起義

從西元六一一年開始，隋煬帝接連發動了三次攻打高麗的戰爭，每次徵兵都是三、四百萬人，還要徵調大量的民工修造戰船。

農民的賦稅、兵役十分沉重，農民餓死累死的情況十分嚴重，餓殍遍野，民怨沸騰。西元六一一年，山東鄒平人王薄在章丘附近的長白山起義，揭開了隋末農民起義的序幕，之後南北各地的農民紛紛揭竿而起，反對隋朝，到西元六一四年，農民叛亂隊伍竟然達到了一百三十多支。

西元六一一年，翟讓在瓦崗寨（今河南滑縣南）起義，舉兵反隋。隊伍很快發展到了一萬多人，多次擊敗隋軍的圍剿。

西元六一六年，李密投奔翟讓後向翟讓建議推翻隋朝。翟讓採納李密的建議，攻占隋朝重要軍事據點滎陽（今河南鄭州西），並把隋煬帝派來鎮壓的兩萬大軍全部殲滅，名聲大振，隊伍也迅速發展到了幾十萬人。

翟讓等推舉李密為主，號稱魏公。此後，瓦崗軍節節勝利，直逼東都洛陽。與此同時，瓦崗軍內部發生分裂，翟讓與李密的矛盾公開轉為強烈，之後李密以賜宴為名，殺害了翟讓等重要的農民將領。此舉導致瓦崗軍將卒離心，大大削弱了起義軍的力量。

西元六一八年六月，在高官厚祿的誘惑下，李密率軍投降了在洛陽繼帝位的隋皇泰主楊侗，使瓦崗軍喪失了反隋的鬥志。最終，李密被發動宮廷政變的王世充打敗，只得率部投靠李淵，不久，因反唐而被殺。

宇文化及造反

西元六一六年，隨著農民叛亂的日益升高，各地的割據軍閥勢力為了維護自己的利益也紛紛起兵，隋軍的主力紛紛瓦解，隋煬帝異常恐慌，於是逃亡江都，試圖尋找機會挽救危局。西元六一七年，李淵父子攻克長安，李密包圍了東都洛陽。

隋煬帝不敢再回北方，於是打算逃往江南，準備遷都建康，割據江東。隋煬帝的禁衛軍將士都是關中人，現在見隋煬帝不僅久居南方，而且還要南遷，更加思歸心切，紛紛密謀叛逃。西元六一八年三月三日，將領司馬德勘、裴虔通、元禮等人推舉宇文化及為首，發動江都政變，縊殺了隋煬帝，

立隋煬帝之侄楊浩為帝，宇文化及自稱大丞相，掌握了朝政大權之後宇文化及率兵十萬返回長安，在鞏縣為李密帶領的瓦崗軍擊敗，率殘部兩萬人逃入魏縣（今河北省大名縣南）。

宇文化及感慨道：「人生故當死，豈不一日為帝乎！」遂於西元六一八年九月殺死了傀儡皇帝楊浩，自立為帝，國號為許，改元天壽。

西元六一九年，竇建德以為隋煬帝報仇之名擒獲宇文化及，並將他和兩個兒子一同處斬，宇文化及所建政權即告滅亡。

楊政道建立後隋

宇文化及被竇建德殺死後，隋煬帝的皇后蕭氏及孫子楊政道落入竇建德手中。西元六二〇年，竇建德派兵護送蕭皇后及楊政道去東突厥汗國避難，東突厥處羅可汗派人迎接，立楊政道為隋王，並把留在東突厥境內的中原人交給楊政道管治。

楊政道建立「大隋」，史稱後隋，「有眾萬人，置百官，皆依隋制，居於定襄。」西元六三〇年，唐朝出兵滅掉東突厥汗國，另外分兵攻破定襄，後隋滅亡。

楊政道和蕭皇后返回唐朝，唐太宗封楊政道為員外散騎侍郎，後病逝。

唐朝

李淵建立唐朝

李淵，字叔德，隴西成紀人，世襲唐國公。

李淵和隋煬帝是姨表兄弟，頗受器重，先後做過譙州、隴州、岐州刺史，又為滎陽、樓煩郡守。西元六一五年，李淵被調往太原擔任留守，在此他基本解決了塞北突厥的威脅，又打敗了多支反隋軍隊，並透過吸納敗兵不斷壯大力量。

隋朝末年，農民起義遍布全國，李淵深曉隋煬帝猜忌嗜殺，政局動亂，難於自保，因此於西元六一七年與次子李世民趁機起兵反隋。

李淵起兵後，一面遣劉文靜出使突厥，請求始畢可汗派兵馬相助，一面召募軍隊，並於七月率師南下。此時瓦崗軍在李密領導下與困守洛陽的王世充激戰正酣，李淵乘隙進取關中，於十一月攻占長安。

李淵入長安後，立隋煬帝之孫代王楊侑為傀儡皇帝（恭帝），改元義寧，遙尊隋煬帝為太上皇；又以楊侑名義自加為大都督、尚書令、大丞相，進封唐王，掌握實權。

西元六一八年，隋煬帝在江都被大臣宇文化及殺死，隋朝滅亡。同年五月，李淵廢楊侑自立，改國號唐，改元武德，定都長安，李淵便是唐高祖。之後封長子李建成為太子，次子李世民為秦王，四子李元吉為齊王。

唐朝統一全國

唐朝建立時，各派政治力量還在繼續角逐。李淵以關中為根據地，著手進行統一全國的戰爭。當時，威脅唐政權的是隴右的薛舉、河西的李軌和河東的劉武周，李淵先集中力量剷除了這三大敵人，然後大規模地向中原和江南地區進攻。

瓦崗軍被王世充打敗後，李密率殘部降唐。此時，隋鄭國公王世充的勢力不斷壯大，於西元六一九年廢掉隋皇泰主楊侗，自立為帝，建元開明，國號鄭。

而農民起義領袖竇建德大敗隋將薛世雄，攻克河間之後，於西元六一八年定都樂壽，國號大夏。之後又於西元六一九年在山東聊城打敗宇文化及，占有了黃河以北的大部分地區。這樣，王世充和竇建德就成為和唐朝對峙的兩大勢力。西元六二〇年七月，李世民率唐軍進攻洛陽，王世充不支，便向竇建德求援。西元六二一年二月，竇建德率軍援助王世充。

李世民與竇建德對峙於虎牢（今河南滎陽汜水鎮）。五月，竇建德兵敗被俘，七天後王世充投降。西元六二三年，唐朝又消滅了竇建德部將劉黑闥的起義軍，統一了河南、河北、山東各地。

西元六二一年，李淵命李孝恭、李靖率軍擊破兩湖地區的蕭銑，嶺南各地的勢力紛紛歸附。江淮地區的杜伏威，早在西元六一九年便表示歸降，受封吳王，其部將輔公於六二三年起兵反唐，第二年被鎮壓，江南平定。西元六二八年，唐太宗乘突厥衰亂，派兵攻滅了割據朔方的梁師都。至此，唐朝重新統一了全國。

修訂《唐律》

武德三年（西元六二〇年），唐高祖李淵命裴寂等人參照《開皇律》撰定律令，於武德七年（西元六二四年）奏上，是為《武德律》，這是唐代首部法典。

唐太宗李世民即位後，鑒於《武德律》不能完全符合當時的需要，於貞觀元年（西元六二七年）命長孫無忌、房玄齡等人在《武德律》基礎上，參照《開皇律》制定新的法典，至貞觀十一年（西元六三七年）始告完成，稱為《貞觀律》。《貞觀律》基本上確定了唐律的主要內容和風格，對後來的唐律有很深的影響。

唐高宗永徽二年（西元六五一年），長孫無忌等人在《貞觀律》基礎上進行修訂，修成了《永徽律》十二卷。鑒於當時中央、地方在審判中對法律條文理解不一，每年科舉考試中明法科考試也無統一的權威標準，唐高宗在永徽三年（西元六五二年）召集律學通才和一些重要臣僚對《永徽律》進行逐條逐句的解釋，歷時一年，編成《律疏》三十卷，與《永徽律》合編在一起，稱為《永徽律疏》（即《唐律疏議》）。其完成代表著中國古代立法達到了最高水準。

《唐律》保持了隋律中的死、流、徒、杖、笞五種刑罰和「十惡」之條，同時減少了死刑，刑罰上改重為輕者居多，但是對謀反、大逆等罪行都要處以死刑，而且牽連到家屬。

鑄造開元通寶

唐高祖李淵進入長安後，幣制仍沿用漢武帝鑄造的五銖錢，但由於五銖錢輕小淆雜，流通不便，且隨著社會秩序逐漸穩定，經濟開始轉入正軌，五銖錢顯然已經不能適應當時經濟發展的需要。

西元六二一年，唐高祖為整治混亂的幣制，廢除五銖錢，鑄造開元通寶。開元通寶仍沿用秦朝的圓形方孔錢，採用兩錢制，即一兩等於十錢（又叫一文），一錢等於十分，一分等於十厘，一枚開元通寶重一錢。

開元通寶除了銅錢外，還有金幣和銀幣，但是金幣和銀幣不用於流通，而是用於宮廷貴族把玩賞賜。開元通寶的鑄造，結束了五銖錢七百餘年的流通史。

從此，混亂的幣制正式脫離了以重量為名的銖兩體系，而發展為通寶幣制，成為唐以後歷朝的鑄幣標準，沿襲了一千多年，在錢幣發展史上具有劃時代的意義。

實施均田、租庸調制

唐朝建立初期，為了恢復生產，發展經濟，採取了一系列恢復農業生產的措施。唐代繼續實行前朝的均田制和租庸調制，西元六二四年，李淵頒布了均田令和租庸調法。

唐代均田制取消了奴婢、部曲受田，增加了僧、尼、道士和工商業者受田；為了避免「籍多無妻」以逃避賦稅的現象，規定除寡妻妾外，普通婦女不得受田；貴族、官僚和有功勳者的受田數額大大提高，高達一百頃，而且在一定條件下可以買賣。

租庸調制是在均田制基礎上實行的向授田課丁（人丁）徵派的田租、力庸和戶調三種賦役的合稱。具體規定有：每丁每年繳納「租」粟二石；「調」隨鄉土所產，每年繳納絹二丈、綿三兩或布二丈五尺、麻三斤；每丁每年必須服徭役二十日，有閏月加兩日；如果不服徭役則可以納絹或布替代，每天折合絹三尺或布三尺七寸五分，叫作「庸」。此外，若國家有事須增加服役者，加役十五天者免調，加役三十天則租調全免，每年的額外加役不得超過三十天。

租庸調法還規定了依照災情輕重，減收或免收租庸調的具體辦法。納絹代役的方法，保證了農民的生產時間，客觀上有利於農業生產。唐中期以後，土地兼併嚴重，均田制遭到破壞，租庸調制無法維持，之後被兩稅法取代。

玄武門之變

李淵有四個兒子，分別是李建成、李世民、李元霸（十六歲夭折）和李元吉。在李淵建唐及統一全國的過程中，李世民功勳最為卓著，但因為他不是嫡長子，所以，唐高祖即位後，便按照傳統慣例立李建成為皇太子，而封李世民為秦王。

西元六二一年，唐高祖特任命李世民為天策上將，此時，李世民在朝廷中的地位僅次於皇帝李淵和皇太子李建成，這就直接威脅到了李建成的地位。

李建成為了確保能順利繼承皇位，就聯合李元吉，採取串通後宮妃嬪、收買李世民的部下等策略來強化自己的勢力，藉以打壓、削弱李世民，甚至召李世民飲酒時在其酒中下毒。西元六二六年，李建成、李元吉借突厥進犯之機，密謀將秦王府的精兵驍將調往前線，以解除李世民的兵權，同時策劃於昆明池設宴，誘殺李世民。李世民得知後，與長孫無忌、尉遲恭、房玄齡等人密商，決定先發制人。

西元六二六年六月四日，李世民率尉遲恭等人埋伏在玄武門附近，李建成和李元吉上朝時經過臨湖殿，發現異常。此時，李世民的伏兵殺出，殺死了李建成和李元吉，然後聲稱「秦王以太子、齊王作亂，舉兵誅之」，並派親信「宿衛」高祖，史稱「玄武門之變」。三天後，高祖立李世民為皇太子。兩個月後，高祖傳位於太子李世民，自稱太上皇。李世民即位，改元貞觀，是為唐太宗。

貞觀之治

貞觀年間（西元六二七年—西元六四九年），唐太宗居安思危，勵精圖治，在君臣的共同努力之下，出現了一個政治清明、經濟發展、社會安定、人民富裕安康的治世，史稱「貞觀之治」。

唐太宗親眼目睹大隋的興亡，所以他即位後，常用隋煬帝作為前車之鑑，來警誡自己及臣下。他把人民和君主的關係比做水與舟，體認到「水能載舟，亦能覆舟」，從而總結出一條重要的統治經驗：「為君之道，必須先存百姓。」因此他在位期間選賢任能，從諫如流，唯才是舉，不計出身，不問恩怨。魏徵曾當過道士，原是太子李建成的舊臣，曾議請謀殺太宗，而尉遲恭做過鐵匠，又是降將，但都受到重用。

唐太宗在經濟上特別關注農業生產，繼續實行均田制與租庸調制，「去奢省費，輕徭薄賦」，使人民衣食有餘，安居樂業。在文化方面大力獎勵學術，組織文士大修諸經正義和史籍，在長安設國子監，鼓勵四方君長遣子弟來留學。此外，唐太宗又屢次對外用兵，經略四方，平東突厥，定薛延陀，征高句麗，聯姻吐蕃、高昌，使唐朝的國威遠播四方。

唐太宗被西北諸國尊為「天可汗」，成為當時東方世界的盟主。

雕版印刷術的出現

中國早在隋唐時期就出現了雕版印刷術。這段時期，政府大力提倡佛教，重視道教，尊重儒學，因此廣泛搜集歷代典籍，此外科舉制度的確立使得讀書人大大增加。顯然，手工抄寫書籍已無法滿足需求，從而激發了雕版印刷術的發明。

西元八六八年，王玠為二親敬造普施的《金剛經》是現存最早的標有年代的雕版印刷品，現藏於英國倫敦博物館，其刀法純熟，墨色勻稱，字體鮮明，說明當時的雕版印刷技術已十分發達。

雕版印刷首先要刻製印板：把字寫在薄而透明的綿紙上，字面朝下貼在板上，然後用刻刀把反體的墨蹟刻成凸起的陽文，再將其餘空白部分剔除，洗去木屑印板就做好了。印刷時，在印板上均勻加墨，再把紙張覆蓋在板上，用刷子輕輕刷紙，文字就轉印到紙上並成為正字了，最後將紙揭下來後陰乾，整個印刷過程就完成了。

一塊印板可連印萬次，熟練的印工一天可印兩千張，大大提高了文化傳播的效率。但是雕版印刷術印一種書就得雕一次木板，費時費力，而且印完書以後若不再重印，雕版就沒有用了。於是雕版印刷術經歷了唐朝五代十國的發展之後，經宋朝人畢昇加以改良完善，產生了我們熟知的活字印刷術。

魏徵直諫

魏徵（西元五八〇年—西元六四三年），字玄成，河北鉅鹿人。家境貧寒，但喜愛讀書，早年曾出家當過道士。後來曾侍奉太子李建成，並多次勸李建成早日除掉威脅到太子之位的李世民。玄武門之變以後，李世民即位為唐太宗，由於器重魏徵的膽識才能，非但沒有怪罪於他，而且還把他任為諫官。唐太宗在政治上比較開明，他任人唯賢，廣開言路，鼓勵臣下直諫。

魏徵喜逢明主，因此竭誠輔佐，知無不言，言無不盡，加之魏徵性格耿直，往往據理抗爭，從不委曲求全。

由於長期生活在社會底層，還參加過農民起義，所以魏徵對隋王朝的滅亡以及如何治理新興的唐王朝等問題都有精闢獨到的見解，凡提意見或建議，必中要害，因此深得唐太宗器重，經常召其入宮，詢問政事得失。

唐太宗在位期間，魏徵前後諫事二百餘件，直陳其過，太宗多虛心接納，擇善而從。魏徵死後，唐太宗傷心地說：「夫以銅為鏡，可以正衣冠；以古為鏡，可以知興替；以人為鏡，可以明得失。魏徵逝，朕亡一鏡矣。」

松贊干布統一吐蕃

吐蕃是一個古老的民族，最早源於漢代羌族，很早的時候就開拓了青藏高原地區。到六、七世紀時，吐蕃的農業、畜牧業和手工業得到了很大的發展，逐漸強大起來。

吐蕃的國王稱「贊普」，松贊干布的父親是一位很有作為的贊普，生前曾想統一吐蕃各部。父親去世後，年僅十三歲的松贊干布即位，他很快平息了各地的叛亂，統一了青藏高原各部，於西元六三二年定都邏些（今拉薩），建立了吐蕃奴隸制政權。

松贊干布又先後降服了周圍的蘇毗、多彌、白蘭、黨項等部，勢力日益強盛。此後，松贊干布開始加強政權建設，設立新的官制，任用賢臣，建立了權力高度集中的政治和軍事機構；又制定法律和稅制，頒布曆法，統一度量衡，創立本民族的文字——藏文。此外，他還非常致力發展經濟，鼓勵農牧業生產，推廣先進生產技術，使吐蕃迅速發展起來，成為青藏高原上的霸主。

文成公主和親

七世紀時，吐蕃的首領松贊干布統一了青藏高原的眾多部落，以邏些（今拉薩）為首府，建立了奴隸主政權。松贊干布非常仰慕唐朝的強大和繁榮，多次派遣使者向唐王朝求婚。

當時，唐朝擁有世界最先進的經濟文化，唐太宗崇尚「一樁婚姻就相當於十兵」。文成公主知書達理，樸素大方，主動自薦與吐蕃和親。西元六四一年，唐太宗把文成公主許嫁給松贊干布，松贊干布親自到柏海迎接，並為文成公主建築了唐式宮室。

文成公主入藏時，帶去了許多蔬菜種子、手工藝品、藥物、詩文經史以及其他自然科學方面的書籍。此後松贊干布不斷派遣貴族子弟到長安學習，唐朝又派遣釀酒、造紙墨、養蠶等方面的工匠入藏傳授技藝，漢藏人民之間的交流日益增多。

文成公主在吐蕃生活了近四十年，一直備受尊崇。文成公主入藏和親，促進了藏族經濟和文化的發展，也加強了漢藏人民之間的友誼，為民族的交往和融合作出了很大貢獻。

設立安西、北庭都護府

西元六四〇年，唐朝攻破高昌後，為了加強對西突厥地區的管理，唐太宗在高昌設立安西都護府。

安西都護府是唐朝設在西域的最高軍政機構，其最高行政長官為安西都護。西元六五八年，安西都護府升為大都護府，管理天山以南直到蔥嶺以西，阿姆河流域的遼闊地區。為了管理天山以北的西突厥故地，唐高宗在位時又設置金山都護府，管轄天山以北、巴爾喀什湖以南、金山以西、兩河流域以東的廣大地區，隸屬於安西都護府。

西元七〇二年，武則天滅掉西突厥之後，於庭州設置北庭都護府，取代金山都護府，管理西突厥故地，仍隸屬於安西都護府。西元七一一年，北庭都護府升為大都護府，管理天山以北包括阿爾泰山和巴爾喀什湖以西的廣大地區，與安西都護府分治天山南北。

這兩個都護府的設置，對於唐朝管理西域地區，行使政治權力有重要的作用，有利於鞏固國家的統一，發展西域和中原地域的經濟文化交流。

玄奘西天取經

玄奘（西元六〇二年——西元六六四年），本姓陳，名禕，洛州緱氏人（今河南偃師縣），隋朝末年出家當和尚。他天資聰穎，學習用功，精讀了許多佛教典籍，但在學習中，他發現有許多疑點一時解決不了，因此決心到佛教的發源地印度拜訪取經，獲取新的知識。

西元六二九年，玄奘自長安出發，隻身西行，穿越西域大小百餘個國家，歷時四年而到達印度。玄奘到印度後跟隨著名的戒賢法師學習，並成為著名的佛教學者。他又周遊印度各地，遍訪名山大寺，與各地僧侶交流。玄奘還在印度多次主持講學和辯論會，以其淵博精深的學識震驚異邦。

在印度潛心學佛十幾年後，西元六四三年，玄奘攜帶精心搜集的六百五十七部經書動身返國，於西元六四五年回到長安。唐太宗在洛陽接見了他，希望他還俗做官，玄奘拒絕了。之後他在長安深居簡出，全心投入翻譯佛經，歷時十九年，譯出佛經一千三百多卷，成為研究印度古代文化的重要典籍。

玄奘根據自己在印度一百多個地方的親身經歷，寫出了一部《大唐西域記》，這是研究古代印度半島各國歷史的重要文獻，被翻譯成多國文字。玄奘為促進佛教的傳播和中印文化交流作出了重大貢獻。

日本遣唐使來朝

唐代的經濟文化空前繁榮，聲名遠播，臨近的東南亞、南亞、中亞、西亞各國紛紛慕名而來，唐朝中外文化交流盛況空前。臨近的日本也多次組織大型遣唐使團來到唐朝，學習唐朝先進的制度和文化。西元六三〇年，舒明天皇派出了第一次遣唐使，至西元八九四年的兩百六十多年間，奈良時代和平安時代的日本朝廷一共任命了十九次遣唐使，其中正式的遣唐使是十二次。

這些遣唐使團除了水手之外，還有大批留學生、僧侶和精於各種技藝的工匠，多由博通經史、熟悉唐朝的人組成。

遣唐使團少則一、二百人，多則五、六百人，其中最多的是西元八三八年的一次，竟達六百五十一人。這些遣唐使團為兩國文化交流作出了貢獻，同時，他們將唐朝先進的制度、文化和生產技術帶回國內，促進了日本的封建化進程。

由於後期唐朝政局動盪不安，而日本經過兩百多年的學習，也慢慢走上了發展的軌道，日本天皇於西元八九五年廢止了遣唐使。

和同為一家

自文成公主入藏和親以後，唐朝與吐蕃之間頻繁交往，政治聯繫也日益加強。

西元六四九年，唐太宗逝世後，高宗李治即位，松贊干布致書表示擁護，並進獻金銀珠寶十五件，葬於唐太宗陵墓。

唐朝以松贊干布為駙馬都尉，封為西海郡王。從此，凡吐蕃新贊普即位，必須經過唐朝的冊封；贊普去世也要向唐朝告哀。後來吐蕃第三十六任贊普尺帶珠丹再次向唐要求和親。西元七一〇年，唐中宗將金城公主嫁給尺帶珠丹，並賜給大量的錦緞、工匠、樂譜等。之後，唐與吐蕃之間多次互派使者，修好、朝貢、開展會盟活動，吐蕃的良馬、金器、瑪瑙杯等也隨之傳入中原地區，漢藏人民之間的情誼日漸加深。

西元七二九年，尺帶珠丹上書唐玄宗說：「外甥是先皇帝舅宿親，又蒙將金城公主，遂和同為一家，天下百姓，普皆安樂。」

骨力裴羅統一回紇

隋代到唐朝初年，回紇在色楞格河一帶逐水草而居，臣屬於突厥汗國。因不堪忍受突厥貴族的奴役和壓迫，回紇多次進行反抗。

西元六二七年，回紇人民在其首領菩薩領導下大敗東突厥，聲震北方。東突厥滅亡後，回紇又受到薛延陀部族的控制。後來回紇協助唐朝擊敗薛延陀，並占據其地，唐朝在那裡設置了羈縻州，並以回紇部為瀚海都督府，以其首領吐迷度為懷化大將軍兼瀚海都督。

西元七四四年，回紇在其首領骨力裴羅的領導下，聯合後突厥統治下的其他各部滅掉後突厥，並占據其地，唐玄宗冊封回紇首領骨力裴羅為「懷仁可汗」。

骨力裴羅遂統一了漠北，建立起東自黑龍江、西至阿爾泰山的強大的回紇汗國，建牙帳於烏德山。

長慶會盟

九世紀初，因為頻繁發動對外戰爭，再加上內部叛亂的打擊，吐蕃日益衰落。於是在唐長慶元年（西元八二一年）派遣使者向唐求和，要求締結友好盟約。同年十月，唐蕃在長安西郊舉行會盟儀式。

西元八二二年五月，唐朝和盟專使、大理寺卿劉元鼎又率領使團去吐蕃，與吐蕃會盟專使在邏些東郊舉行會盟儀式。西元八二三年，唐朝和吐蕃分別在長安和邏些建碑，刻上盟文及與盟人的姓名。雙方在盟文中重申「和同為一家」的舅甥親誼，要求唐蕃之間要「患難相恤，暴掠不作」，永遠和好相處。此次會盟在客觀上使吐蕃社會得到了暫時的安定，吐蕃的經濟、文化又有了一定的發展。

自西元七〇六年至西元八二二年的一百多年間，吐蕃與唐朝共會盟八次，此次會盟即是最後一次會盟，因發生在長慶年間，史稱「長慶會盟」，亦稱「甥舅和盟」。

武則天稱帝

武則天是唐開國功臣武士的次女，十四歲時被唐太宗李世民召入宮中為才人，並賜名媚娘。西元六四九年，太宗死後，武則天根據慣例入感業寺為尼。

唐高宗李治即位後，復召武則天入宮，後封為昭儀，進號宸妃，與王皇后、蕭淑妃爭寵。西元六五五年，高宗改立武氏為皇后，武則天借高宗多病之機，逐步控制了朝政，與高宗並稱「二聖」。

西元六八三年，高宗去世後，武則天的第三個兒子李顯即位為中宗，武則天以皇太后臨朝稱制。兩個月後，武則天又廢中宗為廬陵王，立睿宗李旦，繼續臨朝稱制。西元六九〇年，武則天又廢掉睿宗，自稱聖神皇帝，改國號為周，定東都洛陽為神都，史稱「武周」。

武則天成為中國歷史上第一個女皇帝。她當朝期間，為了鞏固政權，大肆任用酷吏，排除異己，將唐朝元老長孫無忌等人貶逐殺害，誅殺了大批李氏宗親，她還篤信佛教，廣建廟宇，虛耗國庫。

但武則天也是一位很有作為的皇帝，她選賢任能，開南選，創殿試，置武舉，並創立自薦和試官制度，大量選拔優秀的庶族地主做官；經濟上她採取薄賦斂、息干戈、省力役等主張；並兩次出兵打敗了吐蕃貴族的侵犯，收復安西四鎮，設立西域都護。

在其執政的半個世紀中，社會經濟不斷增長，延續了「貞觀之治」時期的繁盛局面，武則天因此成為中國歷史上傑出的女政治家。

西元七〇五年正月，李唐王室和舊臣發動政變，擁立唐中宗李顯復位，重建唐朝。同年冬，武則天病逝，享年八十二歲，遺制「去帝號，稱則天大聖皇后」。

請君入甕

武則天當政期間，為了維持自己的統治，採用嚴刑峻法來消除異己，並鼓勵人們互相告密，朝廷上下籠罩在恐怖氣氛之中。

大臣周興和來俊臣都是當時有名的酷吏，成千上萬的人冤死在他們手下。有一次，有人向武則天密告周興夥同丘神績謀反，武則天便派來俊臣去審理這宗案件，並且定下期限審出結果。來俊臣和周興平時關係不錯，為此他感到相當棘手。經過一番苦思冥想，終於心生一計。

一天，來俊臣故意請來周興，兩人飲酒聊天。來俊臣裝出滿臉愁容，對周興說：「犯人總是不肯招供，不知老兄有何新招術？」周興說：「我最近才發明一種新方法，用一個大甕，四周堆滿燒紅的炭火，再把犯人放進去，不怕他不招！」來俊臣聽了，便吩咐手下人抬來一個大甕，用炭火把大甕燒得通紅。這時，來俊臣突然站起來，對周興說：「有人告你謀反，太后命我來審問你，如果你不老老實實供認的話，那我只好請你進這個大甕了！」周興聽了驚恐失色，知道自己在劫難逃，只好俯首認罪。

中宗復辟

西元六八三年，唐高宗去世後，太子李顯即位，是為唐中宗，然而他即位兩個月之後就被武則天廢為廬陵王，並被軟禁了起來，隨後唐朝進入了武則天執政時期。

西元七〇四年，武則天病重，移居長生殿療養。這時武則天已經年逾八十，體力衰弱，數月不能臨朝，連宰相都不能相見，只有張易之、張昌宗兄弟隨侍左右。

當狄仁傑在世時，武后曾要狄仁傑推薦人才，狄仁傑便推舉了姚元之、張柬之、桓彥範、敬暉等人，這些人和狄仁傑一樣，表面上接受武周的官位，內心卻仍忠於唐室。所以當武則天臥病之時，這些心懷唐室的朝臣便密謀政變。

西元七〇五年初，宰相張柬之等人率左右羽林軍五百餘人，控制玄武門，殺死了曾經權傾朝野的張易之、張昌宗兄弟，擁立太子李顯即位。武則天已經無可奈何，於是正令傳位於太子，李顯遂重新登位，恢復國號為唐，武周政權至此終結。這一次政變是以張柬之等五個人為中心發起，故又稱為「五人之謀」。

韋后之亂

唐中宗李顯被武則天廢為廬陵王後，先後被軟禁於均州（今湖北省均縣）、房州（今湖北省房縣）十四年，期間只有妃子韋氏陪著他，並不斷地寬慰、鼓勵他，他才堅持了下來。於是中宗暗下決心，如果有出頭之日，一定要善待韋氏。西元六九九年，李顯被武則天召回京城，重新立為太子。西元七〇五年，李顯在唐朝舊臣的支持下復位。

他一即位就立韋氏為皇后，並允許她干預朝政。中宗臨朝，韋后即置幔坐於殿上，預聞政事。中宗又任用婕妤上官婉兒主持撰述詔令，以兒女親家武三思為相，韋后和武三思私通，並和女兒安樂公主及上官婉兒沆瀣一氣，掌控朝政，形成了以韋氏和武氏為首的專政集團，而中宗竟然聽之任之。

太子李重俊非韋氏所生，經常遭到韋后和安樂公主的侮辱。安樂公主又慫恿中宗廢掉李重俊，封她為皇太女，妄圖和武則天一樣當皇帝。於是李重俊於西元七〇七年發動羽林軍殺死了武三思與其子武崇訓，又謀誅韋后和安樂公主，後因羽林軍倒戈，政變失敗而被殺。

此後武、韋集團權勢依舊不減，西元七一〇年，韋氏恐其醜行暴露，安樂公主便欲韋氏臨朝，自為皇太女，遂合謀毒死中宗。之後韋后臨朝攝政，立李重茂為帝，史稱少帝。韋后欲效法武則天，自居帝位。不久後，臨淄王李隆基與太平公主（武則天之女）發動禁軍攻入宮城，殺韋后、安樂公主，迫少帝讓位，立武則天第四子、相王李旦為帝，是為睿宗，李隆基被立為太子。韋后之亂，終告結束。

設立節度使

西元七一一年四月，唐朝開始以賀拔延嗣為涼州都督，充河西節度使，此後節度使成為固定職銜，為常設的軍事長官。至唐玄宗開元、天寶間，北方逐漸形成平盧、范陽、河東、朔方、隴右、河西、安西四鎮、北庭伊西八個節度使區，加上劍南、嶺南兩地，共有十鎮，始成為固定軍區，分別設立節度使進行管理。節度使受命時賜雙旌雙節，得以軍事專殺，行則建節、府樹六纛（大旗），威儀極盛。

節度使的權力日益擴大，集軍、政、財三權於一身，又常以一人兼統兩至三鎮，多者達四鎮。節度使大權獨攬，久任不替，手握重兵，到西元七四二年，全國共分設了十個節度使，領兵四十多萬，而中央和內地所控制的兵力只有八萬。

於是朝廷出現了外重內輕的局面，邊陲勢強，朝廷勢弱，至唐玄宗天寶末年，終於釀成安史之亂。

開元盛世

西元七一二年，唐睿宗傳位於李隆基，是為唐玄宗。次年，太平公主發動政變失敗，被賜死，其黨羽也多被殺。至此唐朝政局日益安定下來。

唐玄宗即位以後，重用姚崇、宋璟等賢相，進行了一系列的改革。其主要措施有：整頓吏治，裁汰冗官，嚴格控制官員的選拔任免；興修水利，發展生產，實行文教；抑制佛教，讓僧尼還俗，沒收寺院多餘的土地；重新登記人口，分給土地，並減輕賦役，免除六年租庸調；整頓軍備，收復失地，等等。

唐玄宗在位四十四年，在他統治前期的開元年間是唐朝高度發展的黃金階段，這段時間內，唐朝政治清明，社會安定，經濟得到迅速發展，使武則天以後動盪的唐朝政局重新穩定下來。

唐朝進入了極盛時期，成為當時世界上最強盛的國家，史稱「開元盛世」，也叫「開元之治」。

修訂《唐六典》

《唐六典》是一部關於唐代官制的行政法典，也是保存至今最早的一部綜合性行政法典。西元七二三年，陸堅受唐玄宗之命修訂《唐六典》，歷經十六年而成書，中間曾多次換人，最後經李林甫進奏唐玄宗。《唐六典》是集賢院撰修著作中歷時最長，耗費心力最為艱難的一部集體創作。

依照唐玄宗的意圖，此書本應按《周禮》分為理典、教典、禮典、政典、刑典、事典六個部分，故書名《唐六典》，但因唐代官制與周官大不相同，《唐六典》實際上還是按照唐代國家機關體系進行編纂的。

全書共三十卷，以三師、三公、三省六部、九寺、五監、十二衛以至地方三府、督府、州縣等為目，規定了唐代中央和地方國家機關的機構、編制、職責、人員、品位、待遇等，書中又敘述了官制的歷史沿革。

本書還收入了許多唐代詔令，涉及均田、賦役、物產、土貢、戶等、差科、屯田等制度，反映了唐代的政治經濟狀況，頗有參考價值。

鑒真東渡

鑒真，俗姓淳于，揚州人，唐代著名高僧。他十四歲在揚州大明寺出家為僧，開始學習佛法，二十歲時遊覽長安、洛陽等地，增長了見聞。回揚州以後，鑒真三十年如一日，講經說法，宣傳教義，教授戒律，成為譽滿江淮、威望崇高的著名高僧。

西元七四二年，已入唐訪求十年的日本僧人找到了鑒真，邀請他到日本傳授戒律。鑒真雖然年事已高，但為了促進佛教在日本的流傳和發展，毅然接受了邀請。從西元七四二年開始，鑒真先後四次東渡，都未能成功。西元七四八年，已屆六十高齡的鑒真從揚州出發，開始了第五次東渡，結果在海上遇到了大風，漂流至海南島。

鑒真雙目失明，三年後又輾轉回到揚州。西元七五三年，鑒真乘坐日本遣唐使團的船隻，第六次東渡，終於在第二年到達日本。鑒真在東大寺設立戒壇院，主持受戒儀式。

僧人受戒要經過三師七證，這是日本佛教不曾有過的，從鑒真東渡以後開始形成定制。西元七五九年，在鑒真的努力下，奈良建立了唐招提寺，鑒真在當地傳布律宗，使律宗成為日本六大宗教派別之一。西元七六三年，鑒真在日本圓寂。鑒真在兩國文化交流上作出了巨大貢獻，一千多年來一直受到兩國人民的敬仰，日本人稱其為「唐大和尚」。

李林甫、楊國忠專權

唐玄宗統治後期，慢慢地開始陶醉於已有的成績，逐漸驕奢淫逸起來。他聽信讒言，不辨忠奸，於西元七三六年罷黜了張九齡，任用李林甫為相。李林甫口蜜腹劍，陰險狡詐，諂附玄宗寵妃武惠妃，靠逢迎拍馬而一步步升為禮部尚書，並官至宰相。

唐玄宗納楊玉環為妃之後，更加縱情享樂，荒廢朝政，日日沉湎於歌舞酒色之中。楊貴妃的姐妹兄弟都飛黃騰達，權傾天下。而李林甫居相位長達十九年，他專權跋扈，妒賢嫉能，廣結黨羽，使朝廷內部矛盾重重。而楊玉環的堂兄楊國忠也趁機總攬朝政大權，身兼四十多個職務，媚上欺下，排斥異己，朝廷賄賂之風盛行，朝政腐敗不堪。

西元七五二年，李林甫病重，楊國忠升任為宰相，進一步控制了朝政。而此時，鎮守邊鎮地區的節度使勢力日益壯大，楊國忠和安祿山之間的矛盾終致安史之亂。

安史之亂

安祿山身兼平盧、范陽、河東三鎮節度使，兵力雄厚，野心勃勃。他洞悉長安朝廷腐朽、實力空虛的內情，又因與宰相楊國忠爭權，遂於西元七五五年十一月，以討伐楊國忠為名，率兵十五萬自范陽起兵叛唐，同年十二月攻入洛陽。次年初，安祿山在洛陽稱大燕皇帝，改元聖武。

此時，平原（今山東德州）太守顏真卿、常山（今河北正定）太守顏杲卿紛紛起兵攻打安祿山，唐將郭子儀、李光弼迅速出師河北。西元七五六年六月，潼關陷落，長安危急，唐玄宗逃往成都。太子李亨奔靈武，同年七月即位，是為唐肅宗，改元至德，遙尊唐玄宗為太上皇。

叛軍攻占長安後大肆搜刮，日夜縱酒，再無進取之意，唐軍得到了重整軍備的機會。西元七五七年初，安祿山為其子安慶緒所殺。唐軍乘機收復長安、洛陽等地，安慶緒逃往鄴城（今河南安陽）。此時，留在范陽的安祿山部將史思明不願受安慶緒的制約而降唐。唐封他為歸義王，任范陽節度使，但之後又策劃消滅他。史思明遂反，與安慶緒遙互聲援。

西元七五八年九月，唐派重兵伐討安慶緒，包圍鄴城。次年三月，史思明率兵來援，洛陽再度淪陷。之後，史思明殺安慶緒，返回范陽，稱大燕皇帝。西元七六一年三月，史思明為其子史朝義所殺，叛軍內部離心，屢為唐軍所敗。西元七六二年十月，肅宗死後，代宗李豫即位，借回紇兵力收復洛陽，史朝義兵敗自殺，安史之亂至此平定。戰亂過後，唐朝國力大為削弱，開始由盛轉衰。

馬嵬驛兵變

西元七五六年，安史之亂爆發後，潼關陷落，長安情勢危急，唐玄宗帶皇室宗親、楊貴妃、楊國忠等人逃往蜀地。唐玄宗一行人來到了馬嵬坡驛站（今陝西省興平縣西），護駕的三軍將士突然譁變，強烈要求處死禍國殃民的楊國忠，以謝天下。

這時，恰逢一批吐蕃使者攔住楊國忠，訴說沒有飯吃。憤恨楊國忠的軍士趁機大呼：「楊國忠與胡虜謀反叛國。」群起而攻之，一時刀劍齊出，將楊國忠斬殺於驛站，並將其首級懸掛於驛門之外。

之後，三軍將士仍將馬嵬驛團團圍住，要求唐玄宗處死楊貴妃。唐玄宗為了保全自身性命，忍痛傳下處死貴妃的詔書，高力士隨即將楊貴妃帶到佛堂縊死。

吐蕃軍占領長安

安史之亂前後，唐朝邊防空虛，吐蕃想趁機擴大自己的勢力，雙方邊將也想從戰爭中獲取功名，戰事遂起。吐蕃北面與突騎施聯合，東南與南詔聯合，對唐朝造成巨大威脅。西元七五五年，年僅十三歲的赤松德贊即位為新一任贊普。

此時唐朝發生了安史之亂，唐玄宗從長安逃到四川，唐朝遣調了大批對付吐蕃的軍隊去平定叛亂，吐蕃軍趁機占領了唐朝的隴右、河西、安西四鎮等大片地區。

赤松德贊不斷征戰，吐蕃的領土有了很大的擴張。西元七六三年十月，吐蕃又乘唐朝朝政混亂之機，派二十萬軍隊攻入長安，唐代宗李豫倉皇逃出陝州。吐蕃軍占據長安十五天，立金城公主的侄子（實際上與金城公主同輩）廣武王李承宏為皇帝，並設置百官。但由於吐蕃軍勞師遠征，水土不服，加上唐朝勤王軍隊的逼近，遂主動退兵長安。

藩鎮割據

安史之亂後，唐朝分封安史降將田承嗣、李寶臣、李懷仙為節度使，同時在平定安史之亂的過程中，為了討伐叛亂，一些有功之臣也被封為節度使，因此軍鎮制度從邊鎮擴展到了內地。最重要的州皆設立節度使，以指揮軍事；較次要的州設立防禦使或團練使，以扼守軍事要地。於是在現今陝西、山西、河南、安徽、山東、江蘇、湖北等地出現了不少節度使、防禦使、團練使等大小軍鎮，後來又擴充到全國。

這些本是軍事官職，但節度使實際上成為地方軍政長官，是州以上一級權力機構。大則節度，小則觀察，構成唐代後期所謂的藩鎮，亦稱方鎮。

部分藩鎮憑藉自己手中的兵權、財權發動叛亂，和中央對抗，他們割據一方，不受中央政令的管轄，時順時叛，而且彼此征戰。

今河北地區一直存在著名義上仍為唐朝地方官而實際割據一方、不受朝命、不納貢賦的河北三鎮；今山東、河南、湖北、山西也曾在很長一段時期內存在類似的藩鎮。

藩鎮割據持續了數十年之久，使唐王朝混亂不已，但由於政府無力鎮壓，只能聽之任之，後代史家把這種混亂的局面統稱為「藩鎮割據」。

劉晏理財

劉晏，字士安，曹州南華（今山東東明縣）人。幼年才華橫溢，號稱神童，名噪京師。在唐肅宗時代，劉晏由普通地方官升為宰相，所領職務繁多，所任大多以治理財政經濟見長。西元七六三年，劉晏任吏部尚書、門下平章事（副宰相），兼任轉運使。

當時經過安史之亂後，京城遭遇糧荒，糧價飛漲，他「以養民為先」為宗旨，改革漕運，使大量的江淮糧食得以運至長安。同時，他還進行了財政體制改革，推行「常平法」，控制糧價，改革鹽法，對食鹽實行官營商銷的辦法，嚴禁私自買賣。劉晏認為理財措施的落實必須有清明的吏治作保證，因此十分注重任人唯賢，以精明能幹、忠於職守、廉潔奉公作為用人的標準，培養選拔了一大批理財專家。

劉晏勤於政事，嘔心瀝血，幾十年如一日。他上朝時騎在馬上，心裡還在籌算帳目；退朝後在官署批閱文件，常常是夜以繼日。他飲食簡素，沒有奴婢，死時只留下兩車書籍和幾斗米麥。由於劉晏的理財方針、措施、辦法適應當時經濟殘破的局面和社會的需要，所以使唐王朝的經濟得到了恢復和發展，人民也得以休養生息。

僕固懷恩叛亂

僕固懷恩，鐵勒族僕骨部人，在平息安史之亂中，隨朔方節度使郭子儀東征西討，說服回紇歸唐，再收兩京，平定河南、河北，屢立奇勳。

唐平定安史之亂後，僕固懷恩功高震主，私下與回紇可汗往來。河東節度使辛雲京、中使駱奉仙等人奏報僕固懷恩圖謀造反，唐代宗多次召其入朝，僕固懷恩在副將范志誠勸阻下未遵旨。此後，僕固懷恩既不受朝廷重用，又被猜忌，遂於西元七六四年初派其子僕固瑒率兵攻打太原，辛雲京出城應戰，僕固瑒大敗而歸。

僕固瑒後引兵圍攻榆次，十多天不能攻克，對部屬又刻薄虐待，被部將殺死。同年九月，僕固懷恩糾集回紇、吐蕃、吐谷渾、黨項、奴剌數十萬兵入擾。僕固懷恩在進軍途中突然得急病，只好退兵，行至鳴沙（今寧夏吳忠縣與中寧縣交界處、皋蘭州）時逝去。

僕固懷恩死後，大將張韶代領其兵，被別將徐璜玉所殺；徐璜玉又被范志誠所殺，僕固懷恩部將相繼歸降朝廷。回紇面見郭子儀後請降，並願攻打吐蕃自贖其罪。郭子儀分兵隨其後，在涇州東大破吐蕃兵。至此，僕固懷恩叛亂被平息。

實行兩稅法

唐中期，地主貴族土地兼併日益嚴重，失去土地而逃亡的農民不計其數。農民逃亡後，政府往往責徵鄰保代納租庸調，結果迫使更多的農民逃亡，租庸調制的維持更加困難。尤其是安史之亂以後，均田制被徹底破壞，賦稅制度變得非常混亂，賦稅制度的改革勢在必行。

西元七七九年五月，唐德宗即位後，宰相楊炎建議實行兩稅法以代替租庸調制。次年初，正式以敕詔公布。

兩稅法依據「量出以制入」的原則，中央根據財政支出狀況定出總稅額，各地按照中央分配的數額向當地戶丁分夏、秋兩次徵收。兩稅法規定：只要在當地有資產、土地的人，就算當地人，上籍徵稅。同時兩稅法不再按照丁、中的原則徵租、庸、調，而是按貧富等級徵財產稅及土地稅。

兩稅法的徵稅不再以人丁為依據，而以財產、土地為依據，而且愈來愈傾向以土地為徵稅目標。兩稅法實施之後，朝廷收入增加，百姓負擔也有所減輕。兩稅法是土地制度和賦稅制度的一大變化，它不僅擴大了納稅層面，改變了賦稅負擔不合理的狀況，並且為封建社會後期，賦役由戶丁改為田畝、以貨幣賦役代替力役和實物徭役的變革開創了先河。

奉天之難

唐代宗之長子唐德宗即位後，力圖削藩。西元七八一年初，成德（治恆州，河北正定）節度使李寶臣死後，其子李惟岳向朝廷請求襲其父位，魏博（治魏州，今河北大名東）節度使田悅亦代為請求，唐德宗堅決拒絕。李、田遂聯合淄青（治青州，今山東益都）節度使李正己、山南東道（治襄陽）節度使梁崇義等人起兵反唐，史稱「四鎮之亂」。七月李正己死，八月其子李納亦請襲父位，唐德宗不准，李納遂反，戰事日益擴大。西元七八三年初，割據淮西（治蔡州，今河南汝南）的節度使李希烈也聯合四鎮，發動叛亂，攻襄城（今屬河南）。

唐德宗派五千涇原（治涇州，甘肅涇川北）兵去解圍，涇原兵路過長安時，因賞賜不周，挾持涇原節度使姚令言譁變，唐德宗逃往奉天（今陝西乾縣）。叛軍推舉當時被軟禁於京城的涇原節度使朱泚為首領，朱泚自稱大秦皇帝，之後率軍攻打奉天未果。此時朝廷援兵已逼近長安，朱泚因此退守長安。

西元七八四年，原本入援奉天的節度使李懷光又聯結朱泚，共同反叛，局勢大亂。五月，唐將李晟等人率兵解除奉天之圍，又攻克長安，朱泚被部下所殺。唐德宗於七月返回長安，並下詔赦免叛亂諸鎮，兵變才得以平息。

宦官專權

唐初有宦官不登三品的規定，但是唐玄宗後期，漸趨荒淫腐朽，此制被打破，宦官逐漸開始參政。

宦官擅權從唐玄宗時的高力士開始，那時四方進奏的文書奏表都要經過他，政事多由他裁決，但他並未掌握軍權。唐肅宗時，宦官李輔國因擁立有功，被封為元帥府行軍司馬，後又兼任兵部尚書，至此宦官開始掌握軍權。

李輔國參與機要，統領禁軍，任免宰相，權傾朝野。再後來宦官的權力愈來愈大，甚至國策的制定，朝臣、節度使的賞罰和任免，皇帝的廢立，幾乎都由他們所把持。唐朝後期，朝廷已成為宦官集團控制軍政大權的工具，皇帝成了宦官手中的玩物和傀儡。於是出現了宦官專權的局面。

唐後期共有八個皇帝由宦官擁立，兩個皇帝（唐憲宗和唐敬宗）被宦官害死。由此可見，唐朝的宦官專權為中國歷朝之最，遠甚於東漢與明代。

宦官專權壓制開明士大夫參與政事，造成嚴重的政治腐敗，同時，宦官與皇帝、朝臣持續不斷的鬥爭削弱了唐中央統治的力量。因此，日益引起了皇帝和大臣的不滿。

永貞革新

永貞元年（西元八〇五年），唐順宗李誦即位後，決定削弱宦官的權力。他起用東宮舊臣王叔文、王伾主持政務，用韋執誼為宰相。他們與柳宗元、劉禹錫等人結成政治上的革新派，共謀打擊宦官勢力，以扭轉唐王朝日益衰敗的局面。

革新派大臣們相繼採取了削除宦官兵權、削弱藩鎮割據勢力、懲辦貪官、禁止地方官額外進奉等切中時弊的措施。但這些具有進步意義的改革，卻引起了以俱文珍為首的宦官集團及與之相勾結的節度使的強烈反對。

西元八〇五年八月，俱文珍等人發動政變，幽禁唐順宗，擁立太子李純即位。王叔文、王伾等人相繼被貶為外州司馬，王伾外貶後不久即病死。次年，唐順宗被宦官毒殺，王叔文被賜死。「永貞革新」歷時一百四十六天，最終以失敗而告終。

元和中興

西元八〇五年，宦官俱文珍等人發動政變，迫使順宗禪位，擁護李純即位，是為唐憲宗。

唐憲宗是唐朝後期較有作為的皇帝，他在位期間，整頓江淮財賦，以增加財政收入。此時，吐蕃勢衰，各地藩鎮在長時間的戰亂中實力也有所削弱，借助這大好形勢，唐憲宗決定「以法度裁制藩鎮」，利用藩鎮間的矛盾，取消宦官監軍，先後平定了劍南西川節度使劉辟、鎮海節度使李錡的叛亂，招降河北強藩魏博節度使田弘正，並集中兵力攻破了朝廷軍隊三十年不能進入的蔡州城，消滅了稱霸一方的淮西節度使吳元濟。

淮西平定後，諸藩恐慌，紛紛歸命，陷於強藩多年的河南、山東、河北等地區又歸中央政府管轄，唐王朝復歸於統一，史稱「元和中興」。

西元八二〇年，因皇位繼承問題，唐憲宗被宦官毒死。元和中興只是唐中期政治上的一度振作。唐憲宗死後，各藩鎮又發動變亂或不稟朝命，宦官專權的局面更加嚴重。

朋黨之爭

唐朝末期，不僅宦官專權嚴重，官僚士大夫之間也是針鋒相對，他們結黨立派，互相傾軋。其中最突出的是牛李黨爭。「牛黨」是以牛僧孺為首，科舉出身的新權貴，「李黨」是以李德裕為首的公卿世族官僚。

唐憲宗元和三年（西元八〇八年），參加科舉考試時，牛僧孺、李宗閔在策論中批評時政，抨擊當朝宰相李吉甫，遂遭到李吉甫排斥。到唐穆宗時，牛僧孺曾一度為相，李吉甫之子李德裕等人指斥李宗閔主持科考舞弊，李宗閔等人被貶官，鬥爭更趨複雜。朝廷大臣逐漸分化組合，形成以牛僧孺、李宗閔為首的「牛黨」，和以李德裕為首的「李黨」。

牛黨相對比較保守，而李黨偏重革新，兩黨交替執政，相互攻伐，使腐敗的朝廷更加混亂。

唐武宗時，李德裕高居相位，將李宗閔貶斥流放，將牛僧孺廢黜。

唐宣宗時，牛黨得勢，李黨皆被罷黜，李德裕被貶死於崖州（今廣東瓊山）。兩派相互傾軋四十餘年，史稱「朋黨之爭」。

西元八四七年，牛僧孺病死，雙方首要人物死後，牛李黨爭才告結束。唐文宗為此感慨：「去河北賊易，去朝廷朋黨難。」

甘露之變

唐代後期，宦官擅權專政達到了極點。西元八二六年，宦官劉克明、蘇佐明等人將年僅十八歲的唐敬宗李湛害死，改立唐敬宗之弟李昂為帝，是為唐文宗。

唐文宗即位後，對大權旁落深感不滿，企圖懲治宦官，奪回皇帝喪失的權力。西元八三四年秋，唐文宗拔擢李訓為宰相，又任命鄭注為鳳翔節度使作為京師外援，授以消滅宦官的重任。

西元八三五年十一月，李訓派人奏報左金吾仗院內石榴樹上夜降甘露（天降甘露在封建王朝被認為是好兆頭），建議皇帝親往觀看。唐文宗乃命宦官神策軍左右護軍中尉仇士良、魚弘志等，帶領宦官去察看。而李訓等人已經在院中埋伏好了衛士，本想以觀看甘露為名，將宦官一網打盡。

不料仇士良等人至左金吾仗院時，看出了破綻，慌忙奔回，並挾持文宗退入後宮。之後派遣神策軍五百人追捕，逢人即殺，死者六七百人。接著關閉宮城各門搜捕，又殺千餘人。

李訓、鄭注等朝廷要員均被殺害，並遭誅族，被牽連而死不計其數。經過這次宦官的大屠殺，朝班幾乎為之一空。從此宦官更加專橫，淩逼皇帝，蔑視朝官，文宗最終鬱鬱而死。

會昌廢佛

唐代後期，因佛教寺院土地不納課稅，僧侶免除賦役，所以寺院不斷兼併土地，均田制日益瓦解，損害了國庫收入。西元八四〇年，文宗病死後，手握神策軍兵權的仇士良、魚弘志等人擁立文宗之弟李炎即位，是為唐武宗。

唐武宗崇信道教，深惡佛教，即位後即決心滅佛。會昌五年（西元八四五年）四月，唐武宗在道士趙歸真和李德裕的支持下，下令清查天下寺院及僧侶人數。八月，令天下諸寺限期拆毀，計四千六百餘所寺院及四萬所蘭若（私立的僧居）。十月，又令有過失、不修戒行的僧尼還俗。拆下的金銀佛像上繳國庫，鐵像用來鑄造農器，銅像及鐘、磬等用來鑄錢，所拆寺院的財產和田地都由朝廷沒收。

此次運動，僧尼迫令還俗者共二十六萬餘人，釋放供寺院役使的良人十五萬以上，沒收良田數十頃。政府從廢佛運動中得到了大量財物、土地和納稅戶，增加了國家稅收。

但是，第二年唐武宗死後，唐宣宗即位。唐宣宗崇信佛教，下令恢復唐武宗時被廢的佛寺，並殺死道士趙歸真等人。此後，佛教又興盛起來。

黃巢起義

唐朝末年，朝政黑暗，官僚層層剝削，土地兼併嚴重，再加連年災荒，百姓流離失所者不計其數。唐懿宗在位時，出現了「富者有連阡陌之田，貧者無立錐之地」的局面，貧苦百姓紛紛揭竿而起，形成燎原之勢。

西元八七五年初，王仙芝、尚讓等在長垣（今河南長垣東北）發動起義，號召人民共舉義旗，唐末農民戰爭於此爆發。

不久，冤句（今山東菏澤西南）人黃巢率眾數千響應。接著王、黃兩軍會合，協同作戰，起義軍攻州克縣，唐軍節節敗退。西元八七八年，王仙芝戰死，其部將尚讓率餘部與黃巢會合，推黃巢為黃王，從此，黃巢成為起義軍的最高領導人。

黃巢自稱「沖天太保均平大將軍」，很快便將隊伍擴展到十餘萬人。義軍接連攻占東南各地，很快地發展到六十餘萬人，黃巢率軍北上，於西元八八〇年十一月占領東都洛陽，隨即轉旗西指，於年底突破潼關天險，攻下了京師長安，宦官挾持唐僖宗南逃成都。

黃巢入主長安，安撫百姓，誅殺唐朝宗親，沒收官僚財產，並於十二月號稱帝，國號大齊，改元金統，以尚讓為宰相，朱溫為諸衛大將軍。黃巢起義最終於西元八八四年被鎮壓，但瓦解了唐王朝的統治，唐朝名存實亡。

朱溫降唐

黃巢被勝利沖昏了頭腦，他既未派大軍追擊唐僖宗，也沒有全力殲滅分鎮關中的各個藩鎮割據勢力，而大齊政權也缺乏必要的經濟政策，生產、財政均無著落，也沒有建立穩固的根據地。

於是，唐朝很快便聯合各地節度使，進行反攻。西元八八二年一月，唐朝起用王鐸，調集各路唐軍，並勾結沙陀貴族李克用，合力包圍長安。長安義軍很快便糧草斷絕，在外無援兵的情況下苦苦支撐。在這千鈞一髮之際，大齊防禦使朱溫叛變降唐，唐僖宗將他賜名「全忠」，授以宣武節度使，並任命為河中行營招討使，和李克用等人共同討伐黃巢。

西元八八三年四月，義軍陷入絕境，黃巢被迫率十五萬大軍撤出長安，退往河南。義軍攻打陳州（今河南淮陽）近一年而不克，於西元八八四年北渡汴水時，遭遇沙陀騎兵的突襲，義軍潰敗，尚讓降唐。黃巢率殘兵退至山東，六月，於狼虎谷自刎而死，起義終告失敗。

白馬驛之禍

黃巢起義之後，唐朝已是名存實亡，各個節度使割據混戰。

西元九〇一年，宣武節度使朱溫因鎮壓黃巢起義有功而晉封為梁王，他在黃巢失敗之時招降納叛，擴充實力，成為中原地區最大的割據勢力。西元九〇五年，朱溫大肆貶逐朝官，接著又在親信李振鼓動下，一天之內把左僕射裴樞、新除清海軍節度使獨孤損、右僕射崔遠、吏部尚書陸扆、工部尚書王溥、守太保致仕趙崇、兵部侍郎王贊等被貶的朝官三十餘人，全部殺死於滑州白馬驛（今河南滑縣境），並投屍於河，史稱「白馬驛之禍」。

此後，唐朝政府的勢力基本上被掃除，政治上已無阻力。兩年以後，朱溫廢唐哀帝自立為皇帝，改國號梁，史稱後梁。唐朝正式滅亡。

孫思邈著《千金方》

孫思邈，京兆華原（今山西耀縣）人，中國唐代傑出的醫藥學家。由於他善談老莊，又兼好佛教經典，所以世稱孫真人或孫處士。

孫思邈在幼年時不幸患病，多方求治，療效不佳，於是努力學醫。他常常救濟鄉鄰而不取分文，自己的疾病也經調理而痊癒。鑒於古代諸家醫方又多又亂，不便檢閱，孫思邈決定編撰一部切合實用的方書。為此他廣泛收集各種醫書，刪繁補遺，並附上自己的經驗之方，約於西元六二五年撰成《備急千金要方》（又稱《千金方》）。書中記載了五千多帖藥方，有許多是民間單方，還記載了八百多種藥物和兩百多種藥物的採集、炮製方法。

孫思邈十分重視醫德，在《千金方》中寫了專論醫德的「大醫精誠」篇；他還十分重視婦、兒科疾病的診治，將其列於書中卷首。孫思邈埋首醫學研究，躬身醫療實踐，對中國的醫學和藥學發展作出了重大貢獻，被後世尊稱為「藥王」。

繪畫的發展

中國繪畫到了唐代已有非常突出的成就，湧現出許多傑出的畫家，有姓名可考者就有四百多人，而畫工、畫匠更是不計其數，其中唐初的閻立本和盛唐時的吳道子最為人稱道。

閻立本擅長人物畫，精於寫真，筆力蒼勁雄厚，能以簡練的筆法表達出人物的性格，使觀者如見其人。其《淩煙閣功臣二十四人圖》、《太宗步輦圖》、《歷代帝王圖》最為著名，可謂稀世珍品。

吳道子下筆力道磊落雄健，生動而有立體感，擅畫佛道人物，曾在長安、洛陽兩地的寺觀畫壁三百餘間，神鬼、人物、山水、鳥獸、草木、樓閣等均擅長。他畫的人物形態萬千，衣帶飄飛，故有「吳帶當風」之譽，吳道子被畫工封為「祖師」，尊為「畫聖」。但其流傳下來的僅有《天王送子圖》，可能為宋代摹本。另外，唐代石窟和陵墓中的壁畫，色彩豔麗，場面宏偉，構圖縝密，充分反映了唐朝時期高超的繪畫技巧。

書法的發展

唐代的書法承襲前人的基礎，及至當代已有巨大的發展和突破，名家輩出，書體多樣。初唐時期歐陽詢、虞世南、褚遂良等人皆學習「二王」書體，各有所得，成為一代名家。張旭、懷素是開元天寶時期的草書大家。張旭的草書「變化無窮，如有神助」，號為「草聖」，而懷素的字體剛勁有力，奔放流暢，變化自如，猶如龍蛇競走，頗有盛譽。

盛唐時期，琅臨沂人顏真卿成就卓著，稱為繼「二王」之後最有成就和影響力的書法家。他工於篆隸，又能將篆隸和行楷融會貫通，突破了二王清瘦妍媚的書體，創造出了方嚴正大、樸拙雄渾、大氣磅礴的「顏體」，其著名作品有《顏氏家廟碑》、《多寶塔碑》等。「顏體」楷書與趙孟頫、柳公權、歐陽詢並稱「楷書四大家」，後世書法家多以顏體為師。唐後期的柳公權融諸家書法之長，自成一派，創立了「柳體」。柳體間架嚴謹，風骨挺拔，和顏真卿並稱「顏筋柳骨」。

詩歌的繁盛

唐代詩歌在吸收漢魏民歌、樂府傳統的基礎上，發展到了登峰造極的地步，是唐代所有藝術成就中最濃墨重彩的一筆，也是世界文學史上的奇葩。

唐代詩人輩出，流派眾多，風格各異，相互爭輝，宛若滿天星斗，震爍古今，流傳至今的有兩千三百多位詩人創作的近五萬首詩歌。在唐代詩人中，最著名的有李白、杜甫、王維、孟浩然、白居易、杜牧、李商隱等人。

唐詩的題材非常廣泛，從社會生活、自然景物到個人感受，描寫了壯美河山、田園生活、社會黑暗、兒女私情、朋友之誼、愛國情懷、個人抱負、人生境遇、離愁別緒等各個方面。在創作方法上，既有現實主義流派、浪漫主義流派，又有這兩種創作方法相結合的典範。

根據描寫內容和創作方法，唐詩大體上分為現實派、浪漫派、田園山水詩派、邊塞詩派。每一派都有其代表人物，留下了許多不朽的詩篇。

僧一行測量子午線

僧一行（西元六八三年—西元七二七年），本名張遂。武則天時，因為不肯受權貴武三思的拉攏而入嵩山為僧，法號一行，人稱一行和尚。一行自幼博覽群書，精通曆算。唐玄宗即位後，一行應詔來到京都長安，準備編制新曆法。他和梁令瓚等人一起，創制了黃道游儀、水運渾天儀等大型天文觀測儀器和演示儀器，為修訂曆法創造了根基。他用黃道游儀來觀測日月星辰，並發現了恆星有移動現象，這是世界天文史上一次創舉。

西元七二四年，一行在全國十二個地點觀測北極星的高度和春分、夏至、秋分、冬至當天中午的日影長度，並根據測量資料算出了子午線的一度為三百五十一里八十步（約一百二十九點二二公里），這個數字雖然不太精確（現在測算出的一度長為一百一十一點二公里），但這是世界上第一次測量子午線，比西方早了近一百年。

經過多年的觀測和研究，一行於西元七二五年開始改定新曆，西元七二七年編成，取名《大衍曆》。

《大衍曆》的曆法準確，成為後世直到清朝以前編曆的範本。

陸羽著《茶經》

陸羽（西元七三三年—西元八〇四年），字鴻漸，復州竟陵（今湖北天門市）人，號竟陵子、桑苧翁、東岡子，又號「茶山御史」。

陸羽是一個頗富傳奇色彩的人物，他原是個被遺棄的孤兒，三歲時在西湖之濱被竟陵龍蓋寺住持僧智積禪師收養。在龍蓋寺，他不但學會了識字，還學會了烹茶。但陸羽不願皈依佛法，削髮為僧，於是在十二歲時逃出龍蓋寺，到了一個戲班子裡學演戲。後來經過不斷的學習，他成為了一個大學問家，善於品茶鑒水，談詩論文。

陸羽一生鄙夷權貴，熱愛自然，堅持正義。他對茶葉有濃厚的興趣，長期調查研究，熟悉了茶樹的栽培、育種和加工技術，並擅長鑒茶品茗。西元七六〇年，他來到苕溪（今浙江湖州）隱居，在此著書立說，著有《茶經》三卷傳世，成為世界上第一部茶葉專著。

陸羽一生嗜茶，精於茶道，對中國茶業和世界茶業發展作出了卓越貢獻，被尊為「茶聖」，祀為「茶神」。陸羽還善於作詩，不過其詩文大多失傳。

古文運動

古文是指先秦兩漢時期的散文，與駢文是相對立的概念。魏晉南北朝時期，駢文非常盛行，占據了文壇的統治地位。但是駢文一味追求聲律、辭藻和典故，而不重視文章的思想內容，因而空有堆砌之感，浮華空洞，形式僵化，往往不能真實地表達思想和反應社會現實。

於是，從唐朝中期開始，展開了一場反對駢文的文學、思想領域的改革運動，即古文運動。古文運動反對駢文，提倡散文，主張改革文風、文體和語言。其主要代表人物是唐宋八大家之首的韓愈和柳宗元。

韓愈最早提出了「古文」的概念，他反對六朝以來辭藻華麗、注重形式的綺麗柔弱的文風，但又不主張單純的因襲模仿，而是力圖在先秦兩漢散文的基礎上，創造一種更便於表達思想的新散文體。他提倡「文以載道」、言之有物的創作原則，將改革文風與復興儒學結合起來，並身體力行，創作出三百多篇情意真摯、語言新穎的優秀散文。

柳宗元也是古文運動的宣導者，他創作了四百多篇散文，其代表作品《三戒》、《捕蛇者說》、《永州八記》等說理嚴謹，思想深刻，是古文運動時期的代表作。古文運動扭轉了文壇的形式主義弊病，開創了散文寫作的新局面。

傳奇小說的發展

唐代中後期，隨著城市經濟的繁榮、民間故事的流傳和佛教的流行，通俗的文藝形式逐漸被人們接受和喜愛，於是湧現出許多注重情節的傳奇小說。

唐代傳奇的題材多取自現實生活，涉及愛情、歷史、豪俠、神仙等諸多方面，其中以愛情小說的成就最為突出。這些傳奇小說不僅內容豐富，而且在語言、情節、人物塑造等方面已經具備了很高的藝術技巧。

《李娃傳》、《鶯鶯傳》、《南柯太守傳》是唐傳奇的代表作品。唐傳奇是中國古典小說的萌芽，在歷史上有著重要的地位。

宗教的繁盛

佛教自漢代傳入中國後，經過歷代統治者的提倡，傳布日廣，到唐代時達到了鼎盛時期。唐朝初年，玄奘法師和義淨高僧曾歷經數十年時間，赴佛教的發源地天竺求學，取回經書數千部。佛經的大量傳入和對佛教釋義的不同，使唐代形成了理論體系不一、規範各異的佛教宗派，主要有天臺宗、法相宗、華嚴宗和禪宗。

雖體系各異，但本質相同，都宣揚靈魂不滅、因果報應、生死輪迴等教義，因此被統治者當成麻痺人民的工具而大肆宣揚。尤其是唐朝初期，統治者大建佛寺廟宇、雕刻壁畫、石像等，樂山大佛就是在此時開始興建的。

而隨著絲綢之路的繁榮，莫高窟的開鑿在此時更是興盛。雖然在唐武宗時期經歷了一次大規模的會昌廢佛事件，但武宗死後，佛教很快又興盛了起來。

因為唐朝統治者和老子同姓，李淵稱帝後便以老子後裔自居，所以道教在唐朝也興盛了起來。同時，西方景教、伊斯蘭教也紛紛傳入中原，並日益傳播開來。

五代十國

黃巢起義之後，繁盛一時的大唐王朝已是窮途末路，分崩離析。朱溫於西元九〇七年廢唐哀帝自立，建立後梁。而南方各地的節度使也紛紛割據自立，建立了大大小小的政權。

中國歷史出現了五代十國並立的局面。五代指的是後梁、後唐、後晉、後漢、後周五個次第更迭的政權。十國指五代之外相繼出現的十個割據政權：南方的前蜀、後蜀、吳、南唐、吳越、閩、楚、南漢、南平（即荊南）九個政權以及北方的北漢，統稱十國。

五代十國自西元九〇七年朱溫篡唐開始，到西元九七九年北宋太宗趙光義滅掉最後一個割據政權北漢，統一全國，共經歷了七十多年的歷史。

朱溫篡唐

朱溫（西元八五二年—西元九一二年），宋州碭山（今安徽蕭縣）人，曾被賜名朱全忠，稱帝後改名朱晃。黃巢起義後，朱溫加入黃巢軍，並隨軍入長安，後官至同州（今陝西大荔）防禦使。

西元八八二年，朱溫在義軍勢弱的情況下叛離黃巢軍而歸唐，唐僖宗賜名全忠，之後與李克用合力討滅黃巢起義軍。以後的十餘年間，朱溫吸收黃巢起義的殘兵舊部，不斷壯大實力，並憑藉汴州（今河南開封）優越的地理條件，逐步吞併了割據中原和河北地區的藩鎮。

唐昭宗即位後，朱溫因消滅黃巢餘部秦宗權之功，被封為東平王，西元九〇一年又被封為梁王。同年，唐昭宗被宦官韓全誨幽禁，宰相崔胤召朱溫救駕。韓全誨投靠鳳翔節度使李茂貞，朱溫進攻鳳翔。西元九〇三年，鳳翔節度使李茂貞殺宦官韓全誨等七十餘人，與朱溫和解，昭宗回到長安。不久朱溫盡殺宦官數百人，廢神策軍，獨掌朝政大權，完全控制了昭帝。

西元九〇四年，朱溫又殺宰相崔胤，逼迫昭宗遷都洛陽。同年八月，朱溫又指使朱友恭、氏叔琮等人殺死昭宗，另立其幼子李柷為帝，是為唐哀宗。之後朱溫將唐朝舊臣殺害殆盡，並於西元九〇七年廢哀帝自立，是為後梁太祖，定都開封，建國號梁，史稱後梁。

柏鄉之戰

五代初年，後梁太祖朱溫與河東晉王李存勖之間的矛盾日益加劇，為了擴展各自的勢力，對成德、義武、盧龍三藩鎮展開了爭奪。朱溫早就懷疑成德節度使趙王王鎔與李存勖相通，深恐日後難以控制，想儘早除之。西元九一〇年十一月，朱溫以討伐盧龍節度使劉守光為名，派兵三千進駐深州和冀州，企圖消滅成德、義武兩鎮的勢力。

王鎔早就察覺了朱溫之謀，於是和義武節度使王處直聯合，共推晉王李存勖為盟主，李存勖早就覬覦河北三鎮，於是聯合抗梁。朱溫得知後，派兵四萬，於十二月經河陽向柏鄉（今河北柏鄉西南）進軍。王鎔告急，李存勖親自領兵至趙州與大將周德威會合，王處直也派兵五千支援。

晉軍進駐野河北岸，與梁軍隔河對峙。周德威認為，梁軍士氣正旺，不宜速戰，成德、義武兩鎮之兵善守城，騎兵不便進攻營壘，建議按兵持重，退守高邑，誘梁軍離營，以逸待勞，乘機出擊。李存勖採納他的計策，終於大敗梁軍，梁軍精兵全數被殲。

此戰敗後，梁朝的精銳兵力損失慘重，從此一蹶不振。河北的形勢也發生重大變化，王鎔、王處直全面倒向李存勖，李存勖大抵控制了河北地區，為之後南下攻後梁、建立後唐創造了有利條件。

王建建立前蜀

王建（西元八四七年—西元九一八年），字光圖，陳州項城（今河南沈丘）人，也有一說是許州舞陽（今河南舞陽西）人。少時以屠牛盜驢、販賣私鹽為生。後來投靠許州忠武軍，跟隨節度使杜審權鎮壓王仙芝起義。

黃巢起義軍攻入長安後，唐僖宗逃往成都，王建等五都頭率兵入蜀，被號為隨駕五都。西元八九一年，王建攻下成都，自稱西川留後。之後攻破梓州（東川節度使治所），據有東、西兩川。西元九〇三年，唐封王建為蜀王。此後王建北有漢中，東有三峽，割據蜀地，並於西元九〇七年在成都稱帝，國號蜀，史稱前蜀。前蜀統治著今天的四川、甘肅東南部、湖北西部及陝西南部一帶。

當時中原戰亂，文士多奔於蜀，王建善待文人學士，接受納諫，因此百姓安居樂業，經濟和文化都得以發展。但是太子王衍即位後，生活荒淫，疏於朝政，國力日益衰落，最終於西元九二五年被後唐莊宗所滅。

楊行密建立吳

楊行密（西元八五二年—西元九〇五年），字化源，廬州合肥（今安徽合肥）人，出身貧苦，後來趕走廬州刺史而自任。西元八九二年，唐朝任命他為淮南節度使。從此，他以揚州為中心，形成了據有今江蘇、安徽、江西、湖北四省交界地區的割據政權。西元九〇二年，唐封其為吳王。

西元九〇五年，楊行密病死後，其子楊渥即位，楊渥昏庸，政權落入大臣徐溫、張顥手中。西元九〇八年，張顥殺死楊渥，立楊渥之弟楊隆演為吳王。之後徐溫又殺死張顥，執掌大權。西元九二〇年楊隆演去世後，徐溫擁立楊溥即位。西元九二七年，楊溥稱帝，建立吳，改年號乾貞。

楊溥在位時，軍政大權皆操縱在徐溫、徐知誥父子之中。西元九三七年，楊溥被迫讓位於徐知誥，南吳滅亡，徐知誥建立南唐。

錢鏐建立吳越

錢鏐，杭州臨安（今浙江臨安北部）人，少年時曾是私鹽販子，後來投靠臨安石境鎮將軍董昌為其部將，後因攻打黃巢有功，先後被唐朝封為杭州刺史、鎮海軍節度使，駐兵杭州。

不久，他翦除了劉漢宏、薛朗、董昌等人的勢力，並占有兩浙和蘇南十一州之地。唐朝又以錢鏐為鎮海、鎮東兩軍節度使。西元九〇二年，唐朝封其為越王。西元九〇七年，朱溫建梁後，封其為吳越王，建都杭州。

錢鏐即位後貫徹「以民為本，民以食為天」的國策，禮賢下士，廣羅人才，獎勵墾荒，興修水利，發展農桑，同時由於吳越地狹兵少，一直以效忠於中原王朝為主要戰略，先後效忠於唐、後梁、後唐。因此吳越社會安定，經濟得以持續發展，並成為五代十國中立國最久的國家，直到西元九七八年為北宋所滅，歷時八十四年，三世五王。

王氏兄弟建立閩

王潮、王審知是固始（今屬河南固始）人。唐末投軍，西元八八五年隨王緒轉戰各地，因王緒殘忍易猜忌，於是王潮等人將其殺而代之。次年王潮攻占泉州（今福建泉州），被任命為泉州刺史。西元八九三年攻克福州，逐漸占領今福建省全境，先後受封為福建觀察使、威武軍節度使。西元八九八年王潮去世，其弟王審知繼任。西元九〇七年，後梁朱溫封王審知為閩王。

王審知執政期間生活節儉，整頓吏治，輕傜薄賦，整頓農桑，廣建學習，並鼓勵發展商業及海外貿易。三十年間，閩境安定，利於社會發展。但西元九二五年，王審知死後，子侄為爭取王位鬥爭激烈，內亂不止，最終於西元九四五年為南唐所滅。

馬殷建楚

馬殷（西元八五二年—西元九三〇年），字霸圖，許州鄢陵（今河南鄢陵）人。少時為木匠，後來從軍任孫儒裨將。之後楊行密殺孫儒，馬殷隨劉建鋒率部入湖南，占據潭州，被授為馬步軍都指揮使。後來，劉建鋒為部下所殺，馬殷被推舉為主帥，隨即率兵占領邵、衡、永、道、郴、朗、澧、岳等州，一統湖南，任武安軍節度使。

西元九〇七年，朱溫建後梁後封馬殷為楚王，建都長沙。西元九二七年，後唐又封其為楚國王。

楚國盛時疆域曾擴展到廣西、貴州和廣東一帶。馬殷即位初期，勸課農桑，重視貿易，使楚國地方安定，強盛一時。但其晚年縱情享樂，不理朝政，死後諸子爭立，西元九五一年，楚國為南唐所滅。

劉岩建立南漢

劉氏原籍上蔡（今河南境內），後遷居閩中泉州，世代為商。劉岩之父劉謙因參與鎮壓黃巢起義有功而被封為封州（今廣東封開縣）刺史。

劉謙死後，劉隱繼任。西元九〇五年，唐朝任劉隱為清海軍（嶺南東道）節度使。西元九〇七年，朱溫叛唐後，封劉隱為南平王。劉隱死後，劉岩繼立。西元九一七年，劉岩於番禺（今廣東廣州）稱帝，國號「大越」。次年，他又以漢朝劉氏後裔的身份改國號為「大漢」，史稱南漢。

劉岩即位後，致力推行中原文化，依靠士人治國，並透過科舉錄用進士，使轄區內經濟有所發展。但劉岩及後來的君主大多荒淫殘暴，生活奢靡，濫用酷刑。於是南漢最終於西元九七一年為北宋所滅。

孟知祥建立後蜀

孟知祥（西元八七四年—西元九三四年），字保胤，邢州龍崗（今河北邢臺）人。唐朝末年為李克用的部下，在後唐滅前蜀的戰爭中立下大功，因此被後唐封為太原留守，後封為劍南西川節度使。

孟知祥抵達成都後，整頓吏治，減少苛捐雜稅，逐漸控制了巴蜀地區。西元九三四年，他趁後唐內部因爭奪王位而陷入混亂之機，在成都即皇帝位，建國號大蜀，史稱後蜀，改元明德。

蜀地富庶，在孟知祥、孟昶二人統治時期，境內很少發生戰爭，社會經濟得以有所發展，與南唐同為五代時期經濟文化較發達的區域。西元九六五年，為北宋所滅。

高季興建立荊南

高季興（西元八五八年—西元九二九年），字貽孫，陝州峽石（今河南三門峽東南）人。早年流落汴州，為一富人家奴，後隨其主為朱溫部將。西元九〇七年，朱溫即帝位後，派高季興任荊南節度使。高季興到荊南後，召集亡散軍民，擴充實力，並以唐朝進士梁震等文武官為輔佐，暗中準備割據。西元九一四年，後梁封高季興為渤海王。

西元九二三年，李存勖滅後梁，高季興被封為南平王，定都江陵。西元九二五年，後唐滅前蜀之後，高季興得到歸（今湖北秭歸）、峽（今湖北宜昌）二州。

南平是十國中最弱小的國家，但因其對南北諸國一概稱臣，而且地理位置特殊，所以得以長期割據一方，直至西元九六三年才被北宋所滅。

李存勖建立後唐

朱溫建立後梁後，一直和盤踞山西的李克用、李存勖父子征戰，政權受到威脅。再加上朱溫本人生活荒淫，也沒有能力統一轄境內的藩鎮割據，反而大舉封王，使其宗室內部的矛盾不斷強化。

西元九一二年，朱溫次子朱友珪發動政變，殺死朱溫，自立為帝。八個月後，朱溫第三子朱友貞又發動洛陽禁軍兵變，以討逆為名殺死朱友珪，在開封稱帝，是為後梁末帝。

朱友貞即位後，殘暴猜忌，導致內部分裂，國力進一步削弱。西元九二三年，李存勖在魏州（今河北大名北）稱帝，定國號唐，史稱後唐。同年數月後，李存勖攻入開封，滅掉後梁，後梁末帝朱友貞自殺。之後李存勖遷都洛陽，他在位期間縱情聲色，猜忌功臣宿將，橫徵暴斂，禍害百姓，不得人心。西元九二六年，李克用的養子李嗣源奪取汴州，入主洛陽稱帝。

石敬瑭建立後晉

李嗣源即位後改革積弊，後唐局勢得以好轉。李嗣源的心腹大將石敬瑭曾在他爭奪帝位時立下赫赫戰功，因此被招為女婿。之後，石敬瑭以駙馬兼功臣，逐年升遷，歷任侍衛親軍馬步軍都指揮使，河東節度使，大同、彰國、振武、威塞等軍藩漢馬步軍總管等職，負責抵禦契丹南下，後又賜封為「耀忠匡定保節功臣」。

隨著職務和勢力的增長，石敬瑭開始擁兵自重，大有取代後唐而自立之勢。李嗣源死後，後唐末帝李從厚即位，他對石敬瑭猜疑頗大，後徙其為天平節度使，但石敬瑭拒不受命。末帝遂派兵圍攻晉陽，石敬瑭採納了謀士桑惟翰的建議，以自稱兒子、割送燕雲十六州為條件，請契丹耶律德光出兵相助。耶律德光大喜，和石敬瑭聯兵大敗後唐軍隊，於西元九三六年十一月攻入洛陽，後唐滅亡。石敬瑭即位，定都東京（今河南開封），改元天福，國號晉，史稱後晉。

割讓燕雲十六州

燕雲十六州是指：幽州（今北京）、順州（今北京順義）、儒州（今北京延慶）、檀州（今北京密雲）、薊州（今天津薊縣）、涿州（今河北涿州）、瀛州（今河北河間）、莫州（今河北任丘北）、新州（今河北涿鹿）、媯州（今河北懷來）、武州（今河北宣化）、蔚州（今河北蔚縣）、應州（今山西應縣）、寰州（今山西朔州東）、朔州（今山西朔州）、雲州（今山西大同）。

西元九三六年，石敬瑭在契丹軍的幫助下消滅後唐，建立後晉。他稱帝後很守「信用」，於西元九三八年割讓燕雲十六州給契丹，並承諾每年給契丹布帛三十萬匹。同時，四十五歲的石敬瑭尊稱三十四歲的耶律德光為「父皇帝」。燕雲十六州的割讓，使得遼國的疆域擴展到長城沿線，為其南下創造了有利條件。

西元九四二年，石敬瑭死後，其侄石重貴即位。契丹遂以其「稱孫不稱臣」為由，出兵南下，於西元九四六年攻下開封，滅掉後晉。燕雲十六州的割讓，使遼國開始從單純的遊牧民族轉向遊牧與農耕相交雜的民族，而中原則失去了與北方遊牧民族之間的天然防線，完全暴露在契丹的鐵蹄之下。之後遼國以此為基地，不斷南下，使北方的社會經濟遭到了嚴重破壞，貽害長達四百年。

徐知誥建立南唐

徐知誥（西元八八八年—西元九四三年），字正倫，小字彭奴，徐州人。本姓李，自稱為唐憲宗第八子建王李恪之後裔，但家道衰落，在戰亂中為楊行密部下徐溫收為養子，並改名徐知誥。西元九三七年，他廢吳自立，定都金陵，以唐室後裔自居，改名為李昪，建立唐，史稱南唐。

李昪在位期間勤於政事，興利除弊，又與吳越和解，採取保境安民的政策，與民休息，使南唐戶口增加，經濟發展，成為當時經濟文化最先進的地區，也是南方九國中版圖最大的一個。西元九四三年，李昪病死後，李璟、李煜先後繼位。但二人都不是治國名君，而且生活奢靡，朝政荒廢，於是南唐逐漸衰頹，於西元九七五年被北宋所滅。

李璟、李煜二帝擅長詩文，尤其是後主李煜，他精書法，善繪畫，通音律，尤以詞的成就最高，留下了「問君能有幾多愁，恰似一江春水向東流」的千古名句。南唐滅亡後，李煜被俘到汴京，封為命侯，宋太宗即位後進封為隴西郡公，於西元九七八年被宋太宗殺害。

劉知遠建立後漢

劉知遠（西元八九五年—西元九四八年），沙陀人，太原人。曾是石敬瑭手下將領，後幫助石敬瑭在契丹扶持下建立後晉，被任命為河東節度使等職。

石重貴繼位後，劉知遠進封為北平王，拜中書令。因他位高權重，兵力雄厚，所以為石重貴所猜忌。晉遼交戰期間，他守境不出，招募軍士，壯大力量。

遼軍進入汴京時，他派部下以祝賀勝利為名，去汴京察看形勢，知道遼軍很不得人心。不久，他打出復興後晉、迎石重貴來晉陽的旗幟，受到將士的擁護。西元九四七年，他在太原稱帝，年號為乾，國號為漢，史稱後漢。

劉知遠稱帝後，為了贏得民心，沿用後晉的年號天福，以爭取後晉文武官吏的支持。他下詔書慰勞各地自發武裝抗遼、保衛鄉土的起義軍，又不奪民財而取出宮中所有財物賞賜將士，獲得了軍民的支持。然後趁遼軍北退，遼統治集團內部忙於爭奪皇位之際，他乘機統率大軍自太原出發，一路勢如破竹，進入洛陽，占領開封，並定為都城。

郭威建立後周

郭威（西元九〇四年—西元九五四年），邢州堯山（今河北隆堯）人。年少貧寒，從軍後先後跟隨潞州節度使李繼韜、後唐莊宗李存勖、後晉高祖石敬瑭、後漢高祖劉知遠。西元九四七年，他幫助劉知遠建立後漢，被任為樞密副使。

西元九四八年初，劉知遠死後，子劉承佑繼位，是為後漢隱帝，以郭威為樞密使。同年三月，河中、永興、鳳翔諸鎮相繼叛亂，隱帝以郭威為統帥派兵平定。西元九五〇年，郭威以樞密使擔任鄴都留守。不久，隱帝疑忌大臣，殺死在朝大臣楊邠、史弘肇、王章，又令人殺郭威。

郭威見事態緊急，即採用謀士魏仁浦之計，偽造詔書，宣稱隱帝令郭威誅殺諸位將領。於是群情激憤，推舉郭威為首領，起兵討伐。隱帝見郭威起兵造反，遂將郭威在京親眷全部誅殺，並派兵抵禦郭威。然而此時郭威大權在握，聲勢浩大，各鎮節度使紛紛倒戈擁戴郭威，隱帝被殺死於亂軍之中。郭威帶兵攻入開封，並派人刺殺了欲即位稱帝的劉氏宗室武寧節度使劉贇，迫使太后臨朝聽政，以郭威監國。西元九五一年初，郭威即位，定都開封，改元廣順，國號周，史稱後周。

劉崇建立北漢

劉崇（西元八九五年——西元九五四年），並州晉陽（今山西太原）人，是後漢高祖劉知遠的弟弟。劉崇家世貧寒，少時無賴，好酒嗜賭，後投軍為兵卒。西元九四七年，其兄劉知遠在太原稱帝，建立後漢，後來在開封建都，於是以劉崇為太原留守，加同平章事。

劉知遠死後，西元九五〇年，郭威帶兵反叛，攻占開封，消滅後漢，建立後周。

劉崇占據河東十二州，在太原稱帝，仍用漢為國號，史稱北漢。北漢是十國中唯一一個位於北方的國家，曾兩次攻打後周，但都以失敗告終。北漢地瘠民貧，國力微弱，最後歸附契丹，在契丹和大地主的支持下維持統治，直到西元九七九年為北宋所滅。

周世宗改革

郭威稱帝後，虛心納諫，招納賢才，提倡節儉，輕徭薄賦，簡省刑罰，使生活日益安定下來。西元九五四年，郭威死後，其養子柴榮即位。

柴榮即位後，勵精圖治，廣泛收羅人才，繼續推行後周太祖郭威的改革。

政治上懲治貪贓，宣導節儉。經濟上鼓勵逃戶回鄉定居，減免無名苛斂，並編制《均田圖》，派遣使者分赴各地均定田租；動員民眾興修水利，疏浚漕運；廢除曲阜孔氏的免稅特權；停廢敕額（朝廷給予寺名）外的寺院三萬餘所，禁止私自剃度僧尼，並收購民間佛像銅器鑄錢，緩解了唐末以來長期財務困窘的局面。

軍事上整肅軍紀，賞罰分明，又招募天下壯士。文化方面，周世宗修訂刑律，修訂曆法，考正雅樂，廣搜遺書，雕印古籍。經過一系列的改革後，後周實力不斷強大。

西元九五五年，世宗採用王樸提出的「先易後難」的戰略方針，開始致力於統一全國。他先出兵後蜀，收回四州；次年伐南唐，經過三年苦戰，收回了淮南、江北的十四州六十餘縣；並經過六年征遼戰爭，收回了燕雲十六州中的三州。

西元九五九年五月，世宗乘勝進取幽州，突患重病，被迫班師，六月卒，享年三十九歲，幼子柴宗訓即位。世宗柴榮在政治、經濟和軍事上的改革及成就，為北宋統一全國奠定了基礎。

宋遼夏金元

多民族的融合

西元九六〇年，宋州歸德軍節度使趙匡胤發動陳橋兵變，奪取了後周政權，建立北宋。北宋先後滅掉南方的割據政權，結束了五代十國的紛亂局面。但北宋並未完全統一，此時東北有遼國，西北有西夏，西南有大理，而女真族也日益崛起於北方，完顏阿骨打在會寧稱帝，建立金國。之後金國不斷強大，和北宋夾擊滅掉遼國之後，又不斷南侵，於西元一一二七年擄走北宋徽、欽二帝和宗室、百官等三千多人，史稱「靖康之變」。同年，免遭於難的康王趙構建立南宋，後定都臨安。

偏安一隅的南宋政權幾乎是歷史上最屈辱的一個朝代，面臨金國的不斷南侵，加上秦檜等奸臣當道，只能不斷乞降，和金國簽訂一個又一個的屈辱條約。後成吉思汗南征北戰，統一蒙古，蒙古聯合南宋滅金之後，又滅西夏、平大理，對南宋形成了合圍之勢，節節進逼。西元一二七六年，臨安淪陷，恭帝被俘。西元一二七九年，崖山之役失敗後，陸秀夫背著末帝趙昺跳海自殺，南宋滅亡，元朝統一全國。

遼朝

耶律阿保機建國

耶律阿保機，遼國開國皇帝，史稱遼太祖，頗有雄才大略。其家族裡的前輩是契丹迭剌部的酋長和軍事首領，耶律阿保機於西元九〇一年被立為軍事首領，他不斷攻伐奚、室韋、女真等少數部族，並南下掠奪，以武力征服了契丹附近的地區，掠獲了大批俘虜。西元九〇七年，他被選為契丹大首領，此後歷任三屆，連任九年。

耶律阿保機在漢人的建議下，決定將這種三年一屆的選舉制度改為世襲制。西元九一六年，耶律阿保機登基稱帝，立國號契丹，建年號為神冊，以臨潢府為皇都。

耶律阿保機即位後制定法律，規定官爵位次，創制契丹文字，並以部眾設立宮衛騎軍及州縣部族軍，成為契丹主要的軍隊組成形式。之後契丹不斷攻打其他部族，統一了契丹八部，同時南下參與中原的角逐，奪取了幽州、薊等地，勢力不斷強大，成為中國北方最強大的少數民族政權。

景宗中興

遼景宗，耶律賢，字賢寧，遼世宗的次子。西元九六九年，遼穆宗逝世後，耶律賢被推舉為帝，尊號天贊皇帝，改元為保寧。

遼景宗在位時進行了一系列的改革，大膽用人，重用漢官，學習漢朝的治國之道，研究古今各朝代的經驗教訓，運用到改革實踐中。

他在實施過程中整頓吏治，寬減刑法，安撫百姓，革除了前朝留下來的諸多弊端，使遼朝走上了復興和發展之路。

他還建立了嫡長子繼承制度，使契丹社會逐漸走上封建化的道路。從此，遼進入了中興時期，為之後聖宗時代達到全盛奠定了基礎。

蕭太后攝政

蕭太后，名蕭綽，小字燕燕，遼景宗的皇后，家族原姓拔里氏，後被耶律阿保機賜姓蕭氏。蕭太后出身顯赫，其父親蕭思溫歷事遼太宗、遼世宗、遼穆宗、遼景宗四朝，身居高位，權傾一時，因擁立景宗即位有功，女兒蕭綽被納為皇后，而其母為燕國公主。

蕭綽自幼聰明美麗，當上皇后之後，因遼景宗體弱多病，她代皇帝行使職權，軍國大事都由她代理。西元九八二年，遼景宗死後，蕭太后的兒子，十二歲的遼聖宗耶律隆緒繼位，由蕭太后攝政。第二年，遼聖宗尊蕭太后為「承天皇太后」，蕭燕燕自此以承天皇太后的身份總攬軍國大政，她重用耶律斜軫、韓德讓參決大政，並把南面軍事委派給耶律休哥，為了鞏固遼聖宗的地位，還解除了諸王的兵權。

蕭太后勵精圖治，治國有方，她善於納諫，賞罰分明，獎勵農桑，輕徭薄賦。她還任用漢人，學習漢族的治國方略，並調節了契丹和漢族人民之間的關係，使此時的遼國達到了經濟、政治和軍事上的鼎盛時期。

蕭太后甚至還親御戎車，指揮三軍，攻打周邊各國，多次打敗北宋部隊，並逼迫宋真宗建立了「澶淵之盟」，從而開創了宋遼和平發展時期。西元一〇〇九年，蕭太后將權力交還給遼聖宗，同年十二月病逝。蕭太后是中國歷史上優秀的女政治家。

高粱河之戰

西元九七九年六月，宋太宗趙光義滅掉後漢，想乘勝進攻幽州，一舉收復幽雲失地。遼國州縣長官紛紛投降，宋軍相繼攻克金台頓（今河北易縣東南）、東易州（即岐溝關，今河北涿州西南）、涿州等地，一舉到達幽州城下。

遼國北院大王耶律奚底、統軍使蕭討古等戍守幽州。自後晉割讓燕雲十六州給遼國後，幽州就成為遼國的軍事重鎮，其城池牆高壘固，易守難攻，況且宋軍連續作戰，勞師遠行，圍攻了半個月都沒有攻下幽州城。

七月，宋太宗帶軍與遼軍大戰於高粱河（今北京西直門外一帶），遼國名將耶律休哥率兵來救援，與耶律斜軫分兵合擊，一舉打敗宋軍，宋太宗負傷，狼狽逃離。這就是高粱河之戰，也稱幽州大戰，此後，遼國勢力不斷強大，多次派兵南下。

聖宗改革

遼聖宗，耶律隆緒，契丹名文殊奴，即位前為梁王。西元九八二年遼景宗去世後，他被立為太子，西元九八三年繼位，改元統和，在位四十九年，是遼國統治時間最長的皇帝。

遼聖宗繼位時，只有十二歲，由蕭太后攝政。蕭太后執政期間，起用室昉、韓德讓及耶律斜軫、耶律休哥等人輔政，任用漢人士大夫，積極整治吏治，改革法度。並在遼景宗的基礎上大力推行改革，鼓勵農桑，興修水利，減輕賦稅，使遼國的百姓日益富裕。

遼聖宗在位期間還改革軍隊，加強訓練，使遼國的軍事實力不斷增強，並四方征戰，南下攻打宋朝，使遼國的疆域達到頂峰。

耶律大石建立西遼

耶律大石，字重德，是遼太祖耶律阿保機的八世孫，善於騎射，通漢文、契丹文。西元一一一五年中進士，之後歷任泰、祥二州刺史，遼興軍節度使。西元一一二二年，金兵大舉南侵，攻克中京（今內蒙古自治區赤峰市寧城），天祚帝耶律延禧不敢留守，往西逃入雲中。

當時留守南京（今遼寧遼陽北）的耶律大石擁立耶律淳即位，稱天錫皇帝，後世稱「北遼」，耶律大石被任命為軍事統帥，向金稱臣，打敗了北宋對南京的進攻。

不久耶律淳病死。西元一一二三年，金兵再次南下，耶律大石在抵抗中被俘，後來逃脫，率兵投奔天祚帝，但已無法得到信任，只好率領親兵兩百人向西北方向逃離。

耶律大石召集遼國在漠北的屯軍和十八部藩屬，控制了蒙古高原和新疆東部一帶。西元一一三二年，耶律大石在葉密立（今新疆額敏）稱帝，史稱西遼，年號延慶，稱菊兒汗（世界之汗）。

之後耶律大石相繼平定了新疆地區和中亞一帶的許多突厥族部族，定都於八剌沙袞（今吉爾吉斯托克馬克）。至此，西遼控制了東至和州（今新疆吐魯番）、西達裏海的廣大疆域，成為了中亞的霸主。

北宋

陳橋兵變

趙匡胤，祖籍涿郡，出生於洛陽的官宦之家，後周太祖時任滑州副指揮，世宗時升任檢校太傅、殿前都點檢，掌握了禁軍的指揮大權。

西元九五九年，周世宗柴榮死後，年僅七歲的幼子柴崇訓即位，是為恭帝，趙匡胤又兼領宋州（今河南商丘）歸德軍節度使。趙匡胤手握兵權，權力日益擴大，因此想篡位稱帝。西元九六〇年春，鎮（今河北正定）、定（今河北定縣）二州謊報北漢和遼國的軍隊合併來犯，請求派兵援助，朝廷派趙匡胤率大軍迎戰。

軍隊行至陳橋驛（今河南封丘東南陳橋鎮）時，趙匡胤之弟趙光義及屬下趙普、石守信等人指揮將士，發動兵變。士兵們將黃袍穿在正在熟睡的趙匡胤身上，擁立趙匡胤為皇帝，反叛後周。之後，趙匡胤率兵回師開封，並下令不得驚犯後周的皇帝和太后，不得侵辱後周的公卿，不得侵掠朝市府庫，如有違令者族滅。

趙匡胤一路上只遭遇了小規模的抵抗，兵不血刃地占領了開封。後周恭帝被迫禪位，翰林學士陶谷拿出一份事先準備好的禪代詔書，宣布周恭帝退位。趙匡胤遂正式登皇，因其曾為宋州節度使，故改國號為宋，改元建隆，定都開封，趙匡胤是為宋太祖。石守信、高懷德、張令鐸、王審琦、張光翰、趙彥徽皆被封為節度使。

宋太祖杯酒釋兵權

西元九六〇年，宋太祖即位後不足半年，後周的舊臣昭義節度使李筠、淮南節度使李重先後起兵叛亂，宋太祖親自出征，終於把他們平定。

西元九六一年，宋太祖趙匡胤為了消除隱患，把石守信、高懷德等將領召集起來喝酒。酒酣耳熱之際，宋太祖突然摒退左右說道：「若不是靠諸位將領出力，我是當不了皇帝的，為此我打從內心感激你們。可做皇帝也太難了，我整個夜晚都睡不安穩啊！」石守信等人忙問其故，宋太祖繼續說：「這不難知道，皇帝的位子誰不想要呢？」

石守信等人聽出了話外之音，急忙叩頭說：「現在天下已定，四海歸一，誰還會對您不忠呢？」宋太祖說：「是啊，你們雖無異心，可若你們的部下想要富貴，一旦把黃袍加在你的身上，那時還由得著你們嗎？」將領們知道已經受到猜疑，頓感大禍臨頭，連忙跪下來，懇請宋太祖給他們指一條明路。

宋太祖道：「我替你們著想，你們不如把兵權交出來，到地方去做個閒官，多置些良田美宅，安享天年。君臣之間，再無猜疑，這樣不是很好嗎！」石守信等人見宋太祖已經把話說得很清楚，再無迴旋餘地，只得俯首聽命。

第二天，石守信、高懷德、王審琦、張令鐸、趙彥徽等一齊上表，聲稱自己年老多病，要求解除兵權。宋太祖欣然同意，解除了他們的兵權，將他們派到地方擔任禁軍職務。

這就是歷史上著名的「杯酒釋兵權」。宋太祖收回兵權以後，建立了新的軍事制度，從地方軍隊挑選精兵編成禁軍，由皇帝直接控制，使新生的宋朝漸漸穩定下來。

北宋統一戰爭

宋太祖登基所面臨的首項事業就是統一全國。他在消滅了李筠和李重的叛亂後，就開始準備統一全國。當時的遼國占據燕雲十六州，勢力最強。宋太祖在與趙普商討後，確定了先易後難、先南後北的方略。宋太祖對遼採取守勢，首先以借途滅國之計，消滅了南平和武平，之後又消滅了後蜀、南漢、南唐三國，宋朝實力倍增。

西元九七六年，宋太祖忽然去世，全國統一事業暫告停止。之後趙匡胤之弟趙光義即位，廟號太宗。太宗決心繼承太祖遺志，繼續國家統一事業。

先是割據福建漳、泉兩府的陳洪進及吳越錢氏於西元九七八年歸降，統一了南方，其後又於西元九七九年集中兵力殲滅北漢，結束了五代十國的割據混戰局面。

北宋統一戰爭的勝利，為社會安定和南北經濟文化交流創造了條件，但北宋並未達到隋唐時代的疆域，當時諸國並立，北有遼，西有西夏，南有大理，其統一只是局部的統一。

雍熙北伐

雍熙是宋太宗趙光義的第二個年號，北宋使用這個年號共四年（西元九八四年—西元九八七年）。雍熙北伐戰爭是發生在雍熙年間的重要事件。

西元九八二年，遼景宗耶律賢死後，十二歲的耶律隆緒即位，由太后輔政。宋朝認為有機可趁，遂於雍熙三年（西元九八六年）兵分三路北伐。東路由曹彬率領，出雄州（今河北雄縣），牽制遼軍主力；中路以田重進為統帥，攻打蔚州（今河北蔚縣）；西路由潘美、楊業率領，出雁門關（今山西代縣境內），攻打雲州。最初，中、西兩路進軍順利，收復了不少失地。但隨後蕭太后和遼聖宗率軍反擊，曹彬率領的東路軍在岐溝關（今河北涿州市西南）被遼軍主力打敗。宋太宗急令宋軍撤退，並命潘美、楊業統率的西路軍護送百姓內遷。

北宋名將楊業與遼軍決戰於陳家谷口，因潘美帶領的援軍背信逃走，楊業最終因寡不敵眾被俘，絕食三日而死。雍熙北伐以宋軍的失敗而告終。自此之後，遼國在軍事上掌握了極大的優勢，宋太宗只好放棄了收復燕雲十六州的想法，改為加強防禦，重內虛外。

王小波、李順起義

自安史之亂以後，四川地區少有戰禍，因此成為各地地主官僚的避難所。北宋初年，四川地區的土地大多被地主階級霸占，很多農民淪為旁戶（佃客），階級衝突尤為嚴重。

宋太宗即位後，蜀地天災頻繁，餓殍遍野，民不聊生。西元九九三年，四川青城縣（今都江堰市）的王小波領導百餘農民發動了武裝起義。王小波提出「均貧富」的口號，得到了廣大貧苦農民的回應，起義軍很快發展到數萬人。

起義軍攻占彭山縣，開倉濟貧。當年十二月，起義軍在江原縣與官軍激戰時，王小波戰死，起義軍推舉其妻弟李順為統帥。李順率兵攻克了邛州（今四川邛崍）、蜀州（今四川崇州）。西元九九四年初，起義軍攻克成都，李順在成都稱王，國號大蜀，年號應運。起義軍的浩大聲勢引起了北宋王朝的驚慌，宋太宗急忙派遣王繼恩統率中央禁軍前去鎮壓。

王繼恩率領大軍攻破劍州、綿州、閬州、巴州等地，猛攻成都，十多萬起義軍堅守城池。而後，成都失陷，起義軍十多萬人戰死，李順於城破時失蹤。成都失陷後，其他各地的起義軍仍在奮戰，但不久後亦告失敗。

王小波、李順在農民戰爭史上第一次提出了「均貧富」的口號，對以後的農民起義具有極其重要的指導意義。

楊延昭鎮河朔

楊延昭，本名延朗，因遼軍懼怕他，把他看做是天上的六郎將星下凡，故又稱楊六郎。楊延昭是北宋抗遼名將楊業的長子，尚在孩提時代，他就「戲為軍陣」，楊業對此十分欣慰，每次出征總要帶上他。

雍熙北伐時楊延昭擔任先鋒，帶領所部猛攻遼軍，殺傷遼兵無數，為西路軍連克寰、朔、應、雲四州立下了汗馬功勞。雍熙北伐失敗，父親捐軀疆場，楊延昭悲痛之餘，繼父親遺志，在景州（今河北景縣）、保州（今河北安新縣）等地抵禦遼軍侵擾。西元九九九年，遼軍又一次大舉南下，向宋朝發動大規模軍事進攻，宋真宗急調楊延昭為保州（今河北保定）緣邊都巡檢使。

九月，遼軍在蕭太后的親自督戰下，猛攻遂城（今河北徐水縣東）。當時遂城只有三千守軍，遂城危在旦夕，眾心危懼。楊延昭帶領士兵們守城數十日，到十月份，楊延昭利用當時天寒的自然條件，命軍民取水澆到城牆外皮上。一夜之間城牆結冰，變得光滑無比，遼軍無法攻克，只好轉而攻打其他地方。

此戰使楊延昭威震邊陲，之後楊延昭戍守北方達二十年之久，直到西元一〇一四年去世。楊延昭鎮守河北邊防期間，遼兵騷擾較少，這一帶人民過著比較安定的生活。

澶淵之盟

宋真宗初年，遼國再次大舉南侵。西元一〇〇四年，遼蕭太后與遼聖宗耶律隆緒以收復瓦橋關（今河北雄縣舊南關）為名，親率大軍向宋朝發動大規模軍事進攻，沿途遭到宋國軍民的抵抗，於是遼軍繞過保州、定州，於十一月直撲黃河沿邊的澶州（今河南濮陽），威脅到了相隔不遠的宋都汴京，宋廷朝野震盪。一些大臣主張遷都南方以避禍，但在宰相寇準的堅持下，宋真宗御駕親征，親自來到澶州北城督戰，當時宋軍皆呼萬歲，士氣倍增。

與此同時，幾十萬宋軍陸續結集到澶州附近，遼軍陷入了孤立無緩的境地。而且遼國統軍蕭撻凜被宋軍射死，遼軍士氣大挫，此時的遼軍只能向宋軍提出議和，並要脅宋朝割地為退兵條件。

宋真宗只希望遼軍快速撤走，於是和遼國簽訂了協議，約定宋遼仍以白溝為界，雙方結為兄弟之國；宋每年向遼提供「助軍旅之費」銀十萬兩，絹二十萬匹。因澶州又名澶淵，遂史稱「澶淵之盟」。澶淵之盟後，宋遼雙方進入對峙時期，此後很長一段時間內都沒有發生過大規模的戰爭。

紙幣的出現

交子是世界上最早使用的紙幣，於北宋初年最早在四川地區出現。當時四川地區使用鐵錢，大鐵錢每貫百個，重六公斤以上，小鐵錢每貫千個，重三公斤以上，非常笨重，使用起來非常不方便。於是四川成都出現了為商人經營現金保管業務的「交子」鋪。

最初的交子實際上是一種存款憑證。存款人把現金交付給鋪戶，鋪戶把存款數額填寫在用楮紙製作的紙上，再交還存款人，並收取一定的保管費，即交子，交子可以在「交子」鋪兌換現金。後來交子在商人之間普遍使用，於是各個交子鋪戶就聯合起來，印刷有統一面額和格式的交子，並在上面做了防止盜印的暗號。這種交子可以直接在市場上使用，成為了真正意義上的紙幣。

北宋景德年間（西元一〇〇四年—西元一〇〇七年），益州知州張泳對交子鋪戶進行整頓，剔除不法之徒，專由十六家鋪戶經營，交子的發行正式取得了政府認可。宋仁宗天聖元年（西元一〇二三年），政府設益州交子務，由政府專門負責發行交子。

慶曆和議

慶曆和議是指宋夏之間在慶歷年間所簽訂的和約。西元一〇四〇年至一〇四二年間，西夏接連對宋發動戰爭，先後在延州之戰、好水川之戰、定川塞之戰中大敗宋軍，劫掠宋地。

宋軍屢戰不勝，於是宋仁宗採取了范仲淹的建議，對西夏實行清野固守的政策，同時加緊訓練士兵，加強邊界地區的防備。而西夏雖然屢次得勝，俘獲了大量財物，但失去了宋朝每年給予的歲幣和榷場貿易的收入，實是得不償失，於是派遣使者同宋議和。

慶曆四年（西元一〇四四年），宋朝與西夏達成最後協議，和約規定：西夏國王李元昊取消帝號，名義上向宋稱臣；宋朝每年賜給西夏銀七萬兩，絹十五萬匹，茶三萬斤；雙方在戰爭中所俘獲的將校、士兵、民戶可以不再歸還對方；如雙方邊境之民逃往對方領土，都不能派兵追擊，雙方應互相歸還逃人，等等。

慶曆和議達成後，李元昊曾多次派遣使者到宋朝，請求宋朝恢復邊境地區的榷場貿易。西元一〇四五年，宋朝政府在鎮戎軍（今寧夏固原）和保安軍（今陝西志丹）設置榷場，雙方恢復了貿易往來。

開設榷場

榷場是古代各地區實現經濟交流的地方。北宋時期經濟得到了很大的發展，手工業和商業更加繁榮，首都開封成為全國的政治經濟文化中心，店鋪林立，作坊眾多，車水馬龍，一派繁榮景象。市鎮、坊場非常繁榮，商業活動頻繁，吸引著大批商人和手工業者。

紙幣最早出現就是在此時。北宋的對外貿易和交流也非常發達，不僅透過沿海與其他國家貿易，而且還在與遼國、西夏等國的交界處設立榷場，進行互市貿易，促進了各個地區的經濟文化交流。

榷場的主要貿易產品有茶葉、布帛、瓷器、皮貨、藥材等。榷場貿易受到官方的嚴格控制，官府有貿易優先權。對於各政權統治者來說，榷場還有控制邊境貿易、提供經濟利益、安定邊界的作用。所以榷場的設置常因各政權間政治關係的變化而興廢無常。

宋太宗趙光義在位時期，宋遼之間就已在宋境的鎮州（今河北正定）等地設立榷場。澶淵之盟後，宋和遼之間，主要有在宋地的雄州（今河北雄縣）、霸州（今河北霸縣）、安肅軍（今河北徐水）、廣信軍（今河北徐水西）等河北四榷場。宋夏之間，先於西元一〇〇七年在保安軍（今陝西志丹）置榷場互市，後來又在鎮戎軍（今寧夏固原）等地置榷場。

慶曆新政

慶曆新政是北宋慶曆年間的一次改革，因領導者為范仲淹，故又稱范仲淹改革。宋仁宗年間，官員數量驟增，階級衝突日益嚴重，農民叛亂不斷。與此同時，由於北宋與遼、夏間的連年戰事，軍費開支使國庫日益空虛。

為整頓官僚機構，增強北宋國力，宋仁宗任命范仲淹為參知政事，任命富弼、韓琦等為樞密副使，開始進行改革。慶曆三年（西元一〇四三年）九月，范仲淹等人提出改革方案，方案包括「明黜陟」、「抑僥倖」、「精貢舉」、「擇官長」、「均公田」、「厚農桑」、「修武備」、「減徭役」、「推恩信」、「重命令」等十事，稱為《十事疏》。

主張建立嚴密的仕官制度，裁汰冗員，限制特權，注重農桑，整頓武備，推行法制，減輕徭役。慶曆改革在當年和次年上半年陸續頒行全國，號稱「慶曆新政」。但因「新政」觸犯了封建貴族勢力的利益，限制了大官僚的特權。於是他們誣衊范仲淹、富弼、歐陽修等人結交朋黨，一時之間，流言四起，人心惶惶，改革派受到強烈排擠。慶曆五年（西元一〇四五年）初，范仲淹、韓琦、富弼、歐陽修等人相繼被趕出朝廷，各項改革也被廢止。於是僅施行了一年零四個月的慶曆新政，以失敗而告終。

畢昇發明活字印刷

畢昇（約西元九七〇年—西元一〇五一年），曾做過印刷鋪工人，專門從事手工印刷工作，是著名的平民發明家，中國四大發明之一的活字印刷術就是他發明的。早在隋唐時期，人們就發明了雕版印刷術，印製了大量的文字作品，但傳統的印刷版無法重複使用，造成了大量的浪費。

大約在西元一〇四一年前後，畢昇總結了歷代雕版印刷的實踐經驗，經過反覆試驗，製成了膠泥活字，實行排版印刷，完成了印刷史上一項重大的革命。他的方法是：用膠泥做成一個個規格一致的毛坯，分別刻上反體單字，然後用火燒硬，成為單個的膠泥活字。

在印刷時再將需要用到的活字按印刷要求排入兩塊帶框的鐵板上，做成可以重複使用的印刷版，兩塊鐵板交替使用。不用的活字可以存放起來，等待下次印刷的時候使用，活字印刷術的發明使印刷變得方便快捷，大大提高了印刷的效率。畢昇發明的活字印刷術，被認為是世界上最早的活字印刷技術。在畢昇之後又出現了各種活字，包括陶土活字、陶瓷活字、銅活字、木活字等。

王安石變法

因為發生在宋神宗熙寧年間，所以王安石變法亦稱熙寧變法。

王安石，字介甫，號半山，臨川人（今江西省東鄉縣），唐宋八大家之一。因為曾封荊國公，故又稱荊公。北宋中葉以後，政府官員的數目持續膨脹，土地兼併問題嚴重，軍隊人數激增，加上連年對遼、西夏等國的戰事，使得軍費增加，國庫空虛，人民生活日益艱難。

為了改變北宋建國以來的積弊，增強國力，西元一〇六九年，王安石在宋神宗的支持下開始制定和頒行新法。新法的範圍十分廣泛，包括經濟方面的均輸法、青苗法、農田水利法、募役法、方田均稅法、市易法；軍事方面的保甲法、裁兵法、置將法、保馬法、軍器監法；教育方面的太學三舍法、貢舉法。同年，王安石任參知政事，開始陸續推行新法。

新法推行後，社會矛盾得到緩和，政府收入有所增加。但新法推行過急，利弊互見，因此遭到了許多守舊官員的反對，難以取得明顯成效。西元一〇八五年，宋神宗死後，其十歲的兒子趙煦即位，是為宋哲宗，高太后垂簾聽政，任用守舊派人物司馬光為相。新法逐漸被廢除，不久王安石在江寧（今江蘇南京市）病死。變法雖然失敗，但是一些具體措施還是保留了下來，對宋朝經濟產生了深遠的影響。

烏台詩案

烏台即御史台，因官署內遍植柏樹，又稱「柏台」。柏樹上常有烏鴉棲息，乃稱烏台。蘇軾因反對王安石新法，所以在寫文作詞的時候多有牢騷抱怨。

宋神宗元豐二年（西元一〇七九年），蘇軾移至湖州，到任後上表謝恩。朝臣以其上表中用語暗藏譏刺為由，上表彈劾蘇軾，指責蘇軾愚弄朝廷，狂妄自大。宋神宗遂下令拘捕，太常博士皇甫遵奉令前往拘捕。蘇軾受捕，寫信給蘇轍，交代後事，長子蘇邁則隨途照顧。押解至太湖，蘇軾曾意圖自盡，幾經掙扎，終未成舉。捕至御史台下獄，御史台徹查蘇軾平日書信詩文往來，又牽連出七十餘人。

蘇軾自料難逃此劫，暗藏金丹，意圖自殺。後因太皇太后、王安石等人出面說情，蘇軾終免一死，貶謫為黃州團練副使。在黃州期間，是蘇軾文學創作生涯的重要階段，寫作了大量的詩詞。

蔡京擅權

蔡京，字元長，興化仙遊（今屬福建）人。北宋宰相、書法家，蔡京藝術天賦極高，其書法有很高的藝術造詣，因此有人認為蘇、黃、米、蔡四大家中的「蔡」一開始是指蔡京，只因惡名在外才被換掉。西元一〇七〇年，蔡京進京應試，得中進士。之後短短數年便由地方官員成為朝中大臣。蔡京曾是王安石變法的擁護者和得力部將，受到宋神宗和王安石的重用。西元一〇八六年，司馬光盡廢王安石新法，蔡京又帶頭恢復舊制。他見風使舵，逢迎拍馬，逐漸身居高位，先後四次任相，共達十七年之久。期間蔡京一手遮天，任用親隨，打擊忠賢，在朝廷上下形成了以他為首的腐敗官僚集團。

蔡京和童貫、梁師成、王黼、朱勔、李彥等六人把持朝政，賣官鬻爵，掠奪土地，為非作歹，被稱為六賊。朝廷為了修建園林，讓童貫、朱勔等人去江南搜羅奇花異石，然後用船運到開封，十船為一綱，所以稱為「花石綱」。花石綱工役繁重，江南人民苦不堪言。蔡京等人還濫發紙幣，引起物價飛漲，市場混亂不堪，民怨沸騰。階級矛盾不斷強化，終於引發了方臘、宋江等農民起義，加速了北宋的滅亡。宋欽宗即位後，蔡京被貶嶺南（今廣東），途中死於潭州（今湖南長沙）。

宋江起義

宋江，山東鄆城人。北宋末期，朝政腐敗，農民苦於賦稅剝削。當時的梁山泊方圓數百里，盛產蒲、魚，當地百姓以此為生。但朝廷逼迫農民交納租稅，否則便以盜竊論處。於是，西元一一一九年，宋江等三十六人占據梁山泊，招募義軍，聚眾起義，並率眾攻打河朔、京東，轉戰於青、齊（今山東省濟南）至濮州（今山東省鄄城北）間。他們武藝高強，作戰勇猛，屢次打敗官軍。

宋徽宗在招安未果的情況下，派大兵討伐。宋江避其鋒芒，自青州率眾南下沂州（今山東省臨沂），與官軍周旋。西元一一二一年，義軍攻取淮陽軍（今江蘇省睢寧西北），繼由沭陽（今屬江蘇）乘船進抵海州（今江蘇省連雲港西南海州鎮）。時任知州的張叔夜遣使探察義軍所向，並招募敢死隊千餘人設伏。而後，宋江率眾登岸後被伏兵包圍，損失慘重，退路又被切斷，宋江不得不率眾投降，接受朝廷招安。

宋江起義因《水滸傳》中一百零八個英雄式的人物和生動的故事情節而廣泛流傳，但在歷史上，其規模並沒有那麼大，最初的起義領袖只有三十六人，而且很快就被鎮壓下去。

方臘起義

在宋江起義的同時，南方爆發了轟轟烈烈的方臘起義。方臘，睦州青溪人，性情豪爽，深得人心。當時朝廷在各地設立「造作局」和「應奉局」，收集花石綱，大肆搜刮民脂民膏，農民賦役繁重，生活日益艱難，階級衝突加劇。西元一一二〇年十月，方臘組織了很多貧苦的農民，在浙江睦州青溪縣發動起義。各地農民聞風而動，起義軍很快達到十萬人。

方臘自稱「聖公」，改元「永樂」，設置官吏。十一月方臘軍在青溪縣息坑（今浙江淳安西）全殲兩浙路常駐宋軍五千人。不久後又攻克睦州、歙州等六州五十二縣，隊伍很快達到百萬人。十一月末，起義軍攻入作為花石綱指揮中心的杭州，殺死兩浙路制置使陳建、廉訪使趙約，掘蔡京父祖墳墓。

朝野震盪，西元一〇二一年初，宋徽宗派童貫與譚稹分兵兩路前去鎮壓義軍，同時下罪己詔，停運花石綱。宋軍在杭州與方臘軍發生激戰，方臘軍大敗，從此一蹶不振，退回青溪。經過激烈的戰鬥後，方臘被俘，不久被殺。

方臘起義雖以失敗而告終，但其規模巨大，撼動了當時的腐朽統治，加速了北宋的滅亡。

海上之盟

海上之盟即北宋、金國約定聯合攻打遼國的盟約。因為談判期間，雙方使節都乘船由海上往來，故名海上之盟。西元一一一五年，完顏阿骨打稱帝，建立金國，隨後開始了反抗遼國的鬥爭，很快就攻占了遼國的軍事重鎮黃龍府（今吉林農安），遼軍節節敗退，其疆域漸漸被金國占領。此時，宋朝看到遼國滅亡在即，於是想與金聯合攻打遼國，以收復幽雲失地，緩和內部衝突。

於是自西元一一一七年開始，宋朝連續派遣使者越過遼國邊境，經海上到達金國，相約共同攻遼。西元一一二〇年，宋徽宗派遣使者趙良嗣（馬植）到達金國，金宋兩國訂立了盟約，雙方約定：宋金夾擊遼國，金軍攻取長城以北的中京（今內蒙古寧城西），宋軍攻取燕京和西京；滅遼後，金將燕雲十六州歸還給宋，宋將原來給遼的歲幣如數給金國。

這就是「海上之盟」，其內容反映了當時北宋政府的虛弱與無能。

宋金聯合滅遼

西元一一二一年，遼國貴族耶律余睹因受誣陷導致家人被殺，遂率兵投靠金國。金太祖趁機以耶律余睹為先鋒攻打遼國。金軍一路順利地攻下中京、西京等地，遼天祚帝率部下逃跑，長城以北的土地都被金軍占據。此時，童貫率領的宋軍在攻打燕京時卻都被遼國將領耶律大石、蕭干打敗。於是金軍趁機由居庸關南下，攻占了燕京和涿、檀、易、順、景、薊六州。

金國背棄海上之盟的約定，無意把燕雲十六州還給宋。之後雙方幾經周折，宋答應給金絹三十萬匹、白銀二十萬兩，並納「燕京代稅錢」一百萬貫，金才答應交還燕雲十六州中的六州及燕京。但金國在退走之前，將燕京城內的百姓、財物劫掠一空。宋接收燕京後改名為燕山府。

李綱抗金

李綱，字伯紀，號梁溪先生，能詩文。宋欽宗時，授兵部侍郎、尚書右丞。西元一一二六年金兵侵汴京時，任京城四壁守禦使。在宋廷一派慌亂的情況下，李綱向宋徽宗提出了傳位給太子趙桓，以號召軍民抗金的建議。

趙桓（宋欽宗）即位後，升李綱為尚書右丞，就任親征行營使，負責開封的防禦。李綱率領開封軍民及時完成防禦部署，親自登城督戰，擊退金兵。金帥完顏宗望見開封難以強攻，轉而施行誘降之計，宋廷彌漫了屈辱投降的氣氛。

李綱堅決反對向金割地求和，聯合軍民繼續頑強抵抗。完顏宗望因無力攻破開封，在宋廷答應割讓河北三鎮之後，於西元一一二六年二月撤兵。

但不久李綱即被投降派所排斥。到宋高宗即位時，曾力圖革新內政，李綱曾一度被起用為相，但七十五天即遭罷免。西元一一三二年，李綱又被起用為湖南宣撫使兼知潭州，不久，又被罷免。李綱多次上疏，陳抗金大計。均未被採納，後抑鬱而死。

靖康之變

宋徽宗趙佶熱愛藝術，他在書法、繪畫、作詩等方面有很高的造詣，其所創的瘦金體書法獨步天下。但宋徽宗也是歷史上有名的昏君，他在位時重用蔡京、童貫等奸臣，搜刮民財，窮奢極欲，其荒淫統治逐漸將北宋王朝推向覆滅的邊緣。

在宋金聯合滅遼的過程中，金國看到了宋朝的軟弱無能，於是遼朝滅亡後，金朝統治者不僅拒絕歸還燕雲十六州，還打算乘勝侵犯北宋。

西元一一二五年，金軍派遣粘罕和斡離不兵分兩路，大舉南下攻宋。此時宋朝正在慶祝「收復」了燕京等地，在軍事上毫無防範。宋徽宗聽到金兵南下的消息後，慌亂不已，他一面下罪己詔，召集各地勤王，一面急忙傳位給太子趙桓。趙桓即位，是為宋欽宗，改元靖康，宋徽宗率領侍從、官員南下鎮江避難。

靖康元年（西元一一二六年）初，金軍圍困開封，最終被主戰派李綱率兵打退。半年後，金國再次派粘罕和斡離不分兵攻宋，金軍所向披靡，於十一月再次包圍了都城開封。此時李綱受到排擠，被貶斥，朝廷內投降派占了上風。十二月，宋欽宗正式投降。

靖康二年（西元一一二七年），金國下詔廢宋徽宗、宋欽宗為庶人，另立同金朝勾結的原宋朝宰相張邦昌為傀儡皇帝，國號楚。金軍將開封搜刮一空，俘虜徽、欽二帝和后妃、宗室、貴戚、百官等三千多人北撤。北宋從此滅亡，因為此事件發生在靖康二年（西元一一二七年），史稱「靖康之變」。

司馬光著《資治通鑒》

司馬光（西元一〇一九年—西元一〇八六年），字君實，號迂叟，陝州夏縣（今山西夏縣）人。司馬光為人溫良謙恭，剛正不阿，歷來受人景仰。西元一〇三八年中進士甲科，一開始在華州（今河南鄭縣）擔任地方官，宋神宗在位時官拜翰林學士、御史中丞。因與王安石政見不和，於是謀求外任。在洛陽時開始專心編寫《資治通鑑》，歷經十九年而完成。

司馬光為此書付出了畢生的精力，成書不到兩年，他便積勞而逝，享年六十八歲，宋哲宗將他葬於高陵。

《資治通鑑》是中國歷史上第一部編年體通史，共兩百九十四卷，約三百多萬字。書名為宋神宗所定，取意「有鑑於往事，以資於治道」，賜書名《資治通鑑》，並親為寫序。《資治通鑑》記載了由周威烈王二十三年（西元前四〇三年）到五代的後周世宗顯德六年（西元九五九年）間，共一千三百六十二年的歷史，跨十六個朝代。《資治通鑑》在中國史書中有極其重要的地位，與司馬遷的《史記》並列為中國史學的不朽巨著，即所謂「史學兩司馬」。

新古文運動

柳宗元、韓愈去世之後，中、晚唐的古文創作逐漸衰落，駢文死灰復燃。宋朝初期，社會較為安定，一些士大夫便粉飾太平，吟風頌月，因此晚唐五代以來浮靡華麗的文風再度氾濫，一度風靡了整個文壇。但當時的社會不安定，政治鬥爭激烈，在這樣的情況下，一些開明的士大夫要求改革政治，反對奢靡華麗的文風，提倡寫作反映現實的散文。於是，他們繼韓愈、柳宗元之後，開啟了新一輪的古文運動，即新古文運動。

新古文運動一開始便是因應政治鬥爭的需要而發起的，其代表人物是歐陽修。歐陽修在文學觀點上師承韓愈，主張明道致用。他強調道對文的決定作用，要以「道」為內容、為本質，以「文」為形式、為工具。並取韓愈「文從字順」的精神，大力提倡簡而有法以及流暢自然的文風，反對浮靡雕琢和怪僻晦澀。

當時的歐陽修以翰林學士的政治地位，大力提倡古文，並帶動了其學生蘇軾、蘇轍、王安石、曾鞏等一大批創作隊伍，使古文運動達到了波瀾壯闊的地步，開創了平易近人、更有利於表達思想的文風。唐宋古文運動是中國散文發展史上一座重要的里程碑，而宋代古文運動的代表人物歐陽修、蘇洵、蘇軾、蘇轍、王安石、曾鞏和唐代的韓愈、柳宗元被列為唐宋八大家。

宋詞的繁盛

宋詞與唐詩並稱雙絕，都代表了一代文學之盛。詞是詩歌的一種，是曲子詞或詞曲的簡稱，是用來合樂的歌詞。詞由近體詩演化而來，因此又稱長短句或詩餘。詞有許多調子，每調有一個名稱，叫做詞牌，常見的詞牌有青玉案、念奴嬌、水調歌頭、菩薩蠻、一剪梅、蝶戀花等。詞始於中唐，興於五代，盛於兩宋。

宋代湧現出來無數傑出的詞人，唐圭璋的《全宋詞》記載了詞人一千三百三十多人，作品一萬九千九百多首，主要代表人物有蘇軾、柳永、歐陽修等。

詞按照作品的風格分為豪放派和婉約派兩大類。豪放派的主要代表人物是蘇軾、岳飛、辛棄疾等人，蘇軾的詞豪邁奔放，氣勢磅礴，肆意縱橫，是豪放派的創始人；而婉約派的詞婉轉含蓄，圓潤清麗，音律婉轉和諧，內容側重兒女風情，南唐後主李煜的詞就被歸為婉約一派，此外婉約派的代表人物還有李清照、柳永、秦觀、晏殊、周邦彥等。

程朱理學的興起

理學也稱為道學，是儒、道、佛相互滲透的唯心主義思想體系。程朱理學是兩宋時期主流的哲學思想，是理學各派中對後世影響最大的學說之一。程朱理學由北宋二程（程顥、程頤）兄弟創立，其間經過弟子楊時、羅從彥、李侗等人的傳承，到南宋朱熹時完成。

程顥和程頤二人把「理」視為哲學的最高範疇，他們提出，「天理」是宇宙的本源，淩駕於萬物之上，是自然界和人類社會遵從的最高準則。君臣、父子、夫妻之間的倫理規範都體現了天理，因此把三綱五常絕對化和神聖化。他們提出「存天理，去人欲」的理欲觀，宣揚「餓死事小，失節事大」。二程學說的出現，代表著宋代理學思想體系的形成。而朱熹師承二程，成為理學的集大成者。

他認為天地之間有理有氣，先有理而後有氣。理是第一位的，是萬物的本源，氣是派生的，是創造萬物的材料。在倫理觀上，他認為「天理存則人欲亡，人欲勝則天理滅」，把天理和人欲對立起來，把人欲看做一切罪惡的根源，所以得出的結論同樣是「去人欲，存天理」。由於朱熹是理學的最大代表，故程朱理學又稱為朱子學。

宋話本的興起

在宋代城市的大眾娛樂場所中，有一種以講故事、說笑話為主的活動，即「說話」。而話本，就是說書人說話的底本，它主要包括講史和小說兩大類。

唐代已經開始出現話本，到了宋代，隨著說書活動的逐漸興起，在書場中散播的故事越來越多。而用以記錄口傳故事的文字記錄本，以及受說書方式影響而出現的其他故事文本等，也越來越多。所有這些，後世統稱為「話本」。

現存宋元話本常出現「話本說徹，且作散場」之類的套語，可見在當時，「話本」一詞已含有故事文本之義。而套語的出現，也說明話本已經具有了一定的格式。話本小說則是民間說書藝人的創作，具有口頭文學的清新活潑的特色，並加入一些傳說、異聞等，同時也不免虛構，以增強吸引力。

宋代話本的代表作品有《三國志平話》、《碾玉觀音》、《錯斬崔寧》等。宋代話本小說是中國小說史上第一次將白話作為小說的語言進行創作，是中國小說進一步走向平民化的標誌，對以後中國小說的發展具有不容忽視的影響力。

南宋

南宋的建立

靖康之難後，徽宗、欽宗二帝被俘，包括妃嬪、皇室、百官等三千人都被金軍俘虜北上。而徽宗第九子、欽宗之弟康王趙構曾被欽宗派往金國短期為人質，西元一一二六年冬，金國再次南侵，趙構又奉命前往金國求和，途經河北磁州時被抗金名將宗澤攔了下來。後來趙構在相州（今河南安陽）建立了大元帥府，擔任河北兵馬大元帥。

金兵再次包圍開封時，欽宗令趙構率兵救援京師，但他卻逃往大名府（今屬河北），後來又轉移到東平府（今屬山東），以避敵鋒。趙構因此而成為靖康之變時免遭金軍俘虜的唯一皇室成員。他在大臣的推舉下，於西元一一二七年在南京應天府（今河南商丘）即位，改元建炎，是為宋高宗，軍事軟弱，政治無能的南宋王朝就此建立。

南宋建立以後，金兵南下攻打，宋高宗趙構繼續執行投降政策，先後罷黜了抗金將領李綱和宗澤，政權完全由投降派把持。西元一一二九年，金軍再次南下，宋高宗一路逃跑，最後從明州（今浙江寧波）乘船，在海上漂泊了三、四個月，後來返回臨安（今杭州），西元一一三八年始定都於此。

宗澤保衛東京

宗澤，字汝霖，浙江義烏人，靖康元年（西元一一二六年）任磁州知州，他到磁州後，積極修復城牆，招募義兵，整治兵器，廣集糧餉，防止敵人進攻。康王趙構赴金議和，經過磁州時，宗澤叩馬勸止。西元一一二六年冬，宋欽宗任康王為兵馬大元帥，宗澤為副帥。西元一一二七年，宗澤任開封留守，他注意到金兵兵力不足，於是聯合黃河南北的民間抗金武裝，決意收復失地。他很快就積存了足夠半年用的糧草，他收編的王善、楊進、王再興、李貴等部都有很強的實力。

西元一一二七年末，金兵再次大舉南下，宗澤帶兵與金軍進行了激烈的戰鬥。儘管四面受敵，但宗澤從容地調動軍隊，部署戰鬥，使金軍無力攻下開封。西元一一二八年夏，天氣開始炎熱，金軍無功而退。宗澤認為宋軍實力充沛，準備北伐反擊，遂和部下共同制訂了北伐的計畫，打算渡過黃河，收復失地，卻遲遲得不到朝廷的批准。宗澤勢力日益壯大，在開封甚得人心，宋高宗心生猜忌，於是打算撤換宗澤。宗澤心力交瘁，憂憤成疾，疽發於背。

宗澤念及未竟事業，長吟「出師未捷身先死，長使英雄淚滿襟」，大呼「過河！過河！過河！」而死。宗澤死後由子宗穎和岳飛扶柩至鎮江，與夫人陳氏合葬於京觀山麓，墓碑刻有：「大宋瀕危撐一柱，英雄垂死尚三呼。」

韓世忠大敗金兀朮

韓世忠（西元一〇八九年—西元一一五一年），字良臣，號清涼居士，陝西延安人，宋朝抗金名將。西元一一〇五年，韓世忠應募投軍，正值西夏入侵，因作戰勇猛，被提升為軍官。西元一一二六年，金兵大舉入侵，宋欽宗繼位，任命韓世忠為單州團練使，阻擊南下的金軍。正逢真定（今河北正定）被金兵攻克，韓世忠前去救援被困的守將王淵，也被圍。但他趁夜派敢死隊衝襲敵營，斬金兵主帥，突圍而出。不久又率千人阻擊數萬金兵，掩護趙構南下。

西元一一二七年，趙構即帝位，是為宋高宗，建立南宋，升韓世忠為光州觀察使、御營左軍統制。不久，金國大將兀朮率大軍南下攻宋。當時韓世忠任浙西制置使，守鎮江，在金軍滿載俘獲物資北上的時候，於黃天蕩設伏截擊金兵。此戰韓世忠僅以八千人的兵力將十萬金兵圍困達四十八天之久，其妻梁紅玉親自上陣擂鼓，傳為千古佳話。

之後金軍求和不能，只好掘河北上，才得以逃脫，史稱「黃天蕩大捷」。西元一一三三年，韓世忠受封太尉，之後曾多次率軍擊敗南下的金兵。岳飛下獄後，韓世忠在為其據理力爭未果的情況下，自請解職，閉門謝客，絕口不言兵。西元一一五一年卒，宋孝宗追封其為蘄王，因此後世也稱其為「韓蘄王」。

岳飛抗金

岳飛（西元一一〇三年—西元一一四二年），字鵬舉，出生於北宋相州湯陰（今河南湯陰），出身貧寒，童年時期就拜周侗為師學習武藝。他親眼目睹北宋的亡國之恨，傳說其母親曾在他背上刻字「精忠報國」，希望他能銘記國仇家恨。北宋滅亡後，北方人民紛紛組織起來，抗擊金軍，岳飛參與了王彥率領的抗金隊伍「八字軍」。後來在開封受到抗金名將宗澤的賞識，很快升為一支軍隊的將領。

岳飛的軍隊軍紀嚴明，「凍死不拆屋，餓死不擄掠」，老百姓親切地稱他們為「岳家軍」。岳家軍作戰勇猛，多次打敗金軍，金兵懼怕，哀嘆：「撼泰山易，撼岳家軍難！」

西元一一四〇年，兀朮又一次大舉南下。岳飛一面派人聯絡北方的民間抗金組織，一面親率大軍出擊。兩軍在郾城展開激戰，岳飛指揮兒子岳雲等率軍應戰，雙方從下午激戰到天黑，宋軍大獲全勝，追殺金軍幾十里。北方人民抗金情緒高漲，岳飛多次上書，請求宋高宗下令北伐。

然而宋高宗和奸臣秦檜害怕抗金力量壯大會威脅自己的統治，於是向金求和，並解除了岳飛等抗金將領的兵權。秦檜又用莫須有的罪名誣陷岳飛謀反，西元一一四二年初，年僅三十九歲的岳飛被害。岳飛一生廉潔正直，堅持抗金，身經百戰，未嘗一敗，保衛了南宋人民的生命財產，受到歷代人民的尊敬。後世把岳飛和張俊、劉光世、韓世忠並稱為「南宋中興四將」。

鍾相、楊麼起義

南宋初期，統治者橫徵暴斂，政繁賦重，再加上金軍南下蹂躪，江南民眾紛紛起義。西元一一三〇年，鼎州武陵（今湖南常德）人鍾相率先率眾起義，他提出「等貴賤、均貧富」的口號，得到大批窮困農民的回應，洞庭湖附近的農民紛紛加入。

鍾相遂正式建立政權，自稱楚王，年號天載。鍾相帶領義軍破州縣，殺貪官，均分財產，很快占領了洞庭湖周圍的六個州和十九個縣。後來因遭南宋政府鎮壓，鍾相犧牲。

西元一一三三年，楊麼自立稱大聖天王，重建楚政權。數十萬義軍在楊麼的率領下以洞庭湖為根據地，繼續與官府抗衡。義軍兵農相兼，陸耕水戰，既取得水戰優勢，又獲田蠶興旺，實力日益強盛。宋廷視之為心腹大患，多次遣軍討伐。

西元一一三五年，高宗命岳飛為荊湖南北路置制使，赴洞庭湖圍剿義軍。岳飛對義軍採取且招且捕、分化瓦解的策略，又遣人開閘泄放湖水，散放巨筏青草堵塞河道支流，以破義軍車船優勢，進而圍攻楊麼水寨，將其逐個擊破。至此，前後持續六年之久的鍾相、楊麼起義被鎮壓。此次起義是南宋最大的一場農民起義，打擊了南宋的腐朽統治。

郾城大捷

郾城之戰是南宋年間，宋朝與金國之間的一次決戰。此役宋朝名將岳飛帶領岳家軍以少勝多，予以金軍沉重打擊。西元一一四〇年，金國派完顏宗弼（兀朮）等四路大軍南下，當時岳飛軍駐郾城（今屬河南）。岳飛一面派人到河北一帶聯絡當地的民間抗金組織，一面親率大軍出擊。

郾城大戰中，金投入精銳騎兵一萬五千人。兀朮以頭戴鐵盔、身穿鐵甲的三千「鐵塔兵」打前鋒，以號稱「拐子馬」的騎兵居左右，列隊進攻。岳飛指揮其子岳雲等人率軍應戰，將士們手持刀斧，衝入敵陣，上砍騎兵，下砍馬腿。雙方從下午激戰到天黑，宋軍大獲全勝，兀朮的「拐子馬」幾乎全軍覆沒。

岳飛率軍追殺金軍至朱仙鎮（今河南開封南），高喊：「直抵黃龍府，與諸君痛飲爾。」兀朮只好率部下退至開封。此役岳家軍奪得戰馬兩百多匹，收復了河南許多州縣。一時之間，北方人民抗金熱情高漲，各地義軍紛紛參加抗金戰爭。郾城之戰後，金軍哀嘆：「撼泰山易，撼岳家軍難。」

秦檜陷害忠良

秦檜（西元一〇九〇年—西元一一五五年），字會之，江寧（今江蘇南京）人。宋徽宗政和五年（西元一一一五年）進士，北宋末年任御史中丞。靖康之變時隨同徽、欽二宗被擄到金國，與金廷議和。

西元一一三〇年被金國遣回南宋，朝廷中人都以其為奸細，卻得到了宋高宗的信任，任禮部尚書、參知政事，後官至宰相。西元一一三八年，高宗派秦檜和金國商談和談事宜。第二年，秦檜和金國簽訂和議，規定宋對金稱臣，年貢歲幣銀二十五萬兩，絹二十五萬匹；金歸還河南、陝西地及裝著徽宗的棺材和高宗之母韋太后。

這個屈辱的和約受到岳飛等主戰派的一致反對。岳飛於西元一一四〇年率領岳家軍取得郾城大捷後，多次上書要求宋高宗下令北伐，以趁機攻占開封，收復河朔。但此時朝政完全由秦檜把持，宋高宗害怕抗金力量的壯大會影響和金國的議和，威脅自己的統治，於是連發十二道金牌召岳飛班師回朝，所得失地再次落入敵手，岳飛憤然泣下：「十年之功，廢於一旦。」其心境之悲涼可想而知。

高宗和秦檜先是解除了岳飛等人的兵權，然後又以莫須有的罪名誣陷岳飛，將其下獄，嚴刑逼供，岳飛有冤難訴，寫下了「天日昭昭，天日昭昭」八個大字。西元一一四二年，岳飛、岳雲父子及大將張憲在風波亭被殺害。岳飛雖死，但其高尚的氣節為萬世敬仰，而秦檜則作為害死岳飛的罪魁禍首而遺臭萬年。相傳民間為解對秦檜之恨，將麵糰做成他的樣子丟入油鍋裡炸，並稱之為「油炸檜」，後來演變成了今日的油條。

紹興和議

本來在岳飛等抗金將領的率領下，宋軍在反擊金的入侵中已取得了一些勝利，但宋高宗與宰相秦檜唯恐有礙對金議和，遂解除了韓世忠、張俊、岳飛三大將的兵權。

紹興十一年（西元一一四一年），高宗將岳飛父子下獄後，便匆匆與金國簽訂了和約，史稱「紹興和議」。其主要內容有：宋向金稱臣，金冊封宋康王趙構為皇帝；宋金劃定疆界，東以淮河、西以大散關

（陝西寶雞西南）為界，以南屬宋，以北屬金；宋割唐（今河南唐河）、鄧（今河南鄧州）二州及商（今陝西商縣）、秦（今甘肅天水）二州之大半給金；宋每年向金納貢銀二十五萬兩、絹二十五萬匹，每年春季於泗州交納。

紹興和議確定了宋金之間政治上的不平等關係，結束了長達十多年的戰爭狀態，形成了南北對峙的局面。當時並立的政權還有西北的西夏政權和西南的大理政權。

隆興和議

隆興和議是繼紹興和議之後，南宋迫於金兵壓力而與金簽訂的第二個不平等和約。西元一一六一年，金海陵王完顏亮兵分四路南下攻宋，不料在采石磯遭到了宋兵的頑強抵抗。同時金世宗完顏雍在遼陽稱帝，金國統治集團之間爭權奪利，金兵內部發生叛亂，完顏亮被殺。初登帝位的金世宗為了鞏固自己的統治，派出使臣向宋提出和議。

宋孝宗繼位之後，任命張浚為樞密使主持北伐，卻遭到了符離之敗。投降派由此抓到了口實，並暗中示意金人出兵兩淮，以威脅宋廷同意和議。

隆興二年（西元一一六四年），金世宗果然派大軍南下，突破宋的兩淮防線，直逼長江。面對威脅，宋廷最終決定與金國訂立和約。

和約內容大體如下：南宋對金不再稱臣，改為侄叔關係；雙方仍維持紹興和議規定的疆界；宋每年給金的「歲貢」改為「歲幣」，銀絹由各二十五萬兩、匹，減為各二十萬兩、匹；宋割商（今陝西商縣）、秦（今甘肅天水）兩州給金；金不再追回由金逃入宋的人員。

紹熙內禪

西元一一八九年，孝宗趙昚禪位於太子趙惇，趙惇即位，是為宋光宗。宋光宗即位後，改元紹熙。光宗患病，無法主持朝政，其在位期間，李皇后操縱朝政，撥弄是非，使光宗與太上皇（孝宗）長期失和，宦官、權臣乘機竊弄權柄，政治十分黑暗。

紹熙五年（西元一一九四年），太上皇病重，光宗始終未去問疾，也不執喪，朝中對此事議論紛紛。有大臣向光宗提出立光宗次子、嘉王趙擴監國，光宗表示想要退位。樞密使趙汝愚和知閤門事韓侂胄隨即奏請太皇太后，立趙擴為帝，是為宋寧宗，光宗被尊為太上皇。

因發生在紹熙年間，史稱「紹熙內禪」。宋寧宗即位後，依託外戚韓侂胄，使其專權長達十四年之久。寧宗追封岳飛為鄂王，追奪秦檜王爵，並於西元一二〇六年下詔伐金，但由於宋軍準備不夠充分，加上主和派的阻撓，北上伐金失利。

嘉定和議

嘉定和議是北宋伐金受挫後，被迫與金簽訂的第三個不平等和約。隆興和議之後，宋金之間休戰了四十多年。此時，蒙古勢力已在北方崛起，並不斷南下攻戰。金章宗在位晚期，金國內部接連爆發農民起義。西元一二〇六年，蒙古族派兵侵犯金朝北部。同年五月，南宋重臣韓侂胄趁機對金用兵，冒然北伐，企圖收復失地。

一開始宋軍進軍順利，收復了不少地方，但不久之後，金國援兵大舉南下，宋軍潰敗。金人要求懲辦戰爭禍首，主和派禮部侍郎史彌遠等竟殺死韓侂胄，並將其首級送給金人。嘉定元年（西元一二〇八年），在金朝大兵壓境的威懾下，宋廷不得不與金國再次議和，重簽和約，史稱「嘉定和議」。

其主要內容如下：宋金由叔侄之國改為伯侄之國；金歸還新侵宋的土地，雙方維持原來的疆界；宋進貢給金的歲幣由銀絹二十萬兩、匹，改為三十萬兩、匹。此外，金軍還向南宋索要「犒軍銀」三百萬兩。嘉定和議之後，金國已經無力南侵，而宋國在史彌遠的專權統治下，朝政日益腐敗，日益走向沒落的邊緣。

慶元黨禁

慶元黨禁是指宋寧宗慶元年間，朝廷重臣韓侂冑打擊政敵的政治事件。

宋寧宗趙擴即位後，重用趙汝愚和韓侂冑。趙汝愚是當時的宰相，宣導理學，引薦朱熹，為皇帝講書。韓侂冑素與趙汝愚不和，因此極力排斥趙汝愚，先後起用京鏜、何澹等人。韓侂冑對宋寧宗說朱熹迂腐不可用，當時宋寧宗對韓侂冑十分信任，因此罷免了朱熹。

慶元元年（西元一一九五年），寧宗又罷免了趙汝愚。之後韓侂冑專權，定理學為偽學，禁毀理學家的「語錄」一類書籍。科舉考試凡有涉及理學者，一律不予錄取，凡和他意見不合的都稱為「道學」之人，並禁止趙汝愚、朱熹等人擔任官職。與趙汝愚有關係的人陸續被放逐，太學生楊宏中等六人被流放到五百里外，時號「六君子」。

慶元三年（西元一一九七年），又將趙汝愚、朱熹一派及其同情者定為「逆黨」，開列「偽學逆黨」黨籍，共五十九人。名列黨籍者都受到不同程度的懲罰，凡與他們有關係的人，也都不許擔任官職或參加科舉考試。這就是「慶元黨禁」，直到西元一二〇二年，才宣布解禁。

宋蒙聯合滅金

南宋後期，蒙古族日益強大起來。西元一二〇六年，成吉思汗建立蒙古汗國之後，開始攻打金國，接連取得勝利，並於西元一二一五年攻占了中都（即燕京，今北京廣安門一帶）。

窩闊台即位後，為了加速滅亡金國，決定採取連宋滅金的策略，於西元一二三二年派使者來到南宋，約定共同夾攻金朝，滅金以後，黃河以南的土地盡歸南宋所有。西元一二三三年，宋將孟珙率軍攻占了金朝的唐、鄧二州，十一月又與蒙古軍圍攻金朝的最後堡壘蔡州。西元一二三四年春，蔡州告破，金哀宗自殺，金朝滅亡。

可是金國滅亡後，蒙古軍背棄約定，阻止南宋軍接收黃河以南的土地，決黃河水淹阻宋軍，並於西元一二三五年開始兵分兩路攻打南宋，蒙宋之間的戰爭由此展開。

文天祥抗元

文天祥（西元一二三六年—西元一二八三年），初名雲孫，字天祥，選中貢士後，換以天祥為名，改字履善，吉州廬陵（今江西吉安縣）人。文天祥十九歲時獲廬陵鄉校考試第一名，後又在殿試中被宋理宗欽點為第一。西元一二七一年忽必烈改國號大元，並於次年改燕京中都為大都，在此建都。之後開始了全面攻打南宋的戰爭，接連攻占了襄陽、樊城等地，元軍順江而下，欲攻取臨安。

此時文天祥散盡家產，招募義軍抗元，但因寡不敵眾，抗爭失敗。西元一二七六年，南宋朝廷奉表投降，年僅五歲的宋恭帝被俘，不久陸秀夫等人在福州擁立七歲的宋端宗即位。不久元軍又攻入福建，端宗被迫逃至海上，在廣東一帶乘船漂泊。西元一二七七年，文天祥率軍攻入江西，在雩都（今江西南部）大敗元軍，攻取興國，人心振奮。但好景不長，元軍主力進攻宋軍大營，文天祥率軍北撤，敗退到河州（今福建長汀），損失慘重。西元一二七八年冬，元軍又大舉來攻，文天祥在五坡嶺兵敗被俘。

元軍要求文天祥寫信招降南宋大臣張世傑，乃書《過零丁洋詩》，其中的「人生自古誰無死，留取丹心照汗青」被千古傳唱。不久即被押往大都，西元一二七九年南宋滅亡後，文天祥仍矢志不渝。西元一二八三年，元世祖忽必烈因愛其才，親自勸降，但文天祥堅貞不屈，從容赴死，終年四十七歲。後人將文天祥與陸秀夫、張世傑稱為「宋末三傑」。

崖山殉難

西元一二七六年，南宋國都臨安淪陷，宋恭帝被俘，張世傑與陸秀夫帶著宋朝二王（益王趙昰、廣王趙昺）出逃。後來剛滿七歲的趙昰被擁立為皇帝，是為宋端宗，改年號「景炎」。景炎三年（西元一二七八年），端宗病死，張世傑與陸秀夫等人又擁立他的弟弟趙昺為皇帝，改元「祥興」。

左丞相陸秀夫和太傅張世傑護衛趙昺逃到崖山（今廣東江門），在那裡占據天險，準備繼續抗元。西元一二七九年，元將張弘範率領數十萬大軍，乘數百艘戰船入海攻打崖山。張世傑率兵拼死抵抗，最後宋軍潰敗。

陸秀夫見大勢已去，遂背起趙昺跳海自殺，隨行軍民相繼跳海而死者甚眾，後來張世傑也因翻船而溺死。南宋就此滅亡。崖山之戰是宋對蒙古最後一次有組織的抵抗，也是中國歷史上重要的轉捩點，此後蒙古族統一了中國。

瓷器的繁榮

南宋的疆域大概只有北宋的一半，而且長期受到金國的威脅，但是在北宋經濟發展的基礎上，南宋一朝的社會、經濟、文化獲得了極大的發展，商業和城市非常繁榮，紙幣代替銅錢成為主要的交易手段。在這樣的條件下，手工業達到了新的發展水準，紡織業、造船業、造紙業、印刷業都獲得了很大的發展。

而其中陶瓷業更是達到了極高的水準，在世界上都享有盛譽。當時陶瓷業的燒製技術、產量、品質以及瓷窯的數量和規模都大大提高，大小瓷窯遍布全國。江西景德鎮仍然是江南瓷器業的中心，其產品有「饒玉之稱」。

宋瓷有民窯、官窯之分，在江西、浙江、四川等地分布著許多民辦的瓷窯。汝窯、官窯、哥窯、鈞窯、定窯被稱為宋代五大名窯。宋瓷精美絕倫，堪比玉石，是兩宋文化一朵絢麗的奇葩，是當時風靡世界的名牌商品，如今也具有非常高的文物價值。

大理

大理國的興衰

西元九三七年，大義寧通海節度使段思平會合黑爨、松爨三十七蠻部，自石城（今雲南曲靖北）攻打大理，廢掉大義寧帝楊干貞，自立為帝，改國號為大理，建元文德。

大理國皇位傳至段廉義時，權臣楊義貞於西元一〇八〇年殺段廉義自立。四個月之後，高智廉命其子高升泰起兵誅殺楊義貞，立段廉義之侄段壽輝為王。段壽輝傳位給段正明之後，西元一〇九四年，高升泰廢掉段正明，自立為王，改國號為大中國。高升泰去世後，其子遵遺囑還王位與段氏，段正明之弟段正淳即位，此後的大理國被稱為「後大理國」，直至西元一二五三年為元世祖忽必烈所滅。

大理國位於今天的雲南地區，其政治中心在洱海一帶，疆域大概是現在的雲南省以及四川省西南部等地，其統治集團通用漢文，居民以白族和漢族為主，社會穩定，很少參與戰爭，境內農業、畜牧業、手工業等十分發達。大理國與北宋保持著貿易往來和友好關係，促進了西南地區的經濟文化發展。

西夏

西夏立國

西夏是黨項族建立的政權，是羌族的一支，從漢朝開始活躍於西北邊界，在唐朝時開始強大起來，被唐太宗賜姓李，封為平西公。唐僖宗時，黨項族首領拓跋思恭幫助平定黃巢之亂有功，再次賜姓李，封為夏國公，從此拓跋思恭及其後代成為當地的藩鎮勢力。西元九八五年，宋太宗趙光義想消滅夏州割據勢力，李繼遷率眾歸順遼國，被封為夏國王。

李明德即位後，主動與宋議和，被封為定難軍節度使，晉爵西平王，遷都興州（寧夏銀川）。此後李明德進攻吐蕃等地，開發河西走廊地區，並在保安軍（今山西志丹）建立榷場，進行互市貿易，使黨項部族迅速發展起來。

李明德死後，西元一〇三二年，其子李元昊即位，被宋封為西平王，被遼封為夏國王。李元昊身材魁梧，武功高強，勤奮好學，熟讀兵法、法律，擅長繪畫等，他即位後即開始積極準備脫離宋。先是改李姓，之後又不斷向西用兵，擴張領土，於西元一〇三八年正式稱帝，國號大夏，建都興慶府（今寧夏銀川）。因為位於宋的西部，所以被稱為「西夏」。

元昊改制

西元一〇三二年，黨項族首領李德明逝世後，他的兒子李元昊即位為西平王。李元昊一向主張拓跋氏應建立自己的國家，於是從即位之初就開始進行改制，為脫離宋和遼奠定基礎。

他首先廢除唐、宋所賜的李姓、趙姓，改姓嵬名氏。第二年又以避父諱為名，改明道年號為顯道，開始了西夏自己的年號。

李元昊還頒布「禿髮令」，規定官民的服飾。在其後幾年的時間裡，他建立宮殿，並建立完整的文武官制和兵制，制定禮樂，並命大臣創造西夏文，創立蕃學，大力發展西夏文化。這些改制措施，不僅是西夏立國的前期準備，而且還促進了西夏國的繁榮發展。

好水川之戰

延州之戰後，西夏軍對宋西北邊地的侵犯愈加頻繁。西元一〇四一年，宋仁宗感到西夏強盛，遂封夏竦為陝西略安撫使，韓琦、范仲淹為副使，共同迎戰大舉南下攻宋的十萬夏軍。當時韓琦不聽范仲淹勸阻，固執己見，率任福、桑懌、朱觀、武英、王圭及其各部，自鎮戎軍（今寧夏固原）至羊隆城（今寧夏固原西南部），企圖一舉殲滅夏軍。

任福率軍到達懷遠城，與夏軍交戰，夏軍且戰且退，將宋軍誘入好水川（今名甜水河，寧夏隆德縣東）地區。宋軍不知是計，陷入李元昊所設的包圍圈中，在好水川口附近，遭到李元昊所領夏軍設下的埋伏伏擊。雙方交戰一日，由於長途追擊，糧草不繼，人困馬乏，宋軍潰敗。任福、桑懌等戰死，宋軍幾乎全軍覆沒，只有朱觀所領千餘人逃脫。西夏軍也傷亡慘重，史稱好水川之戰。

此戰，西夏元昊運籌周密，巧妙設伏，利用小股詐敗，誘宋軍就範，並利用騎兵優勢，突然襲擊，一舉獲勝，是中國古代戰爭史上一次成功的伏擊戰。

賀蘭山之戰

西夏自李元昊稱帝後，日益強盛，由附遼抗宋發展至與遼、宋抗衡，因此，遼興宗耶律宗真決意進擊西夏。西元一〇四四年，遼興宗親領騎兵十萬渡黃河至金肅城（今內蒙古準噶爾旗西北），分兵三路向西夏進攻：北院樞密使蕭惠率主力六萬出北路，進兵賀蘭山北；皇太弟耶律重元率兵七千出南路策應；中路由東京留守蕭孝友統領，隨護遼興宗行營。

面對遼軍大舉進攻，李元昊將主力左廂軍秘密部署在賀蘭山北，以逸待勞，伺機破敵；另以部分兵力在河套地區箝制和迷惑遼軍，以創造戰機。

遼軍北路軍的前鋒兵力在賀蘭山北與西夏的左廂軍接戰。李元昊見遼兵力不斷增多，一面據險抵抗，並在河西部署埋伏，一面偽裝求和，假意撤退，以拖延時間，消耗遼軍糧草。待到遼軍糧草已盡，欲速戰速決之時，李元昊率少量騎兵左衝右突，衝破遼軍陣形，然後揮兵進行大舉反擊。遼軍大亂，人馬互相踐踏，死傷慘重，大敗而歸。遼興宗只好收集餘部，倉皇撤回雲州（今山西大同）。這就是賀蘭山之戰，此時的西夏達到強盛時期。

天盛之治

西元一一三九年西夏國的第五代皇帝李仁孝即位，是為西夏仁宗。當時西夏連遭地震、饑荒等自然災害威脅，民不聊生，為緩和社會矛盾，他下令賑濟災民，平息叛亂，與金國和宋交好，以穩定社會局面。接著仁宗進行了一系列的社會改革：重用漢族大臣主持國政；頒行法典《天盛年改新定律令》；推崇儒學，設立學校，推廣教育；開設科舉，作為選拔人才的依據。此外他還尊尚佛教，重視禮樂，大力發展生產。

西夏仁宗統治前期，和宋、金之間基本上奉行和平政策，西夏政治安定，經濟發展，文化繁盛，各汗國紛紛前來朝貢，此時的西夏達到了鼎盛時期，史稱「天盛之治」。

河西失陷

西夏後期，國力日益衰落，受到金、蒙古的威脅。西夏神宗在位時，蒙古大軍多次攻打西夏，並脅迫西夏和蒙古一起攻打金國。西元一二二三年，蒙古軍和西夏軍攻打鳳翔（今陝西鳳翔），圍攻了一個多月都沒有攻下，西夏軍統領率兵不辭而別。

蒙古轉而攻西夏，西夏神宗李遵頊懼怕，遂傳位於子李德旺，是為獻宗，改元乾定。李德旺即位後，派人到漠北聯絡未臣服的各部，共同抗擊蒙古。

成吉思汗得知西夏有意反叛，於是移師進攻沙州（今甘肅敦煌）。西夏國王李德旺答應派遣兒子去蒙古為人質，向蒙古稱臣，蒙古軍才從沙州退兵。之後西夏又拒絕派遣人質，而且接納了背叛蒙古的乃蠻部赤臘喝翔昆。成吉思汗大怒，西元一二二六年，親率蒙古軍十萬攻打西夏，占領了河西之地。西夏自此走上了滅亡之路。

金朝

完顏阿骨打建國

女真族是中國東北地區的少數民族，居住在白山黑水之間，他們善於騎射，以遊牧生活為主，也漸漸地開始從事農業生產。女真分為熟女真和生女真，在遼陽以南，編入遼朝戶籍的為熟女真，在黑龍江、長白山一帶，未編入遼朝戶籍的為生女真。後來生女真中的一支完顏部落逐漸開始強大起來，到完顏阿骨打的祖父完顏烏古乃即位時，被遼國封為生女真節度使。

此後完顏烏古乃掌握了鐵器技術，製作弓箭和生產工具，並發展農桑，以完顏部為核心的女真部落逐漸強大起來，開始不斷征討其他的部族。西元一一一三年，完顏阿骨打即位為女真部落聯盟長，他善於騎射，力大過人，相繼平定了女真各部，建立了奴隸制國家。

此時遼朝政治日益腐敗，對女真人的壓迫和勒索越來越嚴重，強迫女真人每年交納巨額的人參、貂皮、海東青等物品，激起了女真各部的憤怒。於是，西元一一一四年，完顏阿骨打起兵反遼，在寧江州（今吉林省扶餘東南）和出河店（今吉林省扶餘境內）兩次大敗遼軍。西元一一一五年，阿骨打在會寧（今黑龍江省哈爾濱市阿城南）稱帝，國號大金，改元收國，是為金太祖。

創立女真文字

女真人一開始沒有自己的文字，而只有語言，因為受制於遼國，所以從完顏阿骨打祖輩完顏頗剌淑開始學習契丹語，令女真子弟學習契丹文，金國的內外公文幾乎全用契丹文。西元一一一三年，完顏阿骨打即位後，下令臣僚完顏希尹和葉魯仿照契丹大字和漢字，創制了女真文字，並於西元一一一九年頒行使用，此即後世所謂女真大字。

女真大字逐漸開始用於官方檔。西元一一三八年，金熙宗完顏亶參照契丹字，又創制頒布了另一套筆劃更為簡單的女真文字，此即後世所稱的女真小字。

女真小字經過修訂之後，於西元一一四五年才正式開始使用。這樣，女真大小字、契丹文、漢文在金國一起被使用。現存有關女真字的材料非常稀少，主要見於金石、墨蹟等。

實行猛安謀克制

西元一一一五年，完顏阿骨打建立金後，擴充和整頓了軍隊，推行了猛安謀克制度。

猛安謀克原本是女真氏族社會的部落基本組織，它是因應圍獵、征戰的需要而產生的，後來由最初的圍獵編制，進而發展為軍事組織，最後變革為地方行政組織，具有行政、生產與軍事合一的特點。猛安謀克作為軍事編制單位，其實際人數多少不定。

金太祖將猛安謀克制度化，規定三百戶為一謀克，十謀克為一猛安。對歸附的部族首領給予猛安或謀克的稱號，並將其部眾編入其中。因此，猛安謀克既是女真的軍事組織，也是社會行政單位，這一組織制度有利於女真經濟的發展和軍事力量的強大。

金太宗滅遼

完顏阿骨打目睹女真族人備受遼國欺壓，早就有滅遼之志。西元一一一四年，完顏阿骨打率領兩千五百人起兵反遼，攻破寧江州和出河店。西元一一一五年，完顏阿骨打稱帝後積極準備攻遼。此時遼國內部貴族之間鬥爭激烈，腐敗不堪，叛亂不斷。

完顏阿骨打內修制度，外整軍隊，於同年秋，率大軍攻占遼國軍事重鎮黃龍府。西元一一一六年，金兵又占領了東京（遼陽）和瀋州（瀋陽）。西元一一二〇年，完顏阿骨打與宋朝訂立「海上之盟」，相約合擊攻遼後，又攻陷了遼上京臨潢府（今內蒙古巴林左旗南）。

西元一一二二年，趁著遼國內訌之後兵力空虛，金軍又攻占了遼中京（今內蒙古寧城西），天祚帝慌忙率五千騎兵逃往西京（今山西大同），金軍又攻占西京，天祚帝只好逃往夾山（今內蒙古五原西北）避難。此時金兵占領了長城以北的所有土地，又趁機南下占領燕京（今北京市）。

西元一一二三年，完顏阿骨打病死，其弟完顏吳乞買即位後，繼續攻打遼國。西元一一二五年，金國將領完顏婁室擒獲了天祚帝，存在兩百多年的遼國就此滅亡。

金熙宗改革

金熙宗即完顏亶，女真名合剌，金太祖完顏阿骨打的長孫。西元一一三五年，金太宗完顏吳乞買去世後，完顏亶即位為金國的第三代皇帝。金熙宗自小學習漢文典籍，喜歡雅歌儒服，能用漢文賦詩作書。他即位後，重用漢人，學習漢族制度，推行了一系列改革。建立了以尚書省為中心的三省制，以三師（太師、太傅、太保）以及三公（太尉、司徒、司空）領三省事。改行遼、宋管制，太祖四子完顏宗弼（即金兀朮）是推動漢制的重臣，金熙宗授以軍政大權。後又以宗磐、宗幹和宗翰三人共同總管政府機構，「並領三省事」。

西元一一三八年（天眷元年），正式頒行官制，並確定封國制度，規定百官的儀制與服色，號為「天拳新制」，同時開始營建宮室，並於同年頒布了女真小字，較女真大字筆劃更為簡省，於西元一一四五年正式使用。

此外金熙宗還廢除了原有的「諳班勃極烈」制度，此前金國皇帝都是確立自己的兄弟為諳班勃極烈（皇儲），自此改為立自己的皇子為皇儲。

金世宗治世

金世宗，名完顏雍，女真名烏祿，金太祖完顏阿骨打之孫，是金國的第五位皇帝。完顏雍善於騎射，才智過人，在他之前的海陵帝完顏亮在位時勤於征戰，賦稅繁重，致使社會衝突嚴重。西元一一六一年，完顏亮南下征宋時，完顏雍趁機起兵，被擁立為皇帝，改元大定，是為金世宗。後來海陵帝被部將所殺，金世宗總結教訓，革除完顏亮在位時的弊端，主動和宋朝議和休戰，推行了一系列與民休息的措施。

金世宗本人十分樸素，提倡節儉。他重視農桑，興修水利，獎勵墾荒，實行「增產者獎，減產者罰」的措施；並下詔免奴為良，遇有水旱災害，則減免租稅，提高了生產的積極性，使農業和畜牧業得到了發展。

他還鼓勵手工業的發展。在文化方面他進一步鞏固科舉考試，創立女真太學，培養女真知識份子。經過一段時間的治理，金朝國庫充盈，百姓安居樂業，商業繁榮，實現了「大定盛世」的鼎盛局面，金世宗也因此被稱為「小堯舜」。

元朝

成吉思汗統一蒙古

成吉思汗（西元一一六二年—西元一二二七年）本名鐵木真，姓孛兒只斤，乞顏氏，元代追謚廟號太祖。在蒙語中，「成吉思」是「大海」的意思，頌揚他和海洋一樣偉大。成吉思汗是中華民族發展史上一位傑出的人物，他先是爭取到札答剌部首領札木合和克烈部首領王罕的支持，打敗了塔塔兒、蔑兒乞等部，又與王罕合兵擊敗札木合。

接著，他與王罕決裂，在西元一二〇三年攻滅了克烈部。西元一二〇四年征服了乃蠻部。西元一二〇六年，蒙古各部實現了統一，在東起興安嶺，西至阿爾泰山，南至大沙漠，北達貝加爾湖的廣大地區，建立起蒙古歷史上第一個軍事奴隸制國家。

成吉思汗所領導的統一蒙古各部的戰爭，結束了草原上長期分裂混戰的局面，使複雜、眾多的部落聯合成統一的蒙古民族。其在位期間，征服地域西達黑海海濱，東括幾乎整個東亞，為世界歷史上著名的橫跨歐亞兩洲的大帝國之一。西元一九九五年十二月三十一日成吉思汗被美國《華盛頓郵報》評選為「千年風雲第一人」。

蒙古滅西夏

西夏是以黨項族為主體民族建立的國家。西元一〇三八年，李元昊稱帝，國名大夏，習稱西夏。西元一二〇五年和西元一二〇七年，成吉思汗兩次攻入西夏，由於西夏軍民抵抗，蒙古軍退回漠北。

西元一二〇九年秋，蒙古軍從黑水城（即亦集乃，今內蒙古阿拉善盟額濟納旗東南）入境，直趨兀剌海關口，進逼中興府（今寧夏銀川市）周邊要隘克夷門。西夏守軍力戰，挫敗蒙古軍，雙方相持兩個月後，蒙古軍圍困中興府。西夏襄宗獻女請降，並許諾每年向蒙古納貢，蒙古軍撤退。西元一二一七年，成吉思汗決定西征，命西夏出兵隨征，被西夏拒絕。於是，蒙古軍再次入侵西夏，包圍中興府，夏主神宗逃走，遣使請降，蒙古軍撤圍退走。

西元一二二六年，蒙古軍再次分兵兩路進攻西夏：一路自畏兀兒境東進，另一路由成吉思汗率領，從漠北南下，沿黑水、兀剌海諸城，進至賀蘭山。十二月，圍攻夏都中興府。西元一二二七年六月，西夏末帝李晛向蒙古軍投降，請求寬限一月獻城。七月，蒙古軍包圍中興府，李晛被迫獻城，西夏滅亡。

蒙古滅金

蒙金之戰是金朝女真族與蒙古貴族之間進行的一場戰爭，這場戰爭從西元一二一一年蒙古成吉思汗侵金開始，到西元一二三四年窩闊台滅金結束，前後用了二十三年的時間。西元一二〇六年，蒙古人的傑出領袖成吉思汗統一了蒙古諸部後，在漠北建立大蒙古國。西元一二一一年，成吉思汗自龍駒河率軍南下，越過陰山，襲擊金朝邊地，揭開了蒙金戰爭的序幕。

金朝在蒙古軍的迅猛打擊下，被迫放棄中都（今北京），退守汴京（今河南開封）。西元一二三〇年，窩闊台計畫兵分三路合圍汴京，消滅金朝，中路由窩闊台率兵攻陷河中府，左路斡陳那顏進兵濟南，右路拖雷出鳳翔，攻破寶雞，直指汴京。金軍在鈞州以南的三峰山陷入蒙古軍的重圍之中，金軍寡不敵眾而失敗。西元一二三二年，蒙古軍攻克洛陽，進而進逼汴京，金哀宗棄城出逃，經歸德逃往蔡州。

西元一二三三年，蒙古與南宋達成聯兵滅金的協定，塔察兒率領蒙古軍，孟珙率領宋軍，分道進攻蔡州。宋蒙軍隊協力圍困蔡州，內防金兵突圍，外阻金兵入援。蔡州被困三個月，彈盡糧絕，最終被宋蒙軍隊攻陷，金哀宗自殺，金朝滅亡。金朝自西元一一一五年完顏阿骨打建國，至此滅亡，歷經一百一十九年的歷史。

創造蒙古文字

西元一二〇四年，成吉思汗征服乃蠻部以後，蒙古族開始採用回鶻字母拼寫自己的語言。這種書寫系統是現行蒙古文的前身，現在稱做回鶻式蒙古文。西元一二〇六年，成吉思汗建立蒙古汗國後，進行了政治、經濟和軍事領域的改革：建立「領戶分封制」；編纂習慣法法典，建立行政管理體系；創立護衛軍；創造蒙古文字；確立宗教與政治的關係。

元世祖忽必烈在漢地立國建都後，仍然十分留心保持與發展蒙古民族的語言和文化。西元一二六〇年十二月，忽必烈封吐蕃薩迦的八思巴為「國師」，命八思巴率領一些吐蕃語言文學者重新創制蒙古文字，至西元一二六九年二月，新字製成。

忽必烈於西元一二六九年頒行「蒙古新字」（不久改稱「蒙古字」，今通稱「八思巴文」）後，回鶻式蒙古文的使用一度受到限制。元代後期，回鶻式蒙古文又逐漸通行。到十七世紀時，回鶻式蒙古文發展成為兩支，一支是通行於蒙古族大部分地區的現行蒙古文，一支是只在衛拉特方言區使用的托忒文。

忽必烈平定大理

大理國是白族祖先於後晉天福二年（西元九三七年）建立的政權，轄今雲南全境及四川西南部。蒙哥汗二年（大理天定元年，西元一二五二年）七月，蒙哥秉承父祖滅宋之志，採納其弟忽必烈的建議，決定避開宋軍主要防線，進兵大理國，欲借西南人力物力，包抄南宋。

次年夏，出蕭關（今甘肅平涼東），經六盤山集結於臨洮，練兵備戰，並遣使赴大理國招降。同時，蒙哥命汪德臣率軍入蜀，抵嘉定（今樂山），配合忽必烈行動。九月，忽必烈督軍至忒剌（今甘肅迭部縣達拉溝），分兵三路南進，大理國王拒絕投降，以權相高祥率軍屯戍金沙江沿線，又遣將領高通率一部隊駐會川，抵禦蒙古軍。

十二月初，大理軍與蒙古中、東兩路軍隔金沙江對峙。兀良合台部隊越過旦當嶺（今雲南中甸境）進入大理境內，招降麼些部落（今納西族），占領三賧（今麗江），從側後攻擊大理軍主力。蒙古中、東路軍先後渡金沙江與西路軍會師於龍首關，合力攻擊，全殲大理軍主力，乘勝占領都城，段興智、高祥潛逃。

西元一二五四年初，忽必烈命劉時中為宣撫使治理大理，留兀良合台繼續作戰。當年秋天，兀良合台率軍攻占善闡（今昆明），俘降大理國主段興智，繼以段氏為先鋒攻克未附城寨，占領大理全境。

忽必烈滅南宋

大理國滅亡後，西元一二五八年，蒙古軍兵分三路，全力進攻南宋：大汗蒙哥親自帶兵攻打四川，忽必烈攻打鄂州（今湖北武昌），兀良合台攻打潭州（今湖南長沙）。蒙哥在四川遭到南宋將領余玠的拼死抵抗，一年後才打到合州城下（今四川合川），蒙哥被宋軍炮石射中，死於軍中，蒙古軍被迫撤軍，蒙古內部陷入了王位爭奪之中。

西元一二六〇年，忽必烈在開平即汗位，西元一二七一年定國號大元，在政權鞏固之後又開始大舉南下攻宋。西元一二七三年元軍攻占了襄陽、樊城。西元一二七四年，忽必烈命大將伯顏自襄陽順江而下，沿途各城紛紛投降。西元一二七五年，元軍在丁家洲（今安徽銅陵境內）與賈似道率領的十三萬宋軍展開決戰，宋軍潰敗。

元軍乘勝攻擊，於西元一二七六年占領臨安，年幼的宋恭帝趙顯出城投降，但文天祥、陸秀夫等人仍在南方堅持抗戰。西元一二七八年，文天祥兵敗被俘。

西元一二七九年，元軍進攻南宋的最後據點崖山，崖山之戰中宋軍大敗，陸秀夫背著小皇帝趙昺投海自盡，南宋滅亡，元朝至此完成了統一全國的進程。

忽必烈創立元朝

西元一二五九年，蒙古可汗蒙哥在攻打南宋時戰死，蒙古被迫撤軍。此時正在圍攻鄂州的忽必烈為了爭奪汗位，與南宋議和後班師北還。西元一二六〇年初，蒙哥七弟阿里不哥在宗王阿速台等大多數蒙古正統派的支持下，於首都哈拉和林透過「忽里勒台」大會即大汗位。

與此同時，忽必烈在部分漢族地主和蒙古宗王的支援下，於開平（今內蒙古正藍旗東）自稱大汗。西元一二六〇年四月，忽必烈設立中書省，總管國家政務，以王文統任平章政事，在各地分設十路宣撫司，任漢人儒士為官。西元一二六〇年五月，忽必烈頒布《即位詔》法令，並建元中統。由於忽必烈在中原漢地自行集會稱汗，並且推行漢法，明顯違背了蒙古傳統，引起了阿里不哥和蒙古正統派的強烈不滿，忽必烈與阿里不哥隨即展開了長達四年的汗位爭奪戰爭。西元一二六四年，阿里不哥兵敗投降。

但忽必烈推行的「行漢法」主張卻招致許多蒙古貴族的不滿，拒絕歸附忽必烈汗國，因此忽必烈的政權只包括「中國」（並非完全今天意義上的中國）與蒙古高原地區，從此蒙古帝國不復存在。西元一二七一年，忽必烈公布《建國號詔》法令，取《易經》中「大哉乾元」之意，正式建國號為「元」。次年，又確定以大都（今北京）為首都，元朝正式建立。

忽必烈推行「漢法」

蒙古統治者初入中原時，試圖將蒙古的遊牧方式和統治方法加到漢人身上，這些都導致了嚴重的民族矛盾和社會矛盾，社會混亂不堪，因此不得不考慮加以改變。西元一二五一年起，忽必烈受命管理漠南地區的軍國政務後，他任用漢人士大夫劉秉忠、張文謙等人為官，逐漸採取了一系列的改革措施，克服了其統治方式中的弊端。西元一二六〇年，忽必烈在開平即位後，展開了和阿里不哥之間的汗位之爭。

在此期間，為了爭取漢族地主階級的支持，也為了增強實力，他公然宣布「遵用漢法」。其主要措施有：尊禮孔孟，重用儒士，任用了一大批漢族官吏；在經濟上，重視農業，保護生產，下令將牧田還為農田，招民耕種，並禁止掠人為奴，將已掠奪來的人釋放為農民，並設立勸農司和營田司，主持興修水利和發展農業。

這一系列措施加強了中央集權，鞏固了統治，也促進了民族之間的融合。但忽必烈的吸收「漢法」是以維護蒙古貴族的利益為前提的，因此在政治文化的許多方面保留了蒙古舊俗。

平定李璮之亂

李璮是農民起義領袖李全之子，李全投靠蒙古後被封為益都（今山東境內）行省長官。李璮承襲父職後，專制山東三十年，依違於蒙宋之間，時常以攻宋為名向蒙古索要糧草官職。西元一二五九年，李璮積極加固城防，儲存糧草，準備反叛蒙古。

西元一二六〇年，忽必烈和阿里不哥展開了對汗位的爭奪戰，為了穩定李壇，忽必烈加封他為江淮大都督。西元一二六二年初，李壇趁忽必烈傾全力抗禦阿里不哥南犯之機，與其岳父平章政事王文統裡應外合，舉兵反叛，攻占益都、濟南等地。

忽必烈立即處死了王文統，並迅速集中蒙漢大軍征討李壇。七月，李壇兵敗被俘，被斬於軍前。李壇的叛亂引起忽必烈對漢人的猜忌，於是採取了一系列措施，如廢除漢人諸侯的世襲制度，削弱這些家族的軍權，在地方上實行軍民分治等等。一方面可以加強中央集權，另一方面則可嚴密防範漢人。此外，又在各級政權中引用色目人分掌事權，使其與漢人官僚相互牽制。

實行四等人制

在元代，蒙古貴族為保持自己的特權地位，維護對漢族及其他少數民族的統治，根據民族和被征服的先後，將全國居民分為蒙古、色目、漢人、南人四等。第一等蒙古人為國族；第二等為色目人（包括西夏人、維吾爾人、西域人等）；第三等漢人（黃河以北原金朝境內的漢族和契丹、渤海、女真各族）；第四等南人，指最後為元征服的原南宋境內的各族。

其中漢人、南人絕大部分都是漢族。元朝廷規定四等人的地位、待遇是不平等的，表現在：一、任用官吏方面。從中央到地方各級官署的實權多數操握在蒙古人、色目人手中，嚴防漢人掌握軍機重務；二、法律地位上的不平等。元統治者曾下令：蒙古人因爭執毆打漢人，漢人不得還手，只許向官府申訴，違者治罪。四等人犯同樣的罪，量刑的輕重也有所不同；三、對漢人、南人進行嚴密的軍事防制。嚴禁漢人、南人持有弓箭和其他兵器，甚至禁止漢人和南人畜鷹、犬為獵，違者沒收家產。

元代統治者實行四等人制，旨在利用民族分化手段維護其本身的特權統治。四等人制的實行，使元朝的社會衝突更加複雜、惡化，從而加速了元朝的滅亡。

設立行中書省

元代實施行中書省制度。中書省掌管全國的行政，設立中書令，由皇太子兼領，下設左右丞相、平章政事，下領吏、戶、禮、兵、刑、王六部。

元代地方的最高行政機構是行中書省，簡稱行省，或只稱省。管轄一個省的軍政大事，設立丞相、平章政事、左右丞、參知政事等職。元代的行省制沿襲自金國的行尚書省，一開始它和金國一樣，只是一種中央政府派遣在外的臨時機構。後來由於戰爭等各種因素，行省也開始干預地方政務，逐漸變成了最高一級的地方行政區域。

全國分為中書省直轄區和宣政院轄地，當時全國除了山東、山西、河北直屬中書省外，還有十個行省，以分管各地區。

元人稱其制為：「都省握天下之機，十省分天下之治。」行省下有路、府、州、縣，路歸省管。府和州有的歸路管，有的歸省管，還有的州歸府管。縣有的歸路管，有的歸府管，有的歸州管。

設立宣政院

忽必烈建都後，十分注重保持和發展蒙古民族的語言和文化。西元一二六〇年冬，忽必烈封吐蕃薩迦的八思巴為「國師」，命八思巴率領一些吐蕃語言文學者重新創制蒙古文字。西元一二六四年，總制院設立，以國師八思巴統領。

後來，尚書右丞相兼總制院使桑哥，認為總制院統領吐蕃各宣慰司軍民財穀，責任甚重，宜加崇異，因此上書奏請用唐朝皇帝在宣政殿接見吐蕃使臣的故典，改名為宣政院。

宣政院是元朝掌管全國佛教事宜和藏族地區軍政事務的中央機關，由帝師兼領。從此，西藏地區正式成為中國中央政府直接管轄的一個地方行政區域。

郭守敬制訂《授時曆》

郭守敬（西元一二三一年——西元一三一六年），河北邢臺人，元代傑出的科學家，在天文、曆法、水利三方面都很有成就。他曾擔任都水監，負責修治元大都至通州的運河。西元一二六二年，他提出修治燕京附近的運道，開發邢臺、磁州農田水利及豫北沁河、丹河水利等六項建議，得到了元世祖忽必烈的稱讚。

西元一二七五年，元朝廷開始修築京杭大運河，郭守敬奉命勘察了今山東西南的泗水、汶水、御河等主要河流，設計了京杭大運河山東段的河道線路，為運河全面疏通奠定了基礎。西元一二七六年，郭守敬受命修訂新曆法，他花了三年的時間創造了簡儀、仰儀、圭表等許多天文儀器，其中簡儀比歐洲同樣的儀器要早三百年。

他透過對全國二十七個點的實測和研究，於西元一二八〇年制訂了《授時曆》。這是當時世界上最先進的一種曆法，它以三百六十五點二四二五天為一年，和地球繞太陽的實際週期只差二十六秒，比現在通行的陽曆——西方的格力高里曆早了三百年。

郭守敬是與張衡、祖沖之等人齊名的中國古代八大科學家之一，是十三世紀末登上世界科學高峰的傑出人物。

黃道婆改進紡織技術

黃道婆生於南宋末年淳祐年間（西元一二四五年—西元一三三〇年），又名黃婆、黃母，松江府烏泥涇鎮（今上海市華涇鎮）人。她出身貧苦，少年受封建家庭壓迫而流落崖州（今海南島），以道觀為家，與黎族姐妹一起工作、生活。當時黎族人民生產的黎單、黎飾、鞍塔聞名內外，棉紡織技術比較先進，黃道婆聰明勤奮，虛心向黎族人民學習紡織技術，並且融合黎漢兩族人民紡織技術的長處，逐漸成為一個出色的紡織能手。

元代元貞年間（西元一二九五年—西元一二九六年），黃道婆重返故鄉，由於家鄉紡織技術落後，她就在松江府以東的烏泥涇鎮教人織棉，並且改革棉紡工具等織造技術，提高紡紗效率。此外，她還把從黎族人民那裡學來的織造技術，結合自己的實踐經驗，總結成一套比較先進的「錯紗、配色、綜線、絜花」織造技術，熱心向人們傳授。

由於烏泥涇和松江一帶人民迅速掌握了先進的織造技術，一時「烏泥涇被不脛而走，廣傳於大江南北」。而黃道婆也成為了元代著名的棉紡織家，為江南經濟的發展作出了重要貢獻。

南坡之變

元朝建立以後，宗室內亂、宮廷政變、后妃干政、權臣用事等接連不斷，令朝政混亂。元英宗即位後，決意改革朝政，因朝政被權相鐵木迭兒及其黨羽把持，難以推行。

西元一三二二年，鐵木迭兒死後，元英宗起用太常禮儀院使拜住為中書右丞相，開始推行新政，同時處死了鐵木迭兒之子八思吉思，並追查其黨羽。以御史大夫鐵失為首的餘黨非常驚恐，於是密謀政變。西元一三二三年八月五日，元英宗與拜住自上都（今內蒙古正藍旗東）南返大都（今北京），途經南坡店（上都西南三十里）駐營。當日夜晚，鐵失與鐵木迭兒之子鎖南、知樞密院事也先帖木兒、大司農失禿兒等十六人發動政變，以阿速衛軍為外應，殺死元英宗和拜住。

九月，也孫鐵木兒在漠北即位，次年改元泰定，史稱泰定帝。俗稱這一歷史事件為「南坡之變」。

馬可．波羅遊歷中國

馬可．波羅（西元一二五四年—西元一三二四年），義大利威尼斯人，世界著名的旅行家、商人。西元一二七一年十一月，馬可．波羅跟隨父親和叔叔，途經中東，沿著古代的絲綢之路東行，於西元一二七五年五月到達中國的上都（今內蒙古多倫縣境內），此後又到達大都（今北京）。他得到了元世祖忽必烈的信任，在元朝任職，從此留居中國達十七年之久。在此期間，他的遊歷幾乎遍及中國。後因伊兒汗國阿魯渾遣使向元室求婚，他奉命護送公主出嫁，於西元一二九一年初從福建泉州離開中國，由海路去波斯。

完成使命以後，他於西元一二九五年回到故鄉威尼斯。西元一二九八年，馬可．波羅在威尼斯於熱那亞的戰爭中被俘，在獄中，他口述了在中國和東方諸國的見聞，由比薩作家魯斯蒂謙寫出《馬可．波羅遊記》。

《馬可．波羅遊記》記述了他在東方最富有的國家——中國的見聞，激起了歐洲人對東方的熱烈嚮往，對以後新航路的開闢產生了巨大的影響。同時，西方地理學家還根據書中的描述，繪製了早期的「世界地圖」。

元曲的發展

元曲是元代文學的重大成就，和唐詩、宋詞並列，成為中國文學史上三座重要的里程碑。元曲包括戲劇和散曲，其中戲劇又分為雜劇和南戲。因為元雜劇的成就和影響遠遠超過散曲，因此也有人以「元曲」單指雜劇。

元雜劇是北方地方「院本」和宋金傳統的「諸宮調」相結合的產物，一般每劇分為四折，劇前或兩折之間可以加「楔子」。此外元代還出現了和雜劇曲牌一樣卻沒有念白和摺子的歌曲，即散曲，因為起源於北方，故散曲又稱北曲。

散曲主要有小令和套數兩種形式，從結構上可分為：小令、中調、長調。此外，元代南方流行一種以南曲強調演唱的地方戲，被稱為南戲，也叫傳奇。

南戲是隨著南方地區經濟的繁榮和商業的發達而出現的。散曲、雜劇和南戲統稱為元曲。元代湧現出了燦若繁星的戲曲作家，其中關漢卿、白樸、馬致遠、鄭光祖被稱為元曲四大家。

元雜劇的興盛

元代雜劇是在前代戲曲藝術，宋雜劇和金院本的基礎上發展起來的一種戲劇樣式，最初流行於北方，以大都（今北京）為中心，遍布河南、河北，因為受方言的影響，它有不同的聲腔流派。

元雜劇大致是在金末元初最先出現，到了元成宗元貞、大德年間，其創作和演出進入鼎盛時期。這一時期人才輩出，名作如林。代表作有關漢卿的《竇娥冤》、《救風塵》、《單刀會》，王實甫的《西廂記》，白樸的《牆頭馬上》和《梧桐雨》，馬致遠的《漢宮秋》，楊顯之的《瀟湘夜雨》，紀君祥的《趙氏孤兒》，康進之的《李逵負荊》等，此外還有武漢臣、鄭廷玉、李文蔚以及女真族李直夫等人，都是著名的雜劇作家。

大德以後是元雜劇發展的後期。元滅南宋統一中國之後，南方經濟恢復發展較快，雜劇活動中心逐漸由大都南移杭州。北方作家紛紛南下，這對雜劇的南移有很大影響。這一時期主要的劇作家有鄭光祖、喬吉、秦簡夫等，但後期雜劇創作漸趨衰微，這一時期除少數作品較為傑出之外，大部分作品的思想性和藝術性都不如前期。

回族的形成

大約從七世紀中葉以後，有一些信奉伊斯蘭教的阿拉伯人和波斯人來到中國經商，逐漸定居在廣州、泉州、杭州、揚州和長安等地，被稱為「蕃客」。

十三世紀初，蒙古軍隊西征期間，又有大量信奉伊斯蘭教的波斯人、阿拉伯人以及中亞各族人，被遣發或自動遷徙到中國來，散居中國各地。他們在元代官方文書中被稱為「回回」，是當時「色目人」中的主要部分。後來，他們由於通婚和經濟文化聯繫，同漢人、蒙古人、畏兀兒人等，經過長期的融合和發展，到元朝末年開始形成一個新的共同體，具備了一個民族的雛形，即回族。

在回族形成的過程中，伊斯蘭教具有決定性的作用。唐、宋、元時期留居中國內地的穆斯林是形成回族的基本成分。入明以後逐漸形成回回民族，明代是回族最終形成時期。

紅巾軍起義

元朝後期，以蒙古族貴族為主的統治階級，對各族特別是漢族人民的掠奪和奴役十分殘酷。官府橫徵暴斂，苛捐雜稅名目繁多，統治者揮霍無度，政府財政入不敷出，因此更加濫發貨幣，禍國殃民。再加上黃河連年失修，多次決口，民不聊生，反抗的烈火日益在人民心中燃起。在這種情況下，韓山童、劉福通利用白蓮教和彌勒教暗中發動窮人。

西元一三五一年，元朝政府強徵河南、河北農民十五萬人挖黃河河道，河工挨餓受凍，群情激憤。劉福通派了幾百名教徒當民夫，在工地活動，傳布「石人一隻眼，挑動黃河天下反」的歌謠，並暗中鑿了個一隻眼睛的石頭人埋在工地。民工挖出後，人心浮動，反抗的烈火頓時燃起。

韓山童、劉福通聚合民眾三千，準備起義。因走漏風聲而遭到地方政府的鎮壓，韓山童戰死，劉福通則率眾衝出重圍，並一舉占領了潁州。因起義軍頭裹紅巾，故稱「紅巾軍」，又因其燒香聚眾，亦稱「香軍」。紅巾軍所到之處，開倉散米，賑濟貧農，深得人民擁護，群眾紛紛加入，隊伍迅速擴大到幾十萬人。

紅巾軍北伐

劉福通在潁州起義成功後，在紅巾軍的影響下，各地的起義軍紛紛響應。此時，農民起義的燎原大火已經遍布了大江南北。北方的郭子興占領濠州（鳳陽），布三王占領唐、鄧、南陽等地，孟海馬占領均房、襄陽，南方彭瑩玉和徐壽輝領導的紅巾軍轉戰湖北、湖南、安徽、浙江、江西各地，予以元朝沉重打擊。

此外，方國珍和張士誠各自起兵，割地稱雄。西元一三五五年，劉福通等迎韓山童之子韓林兒至亳州，立為帝，稱小明王，國號大宋，年號龍鳳。西元一三五七年，劉福通兵分三路進行北伐，大舉攻打元朝。他們很快攻占了大同、上都，占領了甘肅、寧夏等地，並將小明王遷到汴梁（今河南開封）為都。

但由於紅巾軍各自為戰，甚至互相攻殺，嚴重削弱了戰鬥力，元軍乘機發動了反攻。西元一三六二年，元軍圍困汴梁，劉福通退到安豐，於第二年被張士誠所殺。西元一三六六年，朱元璋派人迎韓林兒到應天（今南京），但在瓜步（今江蘇六合東南）渡江時沉船，將其淹死。

大都失陷

元朝的末代皇帝元順帝統治期間，天災人禍頻繁，土地兼併嚴重，老百姓生活在水深火熱之中，最終爆發了大規模的農民起義。大批元軍被各路起義軍擊潰，各地官府陸續被起義軍摧毀，當時群雄並起，全國大部分地區處於割據狀態。

西元一三五一年，劉福通率紅巾軍起義爆發後，元朝統治階級內部卻在為爭權奪利而互相征戰，更加速了元朝滅亡的進程。

從西元一三五六年開始，朱元璋率領的起義軍攻克集慶，改名應天府。之後他連年征戰，消滅各地割據軍閥，不斷擴充自己的勢力，初步控制了江淮地區。然後便開始策劃南征北伐，志在統一天下。西元一三六七年，朱元璋以部下徐達為征虜大將軍，常遇春為征虜副將軍，率二十五萬大軍進行北伐，目標對準元朝的統治中心大都。西元一三六八年初，在北伐節節勝利的情況下，朱元璋在應天稱帝，國號大明，年號洪武。

徐達率軍一路北上，經山東、河南，渡河進入河北，西元一三六八年七月奪取了通州要地，直逼大都，元順帝帶后妃倉皇逃離，大都失陷，元朝滅亡。

明清

封建社會的尾聲

明清時期是封建社會的最後階段，這一時期國家統一，中央集權達到頂峰，但同時也是科學比較落後、文字獄頻繁發生的一段時期，閉關鎖國政策的實施更是讓「天朝上國」的美夢破裂。

元朝末年，社會黑暗，統治殘暴，社會動盪不安、民不聊生，因此，爆發了紅巾軍大起義。朱元璋帶領紅巾軍攻城克地，消滅了陳友諒、張士誠等割據政權，於西元一三六八年在應天稱帝，建立明朝。明朝末年宦官專權，朝政日非，西元一六四四年，李自成率領農民軍攻陷北京，明朝滅亡。隨後的清朝經歷了康乾盛世的空前繁榮之後，便陷入了內有農民起義、外有列強侵略的悲慘境地，連續簽訂了多款喪權辱國的條約。清政府為求生存，展開了一系列轟轟烈烈的洋務運動，然而單純器物上的改良並不能挽救風雨飄搖的清王朝，改朝換代已是大勢所趨。

明朝

朱元璋建立明朝

朱元璋（西元一三二八—西元一三九八年），名重八，又名興宗，字國瑞，亳州鐘離（今安徽鳳陽縣）人。

出身貧農家庭，小時候曾在直覺寺做過和尚，西元一三五二年參加濠州郭子興領導的紅巾軍。郭子興死後，朱元璋統率郭部，任小明王韓林兒的左副元帥。接著以戰功連續升遷，西元一三五六年，諸將奉朱元璋為吳國公，西元一三六四年即吳王位。

朱元璋接受朱升「高築牆，廣積糧，緩稱王」的建議，廣納言路，重用賢才，發展軍隊，不斷壯大自己的勢力，終於打敗了陳友諒、張士誠等割據勢力。

西元一三六七年，朱元璋決意北伐，提出「驅逐胡虜，恢復中華，立綱陳紀，救濟斯民」的口號，命中書右丞相徐達為征虜大將軍、平章常遇春為副將軍，率軍二十五萬，北進中原。徐達率兵勢如破竹，先取山東，再西進，攻下汴梁，朱元璋到汴梁坐鎮指揮。

西元一三六八年，朱元璋在應天府稱帝，國號大明，年號洪武。西元一三六八年正月，北伐軍進占大都，結束了元朝的統治。

修建長城

明朝推翻了元朝的統治之後，為了防衛蒙古騎兵的南下騷擾，早在洪武二年（西元一三六九年），就修築了從山海關到居庸關的長城。

明朝前期對長城的修建，始於洪武元年（西元一三六八年），止於宣德十年（西元一四三五年），歷時六十七年。到了明朝中葉，統治者再次對長城進行了大規模的修築，此次修築始於正統元年（西元一四三六年），止於嘉靖四十五年（西元一五六六年），歷時一百三十年。

這個階段由於明朝政治腐敗、軍備廢弛，已無力組織大規模的反擊，對北方的防禦也逐漸演變成以守為主。到了明朝後期，由於蒙漢實現互市之後的防禦需要，明朝又對長城進行了重建和改建，這次修築從隆慶元年（西元一五六七年）開始，直至崇禎十一年（西元一六三八年），歷時七十餘年，一直沒有間斷過。

明長城東起自鴨綠江，西至嘉峪關，全長六千多公里，形成中國北部東西向的堅強防線。明長城高大雄偉，修築的時間最長，品質最為牢靠，建築也最為精美。目前我們所看到的長城主要是明朝建成的部分。

頒行《大明律》

明太祖洪武七年（西元一三七四年）頒布《大明律》。《大明律》是明朝綜合性法典，前後共頒行二次，其篇目仿《唐律》分為《名例》、《衛禁》、《鬥訟》、《詐偽》、《斷獄》等十二篇，共三十卷，六百零六條。

洪武三十年（西元一三九七年）對此作較大修改，重新頒行，改為六部官制，分《名例律》、《吏律》、《禮律》、《兵律》、《刑律》、《工律》共三十卷，四百六十六條。《大明律》淵源於《唐律》，包括五刑（笞、杖、徒、流、死）、十惡（謀反、謀大逆、謀叛、惡逆、不道、大不敬、不孝、不睦、不義、內亂）、八議（議親、議故、議功、議賢、議能、議貴、議賓），以及吏律二卷、戶律七卷、禮律二卷、兵律五卷、刑律十一卷、工律二卷。《大明律》是中國封建社會後期的典型法典。

設立錦衣衛

明朝錦衣衛，全名為錦衣親軍都指揮使司，設立於明洪武十五年（西元一三八二年），是皇帝親自指揮的軍事機構。錦衣衛用來侍衛皇帝，監視臣民，鎮壓人民反抗，以加強中央集權統治。

他們從事偵察、逮捕、審問等，皇帝特令其掌管刑獄，賦予巡察緝捕之權。錦衣衛的長官為指揮使，只對皇帝負責。錦衣衛的「詔獄」有不經法司而進行刑訊、判罪和行刑的權力。因此錦衣衛經常會任意逮人，草菅人命，造成了人人自危的恐怖氣氛，成為皇帝專屬的特務機構。

頒行《御制大誥》

明朝建立初期，由於連年戰爭的破壞，社會經濟凋敝，農民反抗封建統治的活動此起彼伏，統治階級內部也存在著激烈的鬥爭。

明太祖朱元璋總結歷代統治者的經驗教訓，提出了一系列的治國方略，又由於在《大明律》頒行之後，官民過犯不僅沒有減少，反而日益增多，明太祖朱元璋認為要嚴懲臣民犯罪，以彌補律文的不足。於是他命令相關衙門官員，採集官民犯罪的案例，分類編排，解釋律令條文。於洪武十八年（西元一三八五年）編成，朱元璋親自作序，名《御制大誥》，頒行天下，令官民永以為訓。

後又於洪武十九年（西元一三八六年）三月編成《大誥續編》，十二月編成《大誥三編》，先後頒行，史稱《三誥》。

《明大誥》是一部由「官民過犯」典型案例和明太祖例令輯錄而成的一部法典，用以嚴刑懲治貪官與豪強，它集中反映了明太祖治亂世用重典的思想，但是因過於嚴酷，在朱元璋死後被廢止。

胡惟庸案

胡惟庸，安徽定遠縣人。早年隨朱元璋起兵，歷任元帥府奏差、知縣、湖廣僉事、太常少卿、太常卿等職。

朱元璋即位後，拜中書省參知政事，西元一三七三年任右丞相。此人精明強幹，善於鑽營，逢迎明太祖，最終官拜丞相。後進至左丞相，位居百官之首。但是隨著權勢的日益增大，胡惟庸的野心也日益膨脹，他結黨營私，行為驕橫跋扈。經常私拆奏章，扣押不利於自己的奏章，還排除異己，陷害忠良，如誘使大將徐達家的守門人福壽謀殺徐達，毒害御史中丞劉基等。

西元一三八〇年，朱元璋以「謀不軌」的罪名迅即捉拿胡惟庸，將其處死。後來明朱元璋又頒布《昭示奸黨錄》布告天下，以夥同胡惟庸圖謀不軌之罪名，處死了韓國公李善長、南雄侯趙庸、滎陽侯鄭遇春等功臣，後又誅殺胡惟庸的黨羽，前後共誅殺了三萬餘人，史稱「胡獄」。

隨後，朱元璋吸取教訓，恐宰相權力太大，貽害朝廷，所以改革權力機構，罷黜丞相位，六部直接對皇帝負責，強化了皇帝的權力，中央集權進一步強化。

藍玉案

藍玉，定遠（今屬安徽）人。他是著名戰將，明朝開國元勳之一，官拜大將軍，封涼國公。藍玉是開平王常遇春的妻弟，跟隨常遇春南征北戰，先後參加平蜀、北伐、平定雲南等戰役，作戰有勇有謀，屢立戰功。於洪武十四年（西元一三八一年）封永昌侯，西元一三八七年拜為大將軍，屯薊州。

西元一三八八年，藍玉率兵十五萬征討北元，大獲全勝，被封為涼國公。但是藍玉居功自傲，日益驕橫。他蓄養莊奴達數千人，專橫跋扈，並仗勢侵占民田，還鞭打御史。他北征回師夜經喜峰關，因守關之人未及時開門，竟縱兵毀關而入。他的這些作為，日益引起朱元璋的不滿。

洪武二十六年（西元一三九三年），錦衣衛指揮使告發藍玉謀反，於是朱元璋誅殺藍玉全家。之後景川侯曹震、鶴壽侯張翼等人皆受到株連，藍玉一案，被殺者約兩萬人。此後，明初的開國功臣幾乎都被屠戮殆盡。

改土歸流

改土歸流是指取消土司衙門改由流官直接統治的變革。明朝一開始在西南少數民族地區沿襲元朝的統治方法，在那裡設立各級政府機關，任用當地少數民族首領擔任土司長官。

土司可以世襲，對轄區內的行政有自主權，其實質是「以土官治土民」。但他們必須忠於朝廷，按時向朝廷交納貢賦、調兵從征，職位的繼承也要得到朝廷的批准。但是在各土司管轄之時，經常會出現爭鬥流血事件，嚴重影響國家的統一、人民安定和社會經濟文化等各方面的發展。

明永樂十一年（西元一四一三年），西南地區的兩個土司長官叛亂，明朝派兵平定後，改設貴州布政使司，朝廷派遣可以隨時撤換的流官擔任官員，從此貴州成為省一級的行政單位。

改土歸流有利於消除土司制度的落後性，同時加強了中央對西南地區的統治。但明朝改土歸流的地區有限，西南絕大部分地區仍然實行土司制度。

推行里甲制

里甲制是明朝戶籍的管理制度。明朝建立後，並沒有立即制定統一的基層組織框架，各地的鄉里組織有的是從元朝延續下來的，也有的是重新組編或創立的。一直到洪武十四年（西元一三八一年），為了對基層組織和生產關係進行適當調整，減少社會中的矛盾衝突和不安定因素。朝廷下令在全國範圍內推行里甲制度，鄉村社會原有的基層組織基本上都被整合到這個統一的制度框架中。

里甲的編制方法是：每一百一十戶編為一里，由丁糧最多的十戶擔任里長，其餘一百戶則編為十甲，一甲十戶，設甲長一人，十戶輪流擔任。里甲制度是明朝的基層組織形式，也是明朝政府推行黃冊制度的基礎之一。

廢除丞相

明朝初期，沿襲元制，設立中書省，置左、右丞相。中書省為中央最高行政機構，總攬六部，管轄全國政務，丞相統領百官，指揮諸司，輔佐皇帝，位高權重。朱元璋為了削弱相權，加強君權，曾多次削弱中書省的權力。西元一三八〇年，朱元璋以「謀不軌」的罪名，殺左丞相胡惟庸後，撤銷中書省，廢除丞相制度。使原中書省所轄的吏、戶、禮、兵、刑、工六部直接對皇帝負責，六部尚書實際上成為朝廷的最高行政長官。朱元璋此舉達到了君權和相權的合一，加強了中央集權。

設三法司

朱元璋建立明朝後，進一步加強專制主義中央集權，在監察方面，明太祖於西元一三八二年改御史台為都察院，作為中央監察機關。都察院與中央司法機關大理寺、刑部合稱「三法司」。西元一三八四年，為了完善司法審判制度，規定重大案件實行刑部、大理寺、都察院三法司聯合審判，稱為「三司會審」。會審後作出判決，必須經皇帝批准。

明代刑部替代大理寺掌管主要的審判業務；大理寺成為審刑機關，主要管理對冤案、錯案的駁正、平反；都察院不僅可以對審判機關進行監督，還擁有「大事奏裁、小事立斷」的權力。「三法司」之間一定程度上體現出了職權分離、相互牽制的特點。

設立國子監

國子監為中國古代教育體系中的最高學府，最初在南京設立，稱京師國子學，西元一三八二年改名為國子監。明太祖朱元璋在宋代學規制度的基礎上，為了進一步完善學校管理體制，制定了國子監監規制度。明朝遷都北京後，在北京、南京分別都設有國子監，於是設在南京的國子監被稱為「南監」或「南雍」，而設在北京的國子監則被稱為「北監」或「北雍」。

明成祖永樂元年（西元一四〇三年），在北京設國子監，置祭酒、司業、監丞、典簿各一員。為使所培養的人才具有較高的素質，為自己的統治服務，在國子監中，設監規制度，對師生的品德、言行、紀律、學習等各方面做了詳盡的規定，從而規範了古代封建教育管理體制。但到明宣宗以後，由於考核體制寬鬆、俸祿降低、賦稅繁重，致使教育品質迅速下降，國子監的教師與監生流失嚴重，監規制度遭到破壞。

靖難之變

朱元璋即位後，為了加強君主專制統治和加強皇室的力量，於是分封諸王，把自己的兒孫分封到全國各地做藩王，隨之藩王勢力日益膨脹。其中燕王朱棣於西元一三八〇年被封在北平（今北京），他多次受命指揮北方軍事活動，並兩次率師北征，日益成為權勢最大的藩王。

明太祖朱元璋死後，因太子朱標早死，朱元璋之孫朱允即位，是為惠帝，也稱建文帝。為了抑制藩王的勢力，建文帝採取齊泰、黃子澄的建議，推行削藩措施，這嚴重威脅到了藩王的利益。因此，燕王朱棣於建文元年（西元一三九九年）七月以「清君側」的名義，聯合各個藩王舉兵反抗朝廷，隨後由北平揮師南下，號「靖難軍」。朱棣先攻占了河北的大部分領土，之後揮師南下，直搗南京。西元一四〇二年，朱棣攻破南京，齊泰、黃子澄、方孝孺等人被殺，建文帝不知所終。

朱棣在南京即位為皇帝，是為明成祖，次年改元永樂。靖難之變歷時四年，是明朝統治階級內部爭奪皇位的一場戰爭。

編撰《永樂大典》

《永樂大典》初名《文獻大成》。明永樂元年（西元一四〇三年），明成祖朱棣命解縉、姚廣孝、王景、鄒輯等人主持纂修大型類書，於永樂二年（西元一四〇四年）編成。《永樂大典》全書目錄六十卷，正文二萬二千八百七十七卷，裝成一萬一千零九十五冊。

《永樂大典》以韻為綱，按字、句、篇名、書名分韻收錄。其內容上至先秦，下達明初，內容涉及經、史、子、集、釋莊、道經、戲劇、平話、工技、農藝、醫卜、文學等各方面，無所不包，彙集了古今圖書七八千種，而且收錄入《永樂大典》的圖書均未刪改，是中華民族珍貴的文化遺產，是古代最大的百科全書。

《永樂大典》並未刻板付印，原有正、副本兩部，正本已不知去向。而副本《永樂大典》在清代以後，更因近代戰爭破壞，已殘缺不全。據統計，現有兩百二十一冊嘉靖副本《永樂大典》儲藏於中國國家圖書館。

鄭和下西洋

鄭和（西元一三七一年——西元一四三三年），原名馬三保，雲南昆陽人。少年時入宮當了太監，在靖難之變中，馬三保在河北鄭州（在今河北任丘北）為燕王朱棣立下戰功，被朱棣賜姓鄭，改名為和，任為內官監太監，官至四品。

明永樂三年（西元一四〇五年）七月十一日，明成祖命鄭和率領兩百四十多艘海船、兩萬七千四百名船員組成的龐大船隊，遠航尋寶。此後直到西元一四三三年鄭和去世，他一共進行了七次航行，訪問了三十多個在西太平洋和印度洋的國家和地區，加深了中國與東南亞、東非各國的友好關係。

西元一四三三年四月，在最後一次航行中，回程到古里時，鄭和在船上因病去世。

鄭和的航行比西方探險家達伽馬、哥倫布等人早了八十多年，說明當時明朝的航海技術、造船技術都已經達到了很高的水準。

鄭和是中國古代著名的航海家、外交家，他曾到達過爪哇、蘇祿、彭亨、蘇門答臘等國家，最遠曾達非洲東岸，紅海、麥加，並有可能到過澳大利亞，為各個國家之間的交流作出了巨大貢獻，影響深遠。

設置內閣

明太祖朱元璋為了進一步加強君主專制權力，先是於西元一三八〇年殺掉丞相胡惟庸，親自接管六部。但皇帝畢竟精力有限，無法處理所有的奏章和政務。於是他選擇幾名文人擔任殿閣大學士，但這些殿閣大學士「特侍左右，備顧問而已」，不能參預機務，而且品級很低，只有五品，以免擅權，還不能算真正意義上的內閣。

明成祖即位後，命官品較低的翰林院編修、檢討等關於午門內的文淵閣當值，參與機務，始稱內閣，但此時的內閣官員權力較小，不置僚屬，不得專制百官，仍然算是皇帝的私人秘書。

永樂中期以後，內閣的職權開始擴大，兼管六部尚書，成為皇帝的最高幕僚和決策機構。而到了明世宗嘉靖年間，權臣嚴嵩任武英殿大學士後，專擅朝政二十餘年，此時，內閣的權力已經與從前的宰相並無二致。

設立東廠

靖難之變後，朱棣即位。一方面，建文帝未死的流言不時出現，另一方面，朝廷中許多大臣對新政權並不十分支持，而朱棣也對大臣多不信任。他覺得設在宮外的錦衣衛使用起來並不是很方便，於是決定建立一個新的特務機構。

永樂十八年（西元一四二〇年）底，朱棣為了鎮壓政治上的反對力量，決定設立一個稱為「東緝事廠」的新官署，簡稱「東廠」。並命所寵信的宦官擔任首領，專門刺探官僚、百姓的隱私，緝查謀逆、妖言和大奸惡，其權勢遠在錦衣衛之上。

憲宗即位後，為進一步加強特務統治，於成化十三年（西元一四七七年）正月，在東廠之外另設西廠，命宦官汪直掌管，掌管東廠的太監尚銘聽其指揮，錦衣衛千戶吳綬為其爪牙，權勢遠在東廠及錦衣衛之上。

到了成化十八年（西元一四八二年），憲宗以東西兩廠不宜並立為由，關閉了西廠。但東廠仍在，廠禍一直未能停息。

明成祖遷都北京

朱棣建都南京後，繼續實行削藩的政策，逐步削弱和廢除藩王的兵權。而此時北部邊防薄弱，蒙古的韃靼和瓦剌部不斷南侵。為了加強北部地方的防禦，明成祖於永樂元年（西元一四〇三年）把北平改為北京。

西元一四〇六年，明成祖派人徵調三十萬工匠，上百萬民夫和大量士兵，大規模營建北京宮殿，於永樂十九年（西元一四二一年）營建完工，明成祖正式遷都北京。

遷都後，為了加強對南方人民的統治，保護運河交通線，明成祖將南京作為留都，保留南京原有的政府機構，但南京諸司並無實權。

遷都北京有利於防止蒙古貴族的南下，同時也便於經營東北地區，鞏固邊疆統治。北京從此成為了明朝的政治、經濟、軍事和文化中心。

修建十三陵

明十三陵是明朝遷都北京後十三位皇帝陵墓的皇家陵寢的總稱，自永樂七年（西元一四〇九年）修建「長陵」始，到清順治初年完成「思陵」止，修建十三陵前後延續兩百多年，朝廷甚至還設有管理陵墓修建的大臣，專門負責為皇帝修陵，比如，明代著名的政治家、曾擔任內閣首輔的張居正就曾經主持過修建隆慶皇帝的陵墓。

按陵墓建造的先後順序，其陵墓名稱依次為：長陵、獻陵、景陵、裕陵、茂陵、泰陵、康陵、永陵、昭陵、定陵、慶陵、德陵、思陵。在整個陵區中一共埋葬著十三位皇帝、二十三位皇后、一位貴妃和數十名殉葬宮人。

陵區內還建有妃子墓七座、太監墓一座和行宮、園囿等附屬建築，全部陵區面積達四千公頃。

仁宣之治

永樂二十二年（西元一四二四年）七月，永樂皇帝朱棣在北征途中病逝，把帝位傳給皇太子朱高熾。

朱高熾繼承皇位，定年號為洪熙，是為仁宗。朱高熾繼位之後，實施了一系列息兵養民的政策，如節省國庫開支、減輕全國老百姓負擔，賑濟災民，整頓朝政、提倡法制，清理冤案，等等。仁宗心懷百姓，體恤民生疾苦，稱得上是個明君，可惜他體弱多病，僅僅當了十個月的皇帝便去世了。

西元一四二五年，朱瞻基繼承父位，當上了皇帝，是為宣宗，年號宣德。朱瞻基也像他父親朱高熾一樣，是一個比較清明的皇帝，再加上前面明成祖和明仁宗的治理，到宣宗即位時，社會安定，經濟發展。人們常把他父親仁宗的政績和他聯在一起，合稱為「仁宣之治」。

這段時期是明朝最開明、政治最穩定的一個時期，人們常將它跟漢朝的「文景之治」、唐朝的「貞觀之治」相媲美。

土木之變

明朝初年，蒙古分裂為兀良哈、韃靼、瓦剌三部，其中瓦剌經過長期發展，勢力增強，其首領也先統一蒙古後，不斷侵犯明朝邊境。

西元一四九九年，也先以明朝減少賞賜為藉口，率領大軍進攻明朝。當時明朝當權的大太監王振不顧朝臣反對，慫恿英宗朱祁鎮御駕親征。英宗命皇弟郕王朱祁鈺留守，親率軍五十萬大軍北征，隨行的還有英國公張輔、兵部尚書鄺野等文武官員一百多名。軍隊到達大同後，王振聽說前線士兵打了敗仗，也先率領騎兵攻來，於是惶恐至極，命令退兵。大軍退至土木堡（今河北懷來縣境內），被也先的騎兵包圍。明軍缺水，導致軍心更加渙散，結果一敗塗地，張輔、鄺野等文臣武將幾乎全部戰死，明英宗被俘，王振被護衛將軍樊忠殺死，史稱「土木之變」。

此役明軍死亡數十萬人，大量輜重被也先掠奪，也先率兵向北京城逼近。

北京保衛戰

土木之變使得明朝面臨的局勢極其危險。英宗被俘的消息傳到京城，皇宮上下驚慌一片，同時也先率領大軍向北京城逼近，京城大官富戶紛紛南逃。有的大臣也主張朝廷南遷，以避災禍，但是以于謙為主的主戰派力挽狂瀾，堅持認為保衛京師為天下根本，于謙臨危受命，任兵部尚書，調集京師和全國各地的兵力勤王。

于謙提出「社稷為重，君為輕」，和吏部尚書王文等人於九月擁立郕王朱祁鈺即位為景泰帝，遙尊英宗為太上皇。十月，也先率領瓦剌軍到達北京城下西直門外，以英宗相要脅勒索。

于謙分遣諸將列陣迎敵，並親自督戰。十月十三日，于謙與瓦剌軍大戰德勝門外，瓦剌軍大敗，於十一月退出塞外。于謙和主戰派官員領導的京師保衛戰終於取得了勝利，粉碎了瓦剌軍想奪取北京的野心，明王朝轉危為安。

奪門之變

西元一四五〇年，都御史楊善將英宗從也先手中贖回，之後英宗被景泰帝幽禁於紫禁城東華門外的南宮中，由錦衣衛看守。西元一四五七年正月，景泰帝病情加重，不能處理朝政。見景泰帝病危，武清侯石亨、太監曹吉祥和左副都御史徐有貞等人密謀發動政變，擁立英宗復辟。十六日晚上，徐有貞、石亨等帶領軍隊上千人秘密進入長安門，急奔南宮，毀牆破門進入南門，救出英宗，從東華門進入宮中，告知文武百官說太上皇已復位。

英宗復位後，改元天順。以謀逆罪殺害于謙、王文等人，並迫害于謙所薦之文武官員；對石亨、徐有貞等對復辟有功的人分別加官晉爵；又將景泰帝廢為王，遷於西內。

景泰藍的興起

景泰藍相傳最早是從西亞、中亞、波斯、阿拉伯等地區在元朝時傳入中國，然後在明朝景泰年間（西元一四五〇年——西元一四五六年）大量發展並中國化。這個時期，工藝的風格特點已經形成，技藝精湛，接近成熟時期。品種有瓶、盤、碗、爐、圓盒、香熏等，後來出現了鼎之類的欣賞品。

景泰年間的景泰藍製品，從故宮等地陳列過的實物來看，工藝得到了更大的發展。這個時期製胎水準已相當高。明代景泰藍的造型大都為器皿，多數為歷代陶瓷及青銅器的傳統造型。其裝飾紋樣以大明蓮為主，也有少數串聯花卉和青銅器紋樣變形的裝飾，其色彩以二藍（湖藍）為主色調，配以少量紅、白、綠、黃等色。

景泰藍工藝成熟於明朝，以其絢麗多彩、富有民族氣息的藝術風格而聞名於世。

王陽明創立心學

王陽明（西元一四七二年—西元一五二九年），本名王守仁，號陽明，世稱陽明先生，故現在一般稱王陽明。是中國歷史上罕見的全能大儒，他不僅能兵善戰，而且首次創立了「心學」，是主觀唯心主義的集大成者。王陽明少年即有大志，以諸葛亮自喻，學文習武十分刻苦，並酷愛下棋，精通騎、射、兵法。初任兵部主事，因反對掌權宦官劉瑾，正德元年（西元一五〇六年）被謫貶貴州。

劉瑾被誅後又被舉薦朝廷，曾任南贛巡撫。王陽明以文官掌兵符，集文武韜略於一身，上馬治軍，下馬治民，處事智敏，用兵神速，在鎮壓農民起義和平定「宸濠之亂」中立下大功，官拜南京兵部尚書。後因功高遭忌，辭官回鄉講學，在紹興、餘姚一帶創建書院，宣講「心學」。

王陽明秉承並發展南宋陸九淵「心即理」的學說，用以對抗程朱理學，因此二者被合稱為「陸王學派」。王陽明反對程頤、朱熹透過事事物物追求「至理」的「格物致知」方法，他認為心是萬事萬物的根本，世界上的一切都是心的產物。他斷言「夫萬事萬物之理不外於吾心」，「心外無物、心外無事、心外無理」，「天理即是人欲」，認為為學「惟學得其心」，要用這種反求內心的修養方法，達到「萬物一體」的境界。

在知與行的關係上，王守仁反對朱熹的「先知後行」之說，認為那是分裂知與行的理論。他從「天地萬物本吾一體」出發，提倡知行合一，強調要知更要行，是後人重要的精神財富。

弘治中興

西元一四八七年春，憲宗去世，太子朱祐樘在九月繼承皇位，是為明孝宗，第二年改年號為「弘治」。明孝宗繼位時，朝政混亂，國家千瘡百孔。明孝宗勤於政事，兢兢業業，他即位之初，就著手改革弊政，任用賢能，注重內憂外患的治理，抑制官宦，宣導節約，與民休息，並且大力興修水利，發展農業，繁榮經濟。

明孝宗在位期間，吏治清明，是明代歷史上少有的經濟繁榮、人民安居樂業的和平時期，被稱為「弘治中興」。

劉瑾專權

明朝中期以後，皇帝昏庸，出現了宦官專權的局面。王振、汪直都是曾經顯赫一時的宦官。

劉瑾是陝西興平人，本姓談，市井混混出身，六歲時被太監劉順收養。後淨身入宮當太監，遂改姓劉。進宮後，劉瑾善於察言觀色，隨機應變，深受武宗信任。

明正德元年（西元一五〇六年）十月，武宗任劉瑾掌司禮監，司禮監在二十四衙門中權力最大，其主筆太監掌管批紅，易於專權。一旦大權在握，劉瑾便引誘武宗沉溺於驕奢淫逸中，自己趁機專擅朝政，時人稱他為「立皇帝」，武宗為「坐皇帝」。他排斥異己，朝中正直官員大都受他迫害。

劉瑾掌權期間，引焦芳、劉宇等入閣，結成閹黨，把持朝政。他利用權勢，肆意貪污，公然受賄索賄，大搞錢權交易。各地官員朝覲至京，都要向他行賄，謂之「見面禮」。

正德三年（西元一五〇八年）劉瑾又加設特務機構內行廠，並親自掌管。朝中趨附者多呼其「千歲」。正德五年（西元一五一〇年），宦官張永告發劉瑾謀反，劉瑾被捕「入獄」，從其家中查出金銀數百萬兩，並有偽璽、玉帶等違禁物。經會審後，劉瑾被判以凌遲。

大禮議之爭

正德十六年（西元一五二一年）四月，明武宗朱厚照病死。朱厚照無子，其從弟、興獻王朱祐杬之子朱厚熜承襲皇位，為明世宗。

世宗即位後的第六天，即下令禮官集議其父興獻王的封號。以首輔楊廷和、禮部尚書毛澄為首的朝臣為維持大宗不絕，認為朱厚熜應過繼給武宗之父，弘治帝朱樘，稱皇考，而以生父朱祐杬為皇叔父。朱厚熜對此表示不滿，要求另議。後來，觀政進士張璁上《正典禮疏》，反駁楊廷和之說，主張繼統不繼嗣，朱厚熜應尊崇所生，為興獻王立廟京師。朱厚熜得疏後，即召見群臣，下令尊己父為興獻皇帝，母為興獻皇后，但被楊廷和等人拒絕。由此開始了以首輔楊廷和等為一方，以皇帝和張璁、桂萼等為另一方的「大禮議之爭」。

大禮議之爭中有兩百多位文武官員被治罪，最後世宗終於追尊其父為皇帝，並按照皇陵的級別重修陵寢。

大禮議之爭前後延續三年多，其中包含了孝宗、武宗系統的顧命大臣與依附於世宗的中下級官吏之間的鬥爭，首開明朝黨爭之先河。

壬寅宮變

明朝嘉靖年間，明世宗嘉靖皇帝朱厚熜生活奢靡，荒淫昏聵，導致朝政混亂，國庫空虛。他非常崇信道教，追求神仙老道之術，到處搜羅方士煉丹，尋求不老之術。在嘉靖皇帝的眼裡，宮女的生命一錢不值，動輒殺頭，甚至連皇后都朝不保夕，嘉靖年間被處罰、殺死的宮女多達兩百餘人。

嘉靖皇帝還聽信道士之言，在民間大量徵召十三、四歲以下的宮女，命方士利用她們的處女月信來煉製「元性純紅丹」。為了保持宮女的潔淨，她們不得進食，而只能吃桑、飲露水。因此被徵召的宮女都苦不堪言，以楊金英為首的宮女們決定趁嘉靖帝熟睡之時，用麻繩勒死他。

結果在慌亂之下，宮女們將麻繩打成死結，嘉靖帝只是昏了過去，並沒有斃命。在這時其中一個膽小的宮女因為害怕，報告給周皇后。

周皇后趕到後，將宮女們制服，並下令斬首，而且連當時服侍嘉靖帝的端妃也一併斬首。由於此事發生在嘉靖壬寅年（嘉靖二十一年，西元一五四二年），被稱為「壬寅宮變」。

庚戌之變

嘉靖二十九年（西元一五五〇年），蒙古韃靼部首領俺答率兵進犯大同。駐守大同的總兵仇鸞全無軍事才能，面對俺答的進攻，他只得用重金收買俺答，求他不要進攻自己的防區。俺答於是引兵東去，攻占古北口，揮師長驅直入，進逼京師。

世宗聞訊大驚，宣布京師戒嚴，並下令集合軍隊準備作戰。但軍隊卻久久集中不起來，世宗只好令文武大臣分守京城九門，同時派人到民間招募義勇，傳檄各鎮兵馬入京勤王。主持軍務的兵部尚書丁汝夔惶急無策，聽了嚴嵩的話，便傳令諸將不要輕舉妄動。

於是眾將官不發一矢，聽任韃靼搶掠。俺答兵在北京城郊搶掠了八天，帶著大量的人畜財物引兵西去。仇鸞佯裝追擊，俺答大搖大擺地率兵由古北口出塞而去。仇鸞殺了幾十個百姓，向世宗報捷。世宗竟對仇鸞大加稱讚，加封他為太保，丁汝夔卻被處死。

因為發生在庚戌年，所以這次俺答入侵被稱為「庚戌之變」。

葡萄牙人占領澳門

葡萄牙人在與華人交易的過程中，得到了巨額的利潤，巨大的利潤令葡萄牙船商趨之若鶩，但當時的交易仍屬非官方許可的走私貿易。

西元一五一一年，葡萄牙人占領麻六甲，並逐漸將觸角延伸到中國南部沿海。他們經常往來於中國沿海地區，進行海盜活動，並炮轟廣州。西元一五一七年，葡萄牙駐印度總督派艦隊護送特使皮瑞茲赴中國廣州及北京，要求正式通商，被明朝政府拒絕。

其間葡萄牙艦隊曾強行登陸九龍半島屯居，遭明朝守軍驅逐。西元一五三五年，葡萄牙人向明朝官吏行賄，取得在澳門停靠碼頭的便利。西元一五五三年，葡人又賄賂廣東海防官員，以貨船遇風浪為藉口，請求在澳門借地曝曬浸水貢物。以每年交納租銀二萬兩為條件，要求上岸搭棚暫住。

從此他們就在這裡不斷擴大居住區，並建造了炮臺和城牆，設置了行政機構，派駐官吏，澳門就這樣落入了葡萄牙人手中。

推行一條鞭法

明朝中後期，皇族權貴透過上請、受獻和直接掠奪等方式，迅速擴充其莊田；官僚地主也透過賜田和購田而占有了大量的土地。

土地集中，賦役負擔嚴重不均，使廣大失去土地的農民或淪為地主的佃戶，或流亡遷徙，政府所控制的徵糧地因而大大減少，丁銀徵收來源亦趨枯竭。從嘉靖年間起，政府每年都入不敷出。為克服財政困難和政權潛在的危機，賦役改革勢在必行。於是，張居正在清丈土地的基礎上，總結歷來的賦稅改革經驗，提出了「一條鞭法」。

其主要內容是：將賦役以及土貢方物等合成一項，以州縣為單位確定賦役數額。將過去按丁、戶徵派的力役，部分攤入地畝，改為按地丁徵派；賦役一律折算成銀兩徵收，從而取消了力役，改由政府雇人參加力役；賦役實行官收官解，廢除了過去由里甲催督、糧長收解的做法。

一條鞭法是實行兩稅法以來賦役制度上的又一重大變革，減輕了人民的負擔，增加了政府財政稅收。但是由於改革觸及了官紳地主的經濟利益，阻力較大，在開始時期進展較慢，在張居正死後又逐漸被廢止。

俺答封貢

庚戌之變後，蒙古各部仍舊不斷進犯明朝。山西人趙全於嘉靖年間叛明投降蒙古俺答汗，尊俺答為帝，還經常誘導俺答攻明。

明穆宗隆慶四年（西元一五七〇年）十月，把漢那吉因與祖父俺答汗爭妻，投降明朝。山西宣大總督王崇古奏請朝廷，厚待把漢那吉，認為若俺答索討把漢那吉，就拿趙全交換；要是俺答棄而不求，則加把漢那吉名號，助其自為一部，亦不失為安邊之策。大學士高拱、張居正支持這一建議。俺答妻深恐明朝殺其孫，日夜責備俺答，於是俺答擁十萬大兵抵達明朝邊界，索討把漢那吉。

王崇古派人告以把漢那吉現況，要求縛送趙全等。俺答於是遣使來朝，請封為王，並請互市，不再擾明。十二月，趙全被解到明朝，把漢那吉則遣返蒙古。俺答迎還其孫，祖孫重歸於好。又派人到明朝致謝，表示「願世為外臣，貢方物」。

隆慶五年（西元一五七一年），明廷封俺答為順義王，並允許通貢互市，歷史上稱之為「俺答封貢」。

戚繼光抗倭

戚繼光（西元一五二八年—西元一五八七年），字元敬，號南塘，山東蓬萊人。

嘉靖三十九年（西元一五六〇年）三月，戚繼光由浙江都司參將調任獨鎮一方的分守台（州）、金（華）、嚴（州）等處地方參將。當時，日本經常會有一些沒落武士在中國沿海搶劫騷擾，史稱倭寇，政府一方面實施禁海政策，一方面組織加強防禦。

嘉靖三十四年（西元一五五五年），戚繼光調到浙江，任參將，積極抗禦倭寇。他鑒於衛所軍有不習戰陣的弱點，親赴俗稱慓悍的義烏招募農民和礦工，組織訓練了一支三千多人的新軍。嘉靖四十年（西元一五六一年）四月，十六艘倭船由象山至奉化西鳳嶺登陸，大舉來犯，戚繼光率軍在龍山大敗倭寇。戚繼光連戰連捷，掃平了浙東的倭寇。次年又率六千精兵援閩，搗破倭寇在橫嶼（今寧德東北）的老巢。

嘉靖四十二年（西元一五六三年），戚繼光再援福建，升總兵官，與劉顯、俞大猷分三路進攻平海衛（興化城東），「斬級二千二百」。次年春，敗倭於仙遊城下，福建倭患遂平。嘉靖四十四年（西元一五六五年），戚繼光又與俞大猷會師，殲滅廣東的倭寇。至此，東南沿海的倭患完全解除。

李時珍著《本草綱目》

李時珍（西元一五一八年—西元一五九三年），字東璧，晚年自號瀕湖山人，湖北蘄州（今湖北省黃岡市蘄春縣蘄州鎮）人。其父李言聞是當地名醫，李時珍繼承家學，尤其重視本草，並富有實踐精神，肯於向群眾學習。

李時珍三十八歲時，被武昌的楚王召去任王府「奉祠正」，兼管良醫所事務。三年後，又被推薦上京任太醫院判。太醫院是專為宮廷服務的醫療機構，當時被一些庸醫弄得烏煙瘴氣。李時珍在此只任職了一年，便辭職回鄉。李時珍參考歷代有關醫藥及其學術書籍八百餘種，結合自身經驗和調查研究，歷時二十七年編成《本草綱目》一書。

《本草綱目》共五十二卷，刊於西元一五九〇年。全書共一百九十多萬字，載有藥物一千八百九十二種，收集醫方一萬一千零九十六帖，附精美插圖一千一百六十幅，分為十六部、六十類。是中國明朝藥物學的總結性巨著，在世界藥物學發展史上占有重要地位，已有多種文字的譯本或節譯本。

援朝戰爭

西元一五九二年（明朝萬曆二十年）四月十四日，日本為了吞併朝鮮，發動了震驚世界的「壬辰倭亂」。豐臣秀吉派兵十餘萬人，攻陷了朝鮮王京（今韓國首爾）、開城、平壤等地。在朝鮮國王的請求下，西元一五九二年，明朝派宋應昌為經略，李如松為東征提督，率四萬大軍援朝抗日。

次年，明軍和朝鮮軍隊一起，大敗日軍，攻克平壤，收復開城、西京等地。西元一五九七年，豐臣秀吉再次派十四萬大軍侵略朝鮮，明朝再次派出邢玠為薊遼總督，麻貴為備倭大將軍，出兵援朝，多次打敗日軍。

西元一五九八年，豐臣秀吉死後，日軍士氣低落，明朝老將鄧子龍和朝鮮將領李舜臣率中朝水師，在釜山南海重創日本海軍，鄧子龍、李舜臣相繼陣亡。長達七年的援朝抗日戰爭，最終以明朝的勝利日本的失敗而告終。

資本主義萌芽

明朝中後期，商品經濟的空前活躍，為手工業提供了更多的原料和市場，從而刺激了手工業的發展，手工業的生產規模越來越大，生產分工越來越細。同時，由於市場的殘酷競爭，也促使手工業生產者不斷產生分化，大多數手工業者貧困破產，喪失了生產資料，不得不和失去土地的農民一樣，成為出賣自己勞動力的雇傭工人。

而少數資金較為雄厚、生產條件較好、技術精良、善於經營的手工業者逐漸富裕起來，進行擴大再生產。蘇州、松江等一些商品經濟高度發達的地方，在紡織、製瓷等少數行業出現了「機戶」。機戶擁有大量資金和幾台至幾十台機器，開設「機房」，雇傭幾個至幾十個工人，而自己則脫離了勞動，成為早期的資本家。

被雇傭的工人稱「機工」，他們是早期的雇傭工人。機戶和機工之間的關係是雇傭和被雇傭的關係，也就是資本主義性質的生產關係。「機房」就是手工工廠，是資本主義萌芽產生的標誌。

國本之爭

國本之爭是指萬曆年間圍繞立太子問題而發生的一場政治鬥爭。明神宗萬曆皇帝的王皇后無子，王恭妃生子朱常洛（即後來的明光宗），鄭貴妃生子朱常洵（即後來的福王）。根據明朝各代立皇太子的一般原則，應當是「有嫡立嫡，無嫡立長」，即嫡長子繼承制。嫡子必須是皇后所生，現在皇后無子，自然應當以長子為尊。因此，多數大臣主張立朱常洛為太子，但皇上寵愛鄭貴妃，因此有意立朱常洵為太子。皇帝和大臣相持不下，冊立太子一事久拖不決。

神宗對大臣們的干預甚為惱火，作為「報復」，他開始對國家事務採取不聞不問的態度，不上早朝，不批答奏章，不主持祭祀儀式，不出席講筵（大臣向皇帝講課），不任命官員。但是，他對聚斂錢財的事情卻抓得很緊，委派宦官擔任礦監、稅使，搜刮民脂民膏。而且每天都要飲酒，喝得爛醉如泥，醉酒之後還要大撒酒瘋，左右說話稍不留意，就會被他下令責打致死。

因為太子是「天下之本」，所以此事被稱為「爭國本」事件。沸沸揚揚的「國本之爭」持續了近三十年，摻雜著黨派之間複雜的政治鬥爭，很多大臣都被牽連其中，留下的是一個政治混亂的殘局。

梃擊案

「國本之爭」的事情發生後，長子朱常洛被立為太子，但福王朱常洵和其母親鄭貴妃仍未死心，後來又相繼發生了「梃擊」、「紅丸」、「移宮」三大案。

萬曆四十三年（西元一六一五年）五月，一男子張差突然出現在太子朱常洛居住的慈慶宮門前，將守門太監一棒打倒，衝進門內，直闖太子寢殿，太監們慌忙將他捉住。事情傳開後，很多朝臣都懷疑是鄭貴妃和其兄長鄭國泰策劃的陰謀，企圖借張差之手傷害太子。

後來在審訊中，張差供出給他引路的太臨是龐保、劉成兩人，龐保、劉成都是鄭貴妃手下的太監，再往下查，勢必牽連到鄭貴妃。於是神宗朱翊鈞與太子朱常洛導演了一幕父子雙簧，使得「梃擊」一案也就不了了之。

紅丸案

泰昌元年（西元一六二〇年）八月，明神宗朱翊鈞當了四十八年的皇帝後死去，朱常洛即位，史稱明光宗。

鄭貴妃怕朱常洛會對她報復，連忙想法討好朱常洛。鄭貴妃挑選了八名美貌的女子送給光宗。朱常洛沉溺於女色，身體垮了下來。召內官崔文升開藥治病，之後鴻臚寺丞李可灼自稱有「仙丹」，治得了朱常洛的病。朱常洛一聽說是仙丹，十分歡喜，連忙叫太監召李可灼進宮送藥。明光宗食用李可灼送的兩粒紅丸後，突然暴死，朝中大嘩。

東林黨人指責崔文升是鄭貴妃的心腹，他故意用泄藥，傷了朱常洛的元氣，又指責李可灼結交宦官，妄進紅丸，是導致朱常洛死亡的元兇。最後兩人同時被處死，紅丸案爭執了八年，也沒有能夠追查出結果。

移宮案

乾清宮是內廷的正宮，只有皇帝皇后能夠居住。光宗朱常洛病危時，住在乾清宮，其寵妃李選侍隨住。光宗朱常洛死後，李選侍仍住在乾清宮不走。她把太子朱由校帶在身邊，企圖挾皇太子以自重。群臣對李選侍非常憤慨，紛紛上書，要求她搬出乾清宮。

李選侍仗著自己從小把朱由校帶大，企圖透過他來壓制群臣。群臣齊集慈慶宮外，要求朱由校下詔，令李選侍搬出乾清宮，最終，李選侍只得搬到鸞宮居住，鸞宮是宮女養老的地方。李選侍這一搬，說明她在政治上再也不能有所作為了，移宮案到此才告結束。

東林黨案

東林學派，是中國明代末年思想學術領域出現的一個以講學與議政相結合的著名學術流派。因該學派的創始人顧憲成、高攀龍等學者，在地處江蘇無錫城東隅弓河畔的東林書院講學、讀書，故而得名。

顧憲成，字叔時，號涇陽，又因創辦東林書院而被人尊稱「東林先生」，無錫涇皋里（今錫北鎮）

人。萬曆八年（西元一五八〇年）進士，授戶部主事。萬曆十年（西元一五八二年）調任吏部稽勳司主事，官至吏部文選郎中。萬曆二十二年（西元一五九四年），因忤旨被革職還鄉，與弟顧允成和高攀龍等在東林書院講學。他們諷議朝政，裁量人物，一時朝野應和，受到下層官僚的支持，與朝中閹黨勢同水火，形成了一個聲勢浩大的東林黨派。

當時宦官擅權，政治腐化，社會矛盾轉為強烈，東林黨人針砭時弊，提出減輕賦役、開放言路、實行改良等意見，遭到了宦官及各種依附勢力的激烈反對。明末黨爭中，東林黨和齊楚浙黨以爭國本為首，以明末三案為餘波，相互攻訐。

天啟年間，魏忠賢對東林黨人實施了血腥的鎮壓。西元一六二七年，明思宗朱由檢即位後，魏忠賢自縊而死，對東林黨的迫害才宣告停止。

魏忠賢專權

魏忠賢，原名魏四，河間肅寧（今屬河北）人，自幼家境貧寒，後來自施宮刑，改名換姓李進忠，入宮充當太監。後來皇上賜他復姓，並賜名忠賢。

魏忠賢萬歷朝入宮後，善於逢迎拍馬，取媚後宮，在宮中的地位日益上升。明熹宗上臺後，魏忠賢升任司禮監秉筆太監，得以獨攬朝政，他甚至可以直接批閱奏章和傳布聖旨，對文武百官有生殺予奪的權力。他與司禮監太監王體乾等人結黨，先後除掉太監魏朝、王安等人，迅速在後宮形成強大的勢力。

他把與東林黨人作對的各派官員都拉到自己一邊。一些逢迎拍馬的官員，稱呼他為「九千歲」。天啟四年（西元一六二四年）四月，東林黨人楊漣因為揭露魏忠賢的罪惡，被魏忠賢逼迫入獄，最後慘死獄中。魏忠賢兼掌東廠大權，他藉中書汪文言被劾一事，大力打擊和迫害東林黨人。

後來同為閹黨的顧秉謙升為首輔，控制了內閣後，魏忠賢更加有恃無恐，變本加厲地鎮壓、打擊異己，當時，從朝廷內閣、六部官員及至四方總督、巡撫，都有魏忠賢的私黨。直到西元一六二七年，朱由檢即位後，朝庭內外重新發起了對魏忠賢的攻擊。朱由檢召魏忠賢入宮，命內侍宣讀嘉興貢生錢嘉徵彈劾魏忠賢的十大罪，並下令將他逮捕法辦。魏忠賢見大勢已去，遂自縊而死。

崇禎二年（西元一六二九年），朱由檢定逆案，盡數驅除魏忠賢黨徒。

宋應星著《天工開物》

宋應星（西元一五八七年—西元一六六一年），字長庚，江西奉新人。萬曆四十三年（西元一六一五年）中舉。先後出任江西分宜縣教諭（縣學教師）、福建汀州推官、安徽亳州（今亳縣）知州等職。任官期間，留心觀察學習勞動大眾的生產技術，注意搜集與積累科技資料，並親自參與生產實踐和調查研究。崇禎十年（西元一六三七年），宋應星著成《天工開物》。

《天工開物》共分為三卷，全書根據「貴五穀而賤金玉」的原則，分為乃粒（糧食）、乃服（衣類）、彰施（染料）、粹精（穀物加工）等十八個類目。全書詳細記載了當時幾乎所有的農業、手工業產品的生產技術和生產工藝，並詳細介紹了生產工具的製造和使用方法，是世界上第一部有關農業和手工業生產技術的百科全書，具有極高的社會科學價值。

李自成起義

李自成（西元一六〇六年—西元一六四五年），原名鴻基，陝西米脂人，自幼家境貧寒，略識文字。明天啟、崇禎年間，朝政黑暗，土地兼併嚴重，陝北連年旱荒，農民紛起暴動。

李自成投奔闖王高迎祥，為八隊闖將，轉戰陝、晉、畿南、豫楚等地。西元一六三六年七月，高迎祥被俘犧牲，李自成承襲闖王名號。十一月中旬，起義軍經陝南商州突出武關，轉戰河南，農民爭相加入。西元一六四一年初，下洛陽，殺死明福王朱常洵，開倉濟貧，聲勢迅速擴大。

此後，起義軍三次圍攻開封，明軍主力被消滅，起義軍控制河南全省，部眾近百萬，李自成成為明末農民起義軍的主力。西元一六四四年正月，起義軍占領西安後，即正式定國號為大順，改元永昌，並改西安為長安。李自成改名自晟，稱王。同年二月，起義軍兵分兩路進攻北京，三月十八日圍困京師，次日攻入北京。明思宗自縊於煤山（今景山），明朝滅亡。

張獻忠起義

張獻忠，字秉忠，號敬軒，陝西省定邊縣郝灘鄉劉渠村（古稱柳樹澗堡）人。明崇禎三年（西元一六三〇年），張獻忠積極回應王嘉胤的反明號召，率米脂十八寨農民起義。王嘉胤死後，張獻忠與李自成等歸附高迎祥，高迎祥稱闖王，張獻忠、李自成號闖將。

崇禎十年（西元一六三七年），張獻忠三次入川，圍攻成都，遭明軍總兵官左良玉部隊的進攻，起義部隊嚴重受損。崇禎十六年（西元一六四三年）五月，張獻忠率領農民起義軍攻占武昌（今屬武漢），把楚定王投入江中，為人民平息了憤怒，張獻忠在武昌稱大西王。之後張獻忠又占領了四川大部分州縣，於崇禎十七年（西元一六四四年）在成都稱帝，建立大西國，改元大順，設立內閣、六部，並發行大順通寶，開科取士。

清代順治三年（西元一六四六年），清軍由陝南入川攻打大西軍，張獻忠於次年撤離成都，北上與清軍作戰，十一月，部隊到達西充縣與鹽亭縣交界處的鳳凰山（今四川南溪縣北）坡時，張獻忠中箭身亡。

章回小說的發展

章回體小說是由宋元時期「講史」話本發展而來。由於「講史」很難在一兩次「說話」中把一段歷史興亡爭戰故事講完，「說書人」就分次連續講述，每次「說話」前用題目向聽眾提示本次主要內容，這就成了章回小說回目的起源。

章回小說中經常可看到「話說」、「且說」和「各位看官」字樣，這就是章回體小說與「話本」之間承繼關係的體現。經宋元兩代長期的積澱，元末明初出現了一批較為成熟的章回體小說，如《三國志通俗演義》、《水滸傳》等。

到明代中期，章回小說更趨成熟，出現了《西遊記》、《金瓶梅》等作品。清代，章回小說繼續發展，《紅樓夢》是其藝術高峰。現在我們較為常見的明清及近代章回體小說，大致有文言體章回小說，如《三國志通俗演義》；方言體章回小說，如清代韓邦慶的《海上花列傳》，全文多用吳方言；彈詞體章回小說，如陶貞懷的《天雨花》；排偶體章回小說，如清代陳球的《燕山外史》等。

荷蘭人占領臺灣

西元一六〇二年，荷蘭國會批准在東印度成立聯合貿易公司，賦予它航行和貿易的壟斷權，並有權用國家名義與東方君主宣戰、媾和訂約以及占領土地、建築炮臺等。荷蘭人從《馬可波羅遊記》和一些到過中國的西方人口中得知中國的富有，視中國為不可多得的「肥肉」。

從西元一六〇一年起，荷蘭人屢次侵入中國粵閩海域，要求與中國貿易，均遭受中國地方官員的拒絕。西元一六一九年，荷蘭東印度公司在巴達維亞（今印尼雅加達）建立了永久性的軍事基地。從此，他們更加頻繁地侵入中國海域，騷擾沿海地方。西元一六二三年八月，荷蘭人進犯福建沿海，被明福建水師擊敗，退往澎湖，仍不時在海面騷擾，嚴重危及漳泉沿海的安全。

西元一六二四年七月，明軍出動一萬餘人進擊澎湖，荷蘭人退往臺灣。荷蘭殖民者在大員海外的一鯤鯓島上建築城堡，名為熱蘭遮城。西元一六二五年一月，荷蘭指揮官宋克抵台，僅用十五匹棉布就騙去了臺南一大片土地，建築赤嵌市街。西元一六四二年，荷軍進攻位於臺北的西班牙殖民軍，將其驅逐出臺灣，從此全島淪為荷蘭殖民者獨占。

清朝

努爾哈赤統一女真

明朝時期，女真族一分為三：建州女真、海西女真和野人女真。三支女真間及其內部各部落間連年廝殺，民不聊生。努爾哈赤出身建州女真的貴族家庭，西元一五八二年，他的父親塔克世與祖父覺昌安被蘇克素護部落首領尼堪外蘭害死。次年五月，年少氣盛的努爾哈赤打著為父報仇的名義，以區區十三副盔甲率兵討伐尼堪外蘭，正式打響了統一女真的戰鬥。努爾哈赤在戰爭中英勇無比、智勇雙全，很快便擊潰並斬殺了尼堪外蘭，聲勢迅速壯大。

此後幾年，努爾哈赤相繼征服哲陳部與完顏部，逐步統一了建州女真，這引起了其他兩支女真的恐慌。西元一五九三年，海西女真葉赫部首領卜寨聯合烏拉、輝發及哈達等九部，分兵三路進攻建州女真。努爾哈赤聽說九部兵來襲，他集中優勢兵力，各個擊破，大敗聯軍，從而大大削弱了海西女真的勢力，為統一打下了基礎。此後，努爾哈赤憑藉堅強的意志、超人的智慧及卓越的軍事才能，經過二十餘年的艱苦持久戰，相繼消滅了野人女真各部及海西女真殘部，統一了女真各部。

西元一六一八年，努爾哈赤即位稱汗，國號大金，史稱後金，建元天命，建都赫圖阿拉（今遼寧新賓縣），隨後開始了大舉攻打明朝的戰爭。

建立八旗制度

努爾哈赤以祖、父遺留下來的十三副盔甲，統一女真各部後，在隨後幾年的統一戰爭中，一發不可收拾，取得了一個又一個的勝利。隨著他勢力的不斷擴大，人口也與日俱增，迫切需要一套管理各部落的機制。在此情形下，西元一六〇一年，努爾哈赤將新招來的人口統一編入自己的隊伍，建立了黃、白、紅、藍四旗，稱為正黃、正白、正紅、正藍，四種旗都是純色。

西元一六一五年，努爾哈赤在原有的正黃、正白、正紅、正藍四旗之外，新增加了鑲黃、鑲白、鑲紅、鑲藍四旗，正式創建了八旗制度。努爾哈赤把後金範圍內的所有人都編入八旗之中。

這樣，八旗都有了自己的區域和旗幟。八旗剛剛建立的時候，八旗子弟既能種田又能打仗，八旗具有軍事、行政和生產等多方面職能。後來，八旗的內容雖有所改變，但八旗制度是伴隨著清王朝的滅亡才走到盡頭的。

薩爾滸之戰

西元一六一八年，後金首領努爾哈赤經過兩年的休養生息後，打著對明朝「七大恨」的旗號，大舉進犯大明疆土，擄掠了明朝邊疆的大批人口與牛羊。明神宗聽到消息後大怒，命令楊鎬討伐努爾哈赤。

第二年，楊鎬經過一番精心的布局與籌備，兵分四路，圍攻後金的首都赫圖阿拉。努爾哈赤探知明軍部署後，採取「管你幾路來，我只一路去」的作戰方針，集中兵力，準備迎戰。

明朝西路山海關總兵杜松立功心切，孤軍深入，搶占了薩爾滸。三月，努爾哈赤集中八旗精銳部隊猛攻薩爾滸，大敗明軍，杜松也戰死在沙場上。隨後，努爾哈赤率八旗主力調頭北上，在尚間崖兩面夾擊，痛殲了明北路大軍馬林部。

努爾哈赤擊敗馬林軍後，又立即移兵南下，誘敵深入，在阿布達里崗伏擊明東路劉綎軍，劉綎兵敗身亡。這時，坐鎮瀋陽的楊鎬得知三路軍慘敗的消息後，立即下令唯一倖存的南路李如柏軍撤出戰鬥。

至此，這場戰爭以明軍的慘敗而結束。努爾哈赤僅用了五天的時間就殲滅了明軍近五萬人，徹底扭轉了對明朝的攻守格局，同時也加速了明朝的滅亡。

袁崇煥寧遠之戰

西元一六二六年，努爾哈赤親自率領數十萬大軍渡過遼河，向寧遠進發。當時，寧遠僅有守軍一萬餘人，而且孤立無援，但是駐守寧遠的袁崇煥臨危不亂。他咬破手指，寫下抗擊後金的血書，發誓要與後金決一死戰，這一行動也大大鼓舞了士氣。

不久，努爾哈赤領兵打到寧遠城下，雙方展開了激戰。眼看明軍抵擋不住的時候，袁崇煥用事先準備好的紅夷大炮，向敵軍發射。努爾哈赤始料未及，首戰被打得狼狽不堪。

第二天，努爾哈赤集中精銳兵力猛攻寧遠城，袁崇煥親自登上城樓督戰，他命令將士們瞄準目標，向敵軍密集的地方發炮，後金士兵被大炮炸得血肉模糊，就連努爾哈赤也被炸傷。後金士兵被迫撤退，袁崇煥命令將士們一路追殺，取得大勝。

這一戰，袁崇煥共殲滅敵軍一萬七千多人。努爾哈赤受了重傷，他自稱「自二十五歲起兵以來，征討諸處，戰無不捷，攻無不克，惟寧遠一城不下」，不久便一命嗚呼了。

皇太極稱帝

努爾哈赤死後，其子皇太極即汗位，改年號為天聰。他即位後，多次入侵內地，同時為了鞏固和加強自己統治，又打起議和的旗號，進行了一系列的內部改革。皇太極暫時休兵，與民生息，並鼓勵發展農業生產。

此外，為了加強君主專權，他仿照漢制，進行了政治和軍事方面的改革。為了削除三大貝勒對自己的威脅，他將三大貝勒與自己「俱南面坐」的舊制改為自己「南面獨坐」。

又參照明制，增設內三院、六部、都察院和理藩院，逐步取代了八旗旗主的統治權。在軍事方面皇太極將正黃、鑲黃、正藍三旗收歸自己直接帶領，又創立了漢軍八旗和蒙古八旗，使滿洲八旗的地位進一步降低。

經過這些改革後，權力集中於皇太極一人手中，他於西元一六三六年在盛京稱帝，改國號為清，改元崇德，改族名為滿洲。此後皇太極又統一了漠南和漠北蒙古，加緊了對明朝的進攻。

設置理藩院

理藩院初掌蒙古事，隨著清廷全國政權的建立，成為總管蒙古、西藏、新疆等各少數民族地區事務的中央機構。

皇太極在崇德元年（西元一六三六年）設置蒙古衙門，西元一六三八年改稱理藩院，屬禮部。順治元年（西元一六四四年），改置尚書、侍郎，之後定官制同六部，理藩院尚書也加入議政之列，選滿人擔任尚書和侍郎。雍正元年（西元一七二三年），開始以王、公、大學士等兼領理藩院事，管理蒙古、新疆、西藏等少數民族地區事務。咸豐十年（西元一八六一年）成立總理各國事務衙門以前，理藩院兼辦對俄外交事務。光緒三十三年（西元一九〇七年）九月，改為理藩部，清朝滅亡時廢止。

清統治者透過理藩院實施對各少數民族地區的統治，加強與他們的聯繫。康熙年間，修訂《理藩院則例》，用法規固定了對少數民族地區統治的各項措施。

吳三桂勾結清軍入關

吳三桂是明朝派駐寧遠的總兵。西元一六四四年三月初，李自成率領的農民軍接連攻破大同、真定，逼近北京，崇禎皇帝急忙命令吳三桂前來增援，吳三桂走到半路便聽聞李自成已經攻破北京，於是又撤回關外。期間，李自成多次派人招降吳三桂，吳三桂一直猶豫是否歸降，但後來他聽說愛妾陳圓圓被李自成部將劉宗敏奪去，勃然大怒。他寫信給努爾哈赤的第十四子多爾袞，請求清兵（此時後金已經改國號為清）入關共同攻打起義軍。

李自成得知吳三桂勾結清軍後，親率起義大軍奔赴山海關與吳三桂展開決戰，正當雙方激烈交戰之時，多爾袞派阿濟格、多鐸率領清軍鐵騎增援吳三桂。李自成拼盡全力，終因寡不敵眾撤回北京，並怒殺了吳家三十餘口人。吳三桂和清軍一路追殺，起義軍傷亡慘重。此戰過後，吳三桂被多爾袞封為平西王。隨後，多爾袞率領大軍一舉攻占了北京，並很快掃清了起義軍餘部，將首都遷到北京，完成了祖輩多年的夙願，開啟了中國歷史上的清朝時期。

吳三桂勾結清軍入關，歷史文人時常譏諷他，正所謂「慟哭六軍俱縞素，衝冠一怒為紅顏。」

定都北京

西元一六四四年五月三日，攝政王多爾袞統領大軍進駐北京城。清軍入關後的第一件大事就是遷都問題，在是否遷都的問題上，清朝統治集團內部發生了激烈的爭吵。

以多爾袞的哥哥阿濟格為首的反對派認為：一方面清軍入關過快，根基不穩，供給不足，難以長久維持；另一方面，許多清朝官員與士兵留戀故土，不願意遷都。而攝政王多爾袞則堅持要將首都遷到北京，他說要奪取中原就必須將都城定在北京，他從統一中國的全域和戰略高度出發，經過一番周折，終於說服了各個王爺、貝勒和大臣中的反對派。

同年七月八日，順治帝在告上帝文中宣布：接受多爾袞的奏請，正式決定遷都北京。

十月一日，順治皇帝在北京舉行了遷都儀式，並昭告天下，同時宣布繼續沿用「大清」的國號，並規定將北京的百姓和士兵分城居住，八旗子弟和士兵居住在內城，漢民住在外城。

清朝遷都北京具有重大的政治和戰略意義，自此，滿清政府正式以北京為首府，開始了長達兩百六十八年的統治。

頒布圈地令

清軍入關並定都北京後，為了解決滿洲貴族和官兵的生產生活，於順治元年（西元一六四四年）十二月正式頒布了圈地令。圈地令規定，京城附近凡是漢人的無主荒地全部圈占，分給滿洲的各位王公、貴族、貝勒及官兵耕種。

清政府又分別於順治四年（西元一六四七年）和順治八年（西元一六五一年）兩次頒布圈地令，開始大規模地圈占京城附近漢人的土地，這種大規模的圈地運動使得很多漢民的良田被占，他們失去了賴以生存的土地，於是開始流浪，四處奔波，苦不堪言。清政府同時強迫漢族農民到滿洲貴族家中做家丁，充當他們的僕人、丫鬟等等。這使得許多漢民淪為了滿洲八旗的奴僕，由於清政府的高壓政策，老百姓敢怒不敢言。

圈地的多少其實也顯示了滿洲貴族們的權勢和地位的大小，甚至成為一種社會身份的象徵。官職越高、權力越大的人所圈的地也就越多。

圈地運動給漢族人民帶來了極大的痛苦，百姓們的反抗也是此起彼伏，直接危及了清政府的統治。為了緩和滿清政府與漢族人民的衝突，康熙二十四年（西元一六八五年），清政府下令廢除圈地令，並規定以後永遠停止圈地，將所圈土地退還給農民，在一定程度上鞏固了自身的統治。

冊封達賴

達賴喇嘛是西藏宗教領袖的稱號，意為智慧的大海，深受西藏人民的仰慕。在明朝，前四世的達賴只是西藏的宗教領袖，並不執掌政權。直到明朝崇禎十六年（西元一六四三年），五世達賴才取得了政權。從那時起，達賴喇嘛才成為西藏真正意義上宗教和政治上的雙重領袖。

清軍入關以後，為了加強對西藏的統治，曾多次派人前往西藏，請達賴喇嘛進京面聖。順治九年（西元一六五二年）十二月十五日，五世達賴來到北京，參見順治帝，順治帝舉辦了隆重的歡迎禮節，並兩次在太和殿宴請五世達賴。

五世達賴返回西藏時，順治帝賜予他大量的金器、彩緞、鞍馬等物品，這就充分表明了清政府承認五世達賴在西藏的政治和宗教地位。第二年，即順治十年（西元一六五三年）四月二十二日，清政府決定正式冊封五世達賴為「達賴喇嘛」。自此，達賴正式得到「達賴喇嘛」的稱號。

史可法抗清

史可法是明朝末年著名的政治家和軍事家。崇禎十七年（西元一六四四年），崇禎皇帝在煤山上吊自殺的消息傳到當時的陪都南京後，南京一片慌亂，隨後成立了南明小朝廷，任命史可法為東閣大學士兼兵部尚書，主持朝政，隨後他被派到揚州督陣，抵擋清軍南下。

順治二年（西元一六四五年），豫親王多鐸帶領清軍大舉南下。四月十四日，督鎮史可法從白洋河退到揚州，並寫信催促各處明軍前來救援。然而，當時各路人馬死的死、逃的逃、降的降，揚州實際上已經成為一座孤城。

多鐸到達揚州後，一連派了五個人到揚州城內招降史可法，都被他嚴詞拒絕。多鐸隨即命令清兵日夜輪番攻打城池。揚州軍民在史可法的帶領下奮勇作戰，打退了清兵的一次又一次的進攻。多鐸惱羞成怒，命令清軍用紅夷大炮攻城，終於將城牆轟開了缺口，大批清兵蜂擁而上，眼看揚州即將失守，史可法拔出佩刀就往自己脖子上抹，但被身邊的將士們奮力攔住了。

清軍破城後，史可法被俘，多鐸將他接入自己的帳內並勸他投降，但史可法義正詞嚴地說：「我作為大明臣子，怎麼可以苟且偷生，我已下定決心，城被攻破，我就以死來報效朝廷。」多鐸看拿他沒有辦法，就在南門處死了他。

揚州十日

順治二年（西元一六四五年）四月，清軍攻破揚州城後，埋伏在城內的軍民到處伏擊清軍，在各個巷子裡與他們展開激戰，致使清軍死傷慘重。豫親王多鐸十分生氣，從四月二十五日下午開始，他命令清軍在揚州城內屠殺手無寸鐵的老百姓。快到晚上時，清軍到處放火，整個揚州城幾乎成了一片火海。第二天，大火燒了一晚上後，清兵拿著大刀見人便殺，並且搶奪財物和婦女，一連幾天，清兵都沒有停止殺戮，屍體堆積如山。直到五月初一，多鐸才下令清兵停止殺人。

之後幾天陸續有官吏出來安撫那些躲藏起來倖免於難的老百姓，並發米賑災，由於一連幾天都沒有吃飯，官員發放的米糧很快就被搶空了。一些寺院的僧人開始清理並焚燒屍體，整個揚州城內煙氣熏人，直到五月五日，揚州城內才稍微平靜下來，這就是歷史上的「揚州十日」。

由於揚州是當時明朝重要的交通要道，商業十分發達，人口稠密。據估計，在這場大屠殺遇難的人數大概有數十萬人。揚州十日是一次徹頭徹尾的大屠殺，給當時的漢人造成了無法彌補的傷害。

嘉定三屠

「嘉定三屠」說的是清朝順治二年（西元一六四五年），清軍攻破當時南明朝的嘉定城後，投降清朝的原明朝將領李成棟三次下令對城中平民進行大屠殺的事件。這場屠殺的導火線是清朝政府強制江南的漢人一律薙髮，並實行「留頭不留髮，留髮不留頭」的野蠻措施。這一命令嚴重傷害了漢人的民族感情，各地人民紛紛反抗，其中嘉定人民的反抗最為激烈，並爆發了大規模的起義，嘉定總兵吳志葵趕走了清政府派來的縣令，奪取了嘉定。

李成棟得到消息後，率領大軍圍攻嘉定城，嘉定軍民奮起反抗。最終，清軍在紅夷大炮的幫助下，攻下了城池。隨後，損兵折將的李成棟下令屠殺平民，死傷無數，此為嘉定第一屠。

之後，在李成棟離開嘉定的第二天，嘉定人朱瑛又率領民眾控制了嘉定，並組織人民抗擊清朝的壓迫，於是李成棟再次派部將徐元吉進行鎮壓，徐元吉打敗朱瑛後，對兵民進行了殘酷屠殺，嘉定城內頓時一片昏天暗地，此為嘉定第二屠。

再後來，原明軍將領吳之藩義憤反清，不久雖被鎮壓，但這徹底惹惱了李成棟，結果嘉定再次遭到浩劫，清軍又殺死了數萬人，為嘉定第三屠。

在兩個月的時間內，嘉定人民自發組織了數十次大小起義，清軍在平定起義後先後三次屠城，致使嘉定城內死傷無數，但是嘉定人民卻譜寫了一曲不畏強敵、奮起抗爭的正氣之歌。

平定三藩

三藩是指平西王吳三桂、平南王尚可喜、靖南王耿精忠三個藩王。其中吳三桂勢力最大，三藩不僅在經濟上是中央政府沉重的負擔，而且威脅到了清朝的統治。

康熙十二年（西元一六七三年）春，康熙皇帝決定撤藩。康熙帝在應付這一事變中表現出了他的雄才大略，他看出主要的叛變者是吳三桂，所以所採取的對策是，堅決打擊吳三桂，絕不給予妥協講和的機會，而對其他二藩則大開招撫之門，只要肯降，既往不咎，以此來分化敵人，孤立吳三桂。在這個方針之下，康熙帝把湖南作為軍事進攻的重點。此外，康熙帝又放手利用漢將漢兵來應付作戰，使其充分發揮作用。

康熙十五年（西元一六七六年），陝西的王輔臣和福建的耿精忠先後投降清朝。次年，廣東的尚之信（尚可喜之子）也投降。

吳三桂被局限在湖南很小的地方，外面趕來救援的軍隊漸漸被消滅，其失敗已成定局。康熙十七年（西元一六七八年），吳三桂已起兵六載，於這年三月在衡州稱帝，立國號周，建元昭武。但吳三桂已陷入絕望境地，後來慢慢憂憤成疾，八月病死。吳三桂一死，其勢力立即土崩瓦解。康熙二十年（西元一六八一年）冬，清軍進入雲貴省城，吳三桂之孫吳世藩自殺。歷時八年、波及十多個省的三藩之亂終於被削平。平定三藩之後，清廷才真正在關內完成了統一，穩定了統治權。

平定準噶爾

明末清初，蒙古族中的一支準噶爾部勢力開始崛起，先後兼併了土爾扈特部及和碩部的牧地。到其首領噶爾丹執政時，又吞併了新疆境內的杜爾伯特和原隸屬於土爾扈特的輝特部，攻占了南疆維吾爾族聚居的諸城。

隨著準噶爾勢力範圍的不斷擴大，噶爾丹分裂割據的野心愈益膨脹。此時，正是沙皇俄國瘋狂向外擴張的時期，為達到侵略中國西北邊疆的目的，他們對噶爾丹進行拉攏利誘，陰謀策動噶爾丹叛亂，並支持他進攻喀爾喀蒙古。

在沙皇俄國的唆使下，西元一六九〇年，噶爾丹起兵攻入漠南，到達了距離北京九百里的烏珠穆沁，這嚴重地威脅到了國家的統一，也給西北邊疆的百姓帶來了災難。於是康熙帝決定武裝平叛，此後自西元一六九〇年到西元一六九七年，康熙帝先後三次親征噶爾丹，屢敗叛軍，噶爾丹走投無路，只好自殺。自此，清朝將漠北蒙古各部分編為旗，並在科布多、烏里雅蘇台等地派駐了將軍和參贊大臣，加強了對漠北喀爾喀蒙古各部的統治。

昭莫多戰役

昭莫多戰役是發生在康熙第二次征討準噶爾過程中的一次具有決定性意義的戰爭。西元一六九四年，康熙帝約噶爾丹會見，訂立盟約。噶爾丹不但不來，還暗地派人到漠南煽動叛亂，並揚言他已經向沙俄政府借到步槍兵六萬，將大舉進攻清朝。於是，西元一六九六年，康熙帝第二次親征，分三路出擊：黑龍江將軍薩布素從東路進兵；大將軍費揚古率陝西、甘肅的兵，從西路出兵，截擊噶爾丹的後路；康熙帝親自帶中路軍，從獨石口出發，三路大軍約定時期夾攻。

昭莫多原是一座大樹林，前面有一片開闊地帶，歷來是漠北的戰場。費揚古按照康熙帝的部署，在小山下的樹林茂密地方設下埋伏，先派先鋒四百人誘戰，邊戰邊退，把叛軍引到預先埋伏的地方，清軍先下馬步戰，聽到號角聲起，就一躍上馬，占據了山頂。叛軍向山頂進攻，清軍從山頂放箭發槍，展開了一場激戰。費揚古又派出一支人馬在山下襲擊叛軍輜重，前後夾擊。叛軍死的死，降的降，最後，噶爾丹只帶了幾十名騎兵脫逃。

經過此役，噶爾丹精銳喪亡殆盡，牲畜財產也所剩無幾，而且其基地伊犁也為策妄阿拉布坦所襲占。阿爾泰山以西諸部、天山南路的回部、青海、哈薩克等地都先後脫離其控制。

四大臣輔政

康熙初年，大臣索尼、蘇克薩哈、遏必隆、鼇拜受命為輔政大臣，輔佐年幼的皇帝玄燁（即康熙），史稱「四輔政時期」。從開始輔政到康熙八年（西元一六六九年）五月玄燁正式親政，共八年零五個月。

四大臣執政之初，基本上遵照事先制定的方針，繼續完成統一中國的戰爭。四輔臣面對百廢待興的局勢，大力恢復和發展生產，安頓流亡的百姓，獎勵墾荒，施行賑濟政策，以恢復農業生產。經過幾年的治理，經濟發展，糧食豐裕，社會秩序趨向安定。但從康熙五年開始，四大臣之間的爭鬥日益激烈，其中鼇拜與蘇克薩哈多有齟齬。鼇拜憑戰功卓著，盛氣淩人，同蘇克薩哈商議事情多有不和，積怨成仇。四朝老臣索尼見鼇拜與蘇克薩哈形同水火，卻又沒有能力解決，多次上書請求康熙親政。

遏必隆與鼇拜同旗結黨，凡事皆附和鼇拜，而蘇克薩哈威望不高，勢單力孤而無力抗爭。康熙六年（西元一六六七年）六月，索尼謝世後，鼇拜居於輔政大臣首位。七月，鼇拜即編造了二十四大罪狀，強加給蘇克薩哈，並將他殺害，為其奪權專政掃清了道路。此後鼇拜把持朝政，結黨營私，控制國家各大重要部門，文武百官幾乎都出自他的門下。鼇拜所為嚴重地威脅了皇權，西元一六六九年，康熙親政後，利用聰明才智，擒住鼇拜並送進監獄，遏必隆也被革職鎖拿，同時清洗了鼇拜黨羽，四大臣輔政時期結束。

設置南書房

南書房本是康熙帝讀書處，俗稱南齋，設於康熙十六年（西元一六七七年），是清代皇帝文學侍從值班之處。清代士人把此地看成是有身份的人才能待的地方，以能進入南書房為榮。康熙帝為了與翰林院詞臣們研討學問，吟詩作畫，在乾清宮西南角特闢房舍，名南書房。

在翰林等官員中，「擇詞臣才品兼優者」入值，稱「南書房行走」。入值者主要陪伴皇帝賦詩撰文，寫字作畫，有時還秉承皇帝的意旨起草詔令。由於南書房「非崇班貴檁、上所親信者不得入」，所以它完全是由皇帝嚴密控制的一個核心機要機構，隨時承旨出詔行令，這使南書房「權勢日崇」。

南書房地位的提高，是康熙帝削弱議政王大臣會議權力，同時將外朝內閣的某些職能移歸內廷，實施高度集權的重要步驟。康熙帝親政以後，朝廷的權力一則受議政王大臣會議的限制；二則內閣在名義上仍是國家最高政務機構，控制著外朝的權力。康熙帝為了把國家大權嚴密地控制在自己手中，決定以南書房為核心，逐步形成權力中心。

雍正朝自軍機處建立後，軍機大事均歸軍機處辦理，南書房官員不再參預機務，其地位有所下降。但由於入值者常能覲見皇帝，因此仍具有一定地位。南書房也被長期保留，直至光緒二十四年（西元一八九八年）撤銷。

鄭成功收復臺灣

鄭成功，福建南安人，明朝平國公鄭芝龍長子。因受南明隆武皇帝倚重，授總統使、招討大將軍，賜姓朱，名成功，人稱「國姓爺」。清兵入關後，鄭成功率領部下堅持抗清。明天啟四年（西元一六二四年），荷蘭殖民主義者侵占臺灣。

清初，鄭成功下決心趕走侵略軍。順治十八年（西元一六六一年）三月，鄭成功親率兩萬五千名將士，分乘幾百艘戰船，浩浩蕩蕩從金門出發。他們冒著風浪，越過臺灣海峽，在澎湖休整幾天後，準備直取臺灣。荷蘭侵略軍聽說鄭成功要進攻臺灣，十分驚恐。他們把軍隊集中在大員（今台南市安平區）、赤崁（今台南市中西區）兩座城堡（熱蘭遮城、普羅民遮城），還在港口設置障礙阻止鄭成功船隊登岸。鄭軍乘海水漲潮，將船隊駛進鹿耳門內海，派主力從側背進攻普羅民遮城，並切斷了荷蘭軍與熱蘭遮城的聯繫。與此同時，又擊潰了大員的援軍。

赤崁的荷蘭軍在水源被切斷、外援無望的情況下，向鄭成功投降。盤踞熱蘭遮城的荷蘭軍企圖頑抗，鄭成功在該城周圍修築土台，圍困敵軍八個月之後，下令向熱蘭遮城發起強攻。康熙元年（西元一六六二年）初，荷蘭大員長官被迫到鄭成功大營投降。至此，鄭成功從荷蘭侵略者手裡收復了淪陷三十八年的臺灣，並在臺灣移民墾荒，發展生產。

清朝設置臺灣府

西元一六八一年，鄭成功去世，康熙帝打算趁機收復臺灣。康熙二十二年（西元一六八三年），清政府派施琅率戰船三百艘，水師兩萬人進攻臺灣，鄭氏戰敗投降。康熙二十三年（西元一六八四年），清朝在臺灣設立臺灣府，下轄臺灣、鳳山、諸羅三縣，設巡道一員分轄，並派一萬餘名士兵駐守，從而加強了對臺灣的管轄。在設置臺灣府之初，有的大臣建議把島上的居民遷移，認為此地不宜居住。

大臣施琅則極力主張加強對臺灣的控制，因為臺灣地理位置優越，是兵家必爭之地。加強臺灣的控制對清朝的安定有著重要的意義。於是康熙便採納了施琅的建議，派兵駐守臺灣，加強對臺灣的控制。

光緒十三年（西元一八八七年），清政府決定在臺灣正式建省，改福建巡撫為臺灣巡撫，任命原福建巡撫劉銘傳為第一任臺灣巡撫，下轄三府一州五廳十一縣。

雅克薩自衛反擊戰

雅克薩之戰是康熙年間驅逐盤踞在黑龍江流域雅克薩城的俄軍的自衛反擊戰。順治元年（西元一六四四年），俄羅斯帝國在向西伯利亞擴張得手後，便又將目標轉向黑龍江地區，先後占領了尼布楚與雅克薩兩城。康熙帝在平定三藩後，即著手解決驅逐沙俄問題。

康熙二十四年（西元一六八五年），康熙帝令彭春、郎談及黑龍江將軍薩布素率領滿、蒙、漢三千多人分批抵達雅克薩。五月中下旬到達城下，要求沙俄督軍托爾布津撤退，但遭到拒絕。五月二十五日，一隊沙俄軍隊企圖衝入城內支援，被林興珠率兵殺傷大半。清軍當晚以炮火攻城，次日郎談又在城下堆放柴火，準備焚城。俄軍大驚，托爾布津只好乞求投降。康熙降旨，讓俄軍撤離。之後，托爾布津得到清軍撤回的消息，又於七月回到雅克薩，重新築城。

康熙二十五年（西元一六八六年）二月，康熙令黑龍江將軍薩布素率軍兩千五百人再攻雅克薩。五月，薩布素與郎談率軍到達城下。俄軍拒不投降，清軍炮轟，同時切斷水源，殲敵百餘名，托爾布津重傷死去。沙俄眼見失敗在即，連忙派人到北京乞求清政府撤軍。為了和平談判邊界問題，清廷主動撤軍。

沙俄被迫同意清政府主張，答應派使者議定邊界。經過協議，雙方在七月二十四日簽訂了《中俄尼布楚條約》。雅克薩戰的勝利成果，保障了東北邊疆的安定。

大興文字獄

所謂文字獄，就是因文字的緣故所構成的罪案，是封建社會中沒有民主和言論自由的必然產物，也是專制皇權用以鎮懾官吏、知識份子的重要手段。文字獄歷代都有發生，以清朝最為嚴重。

滿清入主中原後，不甘做亡國奴的有識之士希望恢復明朝，於是寫詩著書，表達亡國之痛的人很多。但由於一開始立足未穩，忙於平定戰亂，清朝對此並未顧及，對漢族士大夫實行籠絡利用的政策。但當政權相對穩定之後，清廷就開始致力於消除反清思想和加強文化專制。於是，文字獄也跟著興起。

最早的文字獄是順治四年（西元一六四七年），廣東和尚函可身攜一本記錄抗清志士悲壯事蹟的《變記》，被清兵查獲，嚴刑折磨一年後流放瀋陽。

之後文字獄在康熙、雍正、乾隆在位時達到頂峰，《明史》案、《南山集》案、年羹堯案等都是著名的文字獄大案，每次文字獄，常常有成百上千人因受牽連而被殺，賣書、刻印的人一律不能放過。

文字獄甚至達到了荒謬的地步，雍正時期，翰林院庶吉士徐駿只因為寫了「清風不識字，何事亂翻書」的詩句，便被斬立決。

文字獄是統治者為了維護統一而興起的，但如此強化對思想意識的控制，不僅迫害了大量無辜的知識份子，而且摧殘了優良的學術文化傳統，給中華民族帶來了不可估量的損失。

康乾盛世

「康乾盛世」，又稱「康雍乾盛世」，歷經康熙、雍正、乾隆三代皇帝，起於康熙二十年（西元一六八一年）平三藩之亂，止於嘉慶元年（西元一七九六年）川陝楚白蓮教起義爆發，持續時間長達一百一十五年。康乾盛世視為清朝近三百年歷史中最輝煌的時期。

康熙平定三藩，抗擊沙俄侵略，三征噶爾丹，建立起多民族的統一國家，使疆域空前擴大，開創了全新的盛世局面；雍正朝繼其後，繼往開來，廣泛實行「攤丁入畝」稅制，使經濟、人口迅速發展，繼續把盛世推向前進；乾隆朝集前三代人之大成，繼續改進和完善各項制度，使人丁繁多，國家富庶，而且開闢新疆，這時清朝的疆域僅次於元朝，但實際有效控制區域超過了中國歷史上的任何時期，社會經濟繁榮發展，始成「全盛」之局，達到了鼎盛。經康乾百餘年的發展，人口已超過三億，比清初人口最少時增長了五倍，占當時世界人口的五分之二。

但也有人認為，當康乾盛世之時，歐洲爆發了工業革命，生產技術獲得了很大的提高，而清朝此時的政治制度、經濟技術都已經落後於西方，康乾盛世只不過是三位明君透過個人的努力取得的成就，可以說是中國封建社會後期的迴光返照。

木蘭秋獮

木蘭秋獮又稱木蘭隨圍。所謂「木蘭」，來自滿語，意為「哨鹿」，也就是捕鹿，由於是在每年的七八月份進行，故又稱「秋獮」。康熙二十年（西元一六八一年），為了加強對蒙古地方的管理，鞏固北部邊防，清政府在距北京三百五十多公里的蒙古草原建立了木蘭圍場。以後，每年秋季，清代皇帝都會帶領王公大臣、八旗軍隊，乃至後宮妃嬪、皇族子孫等數萬人到木蘭圍場（在今河北省圍場縣境）巡視習武、行圍狩獵，以視察邊防，鞏固統治。

從康熙四十二年（西元一七〇三年）始，又在承德修建了避暑山莊。之後清代帝王每年夏季都到承德避暑山莊避暑，並在那裡處理朝政，舉行宴會，接見蒙古王公，然後再到木蘭圍場哨鹿。

木蘭秋獮時，往往還要會聚蒙古各部王公。哨鹿之日，皇帝五更時出營，侍衛跟隨。他們口吹木製長哨，模仿鹿求偶之聲，待鹿走近時，則開始圍獵。

木蘭秋獮在康熙時每隔一年舉行一次，西元一七五二年之後，乾隆帝每年舉行一次，達到鼎盛階段。木蘭秋獮有著重要的政治意義，一方面可以彰顯皇族的權威，並以此來威懾大臣。同時還有蒙古各部王公的參與，趁機籠絡王公貴族，使他們甘心臣服於清王朝的統治之下。

修建避暑山莊

承德避暑山莊又名承德離宮或熱河行宮，位於河北省承德市北部，始建於康熙四十二年（西元一七〇三年），歷經康熙、雍正、乾隆三代皇帝，於乾隆五十七年（西元一七九二年）建成。避暑山莊是清代皇帝夏日避暑和處理政務的場所，為中國著名的古代帝王宮苑。為了加強對蒙古地區的管理，鞏固邊防，康熙帝在承德北部地方建立了木蘭圍場，每天都帶領王公大臣、八旗軍隊等到此圍獵，以震懾邊疆，訓練軍隊。

為了解決沿途的吃、住等問題，康熙帝於西元一七〇三年開始在承德修建避暑山莊，他派人開拓湖區、築洲島、修堤岸，隨之營建宮殿、亭樹和宮牆，使避暑山莊初具規模。乾隆皇帝在位時，又對避暑山莊進行了大規模的擴建和修整。避暑山莊是為了實現安撫、團結中國邊疆少數民族，鞏固國家統一的政治目的而修建的。避暑山莊興建後，清朝皇帝經常要在此處處理軍國、民族、外交大事，有時甚至一待就是半年之久。

由此承德避暑山莊成為北京以外的陪都。避暑山莊規模浩大，景色優美，占地五百六十四萬平方公尺，環繞山莊蜿蜒起伏的宮牆長達萬米，取自然山水之本色，吸收江南塞北之風光，是中國現存最大的古典皇家園林。

西元一九九四年十二月，避暑山莊及周圍的寺廟被列入世界文化遺產名錄。

設置駐藏大臣

駐藏大臣是中國清代中央政府派駐西藏地方的行政長官，全稱是「欽差駐藏辦事大臣」，又稱「欽命總理西藏事務大臣」，設正副各一員，副職稱「幫辦大臣」。康熙帝平定準噶爾後，只有策妄阿拉布坦統領的準噶爾部繼續活躍在伊犁地區。西元一七一七年，逐漸強大起來的策妄阿拉布坦再次挑起反清叛亂，並率兵攻打青海西藏地區，殺拉藏汗，攻占拉薩。

西元一七二〇年，康熙帝徵調大軍平定了策妄阿拉布坦的叛亂，統一了西藏青海地區。此前清朝已經先後冊封了「達賴喇嘛」和「班禪額爾德尼」，令他們共同管理西藏。

雍正五年（西元一七二七年），清政府又設置駐藏大臣，和達賴、班禪共同管理西藏。西元一七九三年，清政府又頒布了《欽定西藏章程》，對駐藏大臣的地位和職權作了明確的規定。規定其地位與達賴、班禪平等，達賴、班禪轉世，須經「金瓶」抽籤決定，由駐藏大臣監簽，並報清政府批准；西藏的財政開支、稅收、對外交涉等，均由駐藏大臣辦理。從此，駐藏大臣的制度延續了下來，西藏完全置於清政府的管轄之下。

攤丁入畝

「攤丁入畝」是清政府將歷代相沿的丁銀併入田賦徵收的一種賦稅制度，是中國封建社會後期賦役制度的一次重要改革。這一政策源於康熙，並在雍正、乾隆年間普遍實行。康熙時期，由於丁銀負擔過重，農民經常被迫逃亡，甚至發起了反抗丁銀的鬥爭。於是西元一七一二年，清政府宣布，全國丁銀以上一年的數額為標準，以後添加丁口，不再加收丁銀。

但是這樣仍然不能解決土地兼併帶來的一連串問題。於是西元一七二三年，清政府又開始在全國實行「攤丁入畝」，也叫「地丁制」。其主要方法是將丁銀攤入田賦徵收，廢除了以前的「人頭稅」。「攤丁入畝」是賦稅制度的重大改革，基本廢除了延續兩千多年的人頭稅制度。

這樣，地主的賦稅負擔加重，在一定程度上限制或緩和了土地兼併，而少地農民的負擔則相對減輕。同時，政府也放鬆了對戶籍的控制，農民和手工業者從而可以自由遷徙，出賣勞動力，有利於手工業和商業的發展，調動廣大勞動者的生產積極性，促進社會生產的進步。

改土歸流

「改土歸流」是指改土司制為流官制。土司即原民族的首領，流官指由中央政府委派的官員。清朝建立以後，對西南地區的壯、苗、瑤等族繼續實行以安撫為主的政策，並沿用前朝的土司制度，即由原來少數民族的上層分子繼續治理這些地區，但是給予他們爵位和俸祿。

隨著社會生產力的不斷發展，土司制度越來越不適應社會的需要，而廣大人民的不斷反抗又動搖了土司制度的統治。與此同時，土司又日益與封建王朝鬧對立，反對封建王朝對其的管轄。於是雍正四年（西元一七二六年），雲南巡撫兼總督鄂爾泰提出實行「改土歸流」，由中央派駐官員代替當地的土司。雍正帝任命他為雲南、貴州、廣西三省總督，負責三省的「改土歸流」事宜。

鄂爾泰採用招撫和鎮壓相結合的策略，大刀闊斧地進行改革。到西元一七三一年，雲南、貴州、廣西三省的「改土歸流」基本完成。「改土歸流」廢除了土司制度，減少了叛亂因素，加強了中央政府對邊疆的統治，有利於少數民族地區社會經濟的發展，對中國多民族國家的統一和經濟文化的發展有著積極意義。

實行「懷柔政策」

「懷柔政策」是清王朝統治者為拉攏蒙、藏上層貴族，加強思想政治統治而採取的一項措施。清朝滅明後，一方面在北方軍事要衝地區，憑藉明長城等加強防守，另一方面鑒於前朝滅亡的教訓，決定不再興築長城。因此，清政府改變統治政策，採取以重視德化及人心向背的「懷柔政策」，拉攏蒙、藏各族的上層王公貴族，利用宗教信仰等思想統治的辦法代替浩大的長城工程。

「懷柔政策」的具體措施包括給予優厚的俸祿、減免徭役賦稅、封以爵位官職、保證他們的世襲權利等。規定他們輪流到北京或承德覲見皇帝，觀光賜宴，待遇優厚。這一政策特別重視蒙族上層，強調「滿蒙一體」，並以皇室子女和他們通婚聯姻。

又在蒙族、藏族中扶植黃教，尊崇活佛，優待禮遇喇嘛。並在各地大興土木，修建許多喇嘛寺廟，利用宗教進行統治。這些措施的施行，受到朝野上下的擁護，在當時取得了積極的效果。

大小和卓叛亂

大、小和卓分別是伊斯蘭教白山派和卓瑪罕木特的長子和幼子。西元一七五五年清朝政府出兵平定了新疆準噶爾分裂勢力，攻克伊犁，釋放作為人質而囚禁在伊犁的大和卓、小和卓，並命令他們返回南疆，招撫舊部，統領維吾爾民眾。

大和卓返回葉兒羌（今莎車）統領回部，小和卓留伊犁掌管伊斯蘭教務。西元一七五六年小和卓霍集占從伊犁逃回，參與衛拉特蒙古輝特部首領阿睦爾撒納發動的叛亂。他們號召各城起兵反清，一起集眾數十萬叛亂，舉兵反對清朝政府，並控制了天山南路的大部分地方。

乾隆二十三年（西元一七五八年）二月，清廷命雅爾哈善為靖逆將軍，率滿、漢兵萬餘，自吐魯番進發，進入南疆平叛。由於大小和卓殘酷地壓迫維吾爾族人民，人民不堪其苦，紛紛逃亡，並和清軍合作平叛。在清軍的攻擊下，不久大小和卓兵敗逃亡。

西元一七五九年夏天，大小和卓帶著家屬隨從三、四百人逃奔巴達克山（今阿富汗東部），之後被殺。在南疆人民的支持下，清軍終於粉碎了這次叛亂，重新統一了新疆地區。此後，清政府在新疆設置了伊犁將軍，管理包括巴爾喀什湖在內的整個新疆地區，鞏固了對天山南北的統治。

編撰《四庫全書》

乾隆三十七年（西元一七七二年），安徽學政朱筠提出對《永樂大典》進行編撰，得到乾隆皇帝的認可，接著便詔令將所輯佚書與「各省所採及武英殿所有官刻諸書」彙編在一起，取名為《四庫全書》。

《四庫全書》由紀昀和陸錫熊為總纂官。全書分為經、史、子、集四部分，收入了古書三千四百五十七種，共七萬九千零七十卷，裝訂成了三萬六千餘冊。《四庫全書》是古代最大的一部官修書，也是中國最大的一部叢書，保存了豐富的文獻資料。

經史子集的分法是古代圖書分類的主要方法，基本上囊括了古代所有圖書，故稱「全書」。書成之後，共抄錄了七部，分藏於北京、熱河、瀋陽、揚州、鎮江、杭州六地。

今天完整保存下來的還有四部。紀昀等人為了檢索方便，又把書中每一部書的淵源、內容作了詳細的考證，寫成了《四庫全書總目提要》兩百卷，這是一部重要的目錄學著作。《四庫全書》幾乎囊括了清代中期以前傳世的所有經典文獻，是有文字記載以來所存文獻最大的集結與總匯，有著不可替代的地位。

乾隆欽定《二十四史》

三國時期社會上已有「三史」之稱。三史通常是指《史記》、《漢書》、《後漢書》，後來三史加上《三國志》，稱為「前四史」。歷史上還有「十史」之稱，它是記載三國、晉朝、宋、齊、梁、陳、北魏、北齊、北周、隋朝十個王朝的史書的合稱。

後來又出現了「十三代史」。十三代史包括了《史記》、《漢書》、《後漢書》和十史。到了宋代，在十三史的基礎上，又加入了《南史》、《北史》、《新唐書》、《新五代史》，形成了「十七史」。明代又增以《宋史》、《遼史》、《金史》、《元史》，合稱「二十一史」。

清朝乾隆初年，張廷玉召集組織人編寫的《明史》開始刊行，加上先前各史，總名「二十二史」。後來又增加了《舊唐書》，成為「二十三史」。

後來從《永樂大典》中輯錄出來的《舊五代史》也被列入正史，經乾隆皇帝欽定，合稱「欽定二十四史」。從乾隆四年（西元一七三九年）開始，武英殿刻印的《欽定二十四史》，是古代正史最完整的一次大規模匯刻。

二十四史總共三千兩百四十九卷，約有四千萬字。它從第一部《史記》中的黃帝起，到最後一部《明史》明崇禎十七年（西元一六四四年）止，前後四千多年的歷史，用統一的本紀、列傳的紀傳體編寫。《二十四史》的內容非常豐富，記載了歷代經濟、政治、文化藝術和科學技術等各方面的事蹟。

閉關鎖國

閉關鎖國就是關門自守，不與外界接觸的一種外交政策，是典型的地方保護主義。清朝統治者以天朝上國自居，認為國內「物產豐盈」，不需要外洋貨物，面對西方殖民者日益猖獗的侵擾活動，從國家安全出發，實行閉關鎖國政策，既嚴厲控制外國商人來進行貿易活動，又限制本國商民出海。

清朝初年，為了防止鄭成功反攻大陸及大陸上的漢族人民與鄭成功聯繫，清政府於順治十三年（西元一六五六年）厲行海禁。之後清朝為壟斷和控制對外貿易，於康熙五十九年（西元一七二〇年）指定廣東商人組織「公行」專營對外貿易。凡外商稅項的徵收、貨物的交易，以及外商生活的管理等，均歸「行商」負責。

西元一七五七年，乾隆皇帝一道聖旨從京城傳到沿海各省，下令除廣州一地外，停止廈門、寧波等港口的對外貿易，這就是所謂的「一口通商」政策。這一命令標誌著清政府徹底奉行閉關鎖國的政策，被視為是導致近代中國落後於世界的原因之一。

清朝的閉關鎖國在一定程度上有自我防衛作用，但它限制了和外國進行正當的經濟文化交流，不利於人民接觸外國的先進文化和科學技術，阻礙了國家社會的進步。

土爾扈特部歸國

早在明朝末年，在天山北部的塔爾巴哈台（今新疆塔城）及其以北地區，活躍著一支遊牧部落，他們是明末漠西厄魯特蒙古部落的一支——土爾扈特部。由於受到準噶爾部的欺淩，他們於十七世紀二〇年代向西遷徙，來到額濟勒河（伏爾加河）下游一帶，開始了新的遊牧生活。然而，沙俄勢力向南擴張，土爾扈特部又開始受到沙俄的殘酷奴役壓迫，但他們一直進行英勇的反抗，始終沒有屈服。

清朝建立之後，他們多次納貢，向康熙皇帝表達對祖國的嚮往，康熙帝也派官員進行撫慰。直到乾隆三十五年（西元一七七一年），他們的首領渥巴錫帶領土爾扈特人舉行了反抗沙俄的武裝起義，然後開始踏上返回祖國的艱難歷程。沙俄政府派出軍隊進行圍追堵截，經過多次激烈戰鬥，在歷經八個月的長途跋涉和嚴寒酷暑之後，他們終於在伊犁河畔與清朝派來迎接的軍隊相遇。

此時，出發時的十七萬人僅剩下了七萬人，他們的回歸付出了慘重的代價。回歸後的土爾扈特部受到清朝政府的熱情歡迎和妥善安排，重新開始了安穩的遊牧生活。

平定大小金川

大小金川是小金沙江上游的兩條支流，位於四川西北部，是藏族定居地區。雍正元年（西元一七二三年），清朝於大金川設金川安撫司，以莎羅奔為大金川土司官，而以舊土司官澤旺居小金川。

乾隆十二年（西元一七四七年）大金川莎羅奔公開叛亂，以土兵攻革布希紮以及明正兩土司。四川巡撫紀山派兵鎮壓，反被莎羅奔所敗。清政府調雲貴總督張廣泗為四川總督，大學士納親督師，增兵再次進剿，也多次失利。乾隆殺張廣泗，將納親賜死，後改用岳鍾琪率兩路大軍，進攻大金川，莎羅奔潰敗乞降。

乾隆中期，大金川土司再次叛亂，不斷侵掠鄰近土司。乾隆三十一年（西元一七六六年），大金川與小金川勾結在一起，聯合攻伐附近的大小土司，清政府派四川總督阿勒泰聯合九土司進攻大小金川。

乾隆三十六年（西元一七七一年），清兵為大小金川士兵所敗。乾隆帝殺了阿勒泰，派大學士溫福督師，以尚書桂林代阿勒泰總督職，再次進剿大小金川。

乾隆三十八年（西元一七七三年），溫福所率清軍接連潰敗，溫福戰死沙場，軍糧被劫。乾隆帝在熱河聞報後，調派精兵增援，授阿桂為定西將軍，並嚴令剿滅叛亂，幾年後，最終平定大小金川。

和珅案

和珅原名善保，字致齋，鈕祜祿氏，滿洲正紅旗二甲喇人。乾隆時期，任戶部侍郎兼軍機大臣，執政二十餘年，歷任吏部、戶部、兵部、理藩院尚書，後晉升文華殿大學士，封一等忠襄公。

和珅精明幹練，善於體察乾隆心意，因此深得皇上寵信，執政期間結黨營私，貪贓枉法，收受賄賂不計其數。其官階之高，管事之廣，兼職之多，權勢之大，史上罕有。

嘉慶四年（西元一七九九年）正月初三，太上皇乾隆帝駕崩。次日，嘉慶帝命和珅與戶部尚書福長安輪流看守殯殿，不得擅自出入，實施軟禁。接著下了一道突兀的聖旨，命令查辦圍剿白蓮教不力者及幕後庇護之人。當天就有大臣領會到皇帝的意圖，於是彈劾和珅的奏章源源不斷送到嘉慶帝手中。嘉慶帝宣布和珅的二十條大罪，立即下令逮和珅入獄。嘉慶帝本要將和珅凌遲處死，但由於和珅兒媳婦固倫和孝公主的求情，並且參考了董誥、劉墉諸大臣的建議，改為賜和珅獄中自盡。

為避免政壇風波，嘉慶帝宣布對能棄惡從善的和珅餘黨一律免於追究。經查抄，和珅財產的三分之一，價值兩億兩千三百萬兩白銀，玉器珠寶、西洋奇器無法勝數，因此民間有諺語說：「和珅跌倒，嘉慶吃飽。」

白蓮教起義

指清朝中期爆發於四川、陝西和湖北邊境地區的白蓮教徒武裝反抗政府的事件。

乾隆末年，由於人口增長迅速，土地兼併嚴重，中原各地出現饑民，紛紛來到有著大量荒地的川楚邊境，白蓮教以「教中所獲資財，悉以均分」、「有患相救，有難相死」的平均思想而受到擁護，影響日大。乾隆六十年（西元一七九五年），湖北各地白蓮教首領約定在次年起義，清政府偵知後，便以邪教為名大量抓捕教民，一時各地地方官以查拿邪教為名，行敲詐勒索之實，這進一步激起了教眾的反抗。

嘉慶元年（西元一七九六年），宜都、枝江一帶的教眾首先起義。三月初十，襄陽王聰兒、姚之富等人起義，成為各支白蓮教軍隊的主力，在湖北、四川、河南、陝西各省游動作戰。幾個月的時間內，義軍就發展到了幾萬人，他們攻城掠地，均分財產，百姓紛紛擁護。清政府急忙派大兵鎮壓。由於各支義軍互不統屬，無法相互呼應，遂被清朝軍隊各個擊破。

嘉慶三年（西元一七九八年），襄陽義軍在湖北鄖西被圍，王聰兒、姚之富跳崖自殺。其他各地的義軍依然在活動，至嘉慶九年（西元一八〇四年），清政府歷時九年，動兵百萬，才將這次起義徹底鎮壓下去。清朝前後投入超過兩億兩白銀，相當於其四年全年收入，國庫為之一空，這是清朝走向衰落的開始。

林則徐虎門銷煙

十九世紀前期，英國為了擴大國外市場，推銷工業品，掠奪原料，把中國作為主要的侵略目標。當時中國的瓷器、茶葉等在英國暢銷，而英國的呢絨、布匹等工業品在中國銷路不好。英國為了改變這種局面，在中國進行可恥的鴉片走私，牟取暴利。

鴉片不斷輸入，白銀大量外流，威脅到了清朝的財政，也加重了人民的負擔。由於吸食鴉片的人越來越多，人們的身心健康受到嚴重摧殘，官吏更加腐敗，軍隊戰鬥力削弱。人民痛感鴉片危害嚴重，強烈要求禁煙，清朝有遠見的官員也主張嚴禁鴉片。

湖廣總督林則徐上書道光帝，指出鴉片「危害甚巨，法當從嚴」，若放任自流，數十年後「中國幾無可以禦敵之兵，且無可以充餉之銀。」道光帝深受震撼，於西元一八三九年春派林則徐為欽差大臣，到廣州禁煙。

林則徐採取強硬措施，迫使英、美鴉片販子交出鴉片。從六月三日到二十五日，共歷時二十三天，林則徐下令將繳獲的全部鴉片在虎門海灘當眾銷毀。虎門銷煙，是中國禁煙運動的重大勝利，它打擊了外國侵略者的氣焰，表明了中國人民維護民族尊嚴的決心。

鴉片戰爭

林則徐的禁煙運動損害了英國的利益，英國殖民者於西元一八四〇年發動了侵略中國的第一次鴉片戰爭。西元一八四〇年六月，英國艦隊封鎖珠江口，進行武裝挑釁，鴉片戰爭爆發。林則徐在廣州防守嚴密，英軍無機可乘，就按預定計劃移師北上，直逼天津，威脅北京。

清軍在英國的堅船利炮面前不堪一擊，很快敗下陣來，並將林則徐革職查辦。西元一八四二年八月，英艦侵入到南京江面，清政府派代表耆英、伊里布在泊於南京下關江面的英軍旗艦康華麗號上，與英國簽署了《中英南京條約》。

《南京條約》是中國近代史上與外國簽訂的第一個不平等條約，其主要內容有：開放廣州、福州、廈門、寧波、上海等五處通商口岸，允許英人在五地貿易通商；割讓香港給英國；賠償英國兩千一百萬銀元；規定在廣州等五口通商地區，中國海關如要增減進出口貨物稅率，須經雙方同意。《南京條約》簽訂後，西方列強趁火打劫，相繼強迫清政府簽訂了一系列不平等條約。從此，中國開始淪為半殖民地半封建社會，中華民族開始了一百多年屈辱、苦難、探索、鬥爭的歷程。

三元里人民抗英

在鴉片戰爭中，廣大的愛國官兵進行了英勇的抵抗，湧現出了關天培、陳化成等英雄人物。東南沿海地區的群眾也紛紛奮起抗英，其中規模最大的是三元里人民的抗英運動。西元一八四一年五月，英軍在廣州泥城登陸，攻占廣州城北各炮臺，並逼迫清政府訂立了屈辱的《廣州和約》。

之後，英軍四處燒殺搶掠，激起了廣州人民的極大憤怒。五月三十日，一群英軍到廣州城北三元里搶劫、行兇，當地群眾奮起反抗。三元里附近的數千名農民組成「平英團」，圍攻英軍占據的四方炮臺，打死打傷英軍數十名。第二天，英軍以廢除《廣州和約》和攻城相威脅，奕山嚇壞了，馬上派知府余葆純帶領南海縣令和番禺縣令前往解圍，英軍這才得以脫險。

在三元里人民抗英鬥爭的直接影響下，廣州人民掀起了燒洋館、反租地、反入城等一系列鬥爭，從此，民間流傳著「官怕洋鬼，洋鬼怕百姓」的歌謠。它真實反映了清政府的腐敗無能和人民的憤慨。

吳淞之戰

西元一八四二年六月，英艦分批駛入沿江，抵達長江口，向吳淞進犯。兩江總督牛鑒企圖向英軍求和，江南提督陳化成堅決反對。未等敵艦全部泊定，陳化成親自指揮西炮臺最先開炮擊敵，他與將士同甘共苦，誓死禦敵。炮戰自清晨至中午，陳化成一直揮旗發炮，與敵軍對擊。

戰鬥空前激烈，英軍旗艦「康華麗」號及其他各艦被擊中多次，死傷二十餘人。但此時防守小沙背的王志元按兵不動，守東炮臺的崔吉瑞則作壁上觀，不發炮。而牛鑒見炮戰初勝，企圖搶功，竟大擺儀仗，耀武揚威，前來觀戰。英軍發現後，一陣炮轟，牛鑒十分驚恐，急令陳化成退兵，陳化成不從，牛鑒倉皇逃跑。英艦炮火合力轟擊西炮臺，陳化成帶領親兵數十人堅守陣地。他親自操炮發射，連發數十炮，手被震傷，血流至腿，還堅持指揮抬槍隊、鳥槍隊，向登岸侵略軍射擊。

登陸英軍大隊蜂擁而至，背腹受敵的情況下，陳化成和所部官兵八十餘人全部壯烈犧牲。西炮臺失守後，東炮臺守軍潰散，英軍相繼占領寶山、上海，打開了長江門戶。但這次戰鬥擊毀敵艦多艘，殲敵數百人，給英軍以重創，而陳化成為國捐軀，永垂史冊。

魏源著《海國圖志》

魏源（西元一七九四年—西元一八五七年）名遠達，字默深，湖南邵陽人，近代啟蒙思想家。道光進士，官至知州，學識淵博，著述很多，《海國圖志》是其中有較大影響的一部，也是他作為地理學家的代表作。鴉片戰爭之後，許多清朝人看到英國的先進技術，認識到落後就要挨打。於是他們紛紛主張向西方學習先進技術，林則徐和魏源等人提出了「師夷長技以制夷」的思想，認為要透過學習西方的先進軍事技術尋求禦侮強國之道。

魏源是明確提出向西方學習的第一人，他以林則徐主持編譯的《四洲志》為基礎，於道光二十二年（西元一八四二年）編成《海國圖志》五十卷本，道光二十七年（西元一八四七年）擴充為六十卷本，次年徐繼畬的《瀛環志略》問世，魏源參考該書和其他資料，於咸豐二年（西元一八五二年）增補為一百卷本。《海國圖志》內容豐富，記述了世界各國的地理、歷史、經濟、政治、軍事和科學技術等情況，並附有世界地圖、各大洲地圖和分國地圖等，對強國禦侮、匡正時弊，振興國脈之路作了探索。

此書旨在喚起國人，興利除弊，增強國力，抵抗外來侵略。它與《瀛環志略》是中國學者編寫最早的兩部世界地理著作。

太平天國運動

太平天國運動是咸豐元年（西元一八五一年）到同治三年（西元一八六四年），洪秀全等領導的反對清朝封建統治和外國資本主義侵略的農民起義戰爭。

鴉片戰爭後，清政府將大筆軍費和巨額賠款，全部轉嫁給勞動人民，導致階級矛盾強化。再加上廣西、廣東等許多地區水旱災害不斷，廣大農民家破人亡，陷入絕境。

西元一八五一年，洪秀全領導拜上帝會的成員在廣西桂平金田村起義，宣布國號為「太平天國」，正式舉事，討伐清廷，後洪秀全宣布登基，稱天王。

西元一八五三年，太平軍攻占南京，改名天京，定都於此，並在永安封王建制。此後，太平天國進行北伐、西征、東征，逐漸進入強盛時期。西元一八五六年，領導集體內部發生了自相殘殺的「天京事變」，太平天國元氣大傷，清軍趁機全面反攻。

洪秀全啟用陳玉成、李秀成等青年將領，取得一些成就，但大廈將倒，一木難支。西元一八六三年，曾國藩率領湘軍圍困天京，西元一八六四年天京陷落，轟轟烈烈的太平天國運動失敗。太平天國運動是中國歷史上規模最大的農民起義，雖然失敗了，但沉重地打擊了腐朽的晚清王朝。

曾國藩操練湘軍

太平天國運動的攻城掠地，使清廷深感綠營和八旗兵已不足用，便令各省舉辦團練，以助「攻剿」。禮部右侍郎曾國藩認為團練也不可靠，決定組建一種新的軍隊，這就是「湘軍」。

湘軍大體上仿照明朝戚繼光的營制，以營為基本單位，直接受「大帥」統轄（後增設統領，各統率若干營）。此外，湘軍還設有營務處和糧台，分別管理全軍的軍務與後勤。針對綠營兵的流弊，曾國藩在組建湘軍時採取了某些改革措施：一是薪餉較高，並專配民工，自帶帳篷，以利於加強訓練和作戰；二是實行募兵制，採用自上而下的辦法，首先選定統領，然後由統領挑選營官，依此類推，一一挑選以便相互熟悉和層層控制。

曾國藩還強調「嚴刑峻法」，並建立嚴密的稽查制度，以嚴明軍紀，同時，向兵士灌輸忠勇奮發、盡忠報效、絕對服從長官等思想，鼓勵湘軍士卒大肆屠殺起義人民，為封建統治階級賣命。湘軍是清朝後期對抗太平天國的主要力量。這支實際上只聽命於曾國藩的私人武裝，開創了近代軍閥擁兵自重的先例，表明清王朝已經衰朽到難以維護其統一軍權的地步。

頒布《天朝田畝制度》

咸豐三年（西元一八五三年），太平天國定都天京（今南京）後，頒布《天朝田畝制度》。《天朝田畝制度》以改革土地制度、解決土地問題為中心內容，其指導思想是：「有田同耕，有飯同食，有衣同穿，有錢同使，無處不均勻，無人不飽暖。」在社會物資的分配和消費上，《天朝田畝制度》主張「人人不受私，物物歸上主」，「天下大家，處處平均，人人飽暖」。

在社會組織上，《天朝田畝制度》主張依照太平軍的建制建立生產、軍事、行政、宗教合一的社會組織，要求把分散的農戶組織起來，以五戶為一伍，五伍為一兩，四兩為一卒，五卒為一旅，五旅為一師，五師為一軍，一軍合一萬三千一百五十六戶。

《天朝田畝制度》較有系統地表達了太平天國的政治、經濟和社會生活要求，把以往農民起義提出的「均田」、「分地」思想發展到了前所未有的水準，體現了農民階級對土地的強烈渴望。但是，由於它要求廢除一切財產私有，排斥一切社會分工和商品經濟，實行絕對平均主義，因而只能是不切實際的幻想。它只是在頒布初期，由太平天國中央透過政權力量在南京地區實施。

天京事變

「天京事變」發生於西元一八五六年，是太平天國領導集團的嚴重內訌，又稱「楊韋之亂」。太平天國定都天京之後，天王洪秀全夢想集大權於一身，東王楊秀清則居功自傲，挾制天王。西元一八五六年六月，太平軍摧垮清軍江南大營，天京城圍暫解。

楊秀清公然逼迫洪秀全親至東王府封其為「萬歲」。洪秀全假意答應，並秘密召集韋昌輝、石達開回京「勤王」。九月一日深夜，韋昌輝、秦日綱領兵趕回天京。翌晨包圍東王府，殺楊秀清及其家屬。而韋昌輝故意擴大事態，殘殺楊秀清部屬和群眾二萬餘人，旋即總攬軍政大權，專權跋扈更甚於東王。不久，翼王石達開自武昌前線返回天京，目睹天京慘景，怒不可遏，斥責韋昌輝濫殺無辜。

韋昌輝為獨攬大權，又動殺機，石達開聞訊後連夜出逃，在安慶起兵討韋，「以肅清君側」。由於石達開大兵壓境和朝內群起反韋，加上韋昌輝舉兵圍攻天王府，妄圖加害天王，奪取太平天國最高領導權，洪秀全下詔誅殺韋昌輝。

韋昌輝伏誅後，石達開回到天京，奉詔總理政務。但洪秀全對石達開疑忌重重，「不授以兵事」，並以洪仁發、洪仁達牽制石達開。西元一八五七年六月，石達開負氣出走。

天京事變是太平天國由盛變衰的轉捩點，是太平天國失敗的前兆。

清政府設立洋槍隊

「洋槍隊」，又稱「常勝軍」。十九世紀中葉，當太平天國運動的風暴席捲而來時，當地的清政府官員為了維持自己的私利，同外國侵略者聯手，在上海創建了洋槍隊。由於當時在上海租界裡，西方人的利益和清政府官員的利益是互為依存的。

當時任上海道台的吳煦公開請求英、法公使一起保衛上海，共同打擊太平軍，英、法兩國公使立即答應下來。當時的英國領事還給上海道台寫了一封信，表明他們保護上海同時也是保護他們自己的利益。這樣，在外國侵略者的支持下，清政府委任於西元一八六一年重返上海的英國人華爾組建洋槍隊。洋槍隊的成員以華人為主，並由華爾進行訓練，來打擊太平軍。此後，上海道台楊坊竟然還把女兒嫁給了華爾，這充分說明了他們對西方入侵者的依賴。

華爾死後，由英國軍官戈登繼續統領洋槍隊。洋槍隊成為清政府「借洋兵助剿」的產物，洋槍隊組建後，經歷了數次大的戰鬥，對於鎮壓太平軍起義發揮了重要作用。

李鴻章絞殺太平軍

李鴻章是晚清政壇上舉足輕重的人物，可以說他的命運與早期鎮壓太平天國運動是密切相關的。咸豐三年（西元一八五三年）初，當得知太平軍攻入安徽後，李鴻章回到老家安徽舉辦團練。兩年後，他率領團練軍收復了被太平軍攻占的廬州，之後又連續收復了幾個地方，逐漸引起了清政府的重視。

同治元年（西元一八六二年）二月，他一手創辦起淮軍。同年十一月，當時常熟的太平軍守將駱國忠投降。李鴻章抓住時機，帶領淮軍，經過與前來平叛的太平軍反覆激戰，最終攻下了常熟、太倉、昆山等地。此後幾年，李鴻章取得節節勝利，相繼收復了蘇州、常州等地。

到西元一八六四年，蘇南地區的太平軍基本被肅清。當時，曾國藩率領的湘軍久攻不下天京，清政府命令李鴻章前往增援。五月十三日，李鴻章派部將劉士奇炮隊及劉銘傳、潘鼎新、周盛波等二十七營圍攻天京，終於攻破。

至此，轟轟烈烈的太平天國運動被李鴻章給鎮壓了，李鴻章也憑藉這一點，走上了晚清政壇。

亞羅號事件

西元一八五六年十月八日，英國侵略者製造「亞羅號事件」，為發動新的侵華戰爭製造藉口。西元一八五三年，英美等國掀起的「修約」交涉未能得逞，因此蓄謀再次進行侵略戰爭。十月初，一艘一百噸的清朝商船「亞羅號」自廈門開往廣州，停泊黃浦。

船上水手和船主蘇亞成都是清朝人，該船曾被海盜奪去，為了方便於走私，該船曾在香港英國政府領過登記證。十月八日，廣東水師船抓走窩藏在船上的兩名海盜和十名有嫌疑的水手。不料英國駐廣州領事巴夏禮卻藉口該船曾在香港註冊，領有執照，硬說是英國船，甚至捏造說清朝水師曾扯下船上英國國旗，侮辱了英國，無理要求兩廣總督葉名琛立即釋放被捕人犯，向英道歉。

但是當葉名琛把十二人全部送還時，巴夏禮以禮貌不周為藉口，仍然拒收，連葉名琛送去的信件也拒絕拆閱。二十三日，英駐清海軍悍然向廣州發動進攻，攻打廣州炮臺，第二次鴉片戰爭爆發。「亞羅號事件」成為了英國政府蓄意挑起侵華戰爭的藉口，並成為了第二次鴉片戰爭的導火線。

馬神父事件

「馬神父事件」，又稱「西林教案」。西元一八五三年，法國天主教神父馬賴非法潛入非通商口岸的內地——廣西西林縣傳教，他吸收地痞流氓入教，勾結當地官府和土豪，欺壓人民，強姦婦女，無惡不作。並縱容包庇教徒在鄉間起釁，他們作惡多端，激起當地人民極大憤慨。

西元一八五六年二月，新任西林知縣張鳴鳳根據村民控呈，調查核實後，將馬賴及不法教徒共二十六人逮捕歸案，依法判處馬賴及不法教徒兩人死刑，其餘分別論罪處罰。

法國皇帝拿破崙三世（即路易波拿巴）及其政府，為了進一步取得天主教的支持，鞏固軍事獨裁及擴大資產階級的海外權益，於是抓住這個事件，挑起侵華戰爭。法國派葛羅為全權專使，以「馬神父事件」為藉口，與英國聯合出兵，發動了第二次鴉片戰爭。

第二次鴉片戰爭

西元一八五一年太平天國革命爆發後，列強各國認為這是加緊侵略清朝的極好時機，英、法、美三國在西元一八五四年和西元一八五六年兩次提出修約要求，俄國也會同回應，但沒有得到清政府的同意。西元一八五六年十月，英、法兩國以「亞羅號事件」和「馬神父事件」作為藉口，發動了侵華戰爭，史稱第二次鴉片戰爭。

西元一八五七年，英法聯軍攻陷廣州。西元一八五八年，英法聯軍又在美俄兩國的支持下，攻陷大沽口炮臺，進犯天津。清政府被迫與英、法、美、俄四國分別簽訂了《天津條約》。但侵略者們並未停止步伐，而是繼續占領天津，並於西元一八六〇年攻入北京。

咸豐帝和慈禧太后逃往承德，英法聯軍所到之處，燒殺搶掠，無惡不作。西元一八六〇年十月，英法聯軍在北京洗劫和燒毀了融匯中外建築藝術精華的萬園之園——圓明園。

清政府派恭親王奕訢主持議和，和英法分別簽訂了《北京條約》，支付巨額賠款，並喪失了大量土地。西元一八六〇年十月下旬，第二次鴉片戰爭結束，清政府的腐敗無能，使國家喪失了更多的主權和領土。

英法聯軍攻陷北京

西元一八五七年，英法聯軍兵臨天津，並以威脅北京為藉口，強迫清政府簽訂了喪權辱國的《天津條約》。西元一八五九年他們再度聯合入侵清朝，並以前往北京更換條約為由，在大沽與清軍發生炮戰，受到清軍將士的頑強抵抗後撤退。西元一八六〇年，他們整裝後又大舉向天津進發，再度任命額爾金和葛羅為全權專使，並任克靈頓和孟托班為兩國侵華軍總司令，率領英軍一萬八千餘人，法軍七千餘人，英艦七十三艘，法艦三十二艘，集結在天津外海，直接威脅北京。

八月二十四日，英法聯軍占領了天津城。八月三十一日，咸豐帝急忙派大學士桂良為欽差大臣到天津向英法聯軍談判求和。九月七日，當談判破裂後，聯軍決定進犯北京。清軍將士在八里河奮力阻擊敵人，他們奮不顧身，齊聲大呼殺敵。但是由於火槍裝備有限，僅靠長矛、弓箭和一腔熱血迎擊敵人，難以抵擋英法聯軍的大炮槍枝，最終以失敗告終。

咸豐帝在八里河之戰的第二天便倉皇逃離北京，更使得北京城完全陷入一片恐慌之中。英法聯軍於十月十三日占領北京，他們燒殺搶掠，無惡不作，犯下了滔天罪行。

火燒圓明園

圓明園是中國最大的皇家園林，從西元一七〇九年開始興建，清政府花費了巨大的財力物力去興建，號稱萬園之園。咸豐十年（西元一八六〇年），英法聯軍攻占北京後，於十月六日占據圓明園。法國侵略軍首先闖入圓明園，他們見物就搶，空手而進，滿載而歸。英國侵略軍雖然來遲了一步，但金銀財寶、文物寶藏也裝滿口袋。英法侵略軍把圓明園搶劫一空之後，為了讓清政府簽《中法北京條約》和《中英北京條約》，英國全權大臣額爾金在英國首相帕麥斯頓的支持下，竟下令燒毀圓明園。

大火連燒了三晝夜，這座世界名園化為一片焦土。這場浩劫，正如法國著名作家雨果所描繪和抨擊的那樣：有一天，兩個強盜闖進了夏宮，一個進行搶劫，另一個放火焚燒。他們高高興興地回到了歐洲，這兩個強盜，一個叫法蘭西，一個叫英吉利。他們共同「分享」了圓明園這座東方寶庫，還認為自己取得了一場偉大的勝利。

《北京條約》的簽訂

西元一八六〇年九月二十一日，八里橋失守、英法聯軍進逼北京的消息傳來後，清廷極為震驚。咸豐帝走投無路，遂於當天立即下令以載垣、穆蔭辦理和局不善，撤去欽差大臣職務，另派他的六弟恭親王奕訢為全權大臣繼續求和，自己則倉皇逃往承德避暑山莊。留守京城的王公大臣們，完全喪失了抵抗的信心，根本不進行抗擊準備。

恭親王奕訢只有屈膝求和，他照會英、法公使，要求停戰談判。英法聯軍攻入北京，進行了一番燒殺搶掠之後，英、法公使照會恭親王奕訢，要求簽字換約，並藉口俘虜問題，要求賠償英國白銀三十萬兩，法國二十萬兩，限期付款。奕訢全部答應。之後聯軍再次闖進圓明園，在洗劫一空後縱大火焚燒。

奕訢在英、法的武力威脅和沙俄的誘逼下，簽訂了《北京條約》。十月二十四日，清欽差大臣奕訢與英國全權代表額爾金在北京禮部大堂，交換了中英《天津條約》，簽訂了中英《北京條約》。

十月二十五日，清欽差大臣奕訢與法國全權代表葛羅在北京禮部大堂，交換了《天津條約》，並簽訂了中法《北京條約》。

辛酉政變

咸豐十一年（西元一八六一年），咸豐臨死前，立六歲的兒子載淳為皇太子，並任命御前大臣載垣、端華、景壽、大學士肅順和軍機大臣穆蔭、匡源、杜翰、焦佑瀛扶持朝政。他還授予皇后鈕祜祿氏「御賞」印章，授予皇子載淳「同道堂」印章，由其生母慈禧掌管。

那些顧命大臣們擬旨後要同時加蓋「御賞」和「同道堂」印章。這樣，八大臣同兩宮太后之間便發生了矛盾。

同年十月，兩宮太后勾結恭親王奕訢，決定在北京發動政變。十一月二日，奕訢手捧蓋有玉璽和先帝兩枚印章的聖旨，宣布解除肅順等人的職務，並逮捕了載垣、端華，革除了景壽、穆蔭、匡源、杜翰、焦佑瀛等人的職務。隨後，慈禧下令殺死了肅順，並逼死了載垣、端華，其他的五位大臣革職的革職，充軍的充軍。

接著慈禧宣布廢除原來的年號，改西元一八六二年為同治元年，由於皇帝年幼，由東、西二太后垂簾聽政，同時提拔恭親王奕訢為議政王大臣。

這樣，慈禧太后就正式掌握了清政府的大權，自此掌握清政府最高權力達四十餘年。由於這一年是農曆辛酉年，故又稱「辛酉政變」，歷史上也叫「北京政變」。

洋務運動

從西元一八六一年底至西元一八九四年，清政府中的一些官僚打著「自強」和「求富」的旗號，在軍事、政治、經濟、教育及外交等方面進行了一系列的革新運動，史稱「洋務運動」。

洋務運動的代表人物在中央有奕訢、李鴻章等，在地方則有曾國藩、左宗棠以及張之洞等。洋務運動開始時，是以「自強」中心。洋務派在天津、上海、廣州、福州、武昌等地聘用外國教官，訓練人員。

他們創辦各種兵工廠，製造槍炮和船艦。比如，曾國藩在安慶首先設立的內軍械所，並在蘇州設立洋炮局。西元一八六五年，李鴻章創立江南製造總局，專門製造槍炮和輪船。同年，李鴻章又把蘇州的洋炮局遷至南京，擴充為金陵製造局。西元一八六六年，左宗棠在福州創設專造輪船的福州船政局。隨後，洋務派又在西安、蘭州、福州、廣州、北京等地相繼設立了中小型軍火工廠，這對促進中國軍事科技的進步產生了重要作用。

西元一八七五年，李鴻章和沈葆楨分別負責籌建北洋、南洋海軍。由於各種原因，當時出現了資金缺少、材料、燃料和運輸等方面的困難，洋務派又提出了「求富」的口號，並將整個洋務運動推向了高潮。但是，隨著西元一八九五年，北洋艦隊的全軍覆沒，洋務運動也宣告失敗。洋務運動儘管失敗了，但是它卻有力地促進了中國軍事、經濟、科技、文化和教育等方面的發展。

設立總理衙門

總理衙門，全稱為總理各國事務衙門，是滿清政府為了外交事務而特別設立的辦事機構。咸豐十年（西元一八六〇年），清政府簽訂了喪權辱國的《北京條約》後，外交事務逐漸增加，迫切需要成立一個專門的中央機構來處理，這樣總理衙門應運而生。

它成立於西元一八六一年三月，主要職責是派出駐外國使節處理外交事務，並兼管通商、海防、關稅、路礦、郵電、軍工、同文館、派遣留學生等事務。總理衙門由王公大臣或軍機大臣直接領導，設立大臣和章京兩級職官，具體設有總理大臣、總理大臣上行走、總理大臣上學習行走、辦事大臣職務。

成立之初，奕訢、桂良、文祥三人為大臣，其中恭親王奕訢擔任的時間最長，有二十八年之久。總理衙門與外國侵略者有密切的關係，其中英國人赫德任總理衙門總稅務司長達四十多年。可以說，總理衙門是外國侵略者進一步控制滿清政府的工具，也逐步成為晚清政府重要的決策機構。

阿古柏入侵新疆

西元一八六四年新疆各族人民發動了大規模的反清運動，但各種反清上層之間為爭奪領導權，互相攻殺，形成若干地方割據勢力，其中克伯克一派向中亞伊斯蘭教汗國浩罕求援。西元一八六五年，浩罕軍事頭目阿古柏野心勃勃地進入南疆。

阿古柏的入侵首先遭到當地維吾爾、柯爾克孜族人民的抵抗。但是由於各支割據勢力不能團結抗敵，阿古柏輕易攻下了喀什回城（今喀什市）。此後，阿古柏又裡應外合地占領了葉爾羌和庫車。阿古柏依靠外國勢力，不斷武裝自己的軍隊。西元一八七〇年五月，阿古柏大舉進軍吐魯番，當地人民頑強抵抗，予以阿古柏重創，但由於叛徒的出賣，最終吐魯番淪陷。

之後，阿古柏入侵烏魯木齊，當地數十萬軍民共同抗敵，戰鬥異常激烈，阿古柏殺紅了眼，連婦女兒童都沒有放過，他隨後控制了烏魯木齊至吐魯番一帶。此後，阿古柏在新疆建立起殘酷的統治，當地各族人民生活在水深火熱之中。

西元一八七八年，清政府派兵收復新疆，驅逐了阿古柏，從而結束了新疆人民這段殘酷血腥的歷史。

中法戰爭

西元一八八三年十二月十四日，法國侵占越南，並向派駐越南的中國軍隊發動進攻，法國遠東艦隊司令孤拔率領六千餘法軍由河內出發，分兩路向紅河中游戰略要地山西發動進攻。劉永福率領的黑旗軍和清軍奮力抗擊，後來由於寡不敵眾被迫撤退。第二年三月，法軍採取迂迴的方式進攻並搶占了清軍重點把守的北寧，此後又接連攻下諒江、太原等地，迅速控制了整個紅河三角洲。

隨後，清政府同法國簽訂《中法會議簡明條款》，承認法國在越南的統治，並開始撤軍。這是中法戰爭的第一階段。西元一八八四年六月，法國將戰火擴大到中國東南沿海一帶，福建海軍馬尾慘敗後，清政府才被迫正式對法國宣戰。

西元一八八五年三月二十三日，滇軍和黑旗軍在臨洮附近大敗法軍，逐漸扭轉了對法軍連戰連敗的態勢。同時，東線清軍在老將馮子材的指揮下，取得了震驚中外的鎮南關大捷，徹底扭轉了戰局，清軍逐步收復了諒山等地。正當清軍取得節節勝利的時候，清政府卻害怕起來，於四月四日與法國簽訂了《停戰協定》。六月九日，又在天津簽訂了屈辱的《中法新約》。

馬尾海戰

馬尾是福建省福州市東南的一個港口，四周被群山環抱，海面開闊而且水深，可以停靠巨型船舶與軍艦，清政府將福建水師和洋務派創建的福州造船廠都設在此。光緒十年（西元一八八四年），法國遠東艦隊司令孤拔率領六艘軍艦進入福建馬尾港，清政府由於害怕外國勢力，採取了默許的態度，並下令福建水師不得抵抗。

但是法國侵略者得寸進尺，要求福建水師撤出馬尾港，否則就開戰。隨後法國軍艦率先發起了進攻，福建水師倉促應戰，當時福建水師有兵船十一艘，運輸船十九艘。然而剛開戰不久，清朝福建海疆事宜大臣張佩綸和福建巡撫張兆棟等主要將領便嚇得逃跑了。

在十分危急的情況下，福建水師的下層官兵們奮力反抗，其中巡洋艦「揚武」號雖然被敵艦擊中即將沉沒，仍然擊中了法國旗艦「富爾達」號，並擊斃五名水手。然而由於實力懸殊，這場戰鬥持續了不到一個小時，福建水師就宣告失敗，清朝軍艦、戰船全軍覆沒，而法軍僅死了五人。

馬尾海戰的失敗體現了清政府的軟弱無能，也是當時中國海軍實力遠遠落後於西方的表現。

鎮南關大捷

西元一八八四年，法國侵略軍進犯滇、桂邊境。年近古稀的老將馮子材以高、雷、欽、廉四州團練督辦的身份參與抗戰。西元一八八五年二月，新任兩廣總督張之洞起用馮子材為廣西關外軍務幫辦，率領王孝祺、王德榜、蘇元春等將領駐守鎮南關。

馮子材巡視鎮南關防務，料定鎮南關外二里多遠的東嶺是敵軍進犯的必經之路，便連夜構築一道長三里、高七尺，寬四尺的土石長牆，並在緊要處建堡壘，布置兵力，積極備戰。第二天法軍從諒山方向來犯，馮子材一面率部隊迎戰，一面調援軍。

在馮子材愛國熱忱的激勵下，將士們奮不顧身，衝出長牆，拼命殺敵，壓倒了敵人的氣焰。恰巧援軍趕到，打退了法軍，保住了陣地。第二天，法軍傾巢出動，在開花大炮掩護下，主力部隊猛攻長牆。馮子材率二子馮相華和馮相榮率先躍出戰壕，撲向敵人，隨後大家一起吶喊殺出，爭先恐後，衝進敵陣，展開肉搏戰。

敵人的開花大炮喪失了威力，但見清軍將士刀矛飛舞，殺聲震天，敵人屍橫遍野，法軍大敗，全線崩潰。馮子材取得鎮南關大捷之後，乘勝出擊，收復諒山。諒山一仗，斃傷法軍一千餘人，扭轉了中法戰爭整個戰局，法國茹費理內閣也因此倒臺。

簽訂《中法新約》

西元一八八三年十二月至西元一八八五年四月，由於法國侵略越南進而侵略中國，中法戰爭爆發。戰爭最初在越南北部山西引發，之後又進一步擴大到中國東南沿海。鎮南關大捷後，正當馮子材聯合各路清軍將領，準備分兵南下收復越南河內、太原的時候。西元一八八五年四月七日，清政府卻突然下達了「乘勝即收」、停戰撤兵的命令。

最後法國強迫清政府簽訂了喪權辱國的不平等條約。當時人稱：「法國不勝而勝，中國不敗而敗。」西元一八八五年夏，李鴻章和法國公使巴德諾在天津簽訂《中法新約》。

條約規定：清政府承認法國對越南的殖民統治；在中越邊界開關商埠；降低法國從雲南、廣西進出口貨物的稅率；允許法國在中國投資建築鐵路；法國撤退基隆和澎湖的軍隊。透過這個條約，法國達到了侵略越南的目的，打開了中國西南的門戶，並取得了在中國修築鐵路的特權。

簽訂《璦琿條約》

沙俄在強占中國黑龍江大片領土後，企圖威逼清政府承認既成事實，於西元一八八五年派海軍上將普提雅廷乘兵船到天津，向清政府提出以黑龍江和烏蘇里江為界的要求，稱之為「外交上的遠征」，遭到清政府的拒絕。

但沙俄並未死心，又赴南方與英、法、美相勾結。並於一八五八年趁英法聯軍攻陷大沽、威脅北京之際，用武力逼迫清政府簽訂了不平等條約——《璦琿條約》。

其主要內容為：黑龍江以北、外興安嶺以南六十多萬平方公里的中國領土劃歸俄國，璦琿對岸精奇里江（今俄羅斯結雅河）上游東南的一小塊地區（後稱江東六十四屯）保留中國方面的永久居住權和管轄權；烏蘇里江以東的中國領土劃為中俄共管；原屬中國內河的黑龍江和烏蘇里江只准中、俄兩國船隻航行。

創建北洋海軍

清朝軍隊在鴉片戰爭中的屢次失敗和《南京條約》的嚴酷現實，促使清朝統治集團中的一些有識之士睜開雙眼，開始觀察外面的世界。

抗英名臣林則徐和思想家魏源大膽發出了「師夷長技以制夷」的吶喊，要學習西方國家「堅船利炮」等先進的科學技術以抵禦外來侵略，並初次提出了創建近代海軍的草案。

西元一八七四年，日本尋找藉口出兵侵犯臺灣，此事雖以和議告終而未開啟更大戰端，卻在全國朝野上下引起更強烈的震盪。由此，在內部引發了一場轟轟烈烈的「海防大討論」。此時身任直隸總督兼北洋大臣的李鴻章，呈交了洋洋萬言的《籌議海防折》，陳述了海軍海防大業的重要戰略意義，要求大舉興辦近代化的海軍海防。

李鴻章在奏摺中還闡述了關於海防的具體實施辦法。提出國防應以陸軍為主，海軍設立南洋、東洋、北洋三支水師。

要建立近代海軍，必須解決船艦問題。李鴻章最初主張自己製造，後來轉向從英國和德國買船為主、造船為輔的方針。此外，李鴻章還雇傭了一批洋人擔任技術人才。

西元一八八八年十月，在李鴻章的苦心籌辦下，海軍衙門上奏慈禧太后並獲准頒行《北洋海軍章程》，標誌著北洋海軍正式組建成軍。

甲午戰爭

中日甲午戰爭是西元一八九四年七月末至西元一八九五年四月日本侵略滿清和朝鮮的戰爭。於光緒二十年（西元一八九四年）爆發，時年為甲午年，故稱甲午戰爭。

明治維新後，日本開始加速發展在朝鮮的勢力，促使朝鮮脫離清政府控制，成為「獨立國」。西元一八九四年春，朝鮮爆發東學黨農民起義，朝鮮政府請求清政府派兵協助鎮壓。日本政府也誘使清政府派兵，為自己出兵朝鮮製造藉口。

清政府接到朝鮮政府請求後派兵進駐朝鮮。七月二十五日，日軍驅逐屯駐牙山的清軍，在豐島海面對清朝海軍發動突然襲擊，擊沉清軍運兵船「高升」號。同時日本陸軍向駐牙山的清軍隊發起進攻。八月一日，清日政府同時宣戰，甲午戰爭開始。

甲午戰爭中，一開始在清政府內部出現了以光緒帝為主的主戰派和以慈禧太后為主的主和派。在戰爭過程中，隨著清軍節節敗退，主和派慢慢占了上風。旅順口失陷後，日本海軍在渤海灣獲得重要的根據地，從此北洋門戶洞開，北洋艦隊深藏威海衛港內，戰局更加急轉直下。

威海衛之戰致使清朝大軍全線潰退。隨著戰爭的失利，大清國進一步加緊了乞降行動。二月十一日，清政府決定派李鴻章為全權大臣，赴日議和。四月十七日，李鴻章與日本內閣總理大臣伊藤博文及外務大臣陸奧宗光在馬關春帆樓簽訂《馬關條約》，戰爭結束。

設立同文館

同文館是清代最早培養譯員的洋務學堂和從事翻譯出版的機構。清政府自鴉片戰爭後，屢次與帝國主義列強交涉，深感語言不通、文字隔閡。左宗棠、李鴻章等堅持學習西方。於是在同治元年（西元一八六二年），恭親王奕訢等奏准設立了京師同文館，附屬於總理衙門，設管理大臣、專管大臣、提調、幫提調及總教習、副教習等職。總稅務司英國人赫德任監察官，實際操縱館務。先後在館任職的外籍教習有包爾騰、傅蘭雅、歐禮斐、馬士等，中國教習有李善蘭、徐壽等。

該館為培養翻譯人員的「洋務學堂」，最初只設英文、法文、俄文三班，後陸續增加德文、日文及天文、算學等班。西元一九〇二年一月，同文館併入一八九八年創建的中國第一所具有現代意義的大學——京師大學堂。

實施門戶開放政策

在甲午戰爭後出現的瓜分中國狂潮中，西方列強競相在中國租借土地，劃分勢力範圍。

美國國務卿海約翰於西元一八八九年九月照會英、德、俄、日、意、法各國，提出對中國實行「門戶開放」政策，即承認各國在中國的「勢力範圍」、租借地和既得利益，各國所屬口岸和鐵路對一切船隻貨物通用現行中國約定關稅率，並按同一標準收取路費。

一九〇〇年七月三日當義和團運動進入高潮，八國聯軍準備進攻京、津之際，海約翰再次照會各國，主張保持中國領土和行政的完整，維護各國在中國各地平等公正貿易的原則。這是把最初的開放「勢力範圍」和租借地的政策應用到整個中國，形成「門戶開放」政策。

門戶開放政策的實質，是為了緩和列強間的爭奪和消弭中國人民的反抗，由列強在中國建立「國際共管體系」。

公車上書

西元一八九四年中日甲午戰爭，清朝敗給日本。西元一八九五年春，參加乙未科科考的各省舉人正在北京考完會試，等待放榜。清政府和日本簽訂《馬關條約》，割讓臺灣及遼東，賠款二億兩白銀的消息突然傳至，在北京應試的舉人群情激憤。

四月二十二日，康有為、梁啟超寫成一萬八千字的「上今上皇帝書」，反對簽訂喪權辱國的《馬關條約》，痛陳民族危亡的嚴峻形勢，提出拒和、遷都、練兵、變法的主張。

十八省舉人回應，一千兩百多人連署。五月二日，康有為聯合在北京會試的舉人一千三百多人於松筠庵會議，聯名上書光緒皇帝，上書雖被都察院拒絕，但在全國廣泛流傳，是資產階級改良思潮發展為政治運動的起點，史稱「公車上書」。

戊戌變法

戊戌變法又名維新變法，其高潮為百日維新。康有為、梁啟超領導的「公車上書」揭開了維新變法的序幕。

為了把維新變法推向高潮，西元一八九五年八月，康有為、梁啟超等人在北京出版《中外紀聞》，宣傳變法，組織強學會。西元一八九六年八月，《時務報》在上海創刊，成為維新派宣傳變法的輿論中心。西元一八九七年冬，嚴復在天津主編《國聞報》，成為與《時務報》齊名的在北方宣傳維新變法的重要陣地。

西元一八九七年十一月，德國強占膠州灣，引起了全國人民的激憤。十二月，康有為第五次上書，陳述列強瓜分中國，形勢迫在眉睫。西元一八九八年一月二十九日，康有為上《應詔統籌全域折》。四月，康有為、梁啟超在北京發起成立保國會，在維新人士和帝黨官員的積極推動下，六月十一日，光緒皇帝頒布「明定國是詔」詔書，宣布變法。

新政從此日開始，到九月二十一日慈禧太后發動政變，囚禁光緒皇帝，殺死譚嗣同等人為止，歷時一百零三天，史稱「百日維新」。

義和團運動

西元一八九八年，戊戌變法失敗後，中華民族的危機繼續加深。在帝國主義瓜分中國的狂風惡浪面前，廣大下層民眾發自內心的愛國情感，掀起了一場反帝排外的風潮。這就是義和團運動，山東各地的義和團多次與外國教會發生衝突，引起了官府恐慌。

山東巡撫張汶海上書朝廷，要求採取安撫、收編政策，把義和團收編，朝廷沒有理睬。毓賢為山東巡撫時，義和團迅速發展，他們打出「扶清滅洋」的旗幟。外國列強十分恐慌，他們派兵燒毀村莊、濫殺百姓，企圖鎮壓義和團，還要求清政府下令取締義和團。

清政府迫於壓力，調袁世凱接任山東巡撫。袁世凱一上任，立即發布了《禁示義和團匪告示》，義和團運動不僅沒有被鎮壓下去，反而勢力越來越強大。西元一九〇〇年六月，義和團總數達到二十多萬人。

聲勢浩大的義和團運動，沉重地打擊了帝國主義在華利益。英、德、美、法等國公使聯合照會清政府，要求清廷限期剿除義和團。六月十七日，八國聯軍正式挑起大舉入侵中國的戰爭，他們首先攻占了大沽口炮臺，大沽口失守後，義和團和清軍開始了天津保衛戰。

義和團運動在八國聯軍的鎮壓下宣告失敗。義和團運動是一次自發的反帝愛國的群眾運動，它雖然存有籠統排外和宗教迷信等局限性，但它沉重地打擊了列強。

八國聯軍入侵

八國聯軍是指西元一九〇〇年以軍事行動進入中國的英、法、德、俄、美、日、意、奧的八國聯合軍隊，總人數約三萬人。

甲午戰爭以後，由於帝國主義國家進一步加緊對中國的侵略，拼命掠奪中國，劃分勢力範圍，激起了中國人民的不斷反抗，終於爆發了聲勢浩大的義和團運動。

帝國主義各國對義和團運動一方面感到驚恐不安，一方面卻認為這是入侵中國的極好機會。於是，西方列強紛紛製造出兵鎮壓義和團和瓜分中國的輿論。

隨後，德、日、俄、法、英、美、意、奧八個帝國主義國家組成侵華聯軍，於西元一九〇〇年六月十七日攻占大沽炮臺，七月十四日攻陷天津，八月二日集兵兩萬，自天津沿運河兩岸進發，於八月十四日淩晨來到北京城外，向北京發起總攻，至十六日晚大致已占領北京全城。

慈禧太后、光緒帝和親貴大臣逃往西安，而投降派奕訢和李鴻章與聯軍談和。

簽訂《辛丑合約》

八國侵略軍侵占天津、北京後，進行了滅絕人性的燒殺搶劫。西元一九〇〇年十月，法國率先提出懲治禍首、賠款、拆除大沽炮臺等六項要求，作為與清政府談判的條件。

經各國公使多次會議加以補充、修改，十二月二十四日，十一國（八國之外加上比利時、西班牙和荷蘭）共同向清廷提出《議和大綱》十二條。清政府完全接受。西元一九〇一年（農曆辛丑年）九月七日，奕訢、李鴻章全權代表清政府，同這十一個國家在北京正式簽訂了喪權辱國的《辛丑各國和約》，簡稱《辛丑合約》。

其主要內容有：向各國賠償白銀四億五千萬兩；在北京東交民巷設立使館區，不准本國人在此居住；拆毀北京到大沽沿線的炮臺；清政府鎮壓反帝運動，查辦與帝國主義作對的官吏；把總理衙門改為外務部。

《辛丑合約》使中國的主權進一步淪喪。北京的使館區內列強駐兵、行政獨立，成了「國中之國」。外國取得了北京至山海關的駐兵權，使中國京師關防洞開、無險可守。《辛丑合約》簽訂後，中國完全淪為半殖民地社會。

京劇的形成

清乾隆五十五年（西元一七九〇年）江南久享盛名的徽班「三慶班」入京為乾隆八旬「萬壽」祝壽。徽班是指演徽調或徽戲的戲班，清代初年在南方深受歡迎。繼此，許多徽班接踵而來，其中最著名的有三慶、四喜、春台、和春，習稱「四大徽班」。

四大徽班進京，被視為京劇誕生的前奏。西元一八二八年以後，一批漢戲演員陸續進入北京。漢戲又名楚調，現名漢劇，以西皮、二黃兩種聲腔為主，尤側重西皮，是流行於湖北的地方戲。由於徽、漢兩個劇種在聲腔、表演方面都有血緣關係，所以漢戲演員在進京後，大都參加徽班合作演出。

徽、漢兩班合作，兩調合流，經過一段時期的互相融會吸收，再加上京音化，又從昆曲、弋陽腔、秦腔不斷汲取營養，終於形成了一個新的劇種——京劇。第一代京劇演員的成熟和被承認，大約是在西元一八四〇年左右。

海蘭泡慘案

西元一九〇〇年七月，俄羅斯悍然出動十多萬侵略軍以「護路」為名，大舉侵入中國東北地區，製造了駭人聽聞的「海蘭泡慘案」。

海蘭泡是黑龍江畔的一個村莊，原名孟家屯，後改稱海蘭泡。西元一九〇〇年，這裡大約有三萬八千人，半數以上是中國人，他們長期以來就在這裡耕種、作工、經商。

一九〇〇年七月上旬，俄羅斯當局下令通知海蘭泡的中國居民，中俄兩國要打仗，要把他們送過江去，各家不許閉門上鎖。七月十五日下午，俄軍突然封鎖黑龍江，扣留全部船隻，不准中國居民過江。七月十六日，俄軍關押數千名中國人，並把中國人的住宅和商店洗劫一空，然後對中國人進行屠殺。

從七月十六日至二十一日，俄軍在海蘭泡共進行了四次大屠殺，奪去六、七千名中國人的生命。這就是所謂的「海蘭泡慘案」。

日俄戰爭

為爭奪殖民地和勢力範圍，日俄兩國大力擴軍備戰，積極對中國進行掠奪瓜分。日本從中國割取遼東半島、臺灣和澎湖列島，並將朝鮮納入勢力範圍。

俄國早已覬覦中國渤海灣口的不凍港旅順，為實現其獨吞中國東北的計畫，它聯合法、德進行干預，迫使日本作出讓步，由中國付鉅資「贖回」遼東半島。

日本對此極不甘心，決意擴軍備戰，以武力同俄國爭奪遠東霸權。西元一九〇三年八月，雙方就重新瓜分中國東北和朝鮮的問題舉行談判。

由於俄國拒絕從中國東北撤軍，日本於西元一九〇四年二月六日向俄國發出最後通牒，並宣布斷絕日俄外交關係。二月八日，日本聯合艦隊偷襲旅順港的俄國軍艦，不宣而戰。十日，日俄兩國政府分別宣戰，日俄戰爭正式開始。

日本透過旅順爭奪戰、對馬海戰等重大戰役戰勝了俄國。西元一九〇五年九月五日，俄國被迫同日本在樸茨茅斯簽訂了《日本和俄國和平條約》，即《樸茨茅斯和約》。和約規定：俄國承認朝鮮為日本的勢力範圍，並將其在中國遼東半島的租借權和東清鐵路的所有權轉讓給日本等。日俄戰爭給中、朝人民帶來了巨大的災難。

詹天佑修建京張鐵路

詹天佑於西元一八七二年作為中國首批留學生赴美留學，西元一八八一年畢業於耶魯大學土木工程專業，回國後任中國鐵路公司工程師。

西元一九〇五年，清朝政府決定修建京張鐵路，即從北京到張家口的鐵路。剛提出修築的計畫，一些帝國主義國家都來爭奪這條鐵路的修築權，想進一步控制中國的北部。帝國主義者互不相讓，最後提出一個條件：清朝政府如果用本國的工程師來修築鐵路，他們就不再過問。他們以為這樣一要脅，最後還得求助於他們。

同年，清政府任命詹天佑為總工程師，修築從北京到張家口的鐵路。消息傳出，帝國主義者卻認為這是個笑話。可是詹天佑卻不怕困難，不怕嘲笑，毅然接受了任務，並且馬上開始勘測線路。遇到困難，他總是想：這是中國人自己修築的第一條鐵路，一定要把它修好。

鐵路經過青龍橋附近，坡度特別大。詹天佑順著山勢，設計了一種「人」字形線路。北上的列車到了南口就用兩個火車頭，一個在前邊拉，一個在後邊推。過青龍橋，列車向東北前進，過了「人」字形線路的岔道口就倒過來，這樣一來，火車上山就容易多了。

京張鐵路不滿四年就全線竣工了，比原來的計畫提早兩年。這件事給了藐視清朝政府的帝國主義者一個強而有力的反擊。

安慶起義

安慶起義是清代末年，由光復會發動的一次反對清廷的武裝起義。

徐錫麟，西元一八七三年生，浙江山陰（今紹興）人。西元一九〇四年在上海加入光復會。西元一九〇五年到浙東聯繫會黨，又在紹興辦大通學堂，藉此積蓄革命力量。後納粟捐官，以道員分發安徽候補，在巡警處供職。西元一九〇七年與著名的女革命黨人、浙江同盟會負責人秋瑾聯繫，準備於浙、皖兩省同時起義。

部署未定，嵊縣等地會黨先期發難失敗。西元一九〇七年七月六日，徐錫麟倉促舉事，在安慶策劃、組織刺殺安徽巡撫恩銘，並率領學生軍發動起義，攻占軍械所，在激戰四個小時後，起義失敗。徐錫麟和秋瑾等被捕，慷慨就義。安慶起義雖然失敗了，但是予以清政府和帝國主義沉重的打擊。

頒布《欽定憲法大綱》

西元一九〇八年，清政府頒布了中國歷史上第一部憲法性文件，共計二十三條，由「君上大權」和「臣民權利義務」兩部分構成。由憲政編查館參照西元一八八九年《日本帝國憲法》制定，刪去了日本憲法中限制君權的有關條款，充分體現了「大權統於朝廷」的立法旨意。

《欽定憲法大綱》規定：「大清皇帝統治大清帝國萬世一系，永永尊戴」，「君上神聖尊嚴，不可侵犯」。皇帝有權頒布法律、發交議案、召集及解散議會、設官制祿、黜陟百司、編訂軍制、統帥陸海軍、宣戰媾和及訂立條約及在緊急情況下發布代法律之詔令。並且「用人之權」、「國交之事」、「一切軍事」，不付議院議決，皇帝皆可獨專。

另外，又以附則形式規定，臣民有納稅、當兵、遵守法律的義務，在法律範圍內，享有言論、著作、出版、集會、結社、擔任公職等權利和自由。《欽定憲法大綱》確認了君主立憲制的政治改革方向，但由於君權強大，議院立法權和監督權非常有限，臣民的自由權利微不足道，並缺乏有效保障。《欽定憲法大綱》是清王朝在革命浪潮不斷高漲的形勢下制定和頒布的，完全是為了鞏固君權，強化君權，所謂「立憲」只是一場騙局。

末代皇帝登基

西元一九〇八年，慈禧病重。但是，慈禧死到臨頭仍念念不忘把持政柄，在病逝前決定立三歲的溥儀為帝，並讓溥儀的親生父親載灃監國。並於十月二十日發下「懿旨」，召溥儀進宮。

接著，光緒、慈禧在兩天中相繼死去，慈禧死後舉行了正式的國喪，消息傳開，很多人公開歡慶。十二月二日，溥儀在太和殿正式登基，改年號為宣統，由光緒皇后隆裕和載灃攝政。

在十二月二日的登基大典上，三歲的溥儀被放在又高又大的皇座上。侍衛內大臣和文武百官列隊，一個個到他面前宣誓效忠。當時天氣寒冷，溥儀不停地哭鬧，載灃急得滿頭是汗，只好哄他說：「別哭別哭，快完了。」他說這話意在安慰溥儀，卻給文武百官留下了慘澹的印象。

溥儀登基僅四年後，便在轟轟烈烈的革命潮流中宣布退位。

附錄一　中國歷代帝王之最

中國一共出現了八十三個王朝，皇帝更是不計其數，從秦始皇開始算起，秦朝二位，漢朝三十一位，三國十一位，晉朝十六位，五胡十六國七十八位，南北朝五十九位，隋朝三位，唐朝二十二位，五代十國五十五位，宋朝十八位，金遼西夏三十五位，元朝十八位，明朝十六位，清朝十二位，算上南明、北元，李自成、張獻忠、太平天國洪秀全父子以及稱帝僅八十三天的袁世凱，加起來一共四百零八位。

如果把秦始皇以前歷時八百四十年的東、西周朝和春秋、戰國時代的王、公、侯加進去，這一時期有王一百二十一位、公二百一十七位、侯二十三位。再把周朝以前的商朝、夏朝的六十帝也算進去，中國帝王一共有八百二十九位。

中國歷史上的第一位皇帝

秦始皇嬴政（西元前二五九年—西元前二一〇年），中國歷史上第一個統一的封建王朝——秦王朝的開國皇帝。「皇帝」這個尊號即由他所創立。「皇帝」是上古之「帝」位號與「泰皇」之「皇」組合而成。

最早用年號紀年的皇帝

漢武帝劉徹（西元前一五六年—西元前八十七年）。他於西元前一四〇年開始使用年號「建元」紀年，開年號紀元之先河。

最早的娃娃皇帝

漢昭帝劉弗陵（西元前九十四年—西元前七十四年）。他於西元前八十七年即位時只有八歲。

最荒唐的皇帝

漢廢帝劉賀（西元前九十二年—西元前五十九年）。在即位後的二十七天之內，共做了一千一百二十七件荒唐事，平均一天四十餘件。最後，因荒淫無度、不顧社稷而被大臣們所廢。

最熱衷於科學的皇帝

新朝建立者王莽（西元前四十五年—西元二十三年），他曾命醫生進行過最早的人體解剖，也支持過最早的飛行實驗，他還是最早的人工食品研究者，進行過人造乳酪的實驗。

即位時年齡最小的皇帝

東漢殤帝劉隆（西元一〇五年—西元一〇六年），他登基時候剛剛出生一百天。而他的壽命也是歷代帝王中最短的，死時不足一周歲，在位僅有八個月。

冊立皇后最多的皇帝

十六國時期的漢昭武帝劉聰（？—西元三一八年），他在位八年，共冊立了十一位皇后。

死得最窩囊的皇帝

晉孝武帝司馬曜（西元三六二年—西元三九六年），他因酒後一句戲言，被最寵幸的張貴人命婢女將其悶死。

最信佛的皇帝

梁武帝蕭衍（西元四六四年—西元五四九年），他被後人稱為「皇帝菩薩」。梁武帝不僅大力宣導佛教，出資修建廟宇，還親自撰寫佛教著作，創立儒佛道三教同源理論。而且他還以身作則，過著苦行僧的日子。在位期間，他曾前後四次出家，大臣們共花了五億兩銀子贖他還俗，使得國庫空虛。但佛祖並沒有保佑這位忠實的信徒，西元五四九年，侯景發動政變，攻克建康，梁武帝被圍，後來活活餓死。

第一位太上皇

唐朝開國皇帝——唐高祖李淵（西元五六六年—西元六三五年）。玄武門之變後，李世民殺死李建成和李元吉，逼李淵立其為太子。不久，李淵被逼退位為太上皇，李世民即位。李淵在度過一段閒散失意的生活後，死於太安宮。

最有作為的皇帝

唐太宗李世民（西元五九九年—西元六四九年），他在位二十三年間，國泰民安，社會安定，經濟發展繁榮，軍事力量強大，唐朝成為超級大國，四方來賀。同時，他還執行夷漢一家的政策，是歷史上民族關係最為良好的時期，在促進民族團結和融合中作出了巨大的貢獻。

唯一一個正統的女皇帝

聖神皇帝武則天（西元六二四年—西元七〇五年）。她於西元六九〇年改國號為周，稱聖神皇帝，為帝十六年。

即位時年齡最大的皇帝

武則天。即位時年已六十七歲。

使用年號最多的皇帝

武則天。她當政時期，更換了十八個年號。武則天充分利用年號的更替，來標榜自己的正統地位和宣布新紀元的開始，最終達到鞏固自己統治的目的。

對文藝最有貢獻的皇帝

唐玄宗李隆基（西元六八五年—西元七六二年），他對戲劇、歌舞、音樂都深有研究，創建過戲劇活動中心——梨園，被歷來的戲曲藝人尊為梨園祖師。

最無恥的皇帝

後晉高祖石敬瑭（西元八九二年—西元九四二年），為了讓契丹援助自己當上皇帝，他竟稱比自己小十一歲的契丹耶律德光為「父皇帝」，自稱「臣」，為「兒皇帝」，並割讓燕雲十六州以及歲貢布帛三十萬給契丹。

最精於書畫的皇帝

北宋徽宗趙佶（西元一〇八二—西元一一三五年），他的書法自成一派，稱瘦金體，繪畫擅長花鳥，作品流傳至今。《書史會要》評價說：「徽宗行草正書，筆勢勁逸，初學薛稷，變其法度，自號瘦金書，意度天成，非可以形跡求也。」

經歷最奇特的皇帝

宋恭帝趙顯（西元一二七一年—西元一三二三年）。他幼時在臨安（今杭州市）為南宋的帝王，青年時被元軍俘往大都（今北京），降為元朝的臣子，又被遷居於上都（今內蒙古自治區多倫縣西北），中老年時被遣入西藏為僧，成為佛門高僧和翻譯家，最後因文字獄被冤殺。

在位時間最短促的皇帝

金朝末帝完顏承麟（？—西元一二三四年），在位僅半日。在蒙古和南宋聯軍即將攻破金都蔡州之際，金哀宗完顏守緒不甘做亡國之君，遂傳位給完顏承麟。第二天，即位大典還未完成，宋蒙聯軍已攻入城內。完顏承麟草草完成大典，隨即帶兵出迎，不久便死於亂軍之中。

妻子最多的皇帝

元太祖鐵木真（西元一一六二年—西元一二二七年），即成吉思汗，共有四十四個妻子。

最殘暴的皇帝

明太祖朱元璋（西元一三二八年—西元一三九八年）。胡惟庸一案，株連被殺的功臣及其家屬共計達三萬餘人；藍玉案一案，一萬五千餘人被株連。兩個案件後，明朝元功宿將已屠戮殆盡。

妻子最少的皇帝

明孝宗朱祐樘（西元一四七〇年—西元一五〇五年），他是中國古代唯一實行一夫一妻制的皇帝。

最善於木工的皇帝

天啟皇帝——明熹宗朱由校（西元一六〇五—西元一六二七年），後人稱他為「木匠皇帝」。其作品包括各色各樣的船模型、傢俱、漆器、硯床、梳匣等精巧木器，都很有藝術價值。據說他曾製造過一座微縮小宮殿，四尺來高，玲瓏巧妙，鬼斧神工。

最懶惰的皇帝

萬曆帝——明神宗朱翊鈞（西元一五六三年—西元一六二〇年）。他在位四十八年，竟有二十八年不上朝聽政。

在位時間最長的皇帝

康熙帝——清聖祖愛新覺羅．玄燁（西元一六五四年—西元一七二二年），他在位達六十一年之久。

知識最淵博的皇帝

康熙帝。他對醫學很有興趣，曾在宮中設立實驗室，試製藥品，親自臨觀；還提倡種痘以防天花。此外，他對術數、天文、曆法等也都很有研究，還組織實施了中國地理大測繪這一偉大創舉，對世界地理學的貢獻不容低估。

兒女最多的皇帝

康熙帝，康熙共有三十五子、二十女，為中國歷代皇帝之最。

最辛苦的皇帝

雍正帝——清世宗愛新覺羅．胤禛（西元一六七八年—西元一七三五年），後人收集他在位十三年間朱批過的摺子就有三百六十卷，因此史學界有雍正是累死的說法。

壽命最長的皇帝

乾隆帝——清高宗愛新覺羅．弘曆（西元一七一一年—西元一七九九年），終年八十九歲。他根據自己的切身體會，總結出了養生四訣：「吐納肺腑，活動筋骨，十常四勿，適時進補。」其中「十常」即：齒常叩，津常咽，耳常撣，鼻常揉，睛常轉，面常搓，足常摩，腹常運，肢常伸，肛常提。「四勿」就是：食勿言，臥勿語，飲勿醉，色勿迷。

寫詩最多的皇帝

乾隆帝。據《四庫全書簡明目錄》載，其御製詩有四集，共收詩三萬三千九百五十首左右，遠遠超過了多產詩人陸游的九千多首。不過，這些詩中許多是由他的臣下草擬的，也有很多是糟粕之作。

最節儉的皇帝

道光皇帝——清宣宗愛新覺羅．綿寧（西元一七八二年——西元一八五〇年）。他發表節儉宣言書，用大滷麵為皇后祝壽，以熱茶和燒餅為晚飯。以天子之尊崇尚節儉，而且畢其生如一日，道光皇帝堪稱首屈一指。然而，具有諷刺意味的是，道光帝的陵寢一拆一建，花費在清朝諸陵之首，甚至超過了乾隆帝陵寢的造價，真是生前啃燒餅，死後「住豪宅」。

最後一位娃娃皇帝

宣統帝——清憲宗愛新覺羅．溥儀（西元一九〇六——西元一九六七年），他於西元一九〇八年即位，當時只有三歲，西元一九一二年宣布退位。

附錄二　中國朝代年表

夏商與西周，東周分兩段；春秋和戰國，一統秦兩漢；三分魏蜀吳，二晉前後延；南北朝並立，隋唐五代傳；宋元明清後，皇朝至此完。

朝代		延續年數	都城	開國皇帝
夏朝		西元前二〇七〇年~西元前一六〇〇年	陽城	禹
商朝		西元前一六〇〇年~西元前一〇四六年	殷	湯
西周		西元前一〇四六年~西元前七七一年	鎬京（今西安西南）	周文王姬發
東周	春秋	西元前七七〇年~西元前四七五年	洛邑（今洛陽）	周平王姬宜臼
	戰國	西元前四七五年~西元前二二一年	洛陽	
秦朝		西元前二二一年~西元前二〇六年	咸陽（今西安附近）	始皇帝嬴政
西漢		西元前二〇六年~西元二十五年	長安（今西安）	漢高祖劉邦
新		西元九年~西元二十五年	長安	王莽
東漢		西元二五年~西元二二〇年	洛陽	漢光武帝劉秀

朝代		延續年數	都城	開國皇帝
三國	魏	西元二二〇年～西元二六五年	洛陽	魏文帝曹丕
	蜀（漢）	西元二二一年～西元二六三年	成都	漢昭烈帝劉備
	吳	西元二二二年～西元二八〇年	建業（今南京）	吳大帝孫權
西晉		西元二六五年～西元三一七年	洛陽	晉武帝司馬炎
東晉		西元三一七年～西元四二〇年	建康（今南京）	晉元帝司馬睿
南朝	宋	西元四二〇年～西元四七九年	建康	宋武帝劉裕
	齊	西元四七九年～西元五〇二年	建康	齊高帝蕭道成
	梁	西元五〇二年～西元五五七年	建康	梁武帝蕭衍
	陳	西元五五七年～西元五八九年	建康	陳武帝陳霸先
北朝	北魏	西元三八六年～西元五三四年	洛陽	魏道武帝拓跋珪
	東魏	西元五三四年～西元五五〇年	鄴	魏孝靜帝元善見
	北齊	西元五五〇年～西元五七七年	鄴	齊文宣帝高洋
	西魏	西元五三五年～西元五五六年	長安	魏文帝元寶炬
	北周	西元五五七年～西元五八一年	長安	周孝閔帝宇文覺
隋朝		西元五八一年～西元六一九年	洛陽	隋文帝楊堅
唐朝		西元六一八年～西元九〇七年	長安	唐高祖李淵

朝代		延續年數	都城	開國皇帝
五代十國	後梁	西元九〇七年~西元九二三年	大樑（開封）	梁太祖朱晃
	後唐	西元九二三年~西元九三六年	洛陽	唐莊宗李存勖
	後晉	西元九三六年~西元九四七年	汴梁（開封）	晉高祖石敬瑭
	後漢	西元九四七年~西元九五〇年	汴梁	漢高祖劉暠
	後周	西元九五一年~西元九七九年	汴梁	周太祖郭威
宋朝		西元九六〇年~西元一一二七年	東京（開封）	宋太祖趙匡胤
南宋		西元一一二七年~西元一二七九年	臨安（今杭州）	宋高宗趙構
遼		西元九一六年~西元一一二五年	上京	遼太祖耶律阿保機
金		西元一一一五年~西元一二三四年	中都（北京）	金太祖完顏阿骨打
元朝		西元一二〇六年~西元一三六八年	大都（北京）	元世祖忽必烈
明朝		西元一三六八年~西元一六四四年	北京	明太祖朱元璋
清朝		西元一六一六年~西元一九一二年	京師（北京）	清太宗皇太極

解密史記：
形塑中華文明的歷史關鍵大事

作　　者　朴玉銘

發 行 人　林敬彬
主　　編　楊安瑜
編　　輯　黃谷光、鄒宜庭
封面設計　陳膺正
編輯協力　陳于雯、高家宏

出　　版　大旗出版社
發　　行　大都會文化事業有限公司
11051台北市信義區基隆路一段432號4樓之9
讀者服務專線：（02）27235216
讀者服務傳真：（02）27235220
電子郵件信箱：metro@ms21.hinet.net
網　　　址：www.metrobook.com.tw

郵政劃撥　14050529 大都會文化事業有限公司
出版日期　2021年10月初版一刷
定　　價　420元
ISBN　978-986-99436-9-7
書　　號　History-125

Metropolitan Culture Enterprise Co., Ltd.
4F-9, Double Hero Bldg., 432, Keelung Rd., Sec. 1,
Taipei 11051, Taiwan
Tel:+886-2-2723-5216　Fax:+886-2-2723-5220
E-mail:metro@ms21.hinet.net
Web-site:www.metrobook.com.tw
◎本書由鳳凰出版傳媒集團鳳凰出版社授權繁體字版之出版發行。
◎本書如有缺頁、破損、裝訂錯誤，請寄回本公司更換。

國家圖書館出版品預行編目（CIP）資料

解密史記：形塑中華文明的歷史關鍵大事 / 朴玉銘著.
-- 初版 -- 臺北市：大旗出版：大都會文化發行，
2021.10
432 面；17×23 公分 . -- (History-125)
ISBN 978-986-99436-9-7(平裝)

1. 史記 2. 通俗作品

610.11　　109018935

時代人物，後世銘記
捕捉歷史長廊的堅毅身影

生不逢時的帝王考驗

《大明末代皇帝：崇禎》

作者：苗棣
定價：450 元

「若論亡國因何起，一切只因不逢時。」
兩百多年的大明王朝正式走入歷史，即使聰明如崇禎皇帝，仍不得不將繩索套在自己的脖子上……。

毀譽摻半的女中豪傑

《慈禧：最強王者生存指南》

作者：高淑蘭
定價：320 元

「看慈禧華麗轉身，從平凡棋女成為大清霸主！」
時而嬌嗔柔媚，時而狠心毒辣
慈禧告訴你，怎樣靠男人混得比皇帝還大

明代的哲學第一強人

《知行合一：王陽明（1472-1529）（二版）》

作者：度陰山
定價：450 元

「要瞭解他的思想，就要先認識他的一生」
王陽明，被後世稱為明代第一強人，反對朱熹理學追求「理」的方法，強調「心即是理」及「致良知」，一舉創建影響後代深遠的王陽明心學。

我要購買以下書籍

書名	單價	數量	合計

購書金額未滿 1000 元，另加收 100 元國內掛號郵資或貨運專送運費。

總計數量及金額：共＿＿＿＿本，合計＿＿＿＿＿＿＿＿＿＿＿元

通訊欄（限與本次存款有關事項）

98-04-43-04 郵政劃撥儲金存款單

收款帳號 1 4 0 5 0 5 2 9

金額 新台幣（小寫） 億 仟萬 佰萬 拾萬 萬 仟 佰 拾 元

收款戶名 大都會文化事業有限公司

寄款人 □他人存款 □本戶存款

主管：

姓名

地址 □□□-□□

電話

經辦局收款戳

虛線內備供機器印錄用請勿填寫

◎寄款人請注意背面說明

◎本收據由電腦印錄請勿填寫

郵政劃撥儲金存款收據

收款帳號戶名

存款金額

電腦紀錄

經辦局收款戳

郵政劃撥存款收據注意事項

一、本收據請妥為保管，以便日後查考。

二、如欲查詢存款入帳詳情時，請檢附本收據及已填妥之查詢函向任一郵局辦理

三、本收據各項金額、數字係機器印製，如非機器列印或經塗改或無收款郵局收訖章者無效。

大都會文化、大旗出版社讀者請注意

一、帳號、戶名及寄款人姓名地址各欄請詳細填明，以免誤寄；抵付票據之存款，務請於交換前一天存入。

二、本存款單金額之幣別為新台幣，每筆存款至少須在新台幣十五元以上，且限填至元位為止。

三、倘金額塗改時請更換存款單重新填寫。

四、本存款單不得黏貼或附寄任何文件。

五、本存款金額業經電腦登帳後，不得申請撤回。

六、本存款單備供電腦影像處理，請以正楷工整書寫並請勿摺疊。帳戶如需自印存款單，各欄文字及規格必須與本單完全相符；如有不符，各局應婉請寄款人更換郵局印製之存款單填寫，以利處理。

七、本存款單帳號與金額欄請以阿拉伯數字書寫 。

八、帳戶本人在「付款局」所在直轄市或縣(市)以外之行政區域存款，需由帳戶內扣收手續費 。

如果您在存款上有任何問題，歡迎您來電洽詢

讀者服務專線：(02)2723-5216(代表線)

為您服務時間：09：00～18：00(週一至週五)

大都會文化事業有限公司　讀者服務部

交易代號：0501、0502 現金存款　0503票據存款　2212 劃撥票據託收